医疗损害责任纠纷司法解释
理解与适用丛书

最高人民法院
关于医疗损害责任纠纷司法解释
条文释义与实务指南

郭　锋　吴兆祥　陈龙业◎著

中国法制出版社
CHINA LEGAL PUBLISHING HOUSE

前　言

医药卫生事业与广大人民群众的健康福祉息息相关，医患关系的和谐是构建社会主义和谐社会的重要内容。加强医药卫生事业建设，是实现人民群众病有所医，提高全民健康水平的重要社会建设工程。党的十九大报告庄严提出了实施健康中国战略，强调“人民健康是民族昌盛和国家富强的重要标志。要完善国民健康政策，为人民群众提供全方位全周期健康服务。”习近平总书记在全国卫生与健康大会上的重要讲话中强调，“要把人民健康放在优先发展的战略地位。”“推进健康中国建设，是我们党对人民的郑重承诺。”和谐医患关系的构建是健康中国建设的题中应有之意。人民法院既是健康中国建设宏伟蓝图的推动者，更是具体的参与者、实施者。坚持以人民为中心的发展思想，充分发挥司法职能，推动和谐医患关系的构建，促进卫生与健康事业改革发展，切实保障人民健康，为加快推进健康中国建设提供有力司法服务和保障，是人民法院的重要职责和使命。

近年来，随着人民生活水平的不断提高，社会公众对医疗服务的期望日益提高，同时医药卫生体制改革已进入深水区，到了啃硬骨头的攻坚期，利益调整更加复杂。特别是经过多年努力，我国医药卫生事业发展取得显著成就，但医疗服务能力、医疗保障水平与人民群众不断增长的医疗服务需求之间仍存在一定差距。一段时期以来，一些地方相继发生暴力杀医、伤医以及在医疗机构聚众滋事等违法犯罪行为，严重扰乱了正常医疗秩序，影响了和谐医患关系的构建，更侵害了人民群众的合法利益。从司法的角度讲，构建和谐医患关系，推动医药卫生事业健康发展，需要对涉医违法犯罪行为依法严肃追究、坚决打击，更需要将医患纠纷纳入法治化轨道，通过法治思维、法治方式确定裁判规则和行为规则，引导医患双方理性行为，从而建立健全医患纠纷司法处理的长效机制。

2009年侵权责任法的出台为医患纠纷的法律适用提供了基本遵循，针对司法实践中医疗事故责任和医疗过错责任双轨制的现实问题，采用统一的医疗损害责任的概念以及责任构成、损害赔偿体系。但是作为调整侵权责任关系的基本法律，侵权责任法没有也不可能涵盖医患纠纷处理的方方面面，而且由于社会生活的复杂性，实践中医疗损害责任纠纷的具体情形也千差万别，这就需要通过司法解释的形式予以细化，特别是对有关责任构成、责任承担、损害赔偿等实体法规则予以进一步明确。同时在程序法层面，举证责任分配和鉴定程序对于医疗损害责任的依法妥善处理具有至关重要的作用，可谓是医疗损害责任纠纷处理的“双核驱动”。但是，民事诉讼法及相关司法解释的规定并不能照顾到医疗损害责任纠纷的特殊性。医患纠纷在审判实践中存在的举证难、鉴定难及责任认定难等问题还需要进一步解决。由于侵权责任法、民事诉讼法规定较为原则，审判实践中依法审理医疗损害责任纠纷的具体法律适用规则亟需明确、裁判规则亟需完善，因此需要通过司法解释予以完成。正是从这个角度讲，医疗损害责任纠纷司法解释的起草是时代的要求，更是实践的需要。

在经过深入调研、反复论证的基础上，经最高人民法院审判委员会审议通过，2017年12月13日，最高人民法院公布了《最高人民法院关于审理医疗损害责任纠纷案件适用法律若干问题的解释》，对医疗损害责任纠纷的法律适用问题作出了规定。该解释共二十六条，分为适用范围、当事人主体资格的确定、举证责任、鉴定程序、责任承担、附则等六部分。该解释的发布，是最高人民法院贯彻落实党的十九大精神和习近平总书记关于健康中国重要论述，依法保护患者合法权益，保障医药卫生事业发展，推动构建和谐医患关系，促进平安医院建设，助推健康中国战略实施的有力举措。该解释的公布施行，积极回应了社会各方关切，为规范医患双方行为输送了正能量，必将为建立健全医疗损害责任纠纷司法解决的长效机制发挥积极作用。

为助力该解释的正确实施，特别是辅助法官、律师、医务工作者以及法学院、医学院师生等广大读者准确理解《最高人民法院关于审理医疗损害责任纠纷案件适用法律若干问题的解释》的起草背景、具体条文内涵，为各方当事人依法理性处理和对待医患纠纷提供法律适用方面的参考，最高人民法院参与该解释具体起草和承办的同志合作撰写了这部著作。由于本书系个人作品，所持观点不代表所在单位意见，如存在与法律、司法解释冲突、不一致之处，以法律、司法解释规定为准。时间仓促，水平有限，疏漏之处在所难免，敬请广大读者批评指正。

2018 年 1 月 7 日

目　　录

第一部分　解释原文

第二部分　条文释义

第三部分　典型案例

第四部分 重点法条

第一部分

解释原文

最高人民法院
关于医疗损害责任纠纷司法解释
条文释义与实务指南

ZUIGAO RENMIN FAYUAN
GUANYU YILIAO SUNHAI ZEREN JIUFEN SIFA JIESHI
TIAOWEN SHIYI YU SHIWU ZHINAN

最高人民法院关于审理医疗损害责任纠纷案件适用法律若干问题的解释

（2017年3月27日由最高人民法院审判委员会第1713次会议通过　2017年12月13日最高人民法院公告公布　自2017年12月14日起施行　法释〔2017〕20号）

为正确审理医疗损害责任纠纷案件，依法维护当事人的合法权益，推动构建和谐医患关系，促进卫生健康事业发展，根据《中华人民共和国侵权责任法》《中华人民共和国民事诉讼法》等法律规定，结合审判实践，制定本解释。

第一条　患者以在诊疗活动中受到人身或者财产损害为由请求医疗机构，医疗产品的生产者、销售者或者血液提供机构承担侵权责任的案件，适用本解释。

患者以在美容医疗机构或者开设医疗美容科室的医疗机构实施的医疗美容活动中受到人身或者财产损害为由提起的侵权纠纷案件，适用本解释。

当事人提起的医疗服务合同纠纷案件，不适用本解释。

第二条　患者因同一伤病在多个医疗机构接受诊疗受到损害，起诉部分或者全部就诊的医疗机构的，应予受理。

患者起诉部分就诊的医疗机构后，当事人依法申请追加其他就诊的医疗机构为共同被告或者第三人的，应予准许。必要时，人民法院可以依法追加相关当事人参加诉讼。

第三条　患者因缺陷医疗产品受到损害，起诉部分或者全部医疗产品的生产者、销售者和医疗机构的，应予受理。

患者仅起诉医疗产品的生产者、销售者、医疗机构中部分主体，当事人依法申请追加其他主体为共同被告或者第三人的，应予准许。必要时，人民法院可以依法追加相关当事人参加诉讼。

患者因输入不合格的血液受到损害提起侵权诉讼的，参照适用前两款规定。

第四条 患者依据侵权责任法第五十四条规定主张医疗机构承担赔偿责任的，应当提交到该医疗机构就诊、受到损害的证据。

患者无法提交医疗机构及其医务人员有过错、诊疗行为与损害之间具有因果关系的证据，依法提出医疗损害鉴定申请的，人民法院应予准许。

医疗机构主张不承担责任的，应当就侵权责任法第六十条第一款规定情形等抗辩事由承担举证证明责任。

第五条 患者依据侵权责任法第五十五条规定主张医疗机构承担赔偿责任的，应当按照前条第一款规定提交证据。

实施手术、特殊检查、特殊治疗的，医疗机构应当承担说明义务并取得患者或者患者近亲属书面同意，但属于侵权责任法第五十六条规定情形的除外。医疗机构提交患者或者患者近亲属书面同意证据的，人民法院可以认定医疗机构尽到说明义务，但患者有相反证据足以反驳的除外。

第六条 侵权责任法第五十八条规定的病历资料包括医疗机构保管的门诊病历、住院志、体温单、医嘱单、检验报告、医学影像检查资料、特殊检查（治疗）同意书、手术同意书、手术及麻醉记录、病理资料、护理记录、医疗费用、出院记录以及国务院卫生行政主管部门规定的其他病历资料。

患者依法向人民法院申请医疗机构提交由其保管的与纠纷有关的病历资料等，医疗机构未在人民法院指定期限内提交的，人民法院可以依照侵权责任法第五十八条第二项规定推定医疗机构有过错，但是因不可抗力等客观原因无法提交的除外。

第七条 患者依据侵权责任法第五十九条规定请求赔偿的，应当提交使用医疗产品或者输入血液、受到损害的证据。

患者无法提交使用医疗产品或者输入血液与损害之间具有因果关系的

证据，依法申请鉴定的，人民法院应予准许。

医疗机构，医疗产品的生产者、销售者或者血液提供机构主张不承担责任的，应当对医疗产品不存在缺陷或者血液合格等抗辩事由承担举证证明责任。

第八条 当事人依法申请对医疗损害责任纠纷中的专门性问题进行鉴定的，人民法院应予准许。

当事人未申请鉴定，人民法院对前款规定的专门性问题认为需要鉴定的，应当依职权委托鉴定。

第九条 当事人申请医疗损害鉴定的，由双方当事人协商确定鉴定人。

当事人就鉴定人无法达成一致意见，人民法院提出确定鉴定人的方法，当事人同意的，按照该方法确定；当事人不同意的，由人民法院指定。

鉴定人应当从具备相应鉴定能力、符合鉴定要求的专家中确定。

第十条 委托医疗损害鉴定的，当事人应当按照要求提交真实、完整、充分的鉴定材料。提交的鉴定材料不符合要求的，人民法院应当通知当事人更换或者补充相应材料。

在委托鉴定前，人民法院应当组织当事人对鉴定材料进行质证。

第十一条 委托鉴定书，应当有明确的鉴定事项和鉴定要求。鉴定人应当按照委托鉴定的事项和要求进行鉴定。

下列专门性问题可以作为申请医疗损害鉴定的事项：

（一）实施诊疗行为有无过错；

（二）诊疗行为与损害后果之间是否存在因果关系以及原因力大小；

（三）医疗机构是否尽到了说明义务、取得患者或者患者近亲属书面同意的义务；

（四）医疗产品是否有缺陷、该缺陷与损害后果之间是否存在因果关系以及原因力的大小；

（五）患者损伤残疾程度；

（六）患者的护理期、休息期、营养期；

（七）其他专门性问题。

鉴定要求包括鉴定人的资质、鉴定人的组成、鉴定程序、鉴定意见、鉴定期限等。

第十二条 鉴定意见可以按照导致患者损害的全部原因、主要原因、同等原因、次要原因、轻微原因或者与患者损害无因果关系，表述诊疗行为或者医疗产品等造成患者损害的原因力大小。

第十三条 鉴定意见应当经当事人质证。

当事人申请鉴定人出庭作证，经人民法院审查同意，或者人民法院认为鉴定人有必要出庭的，应当通知鉴定人出庭作证。双方当事人同意鉴定人通过书面说明、视听传输技术或者视听资料等方式作证的，可以准许。

鉴定人因健康原因、自然灾害等不可抗力或者其他正当理由不能按期出庭的，可以延期开庭；经人民法院许可，也可以通过书面说明、视听传输技术或者视听资料等方式作证。

无前款规定理由，鉴定人拒绝出庭作证，当事人对鉴定意见又不认可的，对该鉴定意见不予采信。

第十四条 当事人申请通知一至二名具有医学专门知识的人出庭，对鉴定意见或者案件的其他专门性事实问题提出意见，人民法院准许的，应当通知具有医学专门知识的人出庭。

前款规定的具有医学专门知识的人提出的意见，视为当事人的陈述，经质证可以作为认定案件事实的根据。

第十五条 当事人自行委托鉴定人作出的医疗损害鉴定意见，其他当事人认可的，可予采信。

当事人共同委托鉴定人作出的医疗损害鉴定意见，一方当事人不认可的，应当提出明确的异议内容和理由。经审查，有证据足以证明异议成立的，对鉴定意见不予采信；异议不成立的，应予采信。

第十六条 对医疗机构及其医务人员的过错，应当依据法律、行政法规、规章以及其他有关诊疗规范进行认定，可以综合考虑患者病情的紧急程度、患者个体差异、当地的医疗水平、医疗机构与医务人员资质等因素。

第十七条 医务人员违反侵权责任法第五十五条第一款规定义务，但未造成患者人身损害，患者请求医疗机构承担损害赔偿责任的，不予支持。

第十八条 因抢救生命垂危的患者等紧急情况且不能取得患者意见时，下列情形可以认定为侵权责任法第五十六条规定的不能取得患者近亲属意见：

（一）近亲属不明的；

（二）不能及时联系到近亲属的；

（三）近亲属拒绝发表意见的；

（四）近亲属达不成一致意见的；

（五）法律、法规规定的其他情形。

前款情形，医务人员经医疗机构负责人或者授权的负责人批准立即实施相应医疗措施，患者因此请求医疗机构承担赔偿责任的，不予支持；医疗机构及其医务人员怠于实施相应医疗措施造成损害，患者请求医疗机构承担赔偿责任的，应予支持。

第十九条 两个以上医疗机构的诊疗行为造成患者同一损害，患者请求医疗机构承担赔偿责任的，应当区分不同情况，依照侵权责任法第八条、第十一条或者第十二条的规定，确定各医疗机构承担的赔偿责任。

第二十条 医疗机构邀请本单位以外的医务人员对患者进行诊疗，因受邀医务人员的过错造成患者损害的，由邀请医疗机构承担赔偿责任。

第二十一条 因医疗产品的缺陷或者输入不合格血液受到损害，患者请求医疗机构，缺陷医疗产品的生产者、销售者或者血液提供机构承担赔偿责任的，应予支持。

医疗机构承担赔偿责任后，向缺陷医疗产品的生产者、销售者或者血液提供机构追偿的，应予支持。

因医疗机构的过错使医疗产品存在缺陷或者血液不合格，医疗产品的生产者、销售者或者血液提供机构承担赔偿责任后，向医疗机构追偿的，应予支持。

第二十二条 缺陷医疗产品与医疗机构的过错诊疗行为共同造成患者同一损害，患者请求医疗机构与医疗产品的生产者或者销售者承担连带责任的，应予支持。

医疗机构或者医疗产品的生产者、销售者承担赔偿责任后，向其他责任主体追偿的，应当根据诊疗行为与缺陷医疗产品造成患者损害的原因力大小确定相应的数额。

输入不合格血液与医疗机构的过错诊疗行为共同造成患者同一损害的，参照适用前两款规定。

第二十三条 医疗产品的生产者、销售者明知医疗产品存在缺陷仍然生产、销售，造成患者死亡或者健康严重损害，被侵权人请求生产者、销售者赔偿损失及二倍以下惩罚性赔偿的，人民法院应予支持。

第二十四条 被侵权人同时起诉两个以上医疗机构承担赔偿责任，人民法院经审理，受诉法院所在地的医疗机构依法不承担赔偿责任，其他医疗机构承担赔偿责任的，残疾赔偿金、死亡赔偿金的计算，按下列情形分别处理：

（一）一个医疗机构承担责任的，按照该医疗机构所在地的赔偿标准执行；

（二）两个以上医疗机构均承担责任的，可以按照其中赔偿标准较高的医疗机构所在地标准执行。

第二十五条 患者死亡后，其近亲属请求医疗损害赔偿的，适用本解释；支付患者医疗费、丧葬费等合理费用的人请求赔偿该费用的，适用本解释。

本解释所称的“医疗产品”包括药品、消毒药剂、医疗器械等。

第二十六条 本院以前发布的司法解释与本解释不一致的，以本解释为准。

本解释施行后尚未终审的案件，适用本解释；本解释施行前已经终审，当事人申请再审或者按照审判监督程序决定再审的案件，不适用本解释。

新闻通稿和答记者问

维护人民健康权益促进和谐医患关系

——最高人民法院发布医疗损害责任司法解释

本报北京12月14日讯 最高人民法院今日发布《最高人民法院关于审理医疗损害责任纠纷案件适用法律若干问题的解释》(以下简称《解释》),自2017年12月14日起施行。制定并发布审理医疗损害责任纠纷案件的司法解释,是最高人民法院贯彻落实党的十九大精神和习近平总书记关于健康中国重要论述,依法保护患者合法权益,保障医药卫生事业发展,推动构建和谐医患关系,促进平安医院建设,助推健康中国战略实施的有力举措。

《解释》共二十六条,分为适用范围、当事人主体资格的确定、举证责任、鉴定程序、责任承担、附则等六部分,重点内容包括以下几个方面:

一是界定了《解释》的适用范围,即患者以在诊疗活动中受到人身或者财产损害为由请求医疗机构,医疗产品的生产者、销售者或者血液提供机构承担侵权责任的案件,适用本解释。同时明确将医疗美容损害责任纠纷纳入医疗损害责任纠纷范围,为人民法院依法审理医疗美容责任纠纷提供基本遵循。

二是明确了侵权责任法第五十四条规定所涉及到的举证证明规则。《解释》以构建和维护和谐医患关系为出发点,明确了患者主张医疗机构承担赔偿责任的,应当提交到医疗机构就诊、受到损害的证据。无法提交医疗机构及其医务人员有过错、诊疗活动与损害之间具有因果关系的证据,依法提出医疗损害鉴定申请的,人民法院应予准许。

三是规定了医疗损害责任纠纷中存在数个侵权人时的当事人确定及追加规则，明确了患者仅起诉部分侵权人时，当事人依法申请追加其他主体为共同被告或者第三人的，人民法院应予准许。

四是基于医疗损害鉴定对于医疗损害责任纠纷案件处理的重要性，针对审判实践中存在的鉴定程序不规范、鉴定意见公信力不足、鉴定人出庭难等问题，依据民事诉讼法有关规定，对医疗损害鉴定的程序启动、鉴定意见的采信、鉴定人出庭、专家辅助人等问题作了规定。

五是对医疗损害责任承担规则作了规定，明确了多个医疗机构造成患者同一损害的责任形态、医务人员外出会诊责任、医疗产品责任及输入不合格血液受到损害的责任承担，医疗产品责任中的惩罚性赔偿等审判实践中普遍存在、较为关注问题的法律适用规则。

据悉，最高人民法院发布《解释》，旨在积极回应社会各方关切，统一审理医疗损害责任纠纷案件的裁判标准，切实解决审判实践中各方反应较为突出的医疗损害责任举证难、鉴定难、责任认定难等难点、争点问题，运用法治思维和法治方式指引医患双方规范各自行为，健全医疗纠纷司法解决机制，促进卫生与健康事业的法治化治理与发展，为增进人民健康提供法治保障。

为构建和谐医患关系推进健康中国建设提供司法保障

——最高人民法院研究室负责人就《最高人民法院关于审理医疗损害责任纠纷案件适用法律若干问题的解释》答记者问

今日，最高人民法院发布了《最高人民法院关于审理医疗损害责任纠纷案件适用法律若干问题的解释》（以下简称《解释》）。就《解释》发布的背景和主要内容，记者采访了最高人民法院研究室负责人。

问：《解释》起草的背景是什么？

答：医疗卫生事业与广大人民群众的生活息息相关，医患关系是构建社会主义和谐社会的重要内容。党中央高度重视医疗卫生事业，十八届五中全会明确提出推进健康中国建设的总体要求，习近平总书记在全国卫生与健康大会上阐述了建设健康中国的重大意义，党的十九大报告进一步强调实施健康中国战略，指出“人民健康是民族昌盛和国家富强的重要标志。要完善国民健康政策，为人民群众提供全方位全周期健康服务。”最高人民法院认真贯彻落实中央精神和习近平总书记重要指示，要求各级人民法院充分发挥司法职能，为我国卫生与健康事业改革发展、保障人民健康、构建和谐医患关系、加快推进健康中国建设提供有力司法服务和保障。周强院长明确要求进一步健全医疗纠纷调解和司法解决机制，促进卫生与健康事业的法治化治理，为增进人民健康提供司法保障。

近年来，全国法院受理医疗损害责任纠纷案件数量总体上较为平稳。2014 年受理 19944 件，2015 年受理 23221 件，2016 年受理 21480 件，在整个民商事案件中占比不大。但各方面普遍反映，医疗损害责任纠纷审理难度大、审理周期长、案件调撤率底，其中有关举证责任、鉴定程序、责任构成、责任承担等法律适用中的争点、难点问题多，亟需统一裁判尺度。有鉴于此，最高人民法院在深入调研基础上，起草了《解释》，于 2017 年 3 月 27 日最高人民法院审判委员会第 1713 次会议审议通过，并于 2017 年 12 月 14 日发布。《解释》的制定和发布，是最高人民法院贯彻落实党中央部署和习近平总书记重要指示精神，推动实施新时代健康中国战略，推动构建和谐医患关系，促进平安医院建设，维护广大人民群众健康福祉的有力举措。

问：请简要介绍一下《解释》的起草过程。

答：《解释》的起草工作开始于 2011 年，历时 6 年多，前后修改 20 余稿。我们始终坚持以问题为导向，充分进行调研，收集整理并认真研究了全国各地法院制定的审理医疗损害责任纠纷案件数十万字的指导意见材料，先后多次到浙江、北京、江苏、福建等地实地调研；多次召开卫生系统座谈会，充分听取卫计委有关部门、医学会、医学专家和医院代表意见；在高校召开专家学者论证会，认真听取法学、医学专家意见；召开全国部分法院调研座谈会，听取审理医疗损害案件一线办案法官意见。经过起草小组多次讨论修改后，书面征求卫计委、司法部、国务院法制办等单位、各高级法院以及最高人民法院内相关部门意见，共收到反馈意见400余条。在对各方意见认真梳理、充分研究吸收后，报送全国人大常委会法工委征求意见，最终形成送审稿提交院审判委员会审议。

为广泛汇聚民意民智，把社会各界的意见建议充分反映到司法解释中，2017年3月27日，周强院长主持最高人民法院审判委员会召开会议审议《解释》时，专门邀请了部分全国人大代表、全国政协委员和专家学者列席会议。《解释》审议通过后，我们又围绕代表委员们所提意见建议，进行了认真细致的研究，对《解释》相关内容作了有针对性完善，最终发布实施。

问：起草《解释》遵循的基本原则是什么？

答：《解释》的起草，主要遵循了以下原则：

一是认真贯彻中央有关政策精神，运用法治思维和法治方式推动构建和谐医患关系。《解释》的起草，认真贯彻党的十八届三中、四中、五中全会精神，反映新时代中国特色社会主义思想，按照全面依法治国、实施健康中国战略的总体部署和“一手抓严厉打击涉医违法犯罪活动、一手抓医疗纠纷预防与处理长效机制建设”的工作要求，统一医疗损害责任纠纷案件的裁判尺度，推动健全医疗损害责任纠纷案件法律适用的长效机制。

二是平衡好保护患者合法权益与保障医药卫生事业健康发展的关系。《解释》的起草，认真贯彻“把人民健康放在优先发展的战略地位”的总体要求，尊重医学自身的特点与规律，合理分配医疗风险，既要依法保护患者合法权益，又要促进卫生与健康事业的法治化发展，从而实现为增进人民健康福祉提供法治保障、满足人民日益增长的美好生活需要的司法目标。

三是坚持合法性解释原则。《解释》的起草，按照崇尚法治、尊重法律、恪守规则的精神，紧紧围绕侵权责任法、民事诉讼法等法律，对于法律规定较为原则的规则予以细化，以更有效的指导审判实践。

四是坚持问题导向与总结审判经验相结合。《解释》针对当前审判实践中亟需解决且有一定普遍性的问题，通过梳理并总结吸收各地审判实践经验，比如北京、上海、安徽、广东、江苏等地关于诊疗过错认定、产品责任承担等的经验做法，对医疗损害责任纠纷的法律适用难点、争点问题作了细化规定。

问：《解释》对医疗美容损害责任纠纷的法律适用是如何规定的？

答：审判实践中，因为美容问题引发的纠纷如何适用法律，尤其是对此类纠纷是否属于医疗损害责任纠纷的范畴争议较大。明确医疗美容损害责任纠纷的法律适用规则，对于规范医疗美容行业健康有序发展、维护广大人民群众的健康利益具有重要意义。在充分调研论证基础上，参考《医疗机构管理条例实施细则》第八十八条、《医疗美容服务管理办法》第二条的规定，《解释》明确了医疗美容属于“诊疗活动”的范围，规定因医疗美容行为引发的纠纷应属于医疗损害责任的范围，应当适用医疗损害责任的规定。同时，《解释》还参考《医疗机构管理条例实施细则》《医疗美容服务管理办法》的有关规定，对医疗美容损害责任纠纷作了明确界定，以与生活美容类损害责任纠纷相区别。

问：《解释》对医疗损害责任纠纷举证作了怎样的规定？

答：举证证明责任问题，是每个医疗损害责任纠纷必然要遇到的问题，也是医疗损害责任纠纷案件中较受关注的问题。明确举证责任分配规则，也是确定鉴定申请程序及后续责任承担规则的基础。2002 年施行的《最高人民法院关于民事诉讼证据的若干规定》关于医疗损害责任纠纷中因果关系和过错要件适用举证责任倒置的做法，虽然缓和了患者举证责任，也在一定时期内起到其应有作用，但在执行过程中也出现了一些其他后果，无助于医学发展进步，不利于从根本上维护患者看病就医权利。

侵权责任法第五十四条明确规定，患者在诊疗活动中受到损害，医疗机构及其医务人员有过错的，由医疗机构承担赔偿责任。《解释》在严格遵循立法本意前提下，以构建和维护和谐医患关系为出发点，在大量实证调研和借鉴域外经验做法基础上，进一步明确了司法适用规则，即患者依据侵权责任法第五十四条规定主张医疗机构承担赔偿责任的，应当提交到该医疗机构就诊、受到损害的证据；患者无法提交医疗机构及其医务人员有过错、诊疗活动与损害之间具有因果关系的证据，依法提出医疗损害鉴定申请的，人民法院应予准许；医疗机构主张不承担责任的，应当就侵权责任法第六十条第一款规定情形等抗辩事由承担举证证明责任。对于医疗产品责任纠纷，《解释》也遵循上述思路规定了患者无法提交使用医疗产品或者输入血液与损害之间具有因果关系证据，依法申请鉴定的，人民法院应予准许。

《解释》的上述规定，既遵循了《侵权责任法》确立的过错责任原则，又避免了因举证证明责任分配不当而导致双方实体权利义务显著失衡而激化医患矛盾，充分考虑到患者存在医学专业性不足、信息不对称等客观情况，对患者进行了适当的举证责任缓和。这一规定属于在医疗损害责任纠纷案件审理过程中的法律适用规则，并不涉及立案受理问题。医疗损害责任纠纷案件立案要按照立案登记制的要求，依法做到有案必立、有诉必理。

问：《解释》对规范医疗损害鉴定程序作了哪些规定？

答：由于医学本身的专业性，诊疗行为有无过错及其与患者损害后果有无因果关系、原因力的大小等往往需要通过鉴定程序来解决。没有医疗损害鉴定，多数医疗损害责任纠纷案件的处理会非常困难，因此医疗损害鉴定对于医疗损害责任纠纷案件的处理的重要性不言而喻。但实践中存在鉴定程序不规范、鉴定意见公信力不足、鉴定人出庭难等问题，很大程度上影响了案件的公正处理。正因为如此，《解释》依据民事诉讼法有关鉴定程序的规定，基于促进鉴定程序的规范化、科学化，提高鉴定意见的公信力，对医疗损害鉴定意见的采信、鉴定人出庭等问题作了规定。具体而言，主要有以下几个方面：

其一，针对实践中鉴定人的资质要求不规范以及当事人是选择鉴定机构还是鉴定专家等问题，《解释》明确了医疗损害鉴定的根本在于借助专家的专门知识、技能和经验，辅助法官对专门性事实问题作出判断，以保证案件裁判的公正。因此，《解释》依据民事诉讼法的有关规定，明确了鉴定人的确定，应当从具备相应的鉴定能力、符合鉴定要求的专家中选择的基本要求。当然这并不影响当事人通过先选择鉴定机构，再确定鉴定专家的实践做法。人民法院应当根据案件具体情况对鉴定专家作必要审查，确保鉴定专家具备相应鉴定能力。涉及临床医学方面专门性问题的鉴定，应当具备临床医学鉴定方面的资质要求；涉及法医学方面专门性问题的，应当具备法医学方面的资质要求。

其二，针对实践中鉴定材料提交混乱影响鉴定程序正常开展的问题，《解释》明确了当事人应当按照要求提交真实、完整、充分的鉴定材料的基本要求，并对补充提交鉴定材料、鉴定材料的质证作了明确规定。

其三，针对实践中鉴定人资质不符合要求、鉴定期限过长、鉴定意见书写不规范，甚至有的鉴定意见无法作为案件证据使用的问题，《解释》规定了当事人申请或者人民法院依职权委托鉴定的，应当有明确的鉴定内容和要求，对其中需要鉴定的专门性问题和鉴定要求的事项作了具体列举。

其四，医疗损害责任纠纷案件中普遍存在原发疾病、个人体质及诊疗过错等共同作用导致损害发生的多因一果问题，实践中鉴定意见对于原因力的表述不一，影响了人民法院对鉴定意见的准确采信。针对这一问题，《解释》根据侵权责任法的基本理论，从人民法院裁判案件的角度对医疗损害责任中诊疗行为与患者自身疾病等其他造成患者损害的原因之间的原因力大小区分了六种情形予以规定，从而规范鉴定意见对原因力问题的写法，以便人民法院更准确的确定当事人之间的责任。

问：《解释》对医疗损害鉴定意见的质证问题作了哪些规定？

答：对此，《解释》主要从强化鉴定人出庭作证程序和明确适用专家辅助人制度两个方面作出了规定，既弥补当事人尤其是患者一方对鉴定意见专业性方面举证能力的不足，又充分发挥庭审作用，为人民法院依法准确认定案件事实提供程序保障。

2012年修订的民事诉讼法第七十八条明确规定了鉴定人出庭作证的具体情形及相应法律后果。鉴定人出庭作证难的问题在更加依赖鉴定意见的医疗损害责任纠纷案件中更加突出，相应的规范鉴定人出庭作证程序对于医疗损害责任纠纷的处理就显得更加重要。为此，《解释》依据民事诉讼法的有关规定，在明确规定鉴定意见的质证要求的基础上，细化了医疗损害责任纠纷中鉴定人出庭作证的程序要求。

同时，考虑到医疗损害纠纷案件本身的专业性特点，有必要发挥专家辅助人制度对于依法妥善解决医疗纠纷的重要作用。实践中对专家辅助人提出意见的证据定性及效力问题存有争议，这一问题在医疗损害责任纠纷中较为突出。为增强当事人对鉴定意见进行质证的能力，充分发挥庭审实质作用，《解释》依据民事诉讼法第七十九条的规定，对医疗损害责任纠纷中的专家辅助人制度作了规定，突出强调该专家辅助人须具有医学专门知识，并在参考其他相关司法解释的基础上，明确了专家辅助人所提意见经过质证，可以作为认定事实的根据。

问：《解释》对人民法院采信当事人自行委托鉴定人作出的医疗损害鉴定意见是怎样规定的？

答：审判实践中，当事人自行委托鉴定的情形不在少数，对此效力认定的问题，存有较大争议。普遍认为，当事人一方自行委托鉴定存在明显的弊端，由此作出的鉴定意见往往仅会对委托鉴定的一方当事人有利，欠缺公正性。调研中也有意见指出，自行委托鉴定对于诉前解决医疗纠纷具有一定的积极意义。因此，为保证鉴定意见的信服力，推动当事人依法启动鉴定程序，经过慎重考虑，《解释》就医疗损害鉴定中单方委托鉴定的问题，适当提高了人民法院采信自行委托鉴定意见的门槛，规定了一方当事人自行委托鉴定作出的医疗损害鉴定意见，在另一方当事人认可的情况下，人民法院可以对该鉴定意见予以采信。同时，对于双方当事人共同自行委托鉴定的情形，基于当事人处分原则，对此应予准许，这在价值导向上也有利于通过诉前调解等方式化解矛盾。如果一方当事人对双方共同委托而作出的鉴定意见不认可，则应当提出明确的异议内容并予以质证；在该异议不成立的情况下，人民法院应当采信该鉴定意见。

问：《解释》对紧急救治情形的法律适用是如何规定的？

答：侵权责任法第五十六条规定了紧急情况下医疗机构实施紧急医疗措施的内容，但实践中对于如何认识该条中“难以取得患者或者其近亲属同意”以及紧急救助情形下的责任承担问题分歧较大，亟需进一步明确。在深入调研、反复论证的基础上，《解释》对因抢救生命垂危的患者等紧急情况且不能取得患者近亲属意见的情形作出细化规定的基础上，本着鼓励和维护医疗机构在患者处于紧急情况下积极施救的价值导向，规定对于抢救生命垂危的患者等紧急情况，不能取得患者或者其近亲属意见的，医务人员经医疗机构负责人或者授权的负责人批准立即实施相应的医疗措施，患者因此请求医疗机构承担赔偿责任的，人民法院不予支持。同时，对于医疗机构怠于立即实施相应的医疗措施，导致患者受到损害的，《解释》也明确规定了医疗机构应当承担相应的赔偿责任。这样不仅有利于指导实务操作，有利于规范医疗机构行为，也有利于保障生命垂危等紧急情况下患者得到及时救治，维护其生命、健康权益。

问：《解释》对医疗产品责任纠纷案件中适用惩罚性赔偿是如何规定的？

答：侵权责任法在产品责任一章中确立了惩罚性赔偿制度，其目的在于通过制裁故意将缺陷产品投放市场并且已经造成了使用人严重人身损害的行为，督促生产者、经营者规范其行为，以充分保护产品使用人的合法权益。医疗产品事关广大人民群众生命健康，从某种意义上讲，缺陷医疗产品的危害较普通产品的危害更为严重。在医疗产品责任纠纷中适用惩罚性赔偿，对于规范医疗领域存在的医疗产品市场不规范、制售假冒伪劣医疗产品屡禁不止等问题具有重要意义。由于侵权责任法第四十七条并没有规定相应的惩罚性赔偿的标准，经过慎重考虑，《解释》参照《消费者权益保护法》第五十五条第二款的规定，明确规定了医疗产品的生产者明知医疗产品存在缺陷仍然生产或者医疗产品的销售者明知医疗产品存在缺陷仍然销售的，造成患者死亡或者健康严重损害，患者请求生产者或者销售者赔偿损失及所受损失二倍以下的惩罚性赔偿的，人民法院应予支持。这对于威慑或者阻遏明知医疗产品存在缺陷仍然生产、销售的行为，维护广大人民群众的生命健康利益，具有重要而积极的作用。

第二部分

条文释义

最高人民法院
关于医疗损害责任纠纷司法解释
条文释义与实务指南

ZUIGAO RENMIN FAYUAN
GUANYU YILIAO SUNHAI ZEREN JIUFEN SIFA JIESHI
TIAOWEN SHIYI YU SHIWU ZHINAN

最高人民法院关于审理医疗损害责任纠纷案件适用法律若干问题的解释

为正确审理医疗损害责任纠纷案件，依法维护当事人的合法权益，推动构建和谐医患关系，促进卫生健康事业发展，根据《中华人民共和国侵权责任法》《中华人民共和国民事诉讼法》等法律规定，结合审判实践，制定本解释。

第一条 患者以在诊疗活动中受到人身或者财产损害为由请求医疗机构，医疗产品的生产者、销售者或者血液提供机构承担侵权责任的案件，适用本解释。

患者以在美容医疗机构或者开设医疗美容科室的医疗机构实施的医疗美容活动中受到人身或者财产损害为由提起的侵权纠纷案件，适用本解释。

当事人提起的医疗服务合同纠纷案件，不适用本解释。

【条文释义】

本条是关于本解释适用范围的规定。本解释是关于审理医疗损害责任纠纷案件适用法律作出的解释，因此应当首先明确医疗损害责任纠纷的范围。本条规定系针对理论界和实务界存在的医疗损害责任赔偿问题的双轨制问题，依据侵权责任法的规定，明确了医疗损害责任纠纷统一适用侵权责任法以及本解释的相关规定。本条所界定的医疗损害责任纠纷构成要素主要有：一是纠纷是由于患者在诊疗活动中受到损害而引起；二是纠纷的主体一方为患者，另一方为医疗机构，医疗产品的生产者、销售者或者血液提供机构；三是纠纷的案由为医疗损害责任纠纷。准确理解本条内容需要把握以下几点：

一、关于医疗损害责任的归责原则和责任形态

侵权责任法参考国外通例，充分考虑诊疗行为本身特点，本着既要保护患者合法权益，也要保护医院和医务人员合法权益，有利于医学科学进步以及医药卫生事业发展的考虑，在第54条明确规定了医疗损害责任适用过错责任的一般规则。在理论和实务上普遍认为本条规定不仅是医疗损害责任的一般条款，更是从根本上改变以前长期存在的医疗损害赔偿双轨制的重要规定。[①] 依据本条规定，医疗损害责任是指患者在医疗机构就医时，由于医疗机构及其医务人员的过错，在诊疗护理活动中受到损害的，医疗机构应当承担侵权损害赔偿责任。在归责原则上，医疗损害责任适用过错责任归责原则，改变了审判实践中较长时间内采取的过错推定原则。在责任性质上，医疗损害责任是一种替代责任，由医疗机构对其医务人员给患者造成的损害承担赔偿责任。[②] 按照上位法优于下位法的基本原理，《医疗事故处理条例》与侵权责任法冲突规定的不能再适用，这其中最根本的就是医疗损害赔偿责任的承担问题，《医疗事故处理条例》不能再适

---

① 在侵权责任法改革医疗损害责任之前，我国医疗损害责任的损害赔偿实行双轨制，即医疗事故责任适用《医疗事故处理条例》规定的赔偿标准，医疗过错责任适用《民法通则》第119条规定的赔偿标准。两者相差悬殊：依照2005年北京市人均可支配收入为17653元的标准计算，造成死亡的，按照条例规定的标准计算死亡赔偿金为105918元，按照《民法通则》规定的标准计算死亡赔偿金为353060元，相差247142元。对于同样的损害给付的赔偿金差别这样悬殊，显然是不正确的。侵权责任法统一规定适用第16条规定的人身损害赔偿标准，从根本上解决了赔偿标准双轨制的混乱问题，实现了受害患者的人格平等，有利于保护受害患者的合法权益。对此，侵权责任法作出了重大贡献。引自杨立新：《〈侵权责任法〉改革医疗损害责任制度的成功与不足》，载《中国人民大学学报》2010年第4期。

② 最高人民法院民事案件案由规定课题组：《最高人民法院民事案件案由规定理解与适用(2011年修订版)》，人民法院出版社2011年版，第52页。

用，而应统一适用侵权责任法第 16 条的规定。[①] 本解释是关于侵权责任法中医疗损害责任规定的解释，上述在法律适用冲突时适用侵权责任法的规则，当然就要意味着要适用于本解释的规定。

过错责任原则可以很好地平衡受害患者、医疗机构和全体患者这三者之间的利益关系。过错责任原则作为调整受害患者、医疗机构和全体患者之间的利益关系的最好平衡器，其作用表现在：一是没有医疗过错，医疗机构就没有责任；二是医疗机构仅就自己的医疗过错所造成的损害承担赔偿责任，对于他人的过错，医疗机构不承担责任；三是基于医疗过失与其他侵权责任中的故意或过失相比的非严重程度，应当适当限制精神损害抚

---

① 《中华人民共和国侵权责任法》第 16 条规定："侵害他人造成人身损害的，应当赔偿医疗费、护理费、交通费等为治疗和康复支出的合理费用，以及因误工减少的收入。造成残疾的，还应当赔偿残疾生活辅助具费和残疾赔偿金。造成死亡的，还应当赔偿丧葬费和死亡赔偿金。"

《医疗事故处理条例》第 50 条规定："医疗事故赔偿，按照下列项目和标准计算：

（一）医疗费：按照医疗事故对患者造成的人身损害进行治疗所发生的医疗费用计算，凭据支付，但不包括原发病医疗费用。结案后确实需要继续治疗的，按照基本医疗费用支付。

（二）误工费：患者有固定收入的，按照本人因误工减少的固定收入计算，对收入高于医疗事故发生地上一年度职工年平均工资 3 倍以上的，按照 3 倍计算；无固定收入的，按照医疗事故发生地上一年度职工年平均工资计算。

（三）住院伙食补助费：按照医疗事故发生地国家机关一般工作人员的出差伙食补助标准计算。

（四）陪护费：患者住院期间需要专人陪护的，按照医疗事故发生地上一年度职工年平均工资计算。

（五）残疾生活补助费：根据伤残等级，按照医疗事故发生地居民年平均生活费计算，自定残之月起最长赔偿 30 年；但是，60 周岁以上的，不超过 15 年；70 周岁以上的，不超过 5 年。

（六）残疾用具费：因残疾需要配置补偿功能器具的，凭医疗机构证明，按照普及型器具的费用计算。

（七）丧葬费：按照医疗事故发生地规定的丧葬费补助标准计算。

（八）被扶养人生活费：以死者生前或者残疾者丧失劳动能力前实际扶养且没有劳动能力的人为限，按照其户籍所在地或者居所地居民最低生活保障标准计算。对不满 16 周岁的，扶养到 16 周岁。对年满 16 周岁但无劳动能力的，扶养 20 年；但是，60 周岁以上的，不超过 15 年；70 周岁以上的，不超过 5 年。

（九）交通费：按照患者实际必需的交通费用计算，凭据支付。

（十）住宿费：按照医疗事故发生地国家机关一般工作人员的出差住宿补助标准计算，凭据支付。

（十一）精神损害抚慰金：按照医疗事故发生地居民年平均生活费计算。造成患者死亡的，赔偿年限最长不超过 6 年；造成患者残疾的，赔偿年限最长不超过 3 年。"

慰金的赔偿数额，不能赔偿过高。[①] 但是，过错责任原则是医疗损害责任的基本归责原则并不是说医疗损害责任一概采取过错责任的规则，因为医疗损害责任不仅包括医疗伦理损害责任、医疗技术损害责任和医疗管理损害责任，还包括医疗产品损害责任。医疗产品损害责任的归责原则适用无过错责任原则是确定的，侵权责任法第五章（第59条）有明确规定。既然侵权责任法第七章规定医疗损害责任是一个宽泛的侵权责任类型，而不是仅指医疗事故责任或者医疗过错责任的医疗技术损害责任，还包括医疗产品损害责任，因而不可能适用统一的过错责任原则，起码还包括无过错责任原则。[②]

一般认为，医疗损害责任属于替代责任。按照替代责任的基本规则，应该由替代责任人对行为人的行为后果负责，即在起诉时该替代责任人为适格被告。有意见认为，个体诊所在诊疗活动中承担的责任也是替代责任，因为个体诊所也是登记在册的医疗机构，在出现医疗损害纠纷时，受害者仍然是向个体诊所提出诉讼请求，由其承担责任，即使个体诊所的医务人员只有一个也是如此。[③] 这一意见较有道理，进一步讲，该个体诊所一般都属于个体经营的性质，最终责任的承担，依据民法通则第29条的规定，个体工商户、农村承包经营户的债务，个人经营的，以个人财产承担；家庭经营的，以家庭财产承担。这一法律适用规则在白某某与王某某、石家庄市某某中西医结合门诊部等医疗损害责任纠纷案[④]中也有所体现。

二、关于医疗美容损害责任纠纷的法律适用

据中消协会的统计，近年来整容领域已成为消费者投诉热点，按照2012年发布的数据，此前十年间里，我国平均每年因整容导致毁容的投诉

---

① 王利明主编：《侵权责任法裁判要旨与审判实务》，人民法院出版社2010年版，第371页。

② 杨立新：《〈侵权责任法〉规定的医疗损害责任归责原则》，载《河北法学》2012年第12期。

③ 杨立新：《医疗损害责任一般条款的理解与适用》，载《法商研究》2012年第5期。

④ 参见河北省石家庄市中级人民法院（2014）石民一终字第00127号民事判决书。

多达2万起，相当于说，10年间20万张脸被整容行业毁掉了。[①] 这些数据已相当可观，同时也一定程度上说明了当事人不断通过司法途径对美容失败导致的损害寻求救济，使得人民法院审理医疗美容纠纷案件成了当前审判实践中的热点与难点问题。因为美容问题引发的纠纷存在法律适用上的争议，尤其是对此类纠纷是否属于医疗损害责任纠纷的范畴争议较大，且有一定的普遍性。

本条第2款在总结审判经验和实践做法的基础上明确规定医疗美容损害责任纠纷案件要适用本解释的规定，即将医疗美容纠纷纳入到医疗损害责任纠纷中。主要理由在于：

其一，法律依据。《医疗机构管理条例实施细则》第4条规定："卫生防疫、国境卫生检疫、医学科研和教学等机构在本机构业务范围之外开展诊疗活动以及美容服务机构开展医疗美容业务的，必须依据条例及本细则，申请设置相应类别的医疗机构。"《医疗机构管理条例实施细则》第88条在对诊疗活动作出界定后紧接着明确了"医疗美容"的含义，即"使用药物以及手术、物理和其他损伤性或者侵入性手段进行的美容"。《医疗美容服务管理办法》（2016年修正）第2条将"医疗美容"定义为"运用手术、药物、医疗器械以及其他具有创伤性或者侵入性的医学技术方法对人的容貌和人体各部位形态进行的修复与再塑"。此外，根据《卫生部办公厅关于印发〈医疗美容项目分级管理目录〉的通知》（卫办医政发〔2009〕220号）的规定，按照手术难度和复杂程度以及可能出现的医疗意外和风险大小的不同，美容外科项目分可以分为四级：一级：操作过程不复杂，技术难度和风险不大的美容外科项目。二级：操作过程复杂程度一般，有一定技术难度，有一定风险，需使用硬膜外腔阻滞麻醉、静脉全身麻醉等完成的美容外科项目。三级：操作过程较复杂，技术难度和风险较大，因创伤大需术前备血，并需要气管插管全麻的美容外科项目。四级：操作过程复杂，难度高、风险大的美容外科项目。从上述部门规章及

---

① 参见http：//news. ifeng. com/a/20140806/41461290_ 0. shtml.

有关政策文件的内容看，无论是从医疗美容的界定。还是医疗美容的基本分类上看，我国都是将医疗美容作为一种医疗行为来看待的。

其二，从司法层面，将医疗美容纠纷作为侵权责任纠纷乃至医疗损害责任纠纷已经得到审判实践的普遍认同。从了解的情况看，对于医疗美容纠纷，当事人多选择以医疗损害赔偿的侵权之诉来进行救济，人民法院也都将此定性为医疗损害责任纠纷并依据有关医疗损害责任规定作出裁判。

其三，医疗美容也符合诊疗行为的基本特征。虽然传统意义的诊疗行为以治病救人、救死扶伤为己任，具备典型的必要性和公益性，医疗美容的“患者”则以追求外表美丽为目标，医疗美容行为并非救死扶伤治病救人行为，不具有典型的公益性。但是与其他典型意义上的诊疗行为一样，医疗美容也具备“创伤性”与“侵入性”的特点，也应属于诊疗行为范畴。

其四，从行为主体上看，《医疗美容服务管理办法》第15条规定：“实施医疗美容项目必须在相应的美容医疗机构或开设医疗美容科室的医疗机构中进行。”即医疗美容服务由专门的美容医疗机构或开设医疗美容科室的医疗机构提供。这符合医疗损害责任纠纷系发生在医疗机构与患者之间因诊疗活动引起是损害责任纠纷的基本属性，应属于医疗损害责任纠纷，适用本解释的相关规定。

关于医疗美容责任纠纷的案由确定。由于医疗损害责任纠纷案由项下只有“（1）侵害患者知情同意权责任纠纷；（2）医疗产品责任纠纷”两个四级案由，按照案由确定的基本规则，应当将医疗美容责任纠纷直接列为医疗损害责任纠纷，适用本解释关于医疗损害责任纠纷的举证责任、鉴定程序、责任承担等一系列规定。当然考虑到医疗美容责任纠纷的多发问题，在审判实践中已经具有一定的普遍性，可以考虑在条件成熟时通过修订案由的形式，明确规定其为独立的四级案由。

在此还要注意的是，要将医疗美容责任纠纷与没有相应资质的医疗机构进行的医疗美容行为引发的侵权责任纠纷、具有一定资质的医疗美容机构超范围进行医疗美容服务或者其他诊疗活动引发的侵权责任纠纷相区分。比如《卫生部关于美容中医科开展整形美容手术是否认定超范围执业的批复》（卫医发〔2006〕41 号）规定："根据《医疗美容服务管理办法》第 2 条和《医疗美容项目（试行）》，诊疗科目仅登记为美容中医科的医疗美容机构开展整形美容手术，应认定为超范围执业。"即美容中医科的医疗美容机构开展整形美容手术属于非法行医的范畴。我们认为，上述两种情形皆属于非法行医，并不能被医疗美容责任纠纷所涵盖，但仍符合侵权责任法第 54 条规定的医疗机构过错实施诊疗行为的情形，应当直接界定为本条第 1 款所规定的医疗损害责任纠纷范畴，适用医疗损害责任的有关规定。比如，《卫生部关于纹身不纳入医疗美容项目管理的批复》（卫医政函〔2009〕293 号）明确："根据《医疗美容服务管理办法》和《医疗美容项目（试行）》，纹身不纳入医疗美容项目管理。"我们认为，未列入医疗美容项目的事项，应不属于医疗美容的范畴。对于上述既非医疗美容项目也非其他诊疗活动范畴的情形的纹身行为应属于生活美容的范畴，因其与诊疗活动无关，则此类纠纷不能界定为医疗损害责任纠纷，应当适用一般侵权行为的法律规则。但在医疗机构实施的非医疗美容行为属于有关诊疗活动时，则同样构成本条第 1 款规定的医疗损害责任纠纷。

三、关于医疗损害责任纠纷与医疗服务合同纠纷的竞合

（一）违约责任与侵权责任竞合时的具体处理规则

本解释第 3 款规定"当事人以医疗服务合同纠纷为由向人民法院提起诉讼的，不适用本解释"。从裁判规范的角度讲，意在明确合同纠纷应当适用合同法及相关司法解释规定，当然不能适用侵权责任法的规定。对于医疗服务合同纠纷，人民法院不能直接援引本解释有关规定进行审理，否则构成适用法律错误。同时，从行文规范的角度讲，本款规定也意在导向当事人选择医疗损害责任的规定来维护自己的合法权益。首先，依据现有法律、司法解释的规定，适用医疗损害责任这一侵权责任实体法规则对于充分维护当事人合法权益，彻底解决纠纷，避免当事人之间争议具有积极意义。尤其是在损害赔偿上，侵权责任有关法律、司法解释规定了完备的损害赔偿体系，其中包括精神损害赔偿。而在违约责任的承担上，虽然有

学者主张无论是财产损害还是非财产损害，在违约案件中均应予以赔偿。非财产损害赔偿包括死亡赔偿金、残疾赔偿金以及侵害人格权场合的抚慰金。[①] 但在实务中均不承认精神损害赔偿，比如在郑某峰、陈某青诉江苏省人民医院医疗服务合同纠纷案中，原告提出的1万元精神抚慰金，法院以本案为合同违约之诉，依据合同法第107条、第113条第1款的规定，不予支持。[②] 在医疗损害责任纠纷同样对患者实行举证责任缓和的情况下，适用医疗损害责任的损害赔偿规则更有利于对患者的充分救济。其次，在目前法律及司法解释对于医疗服务合同违约责任并没有具体规定，对于如何确定医疗服务合同的履行利益、固有利益甚至可得利益等都没有明确界定，如何适用继续履行这一责任承担方式，能否及如何适用违约金责任等存在盲区的情况下，按照合同法的规则处理医疗纠纷，不仅难免出现一些争议，不利于纠纷的彻底化解，更会使法律关系复杂化，甚至会让老百姓无所适从。最后，当前审判实践中医疗纠纷绝大多数都是按照医疗损害责任纠纷处理的，这也说明运用医疗损害赔偿责任的法律适用规则，更符合社会日常观念，更能被广大老百姓接受。退一步讲，即使按照医疗服务合同纠纷进行审理，也都或多或少存在“名为审理医疗服务合同，实为适用医疗损害责任规则”的情形，特别是其中最关键的鉴定程序的启动都是按照医疗损害鉴定程序进行，患者损害也基本都是参照人身损害赔偿的规则计算残疾赔偿金、死亡赔偿金等。

审判实践中对于医疗机构起诉要求患者出院、终止医疗服务合同或者要求患者偿还拖欠的医疗费的，应属于医疗服务合同纠纷。对于患者起诉的医疗纠纷中，医疗机构提起反诉能否合并审理的问题。依据《最高人民法院关于适用〈中华人民共和国民事诉讼法〉的解释》（以下简称《民诉法解释》）第233条第2款的规定，反诉与本诉的诉讼请求基于相同法律关系、诉讼请求之间具有因果关系，或者反诉与本诉的诉讼请求基于相同

---

① 韩世远：《医疗服务合同的不完全履行及其救济》，载《法学研究》2005年第5期。

② 参见《郑雪峰、陈国青诉江苏省人民医院医疗服务合同纠纷案》，载《中华人民共和国最高人民法院公报》2004年第8期。

事实的，人民法院应当合并审理。即患者以医疗服务合同纠纷为由起诉的，医疗机构提起反诉符合这一规定情形的，人民法院应当合并审理。但在患者以医疗损害责任纠纷起诉的案件中医疗机构将上述请求作为反诉提起的，由于所诉法律关系并非同一，这时人民法院不能合并审理，医疗机构应另行起诉。

（二）医疗服务合同纠纷的法律适用规则

对于患者在医疗服务合同中受到的损害按照违约责任进行赔偿，要适用患者一方要求医疗机构承担的违约赔偿责任，赔偿违约造成的损失以不超过合理预见的损失范围为限。根据合同法第 107 条规定，违约责任承担方式主要有继续履行、采取补救措施或者赔偿损失。赔偿损失是承担医疗合同违约责任最主要的形式。当事人一方违反合同义务时，应当对因此给他方造成的直接损失和可以预见的间接损失予以赔偿，以合理预见的损失为限，直接损失是指患方因医方的违约行为所造成的财产实际减少，如患者病情恶化而延长治疗期限所导致的治疗费用的增加；可以预见的间接损失指可得利益的损失，如患者因治病不能正常工作导致收入的减少。同时由于医疗行为是一种带有人身性质的行为，医师不愿意继续为患者医疗的，继续履行变为不可能，但有些条件下医师所在的医疗机构愿意委派同样技能的医师继续为患者治疗的，继续履行也可成为承担违约责任的一种方式。这里条件允许的是指主客观条件，其中客观条件包括治疗方式、治疗手段、患者本身情况适宜。①

【适用指南】

对于本条的适用，实践中还要需要准确把握健康体检损害责任纠纷的法律适用问题。

---

① 参见《上海市高级人民法院医疗过失赔偿纠纷案件办案指南》（沪高法民一〔2005〕17 号）。

目前学界和实务界普遍认为健康体检属于诊疗活动的范畴。原卫生部于2009年8月5日颁布《健康体检管理暂行规定》，第2条规定对健康体检作了如下定义："健康体检是指通过医学手段和方法对受检者进行身体检查，了解受检者健康状况、早期发现疾病线索和健康隐患的诊疗行为。"这一规定即明确了健康体检属于诊疗行为。因健康体检中的诊疗过错行为导致患者损失的，应当适用医疗损害责任的规定。在此要注意非医疗机构的单位或者个人实施的健康体检行为，属于非法行医的范畴，由此引发的纠纷不属于医疗损害责任纠纷，应当按照过错侵权和用人单位责任的有关规定确定责任承担规则。实践中，健康体检医疗损害责任纠纷往往表现为两种形式：一是医疗机构误诊或者没有及时发现受检者的疾病、器质性病变程度等引发的纠纷。二是医疗机构未尽到告知义务引发的纠纷。

依据侵权责任法第54条的规定，同一般的医疗损害责任一样，健康体检医疗损害责任的构成应当符合医疗机构及其医务人员存在过错，违法诊疗行为、受到损害及诊疗行为与损害后果有因果关系四个要件。这其中争议较大的患者因未被告知或者未被查出的疾病死亡或者严重人身伤害的后果与健康体检本身有无因果关系的问题。有观点认为，受检者死亡的后果与医疗机构的上述过失行为没有直接因果关系，但医疗机构的过失行为侵害了受检者对延续自身健康和提高生存可能性的期待利益，这种延续健康和提高生存可能性的期待，是健康权和生命权的内在要求具有人格利益对此期待利益的侵害，实际是侵害了受检者的人格利益。故主张以医方侵犯患者人格权益为由，仅可获得精神损害赔偿。[①]笔者认为，虽然疾病本身非由健康体检所致，但正是因为医疗机构的过错体检或未尽到告知医务，致使患者丧失最佳治疗机会导致其没有得到及时诊疗而不得不忍受承受疾病引发的损害后果，应当认为健康体检行为与损害后果发生是存在相当因果关系。换言之，该过错体检行为虽非导致死亡或者其他严重人身损害后

---

① 赵兴武：《患者健康"期待利益"怎么保护》，载《人民法院报》2014年1月12日第3版。

果发生的直接原因，但是错过最佳治疗机会的直接原因。

健康体检行为导致损害的侵权责任构成的最大难点就在于就是过错体检行为导致的损害到底是什么，因果关系怎样判断。目前实践中多是依据鉴定意见适当从宽界定因果关系，按照最终死亡的后果确定原因力比例来承担责任。我们认为，体检过错损害责任纠纷类似不当出生案件，体检行为能否发现疾病本是一项医学难题，体检指标对疾病的指征性也存在医学争论，疾病的出现确非体检所致。但是，若在合理期间内，能够治愈而不能治愈和及时发现也不能治愈，不可同日而语，因体检误诊或未发现受检者的疾病或者器质性病变成都，可认定体检行为与损害后果存在因果关系。医疗机构承担的不仅限于为精神损害赔偿责任，对付出的医疗费等额外费用也宜列入赔偿范围。但鉴于体检的医学局限性，不能让医疗机构承担全部责任，可根据其过错和原因力大小承担部分责任。

【法条链接】

《中华人民共和国侵权责任法》

第十六条　侵害他人造成人身损害的，应当赔偿医疗费、护理费、交通费等为治疗和康复支出的合理费用，以及因误工减少的收入。造成残疾的，还应当赔偿残疾生活辅助具费和残疾赔偿金。造成死亡的，还应当赔偿丧葬费和死亡赔偿金。

第十八条　被侵权人死亡的，其近亲属有权请求侵权人承担侵权责任。被侵权人为单位，该单位分立、合并的，承继权利的单位有权请求侵权人承担侵权责任。

被侵权人死亡的，支付被侵权人医疗费、丧葬费等合理费用的人有权请求侵权人赔偿费用，但侵权人已支付该费用的除外。

第三十四条　用人单位的工作人员因执行工作任务造成他人损害的，由用人单位承担侵权责任。

劳务派遣期间，被派遣的工作人员因执行工作任务造成他人损害的，由接受劳务派遣的用工单位承担侵权责任；劳务派遣单位有过错的，承担相应的补充责任。

第五十四条 患者在诊疗活动中受到损害，医疗机构及其医务人员有过错的，由医疗机构承担赔偿责任。

第五十九条 因药品、消毒药剂、医疗器械的缺陷，或者输入不合格的血液造成患者损害的，患者可以向生产者或者血液提供机构请求赔偿，也可以向医疗机构请求赔偿。患者向医疗机构请求赔偿的，医疗机构赔偿后，有权向负有责任的生产者或者血液提供机构追偿。

《中华人民共和国合同法》

第一百二十二条 因当事人一方的违约行为，侵害对方人身、财产权益的，受损害方有权选择依照本法要求其承担违约责任或者依照其他法律要求其承担侵权责任。

《中华人民共和国药品管理法》

第一百条 本法下列用语的含义是：

药品，是指用于预防、治疗、诊断人的疾病，有目的地调节人的生理机能并规定有适应症或者功能主治、用法和用量的物质，包括中药材、中药饮片、中成药、化学原料药及其制剂、抗生素、生化药品、放射性药品、血清、疫苗、血液制品和诊断药品等。

辅料，是指生产药品和调配处方时所用的赋形剂和附加剂。

药品生产企业，是指生产药品的专营企业或者兼营企业。

药品经营企业，是指经营药品的专营企业或者兼营企业。

《医疗机构管理条例》

第十五条 医疗机构执业，必须进行登记，领取《医疗机构执业许可证》。

第十六条 申请医疗机构执业登记，应当具备下列条件：

（一）有设置医疗机构批准书；

（二）符合医疗机构的基本标准；

（三）有适合的名称、组织机构和场所；

（四）有与其开展的业务相适应的经费、设施、设备和专业卫生技术人员；

（五）有相应的规章制度；

（六）能够独立承担民事责任。

第十七条　医疗机构的执业登记，由批准其设置的人民政府卫生行政部门办理。

按照本条例第十三条规定设置的医疗机构的执业登记，由所在地的省、自治区、直辖市人民政府卫生行政部门办理。

机关、企业和事业单位设置的为内部职工服务的门诊部、诊所、卫生所（室）的执业登记，由所在地的县级人民政府卫生行政部门办理。

《医疗机构管理条例实施细则》

第二条　条例及本细则所称医疗机构，是指依据条例和本细则的规定，经登记取得《医疗机构执业许可证》的机构。

第三条　医疗机构的类别：

（一）综合医院、中医医院、中西医结合医院、民族医医院、专科医院、康复医院；

（二）妇幼保健院、妇幼保健计划生育服务中心；

（三）社区卫生服务中心、社区卫生服务站；

（四）中心卫生院、乡（镇）卫生院、街道卫生院；

（五）疗养院；

（六）综合门诊部、专科门诊部、中医门诊部、中西医结合门诊部、民族医门诊部；

（七）诊所、中医诊所、民族医诊所、卫生所、医务室、卫生保健所、卫生站；

（八）村卫生室（所）；

（九）急救中心、急救站；

（十）临床检验中心；

（十一）专科疾病防治院、专科疾病防治所、专科疾病防治站；

（十二）护理院、护理站；

（十三）医学检验实验室、病理诊断中心、医学影像诊断中心、血液透析中心、安宁疗护中心；

（十四）其他诊疗机构。

第四条 卫生防疫、国境卫生检疫、医学科研和教学等机构在本机构业务范围之外开展诊疗活动以及美容服务机构开展医疗美容业务的，必须依据条例及本细则，申请设置相应类别的医疗机构。

第十三条 在城市设置诊所的个人，必须同时具备下列条件：

（一）经医师执业技术考核合格，取得《医师执业证书》；

（二）取得《医师执业证书》或者医师职称后，从事五年以上同一专业的临床工作；

（三）省、自治区、直辖市卫生计生行政部门规定的其他条件。

医师执业技术标准另行制定。

在乡镇和村设置诊所的个人的条件，由省、自治区、直辖市卫生计生行政部门规定。

第十四条 地方各级人民政府设置医疗机构，由政府指定或者任命的拟设医疗机构的筹建负责人申请；法人或者其他组织设置医疗机构，由其代表人申请；个人设置医疗机构，由设置人申请；两人以上合伙设置医疗机构，由合伙人共同申请。

第二十八条 医疗机构执业登记的事项：

（一）类别、名称、地址、法定代表人或者主要负责人；

（二）所有制形式；

（三）注册资金（资本）；

（四）服务方式；

（五）诊疗科目；

（六）房屋建筑面积、床位（牙椅）；

（七）服务对象；

（八）职工人数；

（九）执业许可证登记号（医疗机构代码）；

（十）省、自治区、直辖市卫生计生行政部门规定的其他登记事项。

门诊部、诊所、卫生所、医务室、卫生保健所、卫生站除登记前款所列事项外，还应当核准登记附设药房（柜）的药品种类。

《医疗机构诊疗科目名录》另行制定。

第八十八条 条例及本细则中下列用语的含义：

诊疗活动：是指通过各种检查，使用药物、器械及手术等方法，对疾病作出判断和消除疾病、缓解病情、减轻痛苦、改善功能、延长生命、帮助患者恢复健康的活动。

医疗美容：是指使用药物以及手术、物理和其他损伤性或者侵入性手段进行的美容。

特殊检查、特殊治疗：是指具有下列情形之一的诊断、治疗活动：

（一）有一定危险性，可能产生不良后果的检查和治疗；

（二）由于患者体质特殊或者病情危笃，可能对患者产生不良后果和危险的检查和治疗；

（三）临床试验性检查和治疗；

（四）收费可能对患者造成较大经济负担的检查和治疗。

卫生技术人员：是指按照国家有关法律、法规和规章的规定取得卫生技术人员资格或者职称的人员。

技术规范：是指由国家卫生计生委、国家中医药管理局制定或者认可的与诊疗活动有关的技术标准、操作规程等规范性文件。

军队的医疗机构：是指中国人民解放军和中国人民武装警察部队编制内的医疗机构。

《医疗美容服务管理办法》

第二条 本办法所称医疗美容，是指运用手术、药物、医疗器械以及其他具有创伤性或者侵入性的医学技术方法对人的容貌和人体各部位形态进行的修复与再塑。

本办法所称美容医疗机构，是指以开展医疗美容诊疗业务为主的医疗机构。

本办法所称主诊医师是指具备本办法第十一条规定条件，负责实施医疗美容项目的执业医师。

医疗美容科为一级诊疗科目，美容外科、美容牙科、美容皮肤科和美容中医科为二级诊疗科目。

根据医疗美容项目的难度、可能发生的医疗风险程度，对医疗美容项目实行分级准入管理，《医疗美容项目分级管理目录》由卫生部另行制定。

第十五条 实施医疗美容项目必须在相应的美容医疗机构或开设医疗美容科室的医疗机构中进行。

第二十六条 美容医疗机构和医疗美容科室发生医疗纠纷或医疗事故，按照国家有关规定处理。

第二条　患者因同一伤病在多个医疗机构接受诊疗受到损害，起诉部分或者全部就诊的医疗机构的，应予受理。

患者起诉部分就诊的医疗机构后，当事人依法申请追加其他就诊的医疗机构为共同被告或者第三人的，应予准许。必要时，人民法院可以依法追加相关当事人参加诉讼。

【条文释义】

本条是关于患者在多个医疗机构就诊受到损害时如何确定当事人的规定。这涉及共同诉讼当事人的追加以及第三人尤其是无独立请求权第三人制度的适用问题。下面我们结合共同诉讼以及第三人制度的重要法律适用规则，对本条的理解与适用作一解读。

一、关于共同诉讼中当事人确定的一般规则

依据《民诉法解释》第73条的规定，必须共同进行诉讼的当事人没有参加诉讼的，人民法院应当依照民事诉讼法第132条的规定，通知其参加；当事人也可以向人民法院申请追加。人民法院对当事人提出的申请，应当进行审查，申请理由不成立的，裁定驳回；申请理由成立的，书面通知被追加的当事人参加诉讼。具体而言，人民法院通过审核诉讼材料和审前调查，如果发现必须共同进行诉讼的当事人没有参加诉讼，应当通知其参加诉讼。依法追加当事人参加诉讼，可以使人民法院全面彻底解决争议。对于必须共同进行诉讼的当事人，因属于不可分之诉，人民法院应当依照民事诉讼法第132条规定，依职权追加其参加诉讼。必须共同进行诉讼的当事人没有参加诉讼的，已经参加诉讼的当事人也可以申请人民法院追加共同诉讼当事人。人民法院对当事人提出的申请，应当进行审查，申请没有理由的，裁定驳回；申请有理由的，书面通知应被追加的当事人。人民法院依法追加共同诉讼的当事人时，应当通知其他当事人。人民法院依法追加原告时，如果应当追加的原告已经明确表示放弃实体权利的，可不予追加；既不愿意参加诉讼，又不放弃实体权利的，仍应追加为共同原告，其不参加诉讼，不影响人民法院对案件的审理和判决。人民法院依法追加被告时，不以其本人和案内所有其他诉讼当事人的主观意愿为转移，均应通知追加，即便其不来参加诉讼，也不影响人民法院对案件的审理与判决，且判决生效以后，对其同样具有约束力。但是，如果应当追加的被告属于依法必须到庭的被告，在其经人民法院通知追加后拒不到庭参加诉讼的，经两次传票传唤，无正当理由拒不到庭的，可以对其实行拘传。另外，如果发现原告或被告不符合当事人条件的，应当通知符合条件的原告或被告参加诉讼，更换不合格的当事人。①

在审判实践中需要注意的是，依据“当事人也可以向人民法院申请追加。人民法院对当事人提出的申请，应当进行审查，申请理由不成立的，裁定驳回”规定，当事人追加申请被人民法院裁定驳回后，对当事人如何救济权的问题。少数意见认为，既然是裁定驳回，当事人应当有权上诉，以赋予其救济权利；多数意见认为，根据民事诉讼法规定，当事人可以上诉的裁定限于不予受理裁定、管辖权异议裁定以及驳回起诉裁定，此处的驳回当事人追加申请的裁定，显然不在此列。再者，拟被追加的主体是否属于必须共同进行诉讼的当事人，属于人民法院审查判断的范畴，假若人民法院审查处理后驳回当事人追加申请有误，由此导致本应参加诉讼的主体（必须共同进行诉讼的当事人）未能参加诉讼的，该主体还可以根据《民诉法解释》的相关规定，根据民事诉讼法第200条第（8）项规定，对生效裁判进行申请再审，其救济途径是畅通的。②

二、关于确定第三人诉讼地位的一般规则

民事诉讼法第56条规定，对当事人双方的诉讼标的，第三人认为有独立的请求权的，有权提起诉讼。对当事人双方的诉讼标的，第三人虽然

① 王胜明主编：《中华人民共和国民事诉讼法释义》，法律出版社2012年版，第318页。

② 沈德咏主编：《最高人民法院民事诉讼法司法解释理解与适用》，人民法院出版社2015年版，第271页。

没有独立请求权，但案件处理结果同他有法律上的利害关系的，可以申请参加诉讼，或者由人民法院通知他参加诉讼。有独立请求权的第三人可以在已经开始的诉讼中，将原、被告列为自己的被告，以起诉的方式加入诉讼，法院将关联的两案合并处理，一并作出判决。无独立请求权的第三人因案件结果与其有法律上的利害关系，对当事人双方的诉讼标的，第三人虽然没有独立请求权，但案件处理结果同他有法律上的利害关系的，可以申请参加诉讼，或者由人民法院通知他参加诉讼。人民法院判决承担民事责任的第三人，有当事人的诉讼权利义务。

第三人制度的功能主要在于，通过将与本诉有牵连关系的第三人引入到本诉的诉讼中来，既可以充分保障其程序权利，也可以使其能够有效的维护自己的实体权益。对法院而言，可以有效避免互有牵连关系的诉讼作出互相矛盾或对立的判决，并能使本诉可以获得更多的证据材料，更利于查明案件真实。这样通过一个诉讼，实现多个当事人之间纠纷的一次性解决，可以有效减少诉讼成本，提高诉讼效益。一个诉讼解决更多的纠纷，或者说通过一个诉讼实现纠纷的彻底解决，这也是现代司法的一个重要发展趋势。

关于无独立请求权第三人的诉讼地位。从本质上讲，无独立请求权的第三人是对他人之间争议的诉讼标的没有独立的实体权利，只是参加到诉讼中，以维护自己利益的人。由于对原、被告争议的诉讼标的没有独立的请求权，因此无独立请求权的第三人无权承认、变更或者放弃原、被告争议的诉讼请求，无权请求对原被告的争议实行和解。但是，由于与原、被告之间的诉讼结果有法律上的利害关系，诉讼可能涉及他的实体权利，因此其参加诉讼，有权委托诉讼代理人，提供证据，对涉及自己利益的事实和证据进行辩论，如果法院判决他承担民事责任，他即有当事人的一切诉讼权利义务。① 无独立请求权的第三人参加诉讼后，由于其对当事人双方的诉讼标的没有独立的请求权，只是案件处理结果同他有法律上的利害关

---

① 王胜明主编：《中华人民共和国民事诉讼法释义》，法律出版社 2012 年版，第 118 页。

系，其在诉讼中或者依附于原告，或者依附于被告，并不享有独立的原告或者被告当事人的诉讼地位。[①] 但依据《民诉法解释》第82条的规定，在一审诉讼中，无独立请求权的第三人无权提出管辖异议，无权放弃、变更诉讼请求或者申请撤诉，被判决承担民事责任的，有权提起上诉。因此，判断案件审理所要解决的各方当事人之间的权利义务关系及某民事主体在民事诉讼中的诉讼主体地位，不仅要从基本的案件事实出发，还要从诉因及当事人具体的诉求来分析判断。

三、患者到多家医院就诊受到损害时的当事人确定规则

实践中经常会发生患者因同一伤病在两个以上医疗机构就诊的情况，更多的是两个以上的医疗机构共同对患者进行诊治，更多的是患者在某一家医疗机构就诊后，又转院到其他医疗机构就诊。患者在多家医疗机构就诊发生损害的，有可能起诉其就诊的所有医疗机构，也有可能仅起诉部分医疗机构，这时就涉及被告如何确定，尤其是能否追加其他医疗机构作为被告或者第三人的问题。本条即对这两种情况下如何确定案件的当事人的问题作出了规定。

（一）关于患者在多家医疗机构就诊发生损害的责任承担

本条第一款规定的患者起诉所有医疗机构的情形，包括两个以上的医疗机构共同对患者进行治疗，以及患者在某一家医院就诊后，又转院到其他医疗机构就诊的情形。实践中，患者在多家医院救治的情况多以转诊的情况为多见。这时多家医疗机构可能存在只有一家医疗机构承担责任的情形，也会存在多家医疗机构承担按份责任的情形，甚至还会存在多家医疗机构承担连带责任的情形。

依据侵权责任法第8条的规定，承担连带责任的基本形态是二人以上共同实施侵权行为造成了他人的损害。在侵权责任法实施后，以两家医院诊疗过失行为直接结合导致损害后果为由认定两家医院共同侵权和承担连

---

① 沈德咏主编：《最高人民法院民事诉讼法司法解释理解与适用》，人民法院出版社2015年版，第290页。

带责任存在一定争议。我们认为，相较于自己责任，连带责任属于责任加重的承担形式，在法律无明文规定的情况下，不宜判决责任主体承担连带责任，从解释论的角度讲，也应该从严把握，甚至作适当限缩，而不可随意从宽解释甚至目的性扩张。因此，对于不符合侵权责任法第 8 条规定且不存在法律规定的其他承担连带责任情形的，不宜认定责任主体之间承担连带责任。除了侵权责任法第 8 条规定的传统共同侵权之外，对于连带责任的承担，该法第 11 条还规定："二人以上分别实施侵权行为造成同一损害，每个人的侵权行为都足以造成全部损害的，行为人承担连带责任。"据此，如果两家医疗机构的过错诊疗行为均可以足以导致相应损害后果的，则他们同样要承担连带责任。

当然实践中还会存在两个以上的医疗机构共同开展某种疾病诊治活动的，这可能是一家医院收治病人，但由多家医院共同开展治疗，也可能直接表现为两个以上的医疗机构联合收治患者。在多家医疗机构共同开展诊疗活动导致患者损害时，能够明确区分仅是一家医疗机构的医务人员造成损害的，其他医疗机构没有过错或者无因果关系要件的，比如其医务人员没有参加对该患者的诊疗活动时，这时应当由应当承担责任的医疗机构单独承担责任。但如果是两个以上的医疗机构的医务人员共同进行诊治对患者造成损害的，根据侵权责任法第 8 条的规定构成共同侵权，应当承担连带责任。

（二）多家医疗机构的诉讼主体地位的确定

患者因同一伤病在两个以上的医疗机构就诊，发生损害后可能存在起诉全部医疗机构或者仅起诉部分医疗机构情形。这时如何确定医疗机构的诉讼主体地位，尤其是在起诉部分医疗机构时，人民法院是否可以依职权追加其他医疗机构为共同被告，或者追加其为第三人的问题在审判实践中亟需统一，本条即对此作了明确。

1. 关于当事人起诉多家医疗机构的情形。由于这种情形发生在起诉阶段，人民法院并未作实体判断，故患者请求将就诊的医疗机构列为共同被告的，本着对当事人处分权的尊重，人民法院应当予以准许。本条第 1 款规定即对这一情形作了明确。但这也并非是只要当事人起诉多家医疗机构，人民法院就要受理，对此仍然要作必要审查，审查的依据是看其是否符合民事诉讼法第 119 条的规定且不属于民事诉讼法第 124 条规定情形。符合这一要求，则人民法院就应当按照立案登记的要求予以受理；对于不符合这一要求的，人民法院应当裁定驳回起诉，患者一方对此裁定不服，可以提起上诉。

2. 在案件受理之后，如果患者或者被诉医疗机构主张追加其他医疗机构，人民法院是否准许或者能否依职权追加当事人的问题。如上所述，由于多家医疗机构导致损害后责任承担形态不同。一种意见认为，依据民事诉讼法第 132 条的规定："必须共同进行诉讼的当事人没有参加诉讼的，人民法院应当通知其参加诉讼。"患者在两个以上的医疗机构就诊，如果各医疗机构构成共同侵权，应当承担连带责任，这时未被起诉的医疗机构就是必须共同进行诉讼的当事人，人民法院应当追加其为共同被告。我们认为，这一观点有一定道理，但在法理上还需再推敲。连带责任人对于权利人都要承担全部责任，权利人向其中之一主张权利即可实现其权利主张，因此，连带之债或者连带责任之诉在本质上属于可分之债，从一般的共同诉讼理论而言，连带之债并非必要共同诉讼。相反，对于按份责任，由于需要确定各个责任主体按份责任的多少，这时往往需要查明各个责任主体之间过错和原因力的大小，否则将无法确定责任，这更符合诉讼标的同一的必要共同诉讼特征，因此在这种情况下更有必要追加其他责任主体参加到诉讼中来。当然，本着对当事人处分权的尊重，在确定被诉医疗机构承担按份责任的情况下，如果当事人明确对其他医疗机构的责任份额表示放弃，这时可以不予追加其他医疗机构。

【适用指南】

对于本条的适用，在审判实践中需要把握的是，由于数个医疗机构之间承担连带责任还是按份责任都需要通过案件审理查明事实后才能予以认定，当事人起诉或者申请追加其他医疗机构时，通常都不能确定该医疗机构承担何种责任。在这种情况下，如何确定追加当事人的规则，需要区分不同情况：

其一，原告申请追加的情形。通常而言，这时本着对当事人处分权的尊重，一般可以准许。但为避免当事人滥诉给未被诉医疗机构增加不必要负担，仍应依据民事诉讼法及《民诉法解释》关于起诉条件和共同诉讼的规定予以审查。这时的审查标准应当为立案受理的审查标准，即对于被追加医疗机构明显不属于本案适格被告的情形则不予追加，避免将毫无过错可言的其他医疗机构追加进来，而增加其不必要的诉讼负担。

其二，被告申请追加的情形。通常而言，对被告的起诉，属于原告的诉权，原告对于被告的确定享有选择权甚至决定权，这既是保障当事人诉权的需要，也是贯彻当事人处分权原则的基本要求。换言之，对于被告申请追加其他被告的情形，在原告同意或者至少不反对的情况下，人民法院经审查符合民事诉讼法规定适格被告要求的，则可以予以追加，在原告明确表示反对追加的情况，这时一般就要对原告处分权予以尊重，原则上在不构成必要共同诉讼的情况下，人民法院不能予以追加。

其三，人民法院必要时依职权追加的情形。对此，首先要适用民事诉讼法第 52 条以及《民诉法解释》第 73 条关于必要共同诉讼的规定。在构成必要共同诉讼的情况下，即针对患者的同一损害，分开审理便无法确定责任的情形，这时就应当追加其他医疗机构为共同被告。这一情形下，还存在一个问题，即在人民法院依职权追加，原告明确表示反对，人民法院是否还要追加的问题。我们认为，这不仅涉及能否继续追加被告的问题，还涉及对原告既有诉讼请求如何处理的问题。对此，人民法院仍有必要向原告释明被追加医疗机构可能承担责任的问题，本着查明案件事实，准确判定责任的需要，可以继续追加该医疗机构，只是在原告未依法变更诉讼请求向被诉医疗机构主张权利的，则不宜径行判决被告承担相应的责任，而要围绕原告的诉讼请求进行裁判。在经法院释明后，原告明确表示放弃对被告权利主张的，人民法院应当将此记录在卷，这种情况下原告对被告再次起诉，应当受一事不再理原则的拘束。

其四，追加第三人的情形。在医疗损害责任纠纷中，患者一方属于被侵权人，医疗机构属于侵权人一方，处于被告的地位。因此，医疗责任纠纷中，医疗机构不具备成为有独立请求权第三人的资格，其作为第三人都是以无独立请求权第三人的身份出现。依据民事诉讼法第 52 条第 2 款的规定，其本身可以申请参加诉讼，或者由人民法院通知他参加诉讼，审判实践中以人民法院通知其参加诉讼为常见。至于将该医疗机构追加为共同被告还是第三人，应当根据当事人的申请是否符合民事诉讼法的规定来确定。如上所述，在法律没有禁止性规定的情形下，通常要以尊重原告的处分权为原则，但也要以不构成必要共同诉讼为前提。比如在转诊的情形下，在认定被诉医疗机构的诊疗过错及原因力大小时涉及转诊医院的诊疗行为对损害结果有无原因力的认定问题，这一案件事实的认定与该转诊医院有利害关系，追加该医疗机构作为第三人，对于查明案件事实，提高诉讼效率，具有积极意义，可以予以准许。同样，对于法院职权追加或者通知未被诉医疗机构作为第三人的，在不构成必要共同诉讼，但裁判结果与该医疗机构有法律上的利害关系的情况下，或者从程序上讲，人民法院释明原告可以申请追加其他医疗机构为共同被告但原告坚持不予追加时，为彻底解决纠纷，依法保障该转诊医疗机构的程序权利乃至实体权益，也有必要通知其作为第三人参加诉讼。而且从实现纠纷的一次性解决，防止过多提起第三人撤销之诉冲击生效裁判稳定性的问题，人民法院对于其他与案件处理结果有利害关系的医疗机构有必要以尽量通知其作为第三人参加诉讼为原则。但在此一定要注意的是，在审判实践中人民法院要依法审查，既要做到将审理和裁判案件所必需的当事人追加进来，也要避免将与案件事实认定及责任承担等并无真正关联的当事人追加进来而增加当事人的诉讼负担和浪费司法资源。

【法条链接】

《中华人民共和国侵权责任法》

第八条 二人以上共同实施侵权行为，造成他人损害的，应当承担连带责任。

第十条 二人以上实施危及他人人身、财产安全的行为，其中一人或者数人的行为造成他人损害，能够确定具体侵权人的，由侵权人承担责任；不能确定具体侵权人的，行为人承担连带责任。

第十一条 二人以上分别实施侵权行为造成同一损害，每个人的侵权行为都足以造成全部损害的，行为人承担连带责任。

第十二条 二人以上分别实施侵权行为造成同一损害，能够确定责任大小的，各自承担相应的责任；难以确定责任大小的，平均承担赔偿责任。

《中华人民共和国民事诉讼法》

第五十二条 当事人一方或者双方为二人以上，其诉讼标的是共同的，或者诉讼标的是同一种类、人民法院认为可以合并审理并经当事人同意的，为共同诉讼。

共同诉讼的一方当事人对诉讼标的有共同权利义务的，其中一人的诉讼行为经其他共同诉讼人承认，对其他共同诉讼人发生效力；对诉讼标的没有共同权利义务的，其中一人的诉讼行为对其他共同诉讼人不发生效力。

第五十六条 对当事人双方的诉讼标的，第三人认为有独立请求权的，有权提起诉讼。

对当事人双方的诉讼标的，第三人虽然没有独立请求权，但案件处理结果同他有法律上的利害关系的，可以申请参加诉讼，或者由人民法院通知他参加诉讼。人民法院判决承担民事责任的第三人，有当事人的诉讼权利义务。

前两款规定的第三人，因不能归责于本人的事由未参加诉讼，但有证据证明发生法律效力的判决、裁定、调解书的部分或者全部内容错误，损害其民事权益的，可以自知道或者应当知道其民事权益受到损害之日起六个月内，向作出该判决、裁定、调解书的人民法院提起诉讼。人民法院经审理，诉讼请求成立的，应当改变或者撤销原判决、裁定、调解书；诉讼请求不成立的，驳回诉讼请求。

《最高人民法院关于适用〈中华人民共和国民事诉讼法〉的解释》

第七十三条 必须共同进行诉讼的当事人没有参加诉讼的，人民法院应当依照民事诉讼法第一百三十二条的规定，通知其参加；当事人也可以向人民法院申请追加。人民法院对当事人提出的申请，应当进行审查，申请理由不成立的，裁定驳回；申请理由成立的，书面通知被追加的当事人参加诉讼。

第七十四条 人民法院追加共同诉讼的当事人时，应当通知其他当事人。应当追加的原告，已明确表示放弃实体权利的，可不予追加；既不愿意参加诉讼，又不放弃实体权利的，仍应追加为共同原告，其不参加诉讼，不影响人民法院对案件的审理和依法作出判决。

第八十一条 根据民事诉讼法第五十六条的规定，有独立请求权的第三人有权向人民法院提出诉讼请求和事实、理由，成为当事人；无独立请求权的第三人，可以申请或者由人民法院通知参加诉讼。

第一审程序中未参加诉讼的第三人，申请参加第二审程序的，人民法院可以准许。

第八十二条 在一审诉讼中，无独立请求权的第三人无权提出管辖异议，无权放弃、变更诉讼请求或者申请撤诉，被判决承担民事责任的，有权提起上诉。

第二百九十二条 第三人对已经发生法律效力的判决、裁定、调解书提起撤销之诉的，应当自知道或者应当知道其民事权益受到损害之日起六个月内，向作出生效判决、裁定、调解书的人民法院提出，并应当提供存在下列情形的证据材料：

（一）因不能归责于本人的事由未参加诉讼；

（二）发生法律效力的判决、裁定、调解书的全部或者部分内容错误；

（三）发生法律效力的判决、裁定、调解书内容错误损害其民事权益。

《最高人民法院关于审理人身损害赔偿案件适用法律若干问题的解释》

第三条第一款　二人以上共同故意或者共同过失致人损害，或者虽无共同故意、共同过失，但其侵害行为直接结合发生同一损害后果的，构成共同侵权，应当依照民法通则第一百三十条规定承担连带责任。

第五条第一款　赔偿权利人起诉部分共同侵权人的，人民法院应当追加其他共同侵权人作为共同被告。赔偿权利人在诉讼中放弃对部分共同侵权人的诉讼请求的，其他共同侵权人对被放弃诉讼请求的被告应当承担的赔偿份额不承担连带责任。责任范围难以确定的，推定各共同侵权人承担同等责任。

《最高人民法院关于审理利用信息网络侵害人身权益民事纠纷案件适用法律若干问题的规定》

第三条　原告依据侵权责任法第三十六条第二款、第三款的规定起诉网络用户或者网络服务提供者的，人民法院应予受理。

原告仅起诉网络用户，网络用户请求追加涉嫌侵权的网络服务提供者为共同被告或者第三人的，人民法院应予准许。

原告仅起诉网络服务提供者，网络服务提供者请求追加可以确定的网络用户为共同被告或者第三人的，人民法院应予准许。

第三条 患者因缺陷医疗产品受到损害，起诉部分或者全部医疗产品的生产者、销售者和医疗机构的，应予受理。

患者仅起诉医疗产品的生产者、销售者、医疗机构中部分主体，当事人依法申请追加其他主体为共同被告或者第三人的，应予准许。必要时，人民法院可以依法追加相关当事人参加诉讼。

患者因输入不合格的血液受到损害提起侵权诉讼的，参照适用前两款规定。

【条文释义】

本条是关于医疗产品及不合格血液案件当事人的规定。

一、必要共同诉讼司法适用的一般规则

依据民事诉讼法第 52 条的规定，我国的共同诉讼可以分为必要共同诉讼和普通共同诉讼。当事人一方或者双方为二人以上，其诉讼标的是共同的，或者诉讼标的是同一种类、人民法院认为可以合并审理并经当事人同意的，为共同诉讼。前者为必要的共同诉讼，其特点在于共同诉讼的一方当事人对诉讼标的有不可分的共同的权利义务。基于两种情况产生：基于同一物权或者连带债权债务产生；基于同一事实和法律上的原因产生，共同诉讼人对诉讼标的本来没有共同的权利义务，由于同一事实和法律上的原因，才使他们产生了共同的权利义务。普通共同诉讼是当事人一方或者双方为二人以上，其诉讼标的为同一种类，人民法院认为可以合并审理并经当事人同意的诉讼为普通共同诉讼。普通共同诉讼，共同诉讼的当事人一方对诉讼标的没有共同的权利义务关系，是一种可分之诉，只是因为他们的诉讼标的属于同一种类，人民法院为方便审理，才将他们作为共同诉讼。必要共同诉讼区别于普通共同诉讼最大特点即“诉讼标的是共同的”，

即共同诉讼人对诉讼标的享有共同的权利或共同的义务。①

最高人民法院针对审判实务中的问题通过制定司法解释，对必要共同诉讼作了系统规定，在实务上细化和发展了必要共同诉讼的法律适用规则。

《民诉法解释》第 73 条、第 74 条对于必要共同诉讼的基本诉讼规则作了明确规定。有关侵权责任纠纷的专门司法解释也针对具体案件的不同对有关侵权责任纠纷类型细化丰富了必要共同诉讼的规则。比如《人身损害司法解释》第 5 条规定："赔偿权利人起诉部分共同侵权人的，人民法院应当追加其他共同侵权人作为共同被告。赔偿权利人在诉讼中放弃对部分共同侵权人的诉讼请求的，其他共同侵权人对被放弃诉讼请求的被告应当承担的赔偿份额不承担连带责任。责任范围难以确定的，推定各共同侵权人承担同等责任。人民法院应当将放弃诉讼请求的法律后果告知赔偿权利人，并将放弃诉讼请求的情况在法律文书中叙明。"该司法解释明确将人身损害共同侵权定性为必要共同诉讼，当事人必须一同起诉或者应诉，人民法院必须合并审理，由于这种诉的不可分性质，如果赔偿权利人仅起诉了部分共同侵权人，必要共同诉讼的不可分性要求人民法院应当追加其他共同侵权人作为共同被告。《最高人民法院关于审理食品药品纠纷案件适用法律若干问题的规定》（以下简称《审理食品药品案件规定》）第 2 条规定："因食品、药品存在质量问题造成消费者损害，消费者可以分别起诉或者同时起诉销售者和生产者。消费者仅起诉销售者或者生产者的，必要时人民法院可以追加相关当事人参加诉讼。"该司法解释将食品药品责任中消费者对销售者的诉求与可以对生产者主张的权利定性为类似于必要共同诉讼的范畴，必要时人民法院可以追加相关当事人参加诉讼。

二、医疗产品责任纠纷中的诉讼主体地位的确定

药品、消毒药剂、医疗器械属于产品，根据侵权责任法第 43 条的规定，因产品存在缺陷造成损害的，被侵权人可以向产品的生产者请求赔

① 最高人民法院民事审判第一庭编著：《最高人民法院利用网络侵害人身权益司法解释理解与适用》，人民法院出版社 2014 年版，第 72 页。

偿，也可以向产品的销售者请求赔偿。按照侵权责任法第59条的规定，因医疗产品缺陷造成患者损害的，患者可以向生产者或者血液提供机构请求赔偿，也可以向医疗机构请求赔偿。侵权责任法立法征求意见过程中，对于医疗机构是否为销售者有不同意见。但是，侵权责任法第59条主要以便利患者受到损害后主张权利为目的，依据产品质量法作出具体规定。一些医疗机构的同志也认为，因药品、消毒药剂、医疗器械的缺陷造成患者损害，患者向医疗机构请求赔偿，符合社会一般常理，可以接受。① 从法理上分析，患者也可以同时向医疗产品的生产者、销售者或血液提供机构和医疗机构请求赔偿，一者法律并无禁止性规定，二者这样做便于查明案件事实，也有利于纠纷的彻底解决。现具体阐述如下：

（一）关于生产者、销售者承担责任的基本规则

医疗产品的生产者，是指医疗产品的制造、加工者以及任何将其商标或者其他区别性标识标示于该医疗产品包装上以表明自己是生产者的人。医疗产品的进口商，视为该产品的生产者。这里需要注意的问题是，原材料的生产者是否属于本条规定下的生产者范畴？一种意见认为，由于医疗产品的原材料并非最终的成品，最终生产者对医疗产品的质量有着最终的和最重要的控制力，故原材料的生产者不应成为产品责任的主体。对此，我们认为，从比较法的角度看，世界上多数国家都将原材料生产者作为产品责任主体。《欧共体产品责任指令》（85/374/EEC）第3条第1款规定：本指令中，生产者指成品的制造者、原材料的生产者或者零部件的制造者以及任何以生产者名义出现，并将自己的姓名、商标或识别性标记记注于产品上的人。《日本产品责任法》第2条第3款规定，该法律中的“生产者等”是指符合以下任一条件的人员：（1）从事产品制造、加工或者进口的人员。（2）擅自把自己当作该产品的生产者，在该产品上标示其姓名、商号、商品及其他标志的人员或者标示让人误认为是该产品生产者

---

① 王胜明主编：《中华人民共和国侵权责任法释义》，法律出版社2010年版，第291~292页。

的姓名等的人员。(3) 除以上人员外，从该产品的制造、加工、进口或销售有关的形态以及其他相关情况来看，标示了姓名等并能够认定是该产品实质性的生产者的人员。从解释论角度看，对于产品责任主体的范围是否包括原材料的生产者问题，我国侵权责任法、产品质量法等法律虽然都未作出明确规定，但从产品质量法第 2 条第 2 款的规定看，不能排除原材料为产品，因此就不能排除原材料生产者的责任主体的地位，如果该原材料经过加工、制造并用于销售，那么因该原材料存在质量问题而致损害的生产者应当作为产品责任主体承担相应责任。①

医疗产品的销售者，是指以营利为目的专门从事商业销售活动的商业组织和个人。销售者应当包括产品批发商、零售商及以通过融资租赁或以货易货贸易等方式销售产品的主体。在此需要注意的是，侵权责任法第 42 条第 2 款规定："销售者不能指明缺陷产品的生产者也不能指明缺陷产品的供货者的，销售者应当承担侵权责任。"但并这不意味着只要销售者尽到了指明义务，就可以免除其产品责任。对此仍应统一适用侵权责任法第 43 条的规定。根据侵权责任法第 43 条、第 59 条的规定，只要医疗产品因质量问题造成损害，被侵权人就可以请求生产者和销售者承担责任，销售者指明了生产者和供货者并不能使其免于涉诉或承担相应责任。

（二）医疗产品责任纠纷中共同被告的确定

民事诉讼法第 13 条第 2 款规定了当事人处分原则，指民事诉讼中，当事人有权在法律规定的范围内处分自己民事权利和诉讼权利的原则。这也是意思自治原则在民事诉讼活动中的鲜明体现。当事人在行使处分权时，往往诉讼权利和实体权利交织一起进行，一般情况下，当事人对实体权利的处分是通过诉讼权利的处分来实现。在医疗侵权案件中，患者一方可以选择行使请求权的对象，凡被请求者不得以还有其他责任人的存在为由拒绝向被侵权人承担责任。对于被侵权人请求对象的选择，人民法院应予以

① 最高人民法院民事审判第一庭编著：《最高人民法院关于食品药品纠纷司法解释理解与适用》，人民法院出版社 2014 年版，第 51 ~ 52 页。

尊重。患者一方仅起诉医疗机构或者医疗产品生产者、销售者部分主体或者全部主体的，人民法院应予准许。正因如此，本条第一款规定，因药品、消毒药剂、医疗器械的缺陷造成患者损害的，患者一方可以依据侵权责任法第43条及第59条的规定同时起诉医疗产品生产者、销售者以及医疗机构的，人民法院应当受理。同理，因输入不合格的血液造成患者损害的，患者一方可以依据侵权责任法第59条的规定同时起诉血液提供机构及医疗机构要求赔偿。患者因输入不合格的血液受到损害，分别或者同时起诉医疗机构和血液提供机构的，应当适用与医疗产品损害责任纠纷相同的规则。

实践中，有一定争议的是，在患者一方仅起诉医疗产品的生产者、销售者或者仅起诉医疗机构的情况下，在诉讼中法院是否有必要追加未被起诉的另一方。持反对意见的观点认为，医疗产品损害虽发生不连带责任，但并不属于侵权责任法第8条规定的共同侵权，一般不存在诉讼中追加未被起诉的另外一方以查明案件事实的必要。我们认为，诉讼程序的安排应当在符合民事诉讼目的的前提下展开。具体而言，诉讼程序的安排应当追求解决纠纷的实效性，维持私法上的秩序，为权利人提供充分、便捷和公平的保护，并且要为当事人提供程序参加机会的程序保障。[①] 换言之，在保护私权、保障程序权利的前提下，应当尽可能地为当事人提供富有效率的一次性纠纷解决机制。法律活动或法律制度的设计和安排也会考虑如何有效利用资源，使成本尽量小，效益足够大。[②] 从有利于查明事实，防止重复诉讼的角度出发，人民法院应当允许被诉责任主体申请追加未被起诉的其他责任主体为案件的当事人，必要时，人民法院也可以依职权追加当事人。但需要注意的是，在医疗产品的生产者、销售者和医疗机构共同参加诉讼的情况下，医疗产品的生产者、销售者与医疗机构之间可能互相推诿责任，或者要求在各方之间区分责任。考虑到医疗产品损害实行的是医

---

① ［日］新堂幸司：《新民事诉讼法》，林剑锋译，法律出版社2008年版，第8页。

② 最高人民法院民事审判第一庭编著：《最高人民法院利用网络侵害人身权益司法解释理解与适用》，人民法院出版社2014年版，第76页。

疗产品的生产者、销售者与医疗机构对外承担不真正连带责任的规则，这种情况下除医疗产品的生产者、销售者与医疗机构之间能够就相互间责任达成一致，否则在案件中不宜处理其内部责任关系。而且通过合并审理的方式，患者先后起诉了医疗机构或者医疗产品的生产者、销售者，则在医疗机构或者医疗产品的销售者、生产者承担责任的判决作出后，其他责任主体即可据此判决进行抗辩而不再向患者承担责任，同时承担责任的主体也可以据本判决确定的产品缺陷的事实向最终承担责任的主体追偿，或者判决已经确定由最终承担责任的主体承担责任后其自然不会再提起追偿权诉讼。这种做法在客观上不仅不会给有关责任主体造成讼累，相反还有利于纠纷的彻底解决。

【适用指南】

如同本解释第 2 条所列情形，在医疗产品责任纠纷以及输入血液纠纷中追加被告包括原告申请追加、被告申请追加和人民法院依职权追加三种情况。现分述如下：

其一，原告申请追加被告的情形。考虑到原告选择被告属于原告处分权的范畴，原告申请追加其他被告，在不违反法律规定尤其是民事诉讼法规定的情况下，应当予以准许。具体到医疗产品责任当中，侵权责任法第 43 条、第 59 条规定首要目的就是要保障被侵权人利益，实现对其充分救济。在被起诉的某一主体无支付能力或者查找不到被告的情况下，这时原告申请追加其他主体作为被告，自然应予准许。

其二，被告申请追加被告的情形。审判实践中一直有观点认为，诉讼应该严格遵循“不告不理”的意思自治原则。我们认为，意思自治原则体现在民事诉讼活动中，人民法院要遵循“不告不理”原则，当事人在法律规定范围内，对自己的民事权利和诉讼权利有支配和处置的自由，未经当事人起诉的民事案件，人民法院不得受理和审判，它是民事诉讼的一项基本原则，也是现代法治社会的一项基本准则，体现了“有权利必有救济”

和司法最终解决原则。但"不告不理"原则，包含两层含义，即程序上的"不告不理"和实体上的"不告不理"。从程序上看，没有原告的起诉就没有法院的审理，其次，诉与不诉是当事人的权利，诉谁不诉谁也是当事人的权利，人民法院不能依职权干涉。[①] 但该原则并非在任何时候都可以适用，还存在例外情形，尤其是法律或者司法解释规定的必要共同诉讼的情形。

在审判实践中，由于社会生活的复杂性，个案情形多样，在特定情形下被告申请追加其他被告通常会存在。在医疗产品责任纠纷中，由于医疗机构与医疗产品的生产者、销售者对外承担不真正连带责任，但对内根据造成医疗产品缺陷的原因不同，还可能存在最终责任应当由谁承担的问题，在医疗机构对患者承担了赔偿责任后，还会存在医疗机构与销售者和生产者之间的追偿权。反之，销售者和生产者也可能有权向医疗机构追偿，甚至还存在向有过错的医疗产品运输者追偿的问题。这时如何确定最终责任在医疗损害责任纠纷案件中显得尤为重要，而医疗产品责任的核心要件就是医疗产品存在缺陷，如果产品缺陷并非医疗机构过错造成，这时医疗机构申请追加医疗产品的生产者、销售者，为了查明案件事实以及彻底解决纠纷，就应当允许被告申请追加其他被告。

其三，人民法院依照职权追加的情形。人民法院依照职权追加当事人是我国民事诉讼的一项基本制度。民事诉讼法第132条规定："必须共同进行诉讼的当事人没有参加诉讼的，人民法院应当通知其参加诉讼。"《民诉法解释》第73条对必要共同诉讼中追加当事人的规则作了进一步明确。通常而言，人民法院依职权主动追加当事人是指在诉讼开始后，法院发现与本案的诉讼标的有直接利害关系的人没有参加到诉讼中来，而这些人不参加到诉讼又不利于查明案件事实和纠纷彻底解决，这时人民法院依法通知其参加诉讼的情形。审判实践中，应当被通知参加诉讼的当事人，可以

① 最高人民法院民事审判第一庭编著：《最高人民法院利用网络侵害人身权益司法解释理解与适用》，人民法院出版社2014年版，第77页。

包括原告、被告或者第三人等不同情形。对于何时为必要，由于个案情况的复杂性和差异性，司法解释难以逐一明确规定。人民法院应根据民事诉讼法及有关司法解释的规定，结合个案情况综合加以判定。比如胶囊药丸的包装皮存在质量问题，药品生产者使用了该胶囊皮造成了患者损害。在此情况下，如果患者仅起诉了医疗机构，若不将胶囊皮生产者、食品运输者追加到诉讼中来，就无法准确查明药品是否存在缺陷，甚至也无法查明医疗产品与患者损害之间是否具有因果关系的事实。同时，如果不允许人民法院依职权追加，人民法院就不能对未追加的人是否构成责任主体的问题进行审理，就原告的诉请，只能在现有当事人之间进行评判，这不仅不利于查明案件事实，使得可能承担责任的主体丧失在本诉中的程序保障，而且也可能使得原告得不到充分的救济，也不利于被告承担责任后再向最终责任主体进行追偿。因此，只有追加相关当事人参加诉讼，法院才能通过正当程序在所有涉案主体都参加诉讼的前提下，全面查清案件事实，依法确定民事损害，确定民事赔偿义务人的范围及其相应的法律责任，从而更高程度地实现诉讼公正和实体公正。①

其四，当事人申请追加第三人的情形。在医疗产品责任纠纷中，患者一方属于被侵权人，医疗机构以及医疗产品的生产者和销售者属于侵权人，处于被告的地位。医疗机构以及医疗产品的生产者和销售者实际上并不具备成为有独立请求权第三人的资格，其作为第三人都是以无独立请求权第三人的身份出现。依据民事诉讼法第52条第2款的规定，其本身可以申请参加诉讼，或者由人民法院通知他参加诉讼，审判实践中以人民法院通知其参加诉讼为常见。至于将该医疗机构或者医疗产品的生产者、销售者被追加为共同被告还是第三人，则应当根据当事人的申请是否符合民事诉讼法的规定来确定。如在本解释第2条的释义中所述，在法律没有禁止性规定的情形下，通常要以尊重原告的处分权为原则。通常而言，追加医

---

① 参见最高人民法院民事审判第一庭编著：《最高人民法院关于食品药品纠纷司法解释理解与适用》，人民法院出版社2014年版，第52～53页。

疗机构或者医疗产品的生产者、销售者作为第三人，对于查明案件事实，提供诉讼效率，具有积极意义，可予以准许。对于法院职权追加或者通知未被诉的主体作为第三人的，在不构成必要共同诉讼，但裁判结果与该医疗机构有法律上的利害关系的情况下，或者从程序上讲，人民法院释明原告可以申请追加其他主体为共同被告但原告坚持不予追加时，为彻底解决纠纷，依法保障该未被诉主体的程序权利乃至实体权益，也有必要通知其作为第三人参加诉讼。而且从实现纠纷的一次性解决，防止过多提起第三人撤销之诉冲击生效裁判造成稳定性的问题，人民法院对于其他与案件处理结果有利害关系的医疗机构也要考虑通知其作为第三人参加诉讼。

【法条链接】

《中华人民共和国侵权责任法》

第四十三条 因产品存在缺陷造成损害的，被侵权人可以向产品的生产者请求赔偿，也可以向产品的销售者请求赔偿。

产品缺陷由生产者造成的，销售者赔偿后，有权向生产者追偿。

因销售者的过错使产品存在缺陷的，生产者赔偿后，有权向销售者追偿。

第五十九条 因药品、消毒药剂、医疗器械的缺陷，或者输入不合格的血液造成患者损害的，患者可以向生产者或者血液提供机构请求赔偿，也可以向医疗机构请求赔偿。患者向医疗机构请求赔偿的，医疗机构赔偿后，有权向负有责任的生产者或者血液提供机构追偿。

《最高人民法院关于审理食品药品纠纷案件适用法律若干问题的规定》

第二条 因食品、药品存在质量问题造成消费者损害，消费者可以分别起诉或者同时起诉销售者和生产者。

消费者仅起诉销售者或者生产者的，必要时人民法院可以追加相关当事人参加诉讼。

第四条　患者依据侵权责任法第五十四条规定主张医疗机构承担赔偿责任的，应当提交到该医疗机构就诊、受到损害的证据。

患者无法提交医疗机构及其医务人员有过错、诊疗行为与损害之间具有因果关系的证据，依法提出医疗损害鉴定申请的，人民法院应予准许。

医疗机构主张不承担责任的，应当就侵权责任法第六十条第一款规定情形等抗辩事由承担举证证明责任。

【条文释义】

本条是关于医疗损害责任纠纷中举证责任的一般规定。医疗损害责任的举证责任问题是医疗损害责任纠纷中的核心和关键问题。本条规定改变了《最高人民法院关于民事诉讼证据的若干规定》（以下简称《民诉证据规定》）第4条第8项关于举证责任倒置的做法，依据侵权责任法第54条，《民诉法解释》第90条、第91条的规定，按照过错责任原则的一般要求，按照“谁主张，谁举证”的一般规则，对患者一方和医疗机构的举证责任问题作了规定，并通过对申请鉴定等规定对患者一方的举证责任作了缓和。对于本条的理解与适用需要把握以下几点内容：

一、关于医疗损害责任纠纷举证责任分配的规则

（一）确定医疗损害纠纷举证责任的基本考虑

对于医疗损害责任的举证责任问题，立法机关对此的认识是，合理规定医疗损害责任，必须充分考虑诊疗活动特点。诊疗活动的主要特点有：（1）未知性。医学是一门探索性、经验性的学科，直至今天，我们对许多疾病的发生原因还不了解，已知发病原因的，也多半难以治愈，对许多药品副作用的认识非常有限。（2）特异性。人体的基因不同，体质不同，情绪不同，所处环境不同，因此患者疾病表现、治疗效果也不同。如大家熟

知的青霉素，有人过敏，有人不过敏，即使青霉素皮试过关，也不排除有过敏反应的可能。（3）专业性。医务人员是救死扶伤的白衣天使，据了解，培养一名专科医师至少需要15年时间。疾病的发生有患者原因，疾病的治疗需要患者配合，在诊疗纠纷中不能适用无过错责任，也没有哪个国家实行无过错责任。不问青红皂白，一律实行过错推定，将助长保守医疗，不利于医学科学进步。对诊疗活动引起的纠纷，应当适用一般过错责任。医疗机构及其医务人员有过错的，医疗机构才承担赔偿责任，原则上由原告承担过错的举证责任。只在特殊情况下如医务人员有违规治疗行为或者隐匿、拒绝提供与纠纷有关的医学资料，才适用过错推定责任原则，发生举证责任倒置。患者和医院之间信息不对称问题，应当通过信息交流和信息公开等办法解决。①

关于医疗损害责任纠纷的一般举证责任规则，在司法解释起草过程中，曾引起激烈的讨论。其中一个意见就是采用初步证据的规则。《2015年全国民事审判工作会议纪要》（以下简称《会议纪要》）中明确了“患者一方请求医疗机构承担侵权责任，应证明与医疗机构之间存在医疗关系及受损害的事实，并提供医疗机构及其医务人员有过错的初步证据。”但考虑到“初步证据”欠缺具体明确的统一标准，在审判实践中不好把握，且有违侵权责任法关于医疗损害责任适用过错责任原则的一般原则。尤其是对于医疗损害过错及因果关系的举证，本质上还是一个专业判断问题，核心在于谁来申请鉴定的问题，一些患者交纳鉴定费困难的问题应该通过司法救助的方式来解决，这非举证责任分配的规则能承受。

（二）本条规定的基本内容

在本解释起草过程中，对于诊疗损害责任适用过错责任归责原则没有争论，但对于举证证明责任的分配有不同的观点。第一种观点认为，侵权责任法明确规定诊疗损害责任为过错责任，在举证证明责任分配上，应当

① 王胜明主编：《〈中华人民共和国侵权责任法〉条文解释与立法背景》，人民法院出版社2010年版，第211页。

依据举证责任分配的一般规则，即“谁主张、谁举证”规则，适用《民诉法解释》第91条的规定，由患者一方对医疗损害责任构成的四个要件事实包括：侵权行为、过错、损害和因果关系负举证证明责任。但侵权责任法第58条规定的三种情形，适用过错推定。第二种观点认为，医疗损害责任案件仍然应当适用举证责任倒置的规定。主要理由：一是侵权责任法对医疗损害责任虽然规定了过错责任原则，但并没有对举证责任作出明确规定，不应简单地推论出举证责任实行“谁主张、谁举证”的原则。因此，根据侵权责任法第54条的规定，不能当然地得出举证责任由患者承担的结论。二是举证责任的分配要考虑证据偏在和当事人举证能力等因素。在医患关系中，由于事实上患者处于信息、专业劣势，往往导致其举证不能达到相应的证明标准，若因此判决患者承担举证不能的不利后果，显然是不公平的。三是《民诉证据规定》第4条第8项规定了举证责任倒置的规则，经过这么多年的实践，已为大家所能接受。四是举证责任倒置有利于督促医疗机构加强管理，提高医务人员的责任心和诊疗行为规范水平。第三种观点为折中意见，对患者实行举证责任缓和。考虑到患者存在专业性或者其他方面的客观障碍无法达到法律要求的证明标准时，适当降低其举证责任。在患者提供医疗机构有过错的初步证据后，即视为其已经完成举证责任，这时转由被告举证证明其不存在诊疗过错，其诊疗行为与损害后果之间没有因果关系，被告不能证明的，认定过错要件和因果关系要件成立，构成医疗损害责任。

《解释》基本采纳了第一种观点。主要理由在于，侵权责任法第54条规定了诊疗损害责任案件采过错责任原则，而依据一般法理，对于过错侵权行为，实行的是“谁主张、谁举证”的举证原则。而且，诊疗损害责任案件具有特殊性，由于其高度专业化、显著的实验性、探索性特点，对诊疗行为是否有过错、过错与患者损害之间是否有因果关系，一般难以通过普通的生活经验知识去判断，必须借助于专业的医疗损害鉴定来解决。患者起诉时，除了证明到医疗机构就诊及损害事实外，还应当举证证明诊疗行为具有过错和因果关系。如果医疗机构认为没有过错或不具有因果关系的，患者可以申请进行医疗损害鉴定，因此，本条第2款规定患者对医疗过错和因果关系欠缺证据时，可以向人民法院申请医疗损害鉴定。本款是依据侵权责任法和民事诉讼法规定对患者一方采取的缓和其举证证明责任的方法，明确规定了患者无法提交医疗机构及其医务人员有过错、诊疗行为与损害之间具有因果关系的证据，依法提出医疗损害鉴定申请的，人民法院应予准许。

关于免责、减责的情形作为抗辩事由，这是独立于请求权基础事实。因此，在患者主张诊疗损害侵权赔偿时，医疗机构关于免责、减责事由的主张系抗辩性事实主张，产生独立的举证责任。因此，本条第3款明确规定，医疗机构主张不承担责任的，应当就侵权责任法第60条第1款规定情形等抗辩事由承担举证证明责任。

此外，患者能够举证证明医疗机构存在侵权责任法第58条规定情形的，不再就医疗机构及其医务人员有过错承担举证责任。该条规定了在医疗机构或者其医务人员违反法律、行政法规、规章等有关诊疗规范的规定实施的诊疗行为，隐匿或者拒绝提供与纠纷有关的病历资料，伪造、篡改或者销毁病历资料的情形下，推定医疗机构有过错。现代法律中有两种“推定”：第一种是许可被推定人以反证予以推翻的推定，第二种是不允许被推定人以反证予以推翻的推定。侵权责任法第58条规定的“推定医疗机构有过错”属于哪种情况，存有争议。在以前的审判实务中曾出现过人民法院在查明医疗机构或者医务人员显然违反有关诊疗规范，或者有隐匿有关病历资料甚至伪造、篡改、销毁有关病历资料的事实之后，却仍然认定医疗机构不存在过错或者采纳不构成医疗事故的鉴定意见，作出医疗机构不承担责任的判决的情况。对此，全国人大法律委员会和全国人大常委会法制工作委员会认为，按照侵权责任法的立法思想，违反有关诊疗规范，或者隐匿有关病历资料甚至伪造、篡改、销毁有关病历资料，这类行为本身即是过错。对这种情形，人民法院应当直接根据“违反有关诊疗规范，或者有隐匿有关病历资料甚至伪造、篡改、销毁有关病历资料”的事实，认定被告医疗机构有过错，既不应要求原告证明被告有过错，也不得许可被告举证证明自己无过错。全国人大法律委员会在审议侵权责任法（草案）时，主持审议的主任委员胡康生即已指出，侵权责任法第58条所谓“推定医疗机构有过错”不同于侵权责任法第6条第2款所谓“推定过错”，而是“直接认定”，是“不可推翻的过错推定”。[1] 正因如此，患者提交了医疗机构存在侵权责任法第58条规定情形的证据的，无需就医疗机构及其医务人员的过错问题提交证据。

二、对于诊疗损害责任的构成要件事实的举证证明责任

侵权责任法第54条规定是关于诊疗损害责任适用过错责任原则，原告主张损害赔偿责任的，即应当对诊疗行为、过错、损害后果和因果关系承担举证证明责任。

1. 对诊疗行为的认定。诊疗行为是否存在，主要看患者与医疗机构之间是否存在诊疗关系。按照《会议纪要》的精神，对于是否存在诊疗关系，应综合挂号单、交费单、病历、出院证明及其他能证明存在医疗行为的证据加以认定。

2. 对损害后果的认定。“无损害则无责任”，在医疗损害责任纠纷中只有在损害后果实际发生的情况下，才需要考虑是否要由医疗机构承担损害赔偿责任。患者对于医疗损害责任纠纷中的损害事实承担举证证明责任。这就意味着患者必须提供证据证明自己的人身受到损害，即证明自己的生命权、健康权、身体权等权利受到了损害的客观事实。一般要证明以下事实：其一，哪种权利受到侵害，是生命权、健康权还是身体权；其二，受到的人身伤害后果是一般伤害、残疾还是死亡；其三，受到的财产损失，比如医疗费、误工费等等；其四，是否存在精神损害。

3. 对侵权责任法第58条规定三种情形的认定。侵权责任法第58条规定的三种推定医疗机构有过错的情形，首先应当由原告一方提供证据证明这些事实的存在，才可以推定医疗机构有过错。如果原告不能提供证据予以证明，自无法进行过错推定。实践中对于上述三项事实的证明能否达到

---

① 参见梁慧星：《论〈侵权责任法〉中的医疗损害责任》，载《法商研究》2010年第6期。

过错推定的程度有时也会发生争议，医疗一方提出反驳证据的，法官应综合考虑双方提交的证据的证明力大小，按照民事诉讼法相关司法解释规定的证明标准，予以认定。

对当事人所举证据材料，应根据民事诉讼法及有关司法解释的相关规定进行综合审查。《会议纪要》对此要求，“对当事人所举证据材料，应根据法律、法规及司法解释的相关规定进行综合审查。因当事人采取伪造、篡改、涂改等方式改变病历资料内容，或者遗失、销毁、抢夺病历，致使医疗行为与损害后果之间的因果关系或医疗机构及其医务人员的过错无法认定的，改变或者遗失、销毁、抢夺病历资料一方当事人应承担相应的不利后果；制作方对病历资料内容存在的明显矛盾或错误不能作出合理解释的，应承担相应的不利后果；病历仅存在错别字、未按病历规范格式书写等形式瑕疵的，不影响对病历资料真实性的认定。”

三、关于免责或者减责事由的举证证明责任

免责或者减责事由属于诉讼法上的抗辩事由范畴。虽然从字面意思上理解容易让人误解免责事由是侵权责任已经成立的情况下，使被告人本应承担的损害赔偿责任得以免除。而事实上，免责事由是通过对抗侵权责任的构成要件，而达到了阻却侵权责任成立的效果。[①] 抗辩事由是着眼于侵权责任构成的整体，破坏其中任何一个侵权责任构成的具体要件，都可以破坏整个责任构成，使行为人免除或者减轻责任。[②] 换言之，免责事由在本质上是对抗责任成立要件或者破坏责任构成要件的事由，在原告方依照侵权责任法相关规定主张责任构成的情况下，如果被告主张的免责事由能够合法成立或者存在，则该免责事由当然就能够从质上阻却侵权责任的构成，作为减责事由则就减轻被告责任，即从量上阻却被告责任的承担。也就是说，从法律规范的意义讲，有关免责事由的规范具有对抗责任构成或者责任承担的规范的效力，即在案件事实存在形式上符合责任构成要件事

---

① 王利明等主编：《侵权责任法裁判要旨与审判实务》，人民法院出版社 2010 年版，第 159 页。

② 杨立新：《侵权法论（第五版）》，人民法院出版社 2013 年版，第 348 页。

实的情况下，若被告主张的免责事由成立，就意味着对有关责任构成要件的破坏，从而使有关侵权责任不能成立。

侵权责任法第三章专门规定了一般情况下免责和减责情形的内容，侵权责任法分则有关侵权责任不同类型中也有免责事由的规定。对此在适用上应该理解为前者是关于免责事由的一般性规定，后者则属于特殊规定，在侵权责任法分则有特殊规定的情况下，应当适用该特殊规定，在没有特殊规定或者该特殊规定并没有排除上述侵权责任法总则第三种关于免责事由一般性规定的情况下，则就要适用该一般性规定。具体到医疗损害责任的情形，侵权责任法第三章规定的一般情况下免责和减责情形的内容，如损害是因受害人故意造成的，行为人不承担责任。在医疗损害责任中，如果因不可抗力造成不良后果，应当依据侵权责任法第 29 条规定免除责任或者减轻责任。例如，医务人员在手术过程中发生地震，造成患者死亡或者不良后果，即可以免除责任。确定适用不可抗力免责或者减轻责任的规则，应当是医疗机构在正常的医疗活动中造成患者的损害，其直接原因是不可抗力，不是医疗过失所致，因而应当免责。如果不可抗力与医疗过失作为造成损害的共同原因的，则应当根据过错程度和原因力的分析，确定医疗机构减轻责任。[①] 同时在医疗损害责任一章中，对于医疗损害责任的免责事由作了进一步规定，侵权责任法第 60 条第 1 款的规定："患者有损害，因下列情形之一的，医疗机构不承担赔偿责任：（一）患者或者其近亲属不配合医疗机构进行符合诊疗规范的诊疗；（二）医务人员在抢救生命垂危的患者等紧急情况下已经尽到合理诊疗义务；（三）限于当时的医疗水平难以诊疗。"

对于上述第一项情形，一般而言包括两种类型：一类是患者主观上故意不配合的情形。虽然实践中这一情形相对较少，但在近年来"医闹"问题不断出现的情况下，故意不配合的情形也有多发现象。过失的情况则较为常见，比如不遵医嘱错误用药、错误饮食、饮酒等情形导致病症加重甚

---

① 杨立新：《侵权法论（第五版）》，人民法院出版社 2013 年版，第 602 页。

至出现并发症等情形，医疗机构不承担赔偿责任。另有意见认为，患者囿于其医疗知识水平的局限而对医疗机构采取的诊疗措施难以建立正确的理解，从而导致其不遵医嘱、错误用药等与诊疗措施不相配合的现象，也属于患者一方不配合诊疗的行为情形。我们认为，通常情况下这一情形似难以认定患者存在“不配合”诊疗的主观过错。这时需要根据个案具体情况判断医务人员是否向患者一方履行了相应的说明义务或者存在其他过错情形。若医务人员已经尽到相应义务，患者的损害是因患者或者其近亲属不配合的行为所致，则医疗机构对此不应当承担赔偿责任。而对于医务人员是否尽到了这一说明义务或者其他诊疗义务的问题，往往涉及专业判断问题，需要通过鉴定程序来解决。

同样在上述二、三项情形下，对于在抢救生命垂危的患者等紧急情况下，如何判断何为“合理诊疗义务”。立法机关的著述认为，考虑到在紧急情况下，患者生命危在旦夕，抢救时间紧迫，医务人员对患者的病情及病状无法作详细的检查、观察、诊断，难以要求医生具有与平常时一样的思考时间、判断能力和预见能力。对于这种情况，法律对医生在注意程度上的要求相对低于一般医疗时的情形。但是，由于医疗行为直接关系患者的生命健康权，在紧急情况下实施的紧急救治措施，医务人员仍应尽到合理诊疗的注意义务。具体而言，根据现行的诊疗规范，紧急情况下合理的诊疗义务包括如下四个方面：一是对患者伤病的准确诊断。对患者伤病的准确诊断是正确实施治疗措施的前提。如情况紧急，应当采取控制患者伤病恶化的紧急措施后，再作进一步诊断和治疗。二是治疗措施的合理、适当，包括治疗措施和治疗用药的适当、合理。三是谨慎履行说明告知义务。紧急情况下，如果事前告知不可行，那么采取紧急救治措施后仍应履行该项义务。四是将紧急救治措施对患者造成的损害控制在合理限度之内。结合上述情况，如果医务人员已经尽到在紧急救治情况下医务人员通常应尽到的诊疗义务，即合理诊疗义务的，医疗机构不承担赔偿责任；否则，即便是为抢救生命垂危的患者，但医务人员未尽到紧急救治情况下医务人员应尽到的合理诊疗义务，医疗机构仍难以免除其赔偿责任。[1] 上述意见十分有道理。从审判实务的角度讲，如何认定紧急情况下医务人员已经尽到合理诊疗义务，这涉及专业判断问题，需要通过申请鉴定来解决。同样，法律对医务人员采取的诊疗行为是否存在过错的判断，只能基于当时的医学科学本身的发展，即是否尽到与当时的医疗水平相应的诊疗义务，尽到该项义务的，就视为医疗机构及其医务人员没有过错，对于患者的损害不承担赔偿责任。但对于诊疗行为是否尽到当时医疗水平要求下的义务仍然属于专业判断问题，需要通过申请鉴定来解决。

在上述第一种情形下，医疗机构及其医务人员也有过错的，仍然应当承担相应的赔偿责任，但在第二、三种情形下，侵权责任法则没有规定。当然，从规范的内容看，侵权责任法第 60 条第 1 款第 1 项规定的患者或者其近亲属存在过错的情形，对此结合侵权责任法第 26 条的规定，应当适用过失相抵规则，而结合第60 条第2 款的规定，这实际上是过失相抵规则在医疗损害责任领域的具体化。换言之，患者或者其近亲属不配合医疗机构进行符合诊疗规范的诊疗情形下医疗机构完全免责的前提，必须是医疗机构及其医务人员没有过错。如果患者或者其近亲属有不配合诊疗的行为，但医疗机构及其医务人员也有过错的，医疗机构仍应对患者的损害承担相应的赔偿责任。[2] 但对于上述二、三项规定情形，则完全没有这一规定，基于立法原意的考量，按照反对解释，在第二、三项规定情形应当排除过失相抵规则的适用。

---

① 王胜明主编：《〈中华人民共和国侵权责任法〉条文解释与立法背景》，人民法院出版社 2010 年版，第 240 页。

② 王胜明主编：《〈中华人民共和国侵权责任法〉条文解释与立法背景》，人民法院出版社 2010 年版，第 238 页。

【适用指南】

对于本条的适用，需要把握以下三个问题：

1. 关于医疗损害鉴定程序的申请主体

医疗损害责任纠纷中举证责任的分配与确定鉴定程序启动的主体密切相关，如果将医疗损害责任构成要件事实的举证责任分配给患者，则按照当事人主义诉讼模式的要求，原则应当由患者一方来申请鉴定从而启动鉴定程序。有意见认为，这样将会影响医疗机构启动鉴定的积极性，甚至会将申请鉴定的责任完全加给患者。我们经研究后认为，本条规定既没有否定患者应当申请鉴定，也没有否定医疗机构申请鉴定的情形。本条规定的主要考虑是对患者构成举证证明责任的缓和，即对医患双方在举证责任分配上给予适当平衡。尤其是上述有关医疗过错的证明，并非患者仅提供其到医院就诊受到损害的证据就能完成举证。同样，患者对于自身损害的大小，如何定残评残等问题也需要通过鉴定来解决，这些情形以及其他有关医疗损害责任大小确定的案件事实与患者一方切身利益有关，患者基于维护自身利益所需，有必要也应当申请鉴定。对于医疗机构而言，其举证证明相关免责事由时，尤其是对于阻却侵权责任构成的事由进行举证时，也会涉及专业判断问题，这往往也需要申请鉴定来解决。还有，考虑到在不少案件中，因病致贫的情形较为多见，患者一方经济实力与医疗机构差距甚大，一概要求患者申请鉴定，涉及到可能数额不菲的鉴定费预交问题，无疑会给一些患者的经济负担雪上加霜，也正因如此，为推动构建和谐医患关系，缓和患者的举证责任负担，本条第3款明确规定了医疗机构对有关免责、减责事由以及阻却责任构成的事实承担举证证明责任。

2. 关于“尸检”的相关法律问题

关于尸检程序的启动，《医疗事故处理条例》第18条规定：“患者死亡，医患双方当事人不能确定死因或者对死因有异议的，应当在患者死亡后48小时内进行尸检；具备尸体冻存条件的，可以延长至7日。尸检应当经死者近亲属同意并签字。尸检应当由按照国家有关规定取得相应资格的机构和病理解剖专业技术人员进行。承担尸检任务的机构和病理解剖专业技术人员有进行尸检的义务。医疗事故争议双方当事人可以请法医病理学人员参加尸检，也可以委派代表观察尸检过程。拒绝或者拖延尸检，超过规定时间，影响对死因判定的，由拒绝或者拖延的一方承担责任。”依据这一规定，对于查明死亡原因所需的尸检行为既是双方当事人的权利，也是双方的义务。如果对患者的死亡原因有异议，则患者和医院均有权要求尸检。但从该条规定的双方拒绝或延迟尸检要承担责任的规定看，这项规定更应当是对双方义务的规定。同时，该条规定对医患双方就死亡原因提出异议的时间作出了限制，即对患者死因提出异议的时间应当在患者死亡后 48 小时内，否则可视为无异议或异议不能成立。当然具备尸体冻存条件的，可以延长至 7 日。实践中，为准确查明死因的案件事实，彻底解决纠纷，也可能存在超过 7 日后进行尸检的情形。

医疗损害责任纠纷中关于尸检的问题主要集中在拒绝或者拖延尸检案件对于事实的认定的影响抑或这种情况下举证证明责任如何分配的问题，即因没有进行尸检导致案件事实真伪不明时的不利后果应当由谁承担的问题。从上述行政法规、规章的规定看，拒绝或者拖延尸检的责任主体不限于患者近亲属，还包括医疗机构，即医疗机构拒绝或者拖延尸检导致无法查明责任构成的案件事实时，也要承担相应的不利后果。当然，对于拒绝或者拖延进行尸检，只有在影响上述要件事实导致该事实真伪不明的情况下，才应该适用举证证明责任分配的规则。因此，《医疗事故处理条例》第 18 条规定的“影响对死因判定的，由拒绝或者拖延的一方承担责任”，对于医疗损害责任而言，有可能对当事人尤其是患者近亲属要求过于苛刻，因为该条例主要是针对是否构成医疗事故而进行行政处罚而言的，就民事责任承担而言，应当贯彻未进行尸检对医疗损害责任构成要件事实的认定是否构成实质影响的角度来确定相应诉讼法上不利后果的承担。

【法条链接】

《中华人民共和国侵权责任法》

第五十四条 患者在诊疗活动中受到损害，医疗机构及其医务人员有过错的，由医疗机构承担赔偿责任。

第五十八条 患者有损害，因下列情形之一的，推定医疗机构有过错：

（一）违反法律、行政法规、规章以及其他有关诊疗规范的规定；

（二）隐匿或者拒绝提供与纠纷有关的病历资料；

（三）伪造、篡改或者销毁病历资料。

第六十条 患者有损害，因下列情形之一的，医疗机构不承担赔偿责任：

（一）患者或者其近亲属不配合医疗机构进行符合诊疗规范的诊疗；

（二）医务人员在抢救生命垂危的患者等紧急情况下已经尽到合理诊疗义务；

（三）限于当时的医疗水平难以诊疗。

前款第一项情形中，医疗机构及其医务人员也有过错的，应当承担相应的赔偿责任。

《最高人民法院关于适用〈中华人民共和国民事诉讼法〉的解释》

第九十条 当事人对自己提出的诉讼请求所依据的事实或者反驳对方诉讼请求所依据的事实，应当提供证据加以证明，但法律另有规定的除外。

在作出判决前，当事人未能提供证据或者证据不足以证明其事实主张的，由负有举证证明责任的当事人承担不利的后果。

第九十一条 人民法院应当依照下列原则确定举证证明责任的承担，但法律另有规定的除外：

（一）主张法律关系存在的当事人，应当对产生该法律关系的基本事实承担举证证明责任；

（二）主张法律关系变更、消灭或者权利受到妨害的当事人，应当对该法律关系变更、消灭或者权利受到妨害的基本事实承担举证证明责任。

第二百八十四条 环境保护法、消费者权益保护法等法律规定的机关和有关组织对污染环境、侵害众多消费者合法权益等损害社会公共利益的行为，根据民事诉讼法第五十五条规定提起公益诉讼，符合下列条件的，人民法院应当受理：

（一）有明确的被告；

（二）有具体的诉讼请求；

（三）有社会公共利益受到损害的初步证据；

（四）属于人民法院受理民事诉讼的范围和受诉人民法院管辖。

《最高人民法院关于民事诉讼证据的若干规定》

第四条第一款 下列侵权诉讼，按照以下规定承担举证责任：

……

（八）因医疗行为引起的侵权诉讼，由医疗机构就医疗行为与损害结果之间不存在因果关系及不存在医疗过错承担举证责任。

《最高人民法院关于审理食品药品纠纷案件适用法律若干问题的规定》

第五条 消费者举证证明所购买食品、药品的事实以及所购食品、药品不符合合同的约定，主张食品、药品的生产者、销售者承担违约责任的，人民法院应予支持。

消费者举证证明因食用食品或者使用药品受到损害，初步证明损害与食用食品或者使用药品存在因果关系，并请求食品、药品的生产者、销售者承担侵权责任的，人民法院应予支持，但食品、药品的生产者、销售者能证明损害不是因产品不符合质量标准造成的除外。

《最高人民法院关于审理侵害信息网络传播权民事纠纷案件适用法律若干问题的规定》

第六条 原告有初步证据证明网络服务提供者提供了相关作品、表演、录音录像制品，但网络服务提供者能够证明其仅提供网络服务，且无过错的，人民法院不应认定为构成侵权。

第五条 患者依据侵权责任法第五十五条规定主张医疗机构承担赔偿责任的，应当按照前条第一款规定提交证据。

实施手术、特殊检查、特殊治疗的，医疗机构应当承担说明义务并取得患者或者患者近亲属书面同意，但属于侵权责任法第五十六条规定情形的除外。医疗机构提交患者或者患者近亲属书面同意证据的，人民法院可以认定医疗机构尽到说明义务，但患者有相反证据足以反驳的除外。

【条文释义】

本条是关于侵害患者知情同意权责任纠纷中举证责任的规定。依据侵权责任法第55条第1款的规定，医务人员在诊疗活动中应当向患者说明病情和医疗措施。这是医务人员在诊疗活动中一般应尽的义务。除此以外，如果需要实施手术、特殊检查、特殊治疗的，还应当及时向患者说明医疗风险、替代医疗方案等情况，并取得其书面同意。上述说明如果不宜向患者说明，例如将会造成患者悲观、恐惧、心理负担沉重，不利于治疗，医务人员应当向患者的近亲属说明，并取得其书面同意。该条第2款规定，医务人员未尽到前款义务，造成患者损害的，医疗机构应当承担赔偿责任。对此，并非医务人员尽到了本条第一款规定的义务，在后续的诊疗活动中造成患者损害的，医疗机构就可以不承担赔偿责任。依据侵权责任法第57条的规定，医务人员在诊疗活动中未尽到与当时的医疗水平相应的诊疗义务，造成患者损害的，医疗机构应当承担赔偿责任。医务人员即使尽到了告知义务或者取得了患者或者其近亲属同意相关治疗的签字，但如果在后续的诊疗活动中未尽到与当时的医疗水平相应的诊疗义务，造成患者损害的，医疗机构仍应当承担赔偿责任。[①]侵害患者知情同意权的纠纷，属于典型的医疗伦理责任纠纷类型。使用医疗伦理损害责任的概念是借鉴法国的医疗伦理过错的概念。[②] 使用这个概念既能够概括这一类医疗损害责任的基本特征，又能够揭示这一类医疗损害责任的具体规则。关于违反告知义务的举证责任问题，本条最终确立了采取过错责任原则下“谁主张，谁举证”的一般规则，但在特殊检查、特殊治疗、实施手术的情况下由医疗机构对其取得患者或者患者近亲属书面同意的义务承担举证证明责任。

（一）医疗机构和医务人员告知义务的性质与来源

医疗机构的告知义务是一种法定的合同义务，体现了法定性和意定性的交融。换言之，医疗机构的告知义务既是合同义务，也是法定义务。

医疗机构告知义务的来源，是患者享有的知情权和自主决定权。正是由于患者享有知情权和自主决定权，医疗机构才应当对患者履行告知义务。同时在医疗领域，创设告知义务是因为具有侵袭性的医疗行为必须获得正当性基础，而患者的知情权和自主决定权就是阻却侵袭性医疗行为违法性的法定事由。

患者的知情同意权具有如下内容：一是充分知情权，二是自主决定权。医疗机构不履行告知义务，侵害的就是充分知情权和自主决定权。自主决定权对患者本人具有重要意义，行使这个权利，可以使医疗机构侵袭患者人身的行为具有阻却违法的性质，因此而成为合法行为。如果未经患者决定或者同意，医生擅自决定接触并且侵袭患者身体，就构成侵权行为。

（二）医疗机构告知义务的内容和履行

概括地说，医疗机构告知义务是医务人员在一般诊疗活动中应当向患者说明病情和医疗措施。需要实施手术、特殊检查、特殊治疗的，医务人

---

① 参见王胜明主编：《〈中华人民共和国侵权责任法〉条文解释与立法背景》，人民法院出版社 2010 年版，第 215 页。

② 关于法国医疗伦理过失的概念，参见陈忠五：《法国法上医疗过错的举证责任》，载朱柏松等：《医疗过失举证责任之研究》，台湾地区元照出版公司 2008 年版，第 124 页。

员应当及时向患者说明病情、医疗措施、医疗风险、替代医疗方案等情况，并取得其书面同意。不宜向患者说明的，医务人员应当向患者的近亲属说明，并取得其书面同意。

具体的告知义务内容：一是医疗机构的医疗水平、设备、技术状况等；二是患者的病情以及医疗机构的检查、诊断方案；三是检查、诊断结果的告知义务；四是转医或转诊的告知义务。

当然，并不是在一切情况下医疗机构都需要履行告知义务。具体而言，医疗机构不需要加以说明的情况有：一是依据法律给予医生强制治疗的权限；二是危险性极其轻微，发生的可能性几乎没有；三是患者非常清楚自己的症状；四是患者自愿放弃接受医生的说明；① 五是由于事态紧急无法取得患者的承诺；六是如果加以说明可能给患者招致不良影响。② 最后一种情形有进一步检讨的空间。也有意见认为，当患者得了绝症的时候，医疗机构有必要在适当时间以适当方式告知患者的近亲属，并取得患者近亲属的同意。只有这样才能够体现对患者的尊严与自由的彻底尊重。我们认为，履行告知义务，医生有自由裁量权，但应当限制，除非对患者履行告知义务对患者的健康有损害，都应当对患者善尽告知义务。如果不宜向患者履行告知义务的，医务人员应当向患者的近亲属说明，需要患者近亲属作出选择的，应当取得患者近亲属书面同意。

患者是否具有完全的意思表示能力，是告知义务履行中的重大问题。如果患者具有完全民事行为能力，那么医疗机构就必须向其本人履行告知义务，患者本人就是同意医治的主体。如果患者不具有完全民事行为能力或者无民事行为能力人，医疗机构必须向其监护人履行告知义务，患者的监护人就是同意医治的主体。在未得到患者或者其监护人同意的情况下，

---

① 关于放弃知悉权的规定，可见于荷兰民法典第7：449条："倘若病人明示不愿接受信息，则就不应当提供信息，除非不提供信息对病人或其他人的不利后果超过了病人放弃信息的利益。"［德］冯·巴尔：《欧洲比较侵权行为法》下卷，焦美华译，张新宝校，法律出版社2001年版，第389页。

② 参见段匡等：《医生的告知义务和患者的承诺》，载梁慧星主编：《民商法论丛》第12卷，法律出版社1999年版，第162页。

医疗机构具有侵袭性的医疗行为就不具备合法基础。如果医疗机构怠于获得患者本人或者其监护人的同意，那么医疗机构很有可能使患者错过医治的最佳时机。①

二、医疗伦理损害责任的归责原则和构成要件

医疗伦理损害责任适用的归责原则，侵权责任法规定为过错责任原则。医疗机构未尽必要的告知义务，侵害了患者的知情同意权，确认其有过失，应当承担赔偿责任。

医疗伦理损害责任的构成要件是：

第一，违法行为。构成医疗伦理损害责任的违法行为，表现为违反法定义务。医疗机构和医务人员的告知义务是一种法定义务。行为人违反这些法定义务，其行为就具有了违法性。

是否尽到告知义务的标准，应当采取折衷说亦即合理医生和具体患者说，医师若能预见患者有意思决定表示重视该情报，且该情报为这位医师知道或应当知道时，医师对这类情报负有告知义务。② 我们认为，判断医疗机构是否尽到告知义务的标准分为如下三个层次：第一，当患者没有提出医疗期待时，医疗机构应该履行当前专科医院医疗水平告知义务。医疗机构应该首先向患者说明当前临床医疗实践中有效性和安全性③都得到认可的治疗方案。同时，医疗机构应该告知患者自己医院的类别（专科医院/综合医院）、所准备采用的医疗方案和实施能力以及本院是否达到当前专科医院的一般医疗水平等。第二，在医疗过程中，医生应告知所患病名，告知可以选择的治疗方案，告知治疗方法和结果，告知药品的使用方法，告知治疗费用的情况，告知继续治疗和转医转诊方案，应告知愈后、康复的注意事项。第三，当患者提出其他医疗期待时，医疗机构应该履行其有效性和安全性尚处于被验证的医疗方案的告知义务。结合医院所处的环境

① 杨立新：《侵权法论（第五版）》，人民法院出版社 2013 年版，第 577～578 页。

② 参见龚赛红：《医疗损害赔偿立法研究》，法律出版社 2001 年版，第 172 页。

③ 有关医疗水准的讨论，参见［日］新美育文：《医师的过失》，夏芸译，载张新宝主编：《侵权法评论》第 2 辑，人民法院出版社 2003 年版，第 164～174 页。

等因素，某些医院还应该履行国际上有效性和安全性得到认可或正在被验证的疗法的告知义务。

第二，损害事实。医疗伦理损害责任构成要件的损害事实主要表现为侵害了患者的知情权、自主决定权等。具体损害可以表现为人身损害、精神损害和财产损害。

第三，因果关系。医疗伦理损害责任构成中的因果关系要件，仍然是医疗违法行为与损害事实之间的引起与被引起的关系。这种因果关系主要表现为未善尽告知义务的行为与知情权、自我决定权、隐私权、身份权以及相关利益受到损害之间的引起与被引起的关系，前者为因，后者为果。

第四，医疗伦理过失。医疗伦理损害责任构成的过失要件，如果存在未善尽告知义务，即可推定医疗机构和医务人员具有过失。[①]

三、关于医疗机构违反告知义务纠纷的举证责任

（一）关于举证责任分配的一般规则

大陆法系国家关于举证责任分配的理论，主要有待证事实分类说和法律要件分类说两种学说。待证事实分类说是根据待证事实证明的难易来决定举证责任的分配，并不顾及某项待证事实在法律构成要件上处于何种地位，而仅注重待证事实的性质或内容，并将其作为举证责任分配的依据。[②]具体而言，即将待证事实按照一定的标准进行分类，以明确对哪些事实须承担举证责任，对哪些事实不承担举证责任。[③] 依不同的划分标准，待证事实分类说分为消极事实说、外界事实说、基础事实说等。消极事实说将待证事实分为积极事实和消极事实，凡主张积极事实的当事人应当承担举证责任，主张消极事实的当事人无需承担举证责任。然而这一学说的缺陷十分明显，对于同一事实从不同的角度可能存在积极事实和消极事实两种不同的理解，而且并非所有的消极事实均存在证明困难的情形。外界事实说将待证事实分为外界事实和内界事实。外界事实是指人的感官所能够体

---

① 参见杨立新：《侵权法论（第五版）》，人民法院出版社 2013 年版，第 579 ~ 580 页。

② 毕玉谦主编：《证据法要义》，法律出版社 2003 年版，第 372 页。

③ 张永泉：《民事诉讼证据原理研究》，厦门大学出版社 2005 年版，第 181 页。

察的事实，内界事实是指人的内心活动。主张外界事实的人承担举证责任，主张内界事实的人由于内界事实的证明非常困难，故不承担举证责任。这种学说的缺陷在于人的内心活动完全可以通过间接事实来证明，且在双方均主张内界事实时举证责任如何分配仍然不清楚。基础事实说是在克服消极事实说缺陷的基础上发展而来，这种学说认为，主张权利发生的当事人应当对权利发生的要件事实承担证明责任，相对方对权利发生的欠缺要件承担证明责任。这一学说为法律要件分类说中的规范说的产生奠定了一定的理论基础，在证明责任理论发展中具有比较大的影响。基础事实说包括特别要件说和因果关系说两个重要的分支。特别要件说将权利发生要件分为一般要件和特别要件，一般要件为普遍存在于一切权利发生情形中的要件，特别要件为与权利发生有直接关系的要件。故在权利发生的必备要件中，原告只需要对权利发生的特别要件事实承担证明责任，而被告应当对表示缺乏权利发生的一般要件事实承担证明责任。特别要件说在日本和我国台湾地区曾是通说。因果关系说主张权利成立原因事实应当由主张权利的当事人承担举证责任，权利条件欠缺的事实由相对方承担举证责任。因果关系说系规范说出现之前德国有关举证责任分配问题的通说。①

法律要件分类说以德国学者罗森贝克提出的规范说最具代表性。罗森贝克主张从法律规范要件分类出发，在对实体法律规范结构分析的基础上，根据法律规范的语义和构造分析法律规范的原则、例外，以及基本规范与反对规范之间的关系，以此为分配举证责任的方法。罗森贝克认为，民事实体法规范本身已经具备举证责任分配的原则，这是立法者预先设置的结果。因此，法律规范之间，或者存在补充关系，或者存在相斥关系，二者必居其一。② 罗森贝克将民事实体法规范分为两大类：一为权利发生规范，也即基本规范，是指能够引起权利发生的法律规范；二为对立规

---

① 张永泉：《民事诉讼证据原理研究》，厦门大学出版社 2005 年版，第 182 ~ 184 页。转引自沈德咏主编：《最高人民法院民事诉讼法司法解释理解与适用》，人民法院出版社 2015 年版，第 314 ~ 315 页。

② 毕玉谦主编：《证据法要义》，法律出版社 2003 年版，第 373 页。

范，包括权利妨碍规范，即在权利发生开始时妨碍权利发生的效果，使权利不能发生的法律规范；权利消灭规范，即在权利发生之后使已经存在的权利归于消灭的法律规范；权利限制规范，即在权利发生之后，权利人欲行使权利时，能够使权利的效果予以遏制或消除，从而使权利不能实现的法律规范。依据法律要件分类说的一般理论，凡主张法律关系存在的当事人，应就该法律关系发生所须具备的要件负担证明责任；主张法律关系变更或者消灭的当事人，应就法律关系变更或者消灭所须具备的要件负担证明责任。[①] 此即目前在大陆法系国家一直占据通说地位的法律要件分类说中规范说。

我国民事诉讼实务上也是以法律要件分类说中规范说的基本观点为依据，确定举证责任分配的规则。我国立法和司法层面均认为举证责任包括行为意义的举证责任和结果意义的举证责任两层含义。行为意义的举证责任也称为主观上的举证责任，是指当事人在具体的民事诉讼中，为避免败诉的风险而向法院提出证据证明其主张的一种行为责任。结果意义的举证责任又称客观上的证明责任，是指待证事实的存在与否不能确定、真伪不明时，由哪一方当事人对不利后果进行负担的责任和风险。待证事实真伪不明，是指在诉讼结束时，当所有能够释明事实真相的措施都已经采用过了，但争议事实仍然不清楚（有时也称无法证明、法官心证模糊）的最终状态。由于结果意义的举证责任建立在法官不能因事实不清而拒绝裁判的理念之上，它所解决的是待证事实真伪不明时法官如何裁判的问题，实质上是对事实真伪不明的一种法定的风险分配形式。[②] 尽管《民诉证据规定》第 2 条内容上并未在对要件事实分类的基础上明确规定举证责任分配的基本内容，但根据法律要件分类说中规范说的理论理解举证责任分配一

① 汤维建：《民事诉讼法学》，北京大学出版社 2008 年版，第 264 页。

② 宋春雨：《论〈民事诉讼法〉司法解释中的若干证据问题的理解与适用》，载《法律适用》2015 年第 4 期。

般规则观点，是最高人民法院自《民诉证据规定》以来的一贯立场。[①] 因此，《民诉法解释》第 91 条即采取法律要件分类说中规范说作为我国举证责任分配的原则。应该说，法律要件分类说相对于其他学说，规则上相对清晰、简单，也具有较强的操作性。而法律要件分类说中的一些缺点，如不能很好地兼顾个案公平等，则可以通过实体法律和司法解释的特别规定予以矫正。[②] 依照该条规定，主张法律关系存在的当事人，应当对产生该法律关系的基本事实承担举证责任；主张法律关系变更、消灭或者权利受到妨害的当事人，应当对该法律关系变更、消灭或者权利受到妨害的基本事实承担举证责任。但法律另有规定的除外。此但书条款中的法律另有规定当然应当包括司法解释另有规定的情形。此外，该条所称的“法律关系的基本事实”与构成要件事实应为同义语，即法律关系构成要件所必须的事实。对于本条的适用，比如在合同法上，主张合同有效的，应当对合同有效的构成要件事实承担举证责任；在物权法上，主张善意取得的，应当依据物权法第 106 条的规定对于善意取得的构成要件承担举证责任；同样，在侵权责任法上，主张过错责任的，则应该对过错责任的构成要件事实承担举证责任。

（二）本解释关于医疗机构违反告知义务情形的举证责任分配

侵权责任法第 55 条规定了医务人员在诊疗活动中向患者说明病情、医疗措施等情况的告知义务及医疗机构违反该义务应当承担相应的赔偿责任，但并未涉及医务人员是否尽到告知义务的举证责任承担问题，容易引起司法实务操作方面的争议。第一种观点认为，侵害患者知情同意权案件属于医疗伦理损害责任案件，归责原则应为无过错责任原则，患者无需对医务人员是否具有过错承担举证责任，但应当对损害事实和因果关系要件承担举证责任。医务人员是否尽到告知义务，应当由医疗机构承担举证责

---

① 最高人民法院民一庭：《民事诉讼证据司法解释的理解与适用》，中国法制出版社 2002 年版，第 24 页。

② 沈德咏主编：《最高人民法院民事诉讼司法解释理解与适用（上）》，人民法院出版社 2015 年版，第 316 页。

任，主要理由：第一，由于医务人员未尽到告知义务，对于患者而言属于待证法律事实中的“消极事实”，其对此难以举证，要求患者承担举证责任，不尽合理。第二，医疗机构本身负有妥善保管病历资料的义务，客观上掌控着患者的病历资料，医疗机构对其尽到告知义务比较容易完成举证。第三，将医务人员尽到告知义务的举证责任分配给医疗机构，有利于督促医疗机构规范诊疗行为，更有利于保护患者知情同意的权利。据此，对于医疗机构而言，在患者以医疗机构未尽告知义务造成损害起诉时，医疗机构除了应就医疗行为与损害后果之间不存在因果关系及不存在过错承担举证责任外，还应证明其已经完全履行了告知义务。这就涉及告知方式及内容的证明问题，如果医生仅以口头方式对患者进行告知，而未进行详细记录并让患者或其亲属签字确认，则将面临举证不能的败诉风险。[①] 有的地方高级人民法院规范性文件中指出，“医疗机构应当将患者的病情、医疗措施、医疗风险、替代医疗方案等必要情况，以合理方式告知患者、患者的近亲属或被明确授权的人。下列情形中，医疗机构负有告知义务的举证责任。（一）对患者实施手术的；（二）对患者施行特殊检查或特殊治疗的（参照《医疗机构管理条例实施细则》第88条规定）；（三）对患者施行实验性临床检查和治疗的；（四）存在多种治疗方案且有较大风险的；（五）有转诊必要的；（六）对患者施行其他可能产生严重不良后果的诊断、治疗活动的。医疗机构未能举证证明的，应当认定其违反告知义务，但医疗机构能够举证证明确因情况紧急等客观原因无法告知的不承担赔偿责任。”

第二种意见认为，医疗机构是否尽到告知义务的举证责任，通常应当由患者承担，因为这实质上是医疗机构及其医务人员是否有过错的问题，由患者来举证，符合医疗损害责任采过错责任原则的基本法理。而且这也涉及专门性问题，通常需要通过鉴定来解决，明确由患者举证，本质上仅是涉及由谁来申请启动鉴定程序的问题。要求医疗机构承担过重的举证责任，也可能会引发医疗机构的保守治疗、过度检查等问题。给医疗机构过

① 鲁为主编：《医疗损害责任纠纷诉讼指引与实务解答》，法律出版社2014年版，第166页。

重的负担，也不利于医学的进步，最终影响的是全体患者的利益。

本解释最终采纳了上述第二种意见，在“谁主张，谁举证”的基础上，对患者实行一定程度的举证责任缓和。其中，第1款按照过错责任的基本法理，对患者的举证责任作出了规定。这一做法符合上述《民诉法解释》第91条所确立的举证证明责任分配的一般规则，即主张权利受到妨害的当事人，应当对权利受到妨害的基本事实承担举证证明责任。本条第2款则在实施手术、特殊检查、特殊治疗的情形下对患者一方实行了举证责任缓和，进一步规定了医疗机构提供了患者或者患者近亲属的书面同意证据的，人民法院可以认定医疗机构尽到告知义务，以避免给医疗机构过重的负担，同时又规定了一个除外条款，即在患者提供了相反证据的情况下，仍应认定医疗机构未尽到告知义务，以有效保护患者合法权益。由于医疗机构告知义务的范围问题非常复杂，可能因具体疾病的不同而不同，有关法规规章也没有作出明确规定，这也涉及专业判断问题，患者可以通过申请鉴定的方式来举证。

【适用指南】

对于本条的适用，应当注意以下两点：

1. 关于医疗机构违反告知义务一般情形的举证责任

依据本条第1款的规定，患者依据侵权责任法第55条规定主张医疗机构承担赔偿责任的，应当按照医疗损害责任举证责任的一般规则提供就医疗机构违反告知义务侵权责任构成要件事实相应的证据。具体而言，患者应当依据本解释第4条的规定，应当提供到该医疗机构就诊的证据；受到损害的证据；医疗机构或者医务人员有过错的证据以及诊疗活动与损害事实之间具有因果关系的证据，患者一方可以通过申请鉴定来解决。对此，需要把握以下四点：

其一，要求患者就一般的要件事实提供证据，其必须对自己主张的事实承担相应的举证责任。而且相对于患者而言，医疗机构是否尽到告知义务涉及专业判断问题，而且实践中患者可能也难以提供医疗机构违反告知义务的证据，这时患者就需要通过申请鉴定来解决。

其二，此即构成对患者的举证责任缓和，适当减轻了患者对于医疗机构违反说明告知义务时的举证责任。即强化患者行为意义上的举证责任，通过释明的方式倡导医患双方来申请鉴定，弱化其结果意义上的举证证明责任。

其三，医疗机构依据侵权责任法第 60 条第 1 款规定主张不承担赔偿责任的，也要承担举证责任。就举证责任分配而言，依据本解释第 4 条的规定，医疗机构仍应对免责事由承担举证证明责任，此可以理解为法律的特殊规定，也符合《民诉法解释》第 91 条规定的基本精神。对此，医疗机构通常也需要通过申请鉴定来解决。

其四，同其他医疗损害责任纠纷一样，本着彻底化解医患矛盾的需要，对于医疗机构违反告知义务的事实认定，往往需要通过申请鉴定的方式来解决。必要时，人民法院应当依照民事诉讼法第 76 条第 2 款的规定依职权启动鉴定。在医疗损害责任纠纷中，由于医患矛盾本身具有一定敏感性，不仅涉及医患关系的和谐，还会影响医疗卫生事业的健康发展，因此，为彻底解决医患纠纷，可能要采取区别于普通民事案件的做法，能够通过鉴定查明案件事实来进行裁判的，尽量减少采用结果意义上的举证责任分配的规则来判决一方当事人败诉。对于双方当事人都未申请鉴定的情形，则人民法院要根据案件具体情况，依据民事诉讼法第 76 条第 2 款的规定依职权启动鉴定。

2. 实施手术、特殊检查、特殊治疗情形下的举证责任

本条第 2 款对患者作了进一步的举证责任缓和，规定了对于实施手术、特殊检查、特殊治疗的情形，由医疗机构承担尽到告知义务并取得患者或者患者近亲属的书面同意的举证责任。理由在于，一方面，医疗机构客观上掌控着患者的病历资料，医疗机构对其尽到告知义务比较容易完成举证；另一方面，实施手术、特殊检查、特殊治疗对患者而言影响较大，要求医疗机构承担举证责任，有利于督促医疗机构规范诊疗行为，切实维

护患者合法权益；再者，在举证责任分配上适度平衡患者与医疗机构之间的关系，也有利于构建和谐的医患关系。

当然，鉴于侵权责任法第56条规定："因抢救生命垂危的患者等紧急情况，不能取得患者或者其近亲属意见的，经医疗机构负责人或者授权的负责人批准，可以立即实施相应的医疗措施"，即在这一情形下医疗机构不能取得患者或者其近亲属意见，也就没有取得他们书面同意的可能，故在此情形下医疗机构不必就其尽到告知义务及取得书面同意的问题承担举证责任。

在此需要注意的是，本款又规定了一个除外条款，即在患者提供了相反证据证明的情况下，仍应认定医疗机构未尽到告知义务，以有效保护患者合法权益。考虑到实践中书面同意的内容与告知义务的要求有时可能会不尽一致，对于只要患者书面同意的，一概认定医疗机构尽到告知义务，未免过于绝对。故肯定患者或者其近亲属书面同意在形式上具有能够证明医疗机构尽到说明同意义务的证据效力，同时允许患者一方通过反证予以反驳，无疑更加符合审判实践的具体情况，也有利于医患纠纷的彻底化解。当然，由于诊疗活动中告知义务的专业性，这里的反证，往往也需要患者通过申请鉴定来解决。

【法条链接】

《中华人民共和国侵权责任法》

第五十五条　医务人员在诊疗活动中应当向患者说明病情和医疗措施。需要实施手术、特殊检查、特殊治疗的，医务人员应当及时向患者说明医疗风险、替代医疗方案等情况，并取得其书面同意；不宜向患者说明的，应当向患者的近亲属说明，并取得其书面同意。

医务人员未尽到前款义务，造成患者损害的，医疗机构应当承担赔偿责任。

第五十六条　因抢救生命垂危的患者等紧急情况，不能取得患者或者其近亲属意见的，经医疗机构负责人或者授权的负责人批准，可以立即实施相应的医疗措施。

《医疗机构管理条例》

第三十三条 医疗机构施行手术、特殊检查或者特殊治疗时，必须征得患者同意，并应当取得其家属或者关系人同意并签字；无法取得患者意见时，应当取得家属或者关系人同意并签字；无法取得患者意见又无家属或者关系人在场，或者遇到其他特殊情况时，经治医师应当提出医疗处置方案，在取得医疗机构负责人或者被授权负责人员的批准后实施。

第六条 侵权责任法第五十八条规定的病历资料包括医疗机构保管的门诊病历、住院志、体温单、医嘱单、检验报告、医学影像检查资料、特殊检查（治疗）同意书、手术同意书、手术及麻醉记录、病理资料、护理记录、医疗费用、出院记录以及国务院卫生行政主管部门规定的其他病历资料。

患者依法向人民法院申请医疗机构提交由其保管的与纠纷有关的病历资料等，医疗机构未在人民法院指定期限内提交的，人民法院可以依照侵权责任法第五十八条第二项规定推定医疗机构有过错，但是因不可抗力等客观原因无法提交的除外。

【条文释义】

本条是关于病历资料范围以及医疗机构未在合理期限内提交病历资料的法律后果的规定。对于本条的理解与适用，需要把握以下几点：

一、关于侵权责任法第五十八条规定的病历资料的范围

（一）病历资料的界定

病历资料在民事诉讼证据中属于书证的范畴，在医疗损害责任纠纷中是非常重要的证据类型。侵权责任法第 61 条明确规定了医疗机构以及医务人员负有依规填写、妥善保管和提供查询的义务。这一义务属于强制性义务，医务人员和医疗机构不得违反。违反该义务的后果，侵权责任法第 58 条中明确规定“隐匿或者拒绝提供与纠纷有关的病历资料”“伪造、篡改或者销毁病历资料”的行为可以直接推定医疗过失，其基础也在于本条规定的医务人员对医疗文书和资料负有的义务，这种推定过失就是违反该义务的法律后果。①

① 杨立新：《侵权法论（第五版）》，人民法院出版社 2013 年版，第 604 页。

依据《医疗机构病历管理规定（2012年版）》的规定，病历是指医务人员在医疗活动过程中形成的文字、符号、图表、影像、切片等资料的总和，包括门（急）诊病历和住院病历。同时，该规定还对“病历资料”作了进一步明确，规定医疗机构可以为申请人复印或者复制的病历资料包括：门（急）诊病历和住院病历中的住院志（即入院记录）、体温单、医嘱单、化验单（检验报告）、医学影像检查资料、特殊检查（治疗）同意书、手术同意书、手术及麻醉记录单、病理报告、护理记录、出院记录。“病历资料”是一个集合概念，是一系列医学文书资料的总和。从分类上讲，病历包括门（急）诊病历和住院病历；从内容上讲，病历包括体温单、医嘱单、化验单（检验报告）、医学影像检查资料、手术及麻醉记录单、病理报告、护理记录等一系列医学文书资料。① 理论和实务上一般都认为病历资料包括客观性病历资料和主观性病历资料。客观性病历资料，是指记录患者症状、生命体征、病史的病历资料，即《医疗事故处理条例》第10条所明确的“门诊病历、住院志、体温单、医嘱单、化验单（检验报告）、医学影像检查资料、特殊检查同意书、手术同意书、手术及麻醉记录单、病理资料、护理记录”等。但《病历书写基本规范》（卫医政发〔2010〕11号）第16条规定：“住院病历内容包括住院病案首页、入院记录、病程记录、手术同意书、麻醉同意书、输血治疗知情同意书、特殊检查（特殊治疗）同意书、病危（重）通知书、医嘱单、辅助检查报告单、体温单、医学影像检查资料、病理资料等。”主观性病历，是指医疗机构的医务人员对病情观察、对病史的了解和掌握进行的综合分析所做的记录，指的是死亡病历讨论记录、疑难病历讨论记录、上级医师查房记录、会诊意见、病程记录等。

（二）关于病历资料的范围

鉴于医疗行业的这一特点，由医务人员填写、制作的病历、住院志、

---

① 王胜明主编：《〈中华人民共和国侵权责任法〉条文解释与立法背景》，人民法院出版社2010年版，第243页。

检验报告、手术及麻醉记录、病理资料、护理资料等病历资料，在发生医患纠纷时，是医疗侵权诉讼中极为关键的证据。这类资料作为证据，往往直接影响医疗诉讼的成败。同时，考虑到这类资料的制作、保管均由医疗机构一方完成，从证据角度讲，医疗机构一方对于证据的掌握和控制是强势的，因此，必须在合理的限度内赋予患者查阅和复制这类资料的权利，以平衡双方在举证责任能力上的悬殊。[①] 正因如此，侵权责任法第61条对于医疗机构保管病历的义务和患者一方查阅复制病历的权利作了规定，同时在第58条分两项对有关伪造、篡改或者销毁病历，隐匿或者拒绝提供与纠纷有关的病历资料等推定为医疗机构有关过错。这两种情形，一方面反映了医疗机构的恶意，另一方面使患者难于取得与医疗纠纷有关的证据资料，这时再让患者举证已不合理。因此，推定医疗机构有过错。[②] 目前审判实践中对于第58条规定的病历资料范围与第61条规定的患者查阅、复制的病历资料范围是否一致，抑或在发生医疗损害责任纠纷后，医疗机构应当提交病例的范围是否全部包括主观性病例、客观性病例存有争议。一种意见认为，对此按照侵权责任法第61条规定的范围为准进行确定；第二种意见认为，有必要结合既有的行政法规、规章的规定，对病历的范围作进一步细化，以更好地指导审判实践。

本解释采纳了第二种意见，参照《医疗事故处理条例》《医疗机构病历管理规定（2013年版）》的规定，细化了侵权责任法第58条第2项规定的病历资料的范围，新增了门诊病历、体温单、医学影像检查资料、特殊检查（治疗）同意书、手术同意书、医疗费用、出院记录，并以国务院卫生行政部门规定的其他病历资料作为兜底。考虑到一般情况下，门（急）诊病历由患者负责保管，只有在医疗机构建有门（急）诊病历档案的才由医疗机构负责保管；而住院病历一般均由医疗机构负责保管，本条第一款

---

① 王胜明主编：《〈中华人民共和国侵权责任法〉条文解释与立法背景》，人民法院出版社2010年版，第247页。

② 王胜明主编：《〈中华人民共和国侵权责任法〉条文解释与立法背景》，人民法院出版社2010年版，第227页。

将此病历资料限定为“医疗机构保管”的范围。

对此争议最大的就是主观性病历资料是否属于侵权责任法第58条规定的病历资料的范围。我们认为，从证据属性上讲，无论客观性病例还是主观性病历，它们都应属于书证的范畴。但对于疾病诊治、讨论记录、会诊记录等主观性病历资料，相当于法院的合议庭笔录、审委会笔录，是属于不可复制查阅的范围，但在发生纠纷时需要封存，以便在解决纠纷时作为客观的证据使用。有观点认为，患者查阅、复制的病历资料，包括住院志、医嘱单、检验报告、手术及麻醉记录、病理资料、护理记录、医疗费用等，以及死亡病例的讨论记录、上级医师查房记录、会诊意见、病程记录等病历资料。[①] 而且《医疗纠纷预防和处理条例（草案）》第15条第1款也规定了患者有权复印“全部病历资料”，这里实际上也就包含了主观性病历资料。但如果在司法解释中明确列明该主观性病历，在行为导向上可能会引发患者会更多地主张查阅复制该病历，这势必会给医务人员进行疾病的诊断，尤其是疑难病例的诊断甚至探索性医疗带来不当干预，增加不必要负担，甚至会诱发保守治疗、过度检查甚至阻碍医学的进步。而且考虑到这些病例资料类似于法官的合议庭笔录，具有一定的私密性，在侵权责任法并没有明确列举的情况下，司法解释不宜作明确规定。因此，本条第1款根据证据的基本属性，虽然主观性病例应属于人民法院审理医疗损害责任纠纷案件的证据范畴，但为避免实践中不必要的争议，依法保障医务人员的合法权益便于其积极开展诊疗行为，最终采用列举加兜底的方式对病历资料的范围作了规定。在此还要强调的是，司法解释虽然没有写明，但是由于主观性病例对于认定过错、确定责任大小等具有重要作用，它们应当属于《民诉法解释》第112条等规定的书证。

二、关于医疗机构未在人民法院指定期间内提交病历资料的法律后果

按照“谁主张，谁举证”的一般规则，患者一方要对医疗机构隐匿或者拒绝提供病历的事实承担举证证明责任，但审判实践中患者通常对此难

---

① 杨立新:《侵权法论（第五版）》，人民法院出版社2013年版，第604页。

以举证。为解决这一问题，本条第2款对侵权责任法第58条第2项内容作了细化规定，医疗机构应提供与治疗有关的病历资料，无正当理由拒不提供的，即视为隐匿或拒绝提供的做法，将“患者申请医疗机构向人民法院提交由其保管的与纠纷相关的病历资料，医疗机构未及时提交”的情形，纳入到“医疗机构隐匿或者拒绝提供与纠纷有关的病历资料”的情形。由此督促医疗机构妥善保管和及时提交与纠纷相关的病历资料，同时将因不可抗力等客观原因导致无法提交的情形作为除外条款予以规定，这既符合客观实际情况，不至于给医疗机构造成过重负担，也有利于构建和谐的医患关系。对于本款的理解，需要注意以下几点：

其一，至于其他客观情况的界定，则按照本条表述，即使不能与不可抗力相提并论，但必须是医疗机构没有过错的客观事由，否则就应当构成推定医疗机构有过错的事由。

其二，这里的隐匿或者拒绝提供病历资料的对象在诉讼中应当最终表现为作为一方当事人的医疗机构拒绝向人民法院提供有关病历资料或者隐匿该病历资料，如本款所称，即在人民法院指定的期间内未向人民法院提交。

其三，人民法院指定的期间，基于诚信原则的要求，应当属于合理期间的范畴，结合民事诉讼法的有关规定，原则上以不低于三日为宜，如果指定的期间属于医疗机构显然无法完成这一举证行为情形的，则为不妥当，当然这要根据案件具体情况予以确定。本解释没有作统一硬性的规定。

【适用指南】

对于本条的适用，需要把握以下两点：

1. 关于病历资料范围的司法适用

对于审判实践中如何准确把握病历资料的范围，要注意以下几点：

其一，要做好与《民诉法解释》有关规定的衔接适用。书证是以文字、数字、符号、图形等所记载的内容或表达的思想来证明案件事实的证据。病历资料从其属性上看，应当属于书证的范围。当事人举证能力和举证方式的不足是民事诉讼实践中长期以来存在的问题，也是影响案件事实查明的一个重要因素。为使当事人在对方当事人控制书证时有相应的手段获取该书证来证明案件事实，以利于其诉讼权利的保障和实质公平的实现，《民诉法解释》对于书证提出命令及相应的法律后果作出了规定。依据其第112条的规定，书证在对方当事人控制之下的，承担举证证明责任的当事人可以在举证期限届满前书面申请人民法院责令对方当事人提交。关于提交书证命令的法律后果。依据该条第2款的规定的，人民法院经审查发现当事人的申请符合上述条件的，则应当责令对方当事人提交该书证。对方当事人对此可以予以反驳，如果其有正当理由，比如证明该证据在他人控制之下等情况，则人民法院也能责令其提交证据。人民法院依法责令对方当事人提交该书证，对方当事人如果有正当理由，可以不提交该书证。但如果其无正当理由拒不提交的，人民法院可以认定申请人所主张的书证内容为真实，由此来反向督促被申请一方当事人提交在其控制之下的书证，从而使人民法院能够更加准确地认定案件事实，妥善化解矛盾纠纷。同时，依据《民诉法解释》第113条的规定，持有书证的当事人以妨碍对方当事人使用为目的，毁灭有关书证或者实施其他致使书证不能使用行为的，人民法院可以依照民事诉讼法第111条的规定，对其处以罚款、拘留。对于该条的适用持有书证的一方当事人在主观方面必须是存在故意，且要限定在以妨碍对方当事人使用为目的的毁损行为，若无此目的或者无此毁损或其他致使书证不能使用的行为，均不能适用本条的处罚措施。无论是医疗机构保管的主观性病例还是客观性病例，都属于人民法院认定案件事实的证据范畴，只要符合《民诉法解释》的上述规定，就要产生这些规定所明确的法律后果。

其二，主观性病例属于书证的范畴，当然也就属于民事诉讼法第64条规定的可以由当事人申请人民法院职权调查取证的证据范围，也属于民事诉讼法第76条规定的有关专门性问题申请鉴定的鉴定材料范畴。即在符合民事诉讼法第64条、《民诉法解释》第95条的情况下，患者一方申请人民法院调查取证，人民法院应予准许；在符合《民诉法解释》第96

条规定情况下，人民法院应当依照职权进行鉴定。对于鉴定问题，如果医疗机构不提供相应的主观性病历，导致无法继续鉴定的，医疗机构应当承担相应的不利后果。

2. 关于患者提供病历义务的问题

实践中患者也掌握一些病历材料，而这些病历材料对于案件事实的认定也会起到重要作用。在本解释起草过程中，有些单位建议在本条增加一款规定患者对其保管病历的提交义务及相应的后果。经研究，患者保管的病历资料相对较少，其在掌握病历方面与医疗机构相比并无任何优势，且侵权责任法第 58 条及第 61 条均没有对患者提交病历问题作出规定；应该说，患者提交病历的问题，相较于医疗机构拒不提交病历、伪造篡改病历的问题，在实践中并不十分突出，按照过错责任的要求，患者依然承担相应的举证责任。本解释未对患者提交病历的情形作出规定，对此的法律适用可以按照患者举证责任的一般规则和《民诉法解释》有关文书提交命令等规则来解决。患者有提交其掌握的病历资料的义务，否则应当按照举证责任分配的规则，承担相应的不利后果。对于患者拒不提交其掌握的证据材料的情形，人民法院可以依据《民诉法解释》第 112 条、第 113 条的规定责令患者提交，否则就应当作出对其不利的认定，或者采取其他处罚措施。

3. 关于涂改病历、不配合封存病历与抢夺病历的问题

审判实践中还经常会遇到涂改病历、当事人不配合封存病历甚至抢夺病历导致病历毁损的情况，这无疑会影响案件事实的认定。我们认为，对此应当按照民事诉讼举证责任分配的一般规则明确相应的法律适用规则。

关于涂改病历的问题。依据侵权责任法第 58 条的规定，医疗机构在涂改、销毁、隐匿或者拒不提供病历以及其他医疗资料时，则推定为医疗机构有过错。涂改病历的情形在审判实践中也或多或少存在。例如，2004 年 6 月 3 日早晨 7 时许，患者崔某某在怀孕 38 周后感到腹部阵痛，到某区第二医院就诊生产。产科医生检查后认为："胎位为正常头位、胎心正常；宫口未开，胎膜未破。"经崔某某同意，决定实施剖腹产手术。上手术台

时医院停电，麻醉师打开窗帘，借助自然光线做了硬膜外麻醉。9点来电后，医生才用B超做术前胎心检查，胎心已由入院时的140次/分减弱为34次/分。医生补了麻药后开始手术。孩子生出后不久死亡，医生又为崔某某切除子宫。崔某某向法院起诉，要求赔偿。医院答辩称孩子是在患者肚子里已经死亡，医院没有过错，不承担赔偿责任。经《文检技术检验报告》确认，该病历袋被打开过，病历中有后来改过的痕迹。法院据此判决医院因私拆封存病历袋并涂改病历，致使无法进行医疗事故鉴定而承担赔偿责任，一次性赔偿崔某某人身伤害损失和经济损失共计20.6万元。这个判决是正确的。隐匿、涂改病历资料，甚至销毁或拒不提供病历资料，可以直接推定医疗机构以及医务人员存在治疗过失，应当承担医疗损害责任。①

关于病历的封存问题。《医疗事故处理条例》第16条规定："发生医疗事故争议时，死亡病例讨论记录、疑难病例讨论记录、上级医师查房记录、会诊意见、病程记录应当在医患双方在场的情况下封存和启封。封存的病历资料可以是复印件，由医疗机构保管。"我们认为，无论是医疗机构还是患者一方，若无正当理由拒不同意、不配合共同封存或启封病历资料、现场实物等证据材料的，应承担相应不利的诉讼后果。

关于抢夺病历资料的问题。按照《最高人民法院第八次全国法院民事商事审判工作会议纪要（民事部分）》的规定，因当事人抢夺病历，致使医疗行为与损害后果之间的因果关系或医疗机构及其医务人员的过错无法认定的，抢夺病历资料一方当事人应承担相应的不利后果。这里抢夺病历的主体既包括患者还包括医疗机构，当然也包括患者近亲属以及接受患者或者其近亲属指示的人所进行的抢夺病历行为。这一规则的限定条件也必须是导致因果关系或者诊疗过错等案件事实无法认定的才由抢夺一方承担相应的证据法意义上的不利后果。

---

① 杨立新：《侵权法论（第五版）》，人民法院出版社2013年版，第581页。

【法条链接】

《中华人民共和国侵权责任法》

第五十八条 患者有损害，因下列情形之一的，推定医疗机构有过错：

（一）违反法律、行政法规、规章以及其他有关诊疗规范的规定；

（二）隐匿或者拒绝提供与纠纷有关的病历资料；

（三）伪造、篡改或者销毁病历资料。

第六十条 患者有损害，因下列情形之一的，医疗机构不承担赔偿责任：

（一）患者或者其近亲属不配合医疗机构进行符合诊疗规范的诊疗；

（二）医务人员在抢救生命垂危的患者等紧急情况下已经尽到合理诊疗义务；

（三）限于当时的医疗水平难以诊疗。

前款第一项情形中，医疗机构及其医务人员也有过错的，应当承担相应的赔偿责任。

第六十一条 医疗机构及其医务人员应当按照规定填写并妥善保管住院志、医嘱单、检验报告、手术及麻醉记录、病理资料、护理记录、医疗费用等病历资料。

患者要求查阅、复制前款规定的病历资料的，医疗机构应当提供。

《最高人民法院关于适用〈中华人民共和国民事诉讼法〉的解释》

第九十四条 民事诉讼法第六十四条第二款规定的当事人及其诉讼代理人因客观原因不能自行收集的证据包括：

（一）证据由国家有关部门保存，当事人及其诉讼代理人无权查阅调取的；

（二）涉及国家秘密、商业秘密或者个人隐私的；

（三）当事人及其诉讼代理人因客观原因不能自行收集的其他证据。

当事人及其诉讼代理人因客观原因不能自行收集的证据，可以在举证期限届满前书面申请人民法院调查收集。

第一百一十二条 书证在对方当事人控制之下的，承担举证证明责任的当事人可以在举证期限届满前书面申请人民法院责令对方当事人提交。

申请理由成立的，人民法院应当责令对方当事人提交，因提交书证所产生的费用，由申请人负担。对方当事人无正当理由拒不提交的，人民法院可以认定申请人所主张的书证内容为真实。

第一百一十三条 持有书证的当事人以妨碍对方当事人使用为目的，毁灭有关书证或者实施其他致使书证不能使用行为的，人民法院可以依照民事诉讼法第一百一十一条规定，对其处以罚款、拘留。

《医疗事故处理条例》

第十条 患者有权复印或者复制其门诊病历、住院志、体温单、医嘱单、化验单（检验报告）、医学影像检查资料、特殊检查同意书、手术同意书、手术及麻醉记录单、病理资料、护理记录以及国务院卫生行政部门规定的其他病历资料。

患者依照前款规定要求复印或者复制病历资料的，医疗机构应当提供复印或者复制服务并在复印或者复制的病历资料上加盖证明印记。复印或者复制病历资料时，应当有患者在场。

医疗机构应患者的要求，为其复印或者复制病历资料，可以按照规定收取工本费。具体收费标准由省、自治区、直辖市人民政府价格主管部门会同同级卫生行政部门规定。

第十六条 发生医疗事故争议时，死亡病例讨论记录、疑难病例讨论记录、上级医师查房记录、会诊意见、病程记录应当在医患双方在场的情况下封存和启封。封存的病历资料可以是复印件，由医疗机构保管。

第十七条 疑似输液、输血、注射、药物等引起不良后果的，医患双方应当共同对现场实物进行封存和启封，封存的现场实物由医疗机构保管；需要检验的，应当由双方共同指定的、依法具有检验资格的检验机构进行检验；双方无法共同指定时，由卫生行政部门指定。

疑似输血引起不良后果，需要对血液进行封存保留的，医疗机构应当通知提供该血液的采供血机构派员到场。

《医疗机构病历管理规定》

第二条　病历是指医务人员在医疗活动过程中形成的文字、符号、图表、影像、切片等资料的总和，包括门（急）诊病历和住院病历。病历归档以后形成病案。

第十条　门（急）诊病历原则上由患者负责保管。医疗机构建有门（急）诊病历档案室或者已建立门（急）诊电子病历的，经患者或者其法定代理人同意，其门（急）诊病历可以由医疗机构负责保管。住院病历由医疗机构负责保管。

第十一条　门（急）诊病历由患者保管的，医疗机构应当将检查检验结果及时交由患者保管。

第十二条　门（急）诊病历由医疗机构保管的，医疗机构应当在收到检查检验结果后24小时内，将检查检验结果归入或者录入门（急）诊病历，并在每次诊疗活动结束后首个工作日内将门（急）诊病历归档。

第十九条　医疗机构可以为申请人复制门（急）诊病历和住院病历中的体温单、医嘱单、住院志（入院记录）、手术同意书、麻醉同意书、麻醉记录、手术记录、病重（病危）患者护理记录、出院记录、输血治疗知情同意书、特殊检查（特殊治疗）同意书、病理报告、检验报告等辅助检查报告单、医学影像检查资料等病历资料。

第七条 患者依据侵权责任法第五十九条规定请求赔偿的，应当提交使用医疗产品或者输入血液、受到损害的证据。

患者无法提交使用医疗产品或者输入血液与损害之间具有因果关系的证据，依法申请鉴定的，人民法院应予准许。

医疗机构，医疗产品的生产者、销售者或者血液提供机构主张不承担责任的，应当对医疗产品不存在缺陷或者血液合格等抗辩事由承担举证证明责任。

【条文释义】

本条是关于医疗产品责任案件中如何分配举证责任的规定。对于本条的理解和适用，需要把握以下几点：

一、医疗产品责任概述

医疗产品损害责任既是医疗损害责任，也是产品责任，是兼有两种性质的侵权行为类型，是医疗损害责任中的一个特殊类型，适用无过错责任原则。医疗产品损害责任应当具备产品侵权责任的构成要件要求，须具备以下要件：

第一，医疗产品须为有缺陷产品。构成医疗产品损害责任的首要条件，是医疗产品具有缺陷。医疗产品包括：一是药品；二是消毒药剂；三是医疗器械。此外，医疗产品还须有缺陷。医疗产品造成损害构成医疗产品责任必须具有缺陷。医疗产品的缺陷分为四种：一是医疗产品的设计缺陷，是指医疗产品在设计时在产品结构、配方等方面存在不合理的危险。二是医疗产品制造缺陷，是指医疗产品在制造过程中，因原材料、配件、工艺、程序等方面存在错误，导致制作成最终医疗产品上具有不合理的危险。三是警示说明不充分的缺陷。医疗产品的产品警示说明不充分的缺陷，即有合理危险的医疗产品在投入流通中，没有对其危险性进行充分警示和说明，对其使用方法没有充分说明。[①] 四是跟踪观察缺陷。医疗产品的跟踪观察缺陷，是指在将医疗产品投入医疗过程时，科学技术水平尚不能发现该医疗产品存在的缺陷，法律赋予医疗产品的生产者和销售者进行跟踪观察，未能及时发现危险，或者发现危险未及时采取召回等补救措施，构成跟踪观察缺陷。

第二，须有患者的损害事实。构成医疗产品责任，必须具备患者受到损害的事实，是将医疗产品应用于患者，由于医疗产品存在缺陷，造成了患者的损害，当然主要是人身损害。这里的人身损害的特点是，有些损害后果在受害当时即可发现，有的则要在受害之后很长时间才能出现后果，特别是医疗器械造成的损害，通常都是经过一段时间后才发生。医疗产品责任中的人身损害事实，包括致人死亡和致人伤残。在造成人身损害的同时，通常伴随精神痛苦的损害。医疗产品责任的人身损害事实要件中也包括精神损害，应当予以抚慰金赔偿。该种损害的诉讼时效应从知道或应知道受到损害时起计算，而非从使用产品时开始计算。

第三，须有因果关系。医疗产品损害责任中的因果关系，是指医疗产品的缺陷与受害人的损害事实之间存在的引起与被引起的关系，医疗产品缺陷是原因，损害事实是结果。确认医疗产品责任的因果关系，要由受害人证明，证明的内容是，损害是由于使用有缺陷的医疗产品所致。例如，在身体内植入的钢板断裂造成损害，其因果关系明显，患者即可证明。[②]

二、医疗产品责任纠纷的举证责任分配

依据本条的规定，患者一方应当提供使用医疗产品或者输入血液、受到损害以及使用医疗产品或者输入血液与损害之间具有因果关系的证据。就因果关系问题，患者可以依法向人民法院申请鉴定来进行举证。医疗机构或者医疗产品的生产者、销售者主张不承担责任的，应当对医疗产品不存在缺陷等抗辩事由承担举证责任。

---

① 参见张新宝：《侵权责任法原理》，中国人民大学出版社 2005 年版，第 398 页。

② 参见杨立新：《侵权法论（第五版）》，人民法院出版社 2013 年版，第 583 ~ 584 页。

医疗产品责任的归责原则是无过错责任原则，即患者无需证明医疗产品的生产者、医疗机构是否有过错。医疗产品造成的损害事实由患者承担举证责任并无争议，有争议的是产品缺陷以及产品缺陷与损害事实之间是否存在因果关系由哪方承担举证责任。对此，立法上并无特别的规定，目前存在两种意见：一种意见认为，应当适用“谁主张、谁举证”的规则，患者应当对产品缺陷和因果关系要件承担举证责任。另一种意见认为，医疗产品责任作为产品责任的一种，考虑到患者与医疗机构或者医疗产品的生产者销售者之间存在信息上的不对称，特别是对于高科技产品致害原因不易证明等特点，通常应当由医疗机构或者生产者、销售者就缺陷不存在，或者缺陷与损害之间不存在因果关系承担举证责任。还有意见认为应当对患者实行必要的举证责任缓和，即在患者提出初步证据的前提下，由医疗机构或者医疗产品的生产者、销售者在抗辩不能的情况下承担结果意义上的举证责任。《审理食品药品案件规定》第 5 条对使用食品、药品与受到损害的因果关系问题就明确了消费者提供初步证据的规则。本解释最终采取了对患者进行必要举证责任缓和的做法。一方面，考虑到医疗纠纷有关专业性问题往往需要通过鉴定程序来解决的特点，为避免举证责任分配过于混乱，本着对医患双方利益的平衡保护，本条依法确定了由患者一方对因果关系问题承担举证责任。另一方面，医疗机构或者医疗产品的生产者、销售者等就有关免责事由承担举证责任，这既符合双方当事人信息不对称的实际情况，也有利于平衡双方当事人的利益关系，一定程度上还能够提高患者就有关专门性问题申请鉴定的积极性。

【适用指南】

对于本条的适用，需要注意以下几个问题：

一、关于患者举证的具体情形

依据本条第 1 款的规定，患者应当提供使用医疗产品或者输入血液的证据，这些往往需要以病历资料的记载作为证据。在此需要注意的是，对于医疗产品责任纠纷，还需要以使用该医疗产品为内容的诊疗关系存在为前提，即患者还需证明存在此诊疗关系事实的证据，这需要综合挂号单、交费单、病历、出院证明以及其他能够证明存在医疗行为的证据加以认定。

对于患者能够证明使用过该医疗器械，或者处方载明某一药品，且有医疗机构开具的发票，即可满足使用医疗产品的证据。但是对于实践中仅是医疗机构开具处方，患者并未在该医疗机构而是到药店购买药品的情形，这时医疗机构并不具备类似销售者之地位，医疗机构并未因该药品的销售而获益，且医疗机构处方开具的药品也应该理解为是没有缺陷的药品，这时该医疗机构不应该是责任主体，即仅以该医疗机构开具的处方不能认定患者完成了医疗产品责任纠纷中有关因果关系的证据。

除了提供上述证据外，患者还需要提供使用该医疗产品与损害后果之间具有因果关系的证据。产品责任中的因果关系，是指产品的缺陷与受害人损害事实之间存在引起与被引起的关系。产品缺陷是造成受害人损害的原因，受害人受到损害的事实是由于缺陷产品导致的结果，即受害人的损害是由于产品缺陷造成的，二者有直接的因果关系。确认产品责任的因果关系，通常要由受害人证明，证明的内容是，损害是由于使用或消费缺陷产品所致。受害人证明损害时，首先要证明曾使用过缺陷产品，其次要证明因使用缺陷产品所产生的损害状况，再者要证明使用缺陷产品是损害发生的原因。

由于产品责任中的因果关系具有特殊性，表现在它是产品缺陷与损害后果之间的相互关系，而不是某种具体行为与损害后果之间的关系。此外，在高科技产品致害的证明中，往往利用因果关系推定而非因果关系认定来确定因果关系的成立与否。有条件地适用推定因果关系理论，即受害人证明使用或消费某产品后即发生某种损害，且这种缺陷产品通常可以造成这种损害的，可以推定因果关系成立，转由侵害人举证证明因果关系不成立。证明属实的，则否定因果关系要件。① 患者仅提供表面证据不足以认定该因果关系的存在，如果该因果关系的情形涉及专门性问题的，则可以通过申请鉴定的方式来解决，从某种意义上讲，这也是对患者的一种举证责任缓和的路径。

二、医疗产品的生产者、销售者以及医疗机构的举证责任

依据本条第3款的规定，医疗机构或者医疗产品的生产者、销售者主张医疗产品不存在缺陷等抗辩事由的，应当承担举证责任。据此，在医疗产品责任纠纷中，相对患者一方而言，医疗机构或者医疗产品的生产者、销售者应当承担更重的举证责任。实务中争议较大的问题是对于免责与减责事由的举证责任。

从目前的法律规定来看，对生产者免除产品责任作出明确规定的主要是产品质量法。该法第41条第2款规定，生产者不承担产品责任的情形主要有：(1) 生产者能够证明未将产品投入流通的。产品责任仅发生在投入流通中的产品，如果产品未投入市场流通，则不发生缺陷产品造成他人损害的产品责任。根据产品质量法的规定，产品应当是经过加工、制作，用于销售的产品。这里所讲“未将产品投入流通”，是指生产者生产的产品虽然经过了加工制作，但是没有投入市场流通。(2) 生产者能够证明产品投入流通时，引起损害的缺陷尚不存在的。这里所讲“产品投入流通时”“引起损害的缺陷尚不存在”，是指生产者能够证明其将产品投放市场，转移到销售商或者直接出售给购买者时，产品并不存在缺陷。(3) 生产者能够证明将产品投入流通时的科学技术水平尚不能发现缺陷的存在的。由于科学技术的发展，根据新的科学技术，可能会发现过去生产并投入流通的产品存在缺陷，但该缺陷是产品投入流通时的科学技术水平不能发现的，对此生产者不承担责任。这是生产者当时生产产品时无法掌握、难以预见到的，对其免除责任是合理的。② 上述适用对于医疗产品责任的主体同样

---

① 杨立新：《侵权法论（第五版）》，人民法院出版社2013年版，第721页。

② 王胜明主编：《〈中华人民共和国侵权责任法〉条文解释与立法背景》，人民法院出版社2010年版，第176页。

适用。依据本条第2款的规定，医疗产品的生产者、销售者及医疗机构主张上述免责事由的，要承担相应的举证责任。这实际上与《民诉证据规定》第4条第（6）项规定的“因缺陷产品致人损害的侵权诉讼，由产品的生产者就法律规定的免责事由承担举证责任”的基本精神是一致的。

此外，实践中对于侵权责任法第60条规定的事由是否属于医疗产品责任的免责事由存有争议。一种意见认为，该条规定的抗辩事由显然仅适用于诊疗损害责任，而不适用于医疗产品责任。医疗产品责任的抗辩事由，仍然应该适用产品质量法第41条第2款规定的三种情形。[①] 这一观点总体上符合上述有关侵权责任法起草过程中对于医疗产品责任起草的立法背景，也符合医疗产品责任作为严格责任的基本法理。侵权责任法第60条规定的免责事由，主要阻却的是医疗损害责任构成中的过错要件事实，而医疗产品责任实行的是严格责任，并不以过错为要件。因此，侵权责任法第60条规定的免责事由原则上不适用于医疗产品责任。但对此仍有必要作细化分析。对于该条第（2）（3）项所规定的“医务人员在抢救生命垂危的患者等紧急情况下已经尽到合理诊疗义务”“限于当时的医疗水平难以诊疗”情形侧重于医疗机构并没有过错的角度。如上所述，医疗产品责任的构成并不以过错为要件，只要其给患者使用的医疗产品有缺陷，且该医疗产品的使用与患者损害之间有因果关系，医疗机构就应当承担医疗产品责任，因此该两项规定的免责情形不能适用于医疗产品责任。但对于该条第（1）项所规定的“患者或者其近亲属不配合医疗机构进行符合诊疗规范的诊疗”的情形，涉及过失相抵规则的适用，在审判实务普遍认为过失相抵规则同样可以适用于医疗产品责任的前提下，符合该项规定的，即“患者或者其近亲属不配合医疗机构进行符合诊疗规范的诊疗”与缺陷医疗产品的使用对损害的造成都有原因力的，这时仍应当按照原因力规则及该患者一方过错行为对于损害造成占比的大小减轻医疗机构的责任。

---

① 王竹：《论医疗产品责任规则及其准用——以〈中华人民共和国侵权责任法〉第59条为中心》，载《法商研究》2013年第3期。

除了对上述有关免责事由的举证责任之外，医疗机构或者医疗产品的生产者、销售者对于医疗产品不存在缺陷也要承担举证责任，即应当对医疗产品符合有关国家、行业的强制标准或者不存在危及人身财产安全不合理危险情况承担举证责任。对医疗产品缺陷的判断，应该根据产品质量法第46条的规定作出，即“是指产品存在危及人身、他人财产安全的不合理的危险；产品有保障人体健康和人身、财产安全的国家标准、行业标准的，是指不符合该标准”。具体如何以该条标准判断医疗产品是否存在缺陷，则要根据具体案件具体分析。一般来说，产品存在缺陷，即产品存在“不合理危险”。按照标准化法的规定，对在全国范围内需要统一技术要求的产品，由国务院标准化行政主管部门制定国家标准。对没有国家标准而又需要在全国某个行业范围内统一技术要求的产品，由国务院有关行政主管部门制定行业标准，并报国务院标准化行政主管部门备案。如果产品有上述保障人体健康及人身、财产安全的国家标准、行业标准的，产品缺陷“是指不符合该标准”的规定。反之，如果医疗产品符合上述保障人体健康或者人身、财产安全的国家标准、行业标准，即医疗产品合格就认定为该产品无缺陷。

上述有关医疗机构的举证责任事项，比如医疗产品有无缺陷的问题以及医疗损害与医疗产品之间有无因果关系问题往往需要专业判断，当事人可以通过申请鉴定来解决。对此，有关构成要件事实承担举证责任的当事人，应当首先作为启动鉴定程序的申请主体。必要时，基于查明案件事实和彻底化解纠纷的需要，人民法院应当依职权委托鉴定。

三、关于输入血液纠纷的举证责任分配

从侵权责任法第59条规定的表述而言，血液提供机构的法律地位实际上与医疗产品的生产者等同，故有关输入血液纠纷举证责任的规则也应适用与医疗产品责任的相同的规则。

患者一方依据侵权责任法第59条规定请求血液提供机构或者医疗机构赔偿的，应当提交以下证据材料：（1）使用输入血液的证据，此当然要以与医疗机构存在输血的诊疗关系为前提；（2）受到损害的证据；（3）

输入血液与损害之间具有因果关系的证据。

患者不能提供上述有关输入血液与损害之间具有因果关系证据的，可以依法向人民法院申请鉴定。这既是患者一方举证的方式，也是缓和患者举证责任的重要途径。

医疗机构或者血液提供机构主张不承担责任或者减轻其责任的，应当对血液合格等抗辩事由承担举证责任。至于其他免责或者减责事由，同样应当适用与上述医疗产品责任中减责或者免责事由举证证明的规则。

【法条链接】

《中华人民共和国侵权责任法》

第五十九条 因药品、消毒药剂、医疗器械的缺陷，或者输入不合格的血液造成患者损害的，患者可以向生产者或者血液提供机构请求赔偿，也可以向医疗机构请求赔偿。患者向医疗机构请求赔偿的，医疗机构赔偿后，有权向负有责任的生产者或者血液提供机构追偿。

第六十条 患者有损害，因下列情形之一的，医疗机构不承担赔偿责任：

（一）患者或者其近亲属不配合医疗机构进行符合诊疗规范的诊疗；

（二）医务人员在抢救生命垂危的患者等紧急情况下已经尽到合理诊疗义务；

（三）限于当时的医疗水平难以诊疗。

前款第一项情形中，医疗机构及其医务人员也有过错的，应当承担相应的赔偿责任。

《中华人民共和国产品质量法》

第四十一条 因产品存在缺陷造成人身、缺陷产品以外的其他财产（以下简称他人财产）损害的，生产者应当承担赔偿责任。

生产者能够证明有下列情形之一的，不承担赔偿责任：

（一）未将产品投入流通的；

（二）产品投入流通时，引起损害的缺陷尚不存在的；

（三）将产品投入流通时的科学技术水平尚不能发现缺陷的存在的。

《最高人民法院关于民事诉讼证据的若干规定》

第四条第一款第（六）项 下列侵权诉讼，按照以下规定承担举证责任：

（六）因缺陷产品致人损害的侵权诉讼，由产品的生产者就法律规定的免责事由承担举证责任；

《最高人民法院关于审理食品药品纠纷案件适用法律若干问题的规定》

第五条 消费者举证证明所购买食品、药品的事实以及所购食品、药品不符合合同的约定，主张食品、药品的生产者、销售者承担违约责任的，人民法院应予支持。

消费者举证证明因食用食品或者使用药品受到损害，初步证明损害与食用食品或者使用药品存在因果关系，并请求食品、药品的生产者、销售者承担侵权责任的，人民法院应予支持，但食品、药品的生产者、销售者能证明损害不是因产品不符合质量标准造成的除外。

第八条 **当事人依法申请对医疗损害责任纠纷中的专门性问题进行鉴定的，人民法院应予准许。**

当事人未申请鉴定，人民法院对前款规定的专门性问题认为需要鉴定的，应当依职权委托鉴定。

【条文释义】

本条是关于医疗损害鉴定程序启动的规定。

由于医学本身的专业性、复杂性，诊疗行为有无过错及其与患者损害后果有无因果关系、原因力的大小，人身损害后果的严重程度等都需要通过鉴定程序来解决。医疗损害鉴定对于处理医疗损害责任纠纷案件的重要性自不待言。本条依据民事诉讼法第76条的规定对医疗损害鉴定程序的启动作了具体规定。对于本条的理解与适用，需要把握以下几点：

一、关于民事诉讼鉴定程序启动的概述

在科学技术日新月异，经济社会不断平稳快速发展，法院受理的案件案情不断纷繁复杂，给审判工作带来前所未有挑战的背景下，鉴定意见以其严谨的科学性、高度的专业性、明确的指向性发挥着巨大的证明作用。从历史的角度看，我国民事诉讼的程序模式继承的是苏联的衣钵，具有鲜明的职权主义色彩。在这种模式下，当事人对于具体诉讼程序的启动、变更和终止并不享有处分权，当事人对于诉讼程序的选择及具体进程的控制方面，并无支配权。但我国民事诉讼模式也并非一成不变，而是伴随我国经济社会的发展变化，作了相应的调整。总体而言，我国民事诉讼模式的发展方向是，法院和法官在诉讼活动中的职权不断弱化，当事人的诉讼主体地位日益增强。

随着经济社会的不断变革、利益格局的深刻调整、思想观念的深刻变化，经济社会中不断出现新的矛盾与纠纷，越来越多的矛盾纠纷以民事案件的方式进入法院。民事诉讼已经成为人们在司法领域表达诉求最为主要的方式和保护自身权利最为主要的渠道。在这种情况下，我国民事诉讼法确立的职权主义诉讼模式已经越来越不能适应社会发展的要求，需要进行必要的调整。但是，单纯的当事人主义诉讼模式也有明显弊端，其追求的是诉讼的程序公正，却往往会忽视案件的实质公正。实践证明，如果法院完全站在中立立场，在诉讼中采取消极、被动的态度，仅根据当事人的辩论作出裁判，而不立足于案件是非曲直处理纠纷，在很多情况下往往难以公正、有效地解决民事争议，无法实现诉讼制度设置的目的。当事人未能正确、充分陈述其主张，便可能导致自身的败诉，这就影响了案件的实质公正性。正如美国法官欧文·考夫曼所言，“不受司法人员控制的纯粹的当事人主义诉讼制度，并不是一种自发的保障，它不可能自发地保障获得正义。”因此，我国民事诉讼模式确有必要走当事人主义与职权主义有机结合的道路，在不断强化当事人主体地位，使之充分参与程序的同时，合理配置法院在诉讼程序中的权力，形成化解纠纷的合力。

在此前的法律规定中，我国有关鉴定程序启动的规则，也具有典型的职权主义特征。2007 年《民事诉讼法》第 72 条第 1 款规定：“人民法院对专门性问题认为需要鉴定的，应当交由法定鉴定部门鉴定；没有法定鉴定部门的，由人民法院指定的鉴定部门鉴定。”依据本款规定，有关案件专门性问题是否需要鉴定的决定权属于法院；在有法定鉴定部门的前提下，法院要将该专门性问题交给法定鉴定部门；而且在没有法定鉴定的情况下，法院还可以指定鉴定机构。按照这一规定，在鉴定程序的启动方面，法院享有完全的支配权和绝对的权威，当事人对此只能处于消极被动之地位。这一鉴定程序启动方式，有利于鉴定程序的迅捷启动且可以排除当事人之间相互扯皮，有利于纠纷尽快解决，减少当事人诉讼成本，在一定时期内具有积极意义。但是随着经济社会发展，法院受理的案件日益纷繁复杂的背景下，这一鉴定启动模式的弊端就愈加明显：第一，该模前式具有明显的国家干预色彩，排除了当事人应当享有的鉴定启动权和委托权，剥夺了当事人对与自身利益密切相关事项的处分权，损害了当事人的程序选择权，有违程序公正的要求。第二，由于鉴定意见的结果往往会导致对一方当事人有利，对另一方当事人不利。法院以为人民群众“排忧解难”为出发点，但在诉讼结果上其主动启动的鉴定程序往往仅对一方有利，在形式上有违其不偏不倚的中立地位，也会使另一方当事人内心产生法院是帮对方打官司的想法，从而难以对裁判结果心悦诚服，也就不利于其服判息诉，最终影响法院的司法权威和妥善化解纠纷、维护社会和谐稳定职能作用的发挥。第三，法院径行启动鉴定程序也可能违背当事人的意愿，尤其是在没有相关程序规则约束的情况下，也容易导致法院不保持中立，干涉当事人的诉讼权利。甚至个别法院因此对应当鉴定的专门性问题不予鉴定，剥夺了当事人的诉讼权利，导致了部分案件的裁判不公。最后，由于法院享有鉴定程序启动的绝对支配权，非常容易诱发权钱交易，滋生司法腐败，从而损害司法公信力。

在总结司法实践经验、借鉴国外先进做法的基础上，2012 年民事诉讼法按照当事人主义与职权主义结合的思路，对于鉴定程序的启动作了规定，其第 76 条第 1 款规定：“当事人可以就查明事实的专门性问题向人民法院申请鉴定。当事人申请鉴定的，由双方当事人协商确定具备资格的鉴定人；协商不成的，由人民法院指定。”第 2 款又规定：“当事人未申请鉴定，人民法院对专门性问题认为需要鉴定的，应当委托具备资格的鉴定人进行鉴定。”这是在《民诉证据规定》第 26 条规定的基础上，进一步明确了鉴定程序启动问题上采取以当事人主义为主，以法院职权主义为辅的模式，即充分尊重双方当事人程序上的意思自治，先由双方当事人共同协商确定鉴定人，只有在双方协商不成时才由法院指定。这一当事人主义为主、职权主义为辅的鉴定启动模式，深刻蕴含了法官的中立性、当事人的平等性、程序的参与性等程序公正方面的要求，是民法的意思自治基本精神在民事诉讼领域中的鲜明体现。

二、关于医疗损害鉴定程序的启动

在对上述鉴定启动有关理论进行梳理，对审判实务中的经验做法进行总结的基础上，考虑到医疗损害鉴定对于医疗损害责任纠纷处理的重要性等因素，本条对医疗损害鉴定的启动问题作了具体规定，主要有以下内容：

（一）关于当事人申请鉴定的情形

医疗损害鉴定中鉴定的申请首先要适用民事诉讼法第76条及《民诉法解释》的有关规定，同时也要适用本解释的相关规定，并不限于本条规定的内容。本解释第4条、第7条中关于鉴定申请的规定同样要予以适用。在此需要注意的是，本条以及本解释的其他规定并没有硬性地将申请鉴定规定为患者一方的义务。鉴定申请与举证责任分配规则密切相关。在总体上对患者一方采取举证责任缓和的背景下，医疗机构对于相关案件事实也要承担举证责任，本解释第4条、第7条对此有明确规定，故医疗机构对于有关专门性问题也可以依法通过申请鉴定的方式来解决。而且通过申请鉴定来解决有关专门性事实的举证责任问题，本身也是对患者举证责任缓和的一种方式。因此，本条第1款规定的申请鉴定的主体采用的是“当事人”申请鉴定的表述，此当然就包括“患者一方”和“医疗机构”，在医疗产品责任纠纷中还包括医疗产品的生产者和销售者，输入血液纠纷中的血液提供机构也应包括在内。至于上述主体申请鉴定的具体规则，则要适用民事诉讼法及《民诉法解释》的共通性规定。

关于举证责任分配对于申请鉴定的影响问题。依据《民诉证据规定》第25条第2款的规定，申请鉴定和预交鉴定费用属于当事人举证责任的内涵，应当由就鉴定事项负有举证责任的一方当事人申请鉴定。在实践中，是否必须由负有举证责任的一方当事人申请鉴定以及如果承担举证责任的一方不申请鉴定，人民法院是否可以依职权委托鉴定的问题，存有争议：一种意见认为，按照《民诉证据规定》，申请鉴定应当是承担举证责任一方的义务，如承担举证责任一方不申请鉴定，则应当承担不利的诉讼后果，法院不应当主动依职权委托鉴定。主要理由在于，申请鉴定应当看作是当事人提交证据的一种方式，这样处理也能够避免发生法院虽委托鉴定但无人申请鉴定和预交鉴定费的尴尬局面。在实际操作中法院应当注意向承担举证责任一方进行释明，避免因其不了解法律规定以及不了解诉讼风险而拒绝鉴定。在人民法院释明后承担举证责任一方仍不申请鉴定的，应当由其承担不利的诉讼后果。另一种意见认为，由于医疗纠纷的专业性问题，鉴定意见往往对于医疗纠纷的解决起到至关重要的作用，如果完全按照举证责任分配的规则，由于承担举证责任的一方往往都是患者，其不申请鉴定，就直接判决其败诉，可能会使患者的损害得不到应有的救济，甚至加剧医患矛盾，难以实现案结事了，而且患者没有启动鉴定程序的原因可能很多，比如经济困难，简单判决其败诉也过于僵化。因此，人民法院应当在必要时依职权委托鉴定。考虑到具体案件情况的复杂多样性和鉴定对于医疗损害纠纷解决的重要性，本解释最终采纳了第二种意见，规定了当事人未申请医疗损害鉴定，人民法院可以依职权委托鉴定的情形。

（二）关于依职权启动鉴定的问题

当事人申请鉴定与人民法院依职权鉴定的衔接问题，当事人拒不申请鉴定能否直接适用举证不能的法律规则，一直以来存有争议。为避免不必要的争议，本解释参照民事诉讼法第 76 条第 2 款的规定，将上述第 2 款内容删除，仅规定了“人民法院对前款规定的专门性问题认为需要鉴定的，应当委托具备资格的鉴定人进行鉴定。”此在法律适用上即以民事诉讼法的第 76 条第 2 款的规定为依据，充分考虑鉴定对于医疗损害责任纠纷妥善处理的重要性，为从根本上彻底化解纠纷，对于人民法院依职权启动鉴定程序采取了适当从宽的做法。

【适用指南】

对于医疗损害鉴定的启动程序问题，在审判实践中应当注意的一个重要问题是，对于当事人申请鉴定及协商确定的鉴定人，法院是否需要审查同意的问题。对此，民事诉讼法第 76 条并无有关当事人申请鉴定需要法院同意的规定。《民诉证据规定》第 26 条则规定“当事人申请鉴定经人民法院同意后，由双方当事人协商确定有鉴定资格的鉴定机构、鉴定人员”。

据了解，在司法实践中确实存在一些当事人提出申请鉴定仅是为了拖延诉讼，有关申请鉴定要解决的问题并非一定要通过鉴定解决或者当事人提出申请鉴定的具体事项并非针对法院需要认定事实乃至适用法律作出判决的事项。而且由于鉴定占用时间往往较长、鉴定费用较高，为了避免不必要的诉讼拖延及降低当事人诉讼负担，即使在当事人申请鉴定作为鉴定程序基本模式的情况下，法院对是否启动鉴定程序要进行慎重审查。通常而言，当事人认为需要启动鉴定的，应当向法院提出申请及其理由，法院应当对此进行必要的审查。法院对是否必须进行鉴定进行审查时，不但要考虑有关鉴定的必要性问题，还要考虑有关案件的金额和重要性、系争事项的复杂度、快捷审理的要求等。具体而言，要注意把握以下几点：

1. 对于申请鉴定的专门性问题与案件处理结果之间是否具有关联性的审查问题。《民诉证据规定》第 66 条规定："审判人员对案件的全部证据，应当从各证据与案件事实的关联程度、各证据之间的联系等方面进行综合审查判断。"鉴定意见作为法定证据形式的一种，如果鉴定所要解决的问题与法院认定案件事实、依法作出判决并无关联，则此鉴定程序对于案件处理并无实际意义，这时鉴定程序就不宜启动，以免造成诉讼拖延，给恶意申请鉴定的当事人以可乘之机。

2. 对于申请鉴定的专门性问题，是否能够通过鉴定来解决的审查问题。对于当前科学技术条件下无法通过鉴定解决的问题，不应启动鉴定程序。当然，这需要法官对当前科学技术水平发展的状况及相关鉴定机构的现状有所了解，或者通过必要的方式，咨询有关专家的意见后作出相应的判断。

3. 对于当事人就某专门性问题坚持申请鉴定问题的处理。一种观点认为，法官难以判断当事人的鉴定申请是否符合上述准许鉴定的条件和要求，或者合议庭内部对是否准许鉴定的意见分歧较大，而当事人又坚持鉴定申请的，为了保护当事人的举证权利，可以准许鉴定。但在这种情形下，法院应当做好有关审查工作，以免当事人恶意通过鉴定程序达到拖延诉讼的目的，也要做好相关释明工作，尽量减少当事人的诉讼负担。

【法条链接】

《中华人民共和国民事诉讼法》

第七十四条 证人因履行出庭作证义务而支出的交通、住宿、就餐等必要费用以及误工损失，由败诉一方当事人负担。当事人申请证人作证的，由该当事人先行垫付；当事人没有申请，人民法院通知证人作证的，由人民法院先行垫付。

第七十六条 当事人可以就查明事实的专门性问题向人民法院申请鉴定。当事人申请鉴定的，由双方当事人协商确定具备资格的鉴定人；协商不成的，由人民法院指定。

当事人未申请鉴定，人民法院对专门性问题认为需要鉴定的，应当委托具备资格的鉴定人进行鉴定。

《最高人民法院关于适用〈中华人民共和国民事诉讼法〉的解释》

第九十条 当事人对自己提出的诉讼请求所依据的事实或者反驳对方诉讼请求所依据的事实，应当提供证据加以证明，但法律另有规定的除外。

在作出判决前，当事人未能提供证据或者证据不足以证明其事实主张的，由负有举证证明责任的当事人承担不利的后果。

第九十六条 民事诉讼法第六十四条第二款规定的人民法院认为审理案件需要的证据包括：

（一）涉及可能损害国家利益、社会公共利益的；

（二）涉及身份关系的；

（三）涉及民事诉讼法第五十五条规定诉讼的；

（四）当事人有恶意串通损害他人合法权益可能的；

（五）涉及依职权追加当事人、中止诉讼、终结诉讼、回避等程序性事项的。

除前款规定外，人民法院调查收集证据，应当依照当事人的申请进行。

第九十九条 人民法院应当在审理前的准备阶段确定当事人的举证期限。举证期限可以由当事人协商，并经人民法院准许。

人民法院确定举证期限，第一审普通程序案件不得少于十五日，当事人提供新的证据的第二审案件不得少于十日。

举证期限届满后，当事人对已经提供的证据，申请提供反驳证据或者对证据来源、形式等方面的瑕疵进行补正的，人民法院可以酌情再次确定举证期限，该期限不受前款规定的限制。

第一百条 当事人申请延长举证期限的，应当在举证期限届满前向人民法院提出书面申请。

申请理由成立的，人民法院应当准许，适当延长举证期限，并通知其他当事人。延长的举证期限适用于其他当事人。

申请理由不成立的，人民法院不予准许，并通知申请人。

第一百零一条 当事人逾期提供证据的，人民法院应当责令其说明理由，必要时可以要求其提供相应的证据。

当事人因客观原因逾期提供证据，或者对方当事人对逾期提供证据未提出异议的，视为未逾期。

第一百零二条 当事人因故意或者重大过失逾期提供的证据，人民法院不予采纳。但该证据与案件基本事实有关的，人民法院应当采纳，并依照民事诉讼法第六十五条、第一百一十五条第一款的规定予以训诫、罚款。

当事人非因故意或者重大过失逾期提供的证据，人民法院应当采纳，并对当事人予以训诫。

当事人一方要求另一方赔偿因逾期提供证据致使其增加的交通、住宿、就餐、误工、证人出庭作证等必要费用的，人民法院可予支持。

第一百二十一条 当事人申请鉴定，可以在举证期限届满前提出。申请鉴定的事项与待证事实无关联，或者对证明待证事实无意义的，人民法院不予准许。

人民法院准许当事人鉴定申请的，应当组织双方当事人协商确定具备相应资格的鉴定人。当事人协商不成的，由人民法院指定。

符合依职权调查收集证据条件的，人民法院应当依职权委托鉴定，在询问当事人的意见后，指定具备相应资格的鉴定人。

《最高人民法院关于民事诉讼证据的若干规定》

第二十五条　当事人申请鉴定，应当在举证期限内提出。符合本规定第二十七条规定的情形，当事人申请重新鉴定的除外。

对需要鉴定的事项负有举证责任的当事人，在人民法院指定的期限内无正当理由不提出鉴定申请或者不预交鉴定费用或者拒不提供相关材料，致使对案件争议的事实无法通过鉴定结论予以认定的，应当对该事实承担举证不能的法律后果。

《医疗事故处理条例》

第三十四条　医疗事故技术鉴定，可以收取鉴定费用。经鉴定，属于医疗事故的，鉴定费用由医疗机构支付；不属于医疗事故的，鉴定费用由提出医疗事故处理申请的一方支付。鉴定费用标准由省、自治区、直辖市人民政府价格主管部门会同同级财政部门、卫生行政部门规定。

《诉讼费用交纳办法》

第十二条　诉讼过程中因鉴定、公告、勘验、翻译、评估、拍卖、变卖、仓储、保管、运输、船舶监管等发生的依法应当由当事人负担的费用，人民法院根据谁主张、谁负担的原则，决定由当事人直接支付给有关机构或者单位，人民法院不得代收代付。

人民法院依照民事诉讼法第十一条第三款规定提供当地民族通用语言、文字翻译的，不收取费用。

第二十九条　诉讼费用由败诉方负担，胜诉方自愿承担的除外。

部分胜诉、部分败诉的，人民法院根据案件的具体情况决定当事人各自负担的诉讼费用数额。

共同诉讼当事人败诉的，人民法院根据其对诉讼标的的利害关系，决定当事人各自负担的诉讼费用数额。

第九条 当事人申请医疗损害鉴定的，由双方当事人协商确定鉴定人。

当事人就鉴定人无法达成一致意见，人民法院提出确定鉴定人的方法，当事人同意的，按照该方法确定；当事人不同意的，由人民法院指定。

鉴定人应当从具备相应鉴定能力、符合鉴定要求的专家中确定。

【条文释义】

本条是关于鉴定人确定的规定。对于本条的理解与适用，需要把握以下问题：

一、关于鉴定人的确定方法

依据民事诉讼法第76条第1款规定，当事人申请鉴定的，由双方当事人协商确定具备资格的鉴定人；协商不成的，由人民法院指定。依照当事人的处分权原则，当事人协商确定鉴定人成为启动鉴定程序的首要模式。台湾地区“民事诉讼法”第326条第2款规定：“法院于选任鉴定人前，得命当事人陈述意见；其经当事人合意指定鉴定人者，应从其合意选任之。但法院认其人选显不适当时，不在此限。”本条依据民事诉讼法的规定并借鉴台湾地区的做法，结合司法实践经验，增加了当事人就鉴定人无法达成一致意见的，人民法院可以提出确定鉴定人的方法，当事人对此同意的，可以按照这一方法确定；当事人不同意的，再由人民法院指定。

关于协商确定鉴定人的方式，应尽量尊重和维护当事人的真实意思表示。为防止一方当事人与极少数法官“勾兑”，使“协商不成”成为必然，再由法官指定某些特定鉴定机构的情形出现，实践中已经积累了丰富的经验，比如：一是双方当事人协商确定适格的鉴定人；二是申请一方提出几个适格的鉴定人，供另一方当事人选择；三是由法官选定几个鉴定人供双方当事人选择，或直接选择，或“背靠背”选择。有的地方采取先将当事人在一定范围内的候选鉴定人名册各自先确定若干个候选鉴定机构，如果有一个以上相互重叠的，视为双方协商共同选定。[①] 这些协商确定鉴定人的方法在实践中较为常见，且为当事人所接受，在不违反法律强制性规定的情况下，可以继续适用。本解释正是在总结这些实践经验的基础上，明确了当事人就鉴定人无法达成一致意见的，人民法院可以提出确定鉴定人的方法，当事人同意的，按照这一方法选择鉴定人。也就是说，这要以当事人同意为前提条件，如果当事人不同意，则由人民法院指定。采取这一做法的主要考虑是由于双方利益的对抗性，直接协商确定鉴定人，双方有可能难以达成一致意见，而法院这时径行确定鉴定人，由此作出的鉴定意见有利于其中一方当事人时，另一方当事人会质疑这一鉴定意见的公信力，甚至怀疑法院的公平、公正性。因此，本着尽量尊重和维护当事人的真实意思表示，增强鉴定意见乃至裁判结果信服力的考虑，由法院提供选择鉴定人的方法，由双方当事人按照这一方法选择，当然这要以当事人同意为前提。实践中的方法大致有，申请一方提出几个适格的鉴定人，供另一方当事人选择；或者由法官选定几个鉴定人供双方当事人选择等。

关于法院依照职权指定鉴定人的情形，通常是双方当事人确实不能达成协议又必须进行鉴定的，则应当及时依职权指定鉴定人。至于指定鉴定人的方法也可以适用上述人民法院提出确定鉴定人的方法，以当事人同意为前提来确定鉴定人，这样也是在依职权确定鉴定人时尽量尊重当事人的处分权。在当事人不同意的情况下，则可以直接指定鉴定人，以通过鉴定明确双方责任，从实体上彻底解决纠纷。

二、关于鉴定主体的有关要求

（一）关于鉴定主体的范围

---

① 毕玉谦、谭秋桂、杨路：《民事诉讼研究及立法论证》，人民法院出版社 2006 年版，第 409 页。

鉴定人是否具备鉴定能力，是鉴定意见是否科学准确的基础。实践中对如何确定鉴定人的做法不一，其中争议较大的是鉴定人的资质要求以及当事人是选择鉴定机构还是鉴定专家的问题。

一般而言，鉴定人是接受当事人委托或者由法院指派对案件事实中的专门性问题进行科学合理判断的人员。根据2007年民事诉讼法第72条的规定，具有鉴定资格的主体限于“法定鉴定部门或者人民法院指定的鉴定部门鉴定”。依据该条规定，自然人个人被排除在鉴定主体之外。此规定具有鲜明的职权主义色彩，且将鉴定主体的范围限定的非常狭窄，无论在理论上和实务上都受到诟病。此后《民诉证据规定》第26条对此范围作了拓宽，当事人可以协商确定鉴定机构及鉴定人员，但对于自然人个人是否能够作为独立的鉴定主体，则未予明确。《人民法院对外委托司法鉴定管理规定》第3条规定：“人民法院司法鉴定机构建立社会鉴定机构和鉴定人名册，根据鉴定对象对专业技术的要求，随机选择和委托鉴定人进行司法鉴定。”这一规定在《民诉证据规定》的基础上，对于鉴定人的选任问题，采取了确定鉴定名册的做法。《全国人民代表大会常务委员会关于司法鉴定管理问题的决定》（以下简称《决定》）在沿用鉴定名册做法的同时，明确了鉴定人独立负责的制度。2012年民事诉讼法第76条在此基础之上，取消了原民事诉讼法关于鉴定主体仅限于鉴定机构的做法，而明确以“鉴定人”的概念替代。在社会分工越来越精细，科学技术专业程度日益精深的背景下，明确鉴定主体作为具有一定资质的专家参加到鉴定程序中去，回归鉴定本身的专业属性，更能保障和提高鉴定意见的公信力，回应和满足司法实践的需求。

（二）关于选择鉴定专家的要求

目前，在医疗纠纷的鉴定中存在医疗事故技术鉴定和医疗过错司法鉴定两套体制。在医疗损害责任纠纷中，实践中或多或少存在的司法鉴定机构的鉴定意见质量总体上不能让人满意且鉴定费过高的问题，而中华医学会的专家库包括了全国水平最高的临床医学专家，能够保证鉴定意见的水平和质量。但医学会鉴定又存在同为医学行业，在中立性和权威性上也一直受到质疑的问题。经过这些年的实践不少地方倾向于以中华医学会为主进行医学鉴定，如果由司法鉴定机构鉴定的，涉及临床医学时，必须保证有相当水平的临床专家参加鉴定。《最高人民法院关于适用〈中华人民共和国侵权责任法〉若干问题的通知》从医疗损害纠纷鉴定的实际出发，对此明确规定为："人民法院适用侵权责任法审理民事纠纷案件，根据当事人的申请或者依职权决定进行医疗损害鉴定的，按照《全国人民代表大会常务委员会关于司法鉴定管理问题的决定》《人民法院对外委托司法鉴定管理规定》及国家有关部门的规定组织鉴定。"这实际上对于司法鉴定和医学会鉴定并未采取否认态度。医疗损害鉴定双轨制涉及管理体制问题，其中争论最大的无非是"同行评价原则"的采用与否以及鉴定意见中立性的保障问题。人民法院审理医疗损害纠纷案件对于鉴定意见的采信与否，更多的是从证据法意义上关注鉴定意见作为民事诉讼证据的重要类型，其本身在民事诉讼中的证明资格和证明力大小等问题。司法鉴定的根本在于借助专家的专门知识、技能和经验，辅助法官对专门性事实问题作出判断，以妥当地处理案件，保证案件裁判的公正。因此，专家鉴定的能力才是重点，而鉴定机构资质方面的争论，法院不必介入，只要符合法律规定的鉴定意见，都可以采纳。正因如此，本解释根据民事诉讼法第 76 条规定，直接规定确定具有相应的鉴定能力且符合鉴定要求的专家，而不是确定鉴定机构，但对于选择哪个鉴定专家或者选择的具体方式并没有规定。这与法院通过先选择鉴定机构，再确定鉴定专家的实践做法并不冲突。但应当强调的是，在确定鉴定人时，法院应当对鉴定专家组成进行审查，确保鉴定专家具备相应鉴定能力，不能委托给鉴定机构特别是社会司法鉴定机构后就任凭鉴定机构自己决定鉴定人。

实践中对于鉴定主体到底是鉴定专家还是鉴定机构存有争议。比如有意见认为，若以选定自然人为限定条件，专家库的配套设施跟不上，实践中难以操作，建议在选择程序上由法院随机选择。也有意见认为，鉴定人是指具备相应鉴定能力的专家个人，与现实中的鉴定机构并不吻合。还有意见认为，把民事诉讼法的鉴定人局限为自然人，既不符合民事诉讼法的立法本意，也不符合实践现状。当前，鉴定不论是司法鉴定还是医学会鉴定，鉴定专家都是归口于鉴定机构，并不独立对外开展工作。也有不少人主张以患者选择鉴定机构为基础，并以该鉴定机构为平台（由鉴定机构协助做好鉴定专家的筛选、出庭等事项），选择鉴定专家，直接选择鉴定专家，该专家所需要的医疗设备、经费、鉴定时间的协调等都缺乏组织者，可能会使鉴定专家出庭难的问题加剧。当然也有意见认为，选择鉴定人这是民事诉讼法的规定，可以直接选择鉴定专家，而且能成为鉴定专家本身也是一份重要的荣誉，应当积极配合人民法院的要求，出庭作证。本解释在综合各方意见的基础上最终仅写明了当事人选择鉴定人的要求。此主要理由在于，民事诉讼法第76条明确规定的是双方当事人协商确定具备资格的鉴定人的规则，故本条规定当事人协商确定鉴定人的规则是符合当前立法精神的。但《决定》第9条规定："在诉讼中，对本决定第二条所规定的鉴定事项发生争议，需要鉴定的，应当委托列入鉴定人名册的鉴定人进行鉴定。鉴定人从事司法鉴定业务，由所在的鉴定机构统一接受委托。"第2款规定："鉴定人和鉴定机构应当在鉴定人和鉴定机构名册注明的业务范围内从事司法鉴定业务。"而且本解释规定的选择鉴定专家的做法与民事诉讼法及《民诉法解释》的规定并不冲突，民事诉讼法仅是规定了当事人协商确定鉴定人的一般规则，至于协商确定鉴定人的具体方法则没有明确规定。实践中采取先选择鉴定机构，再以此为平台确定鉴定专家的做法本质上也并不违背上述规则。至于先选择鉴定机构后再确定鉴定人，还是直接选择鉴定人，仅是选择方式问题。只要该鉴定人是当事人自愿确定的，至于中间采取什么方式或形式，只要不违反法律的强制性规定，就应该是有效的。

（三）建立健全鉴定人名册制度

建立健全鉴定人名册制度，可以使法院或当事人直接从具有相应职称、资格、知识水平、经验的专家中挑选鉴定人，对于方便当事人和法院选择鉴定人以及规范鉴定程序具有积极意义。《人民法院对外委托司法鉴定管理规定》第3条明确规定："人民法院司法鉴定机构建立社会鉴定机构和鉴定人名册，根据鉴定对象对专业技术的要求，随机选择和委托鉴定人进行司法鉴定。”人民法院建立社会鉴定机构和鉴定人名册，实行申报、审批、公正管理，遵循申请自愿原则、择优选录原则、属地登记原则及资源共享原则，这一具有中国特色的司法鉴定人名册制度，既借鉴了大陆法系国家较为通行的规则，又吸纳了英美法系国家遵循当事人主义的做法，实行当事人协商选定和法院依职权在鉴定人名册中随机指定相结合的程序频范，实现对外委托司法鉴定工作公开化、程序化、规范化，是结合我国现行诉讼体制和审判方式改革而进行的司法鉴定体制的改革创新，其重大意义已在实践工作中逐步显现。《决定》在上述规定的基础上，也明确规定了鉴定人名册制度，其第 3 条规定：“国务院司法行政部门主管全国鉴定人和鉴定机构的登记管理工作。省级人民政府司法行政部门依照本决定的规定，负责对鉴定人和鉴定机构的登记、名册编制和公告。”第 6 条规定：“申请从事司法鉴定业务的个人、法人或者其他组织，由省级人民政府司法行政部门审核，对符合条件的予以登记，编入鉴定人和鉴定机构名册并公告。省级人民政府司法行政部门应当根据鉴定人或者鉴定机构的增加和撤销登记情况，定期更新所编制的鉴定人和鉴定机构名册并公告。”目前，我国逐步建立了不同领域、行业的鉴定人专家名册或专家库，比如前述医疗事故技术鉴定中的专家库等。具体到医疗损害责任纠纷当中，虽然存在医学会的专家库，但这毕竟是在双轨制状态下存在的，下一步在解决医疗损害鉴定双轨制问题的同时，也必然要推动建立统一的医疗损害责任鉴定专家库，以便当事人更方便快捷的选择鉴定专家。

【适用指南】

在审判实践中有必要结合本条规定对鉴定人资质问题做一科学把握：

其一，鉴定人要具备基本的鉴定资格，即要具有相应的鉴定能力。比如临床医学方面的问题需要有临床医学方面的专家进行鉴定，需要法医学知识来鉴定的，应当有法医学专家。为保障鉴定意见的权威性和公信力，有必要按照同行评价原则的要求确定鉴定专家；

其二，要与鉴定事项有一定的关联性。即应当具备能够对案件本身的专门性问题进行鉴定的能力，符合相应的鉴定要求；

其三，人数上可以是一人，也可以是数人。对此，民事诉讼法并没有具体规定，本解释也不宜作过多限制。

此外，考虑到鉴定意见对医疗纠纷处理结果的重要影响，实践中可以考虑在不违反法律强制性规定的前提下，对于当事人选择的鉴定人不具备相应鉴定能力的，人民法院可以责令当事人重新选择。

【法条链接】

《中华人民共和国民事诉讼法》

第七十六条 当事人可以就查明事实的专门性问题向人民法院申请鉴定。当事人申请鉴定的，由双方当事人协商确定具备资格的鉴定人；协商不成的，由人民法院指定。

当事人未申请鉴定，人民法院对专门性问题认为需要鉴定的，应当委托具备资格的鉴定人进行鉴定。

《全国人民代表大会常务委员会关于司法鉴定管理问题的决定》

四、具备下列条件之一的人员，可以申请登记从事司法鉴定业务：

（一）具有与所申请从事的司法鉴定业务相关的高级专业技术职称；

（二）具有与所申请从事的司法鉴定业务相关的专业执业资格或者高等院校相关专业本科以上学历，从事相关工作五年以上；

（三）具有与所申请从事的司法鉴定业务相关工作十年以上经历，具有较强的专业技能。

因故意犯罪或者职务过失犯罪受过刑事处罚的，受过开除公职处分的，以及被撤销鉴定人登记的人员，不得从事司法鉴定业务。

五、法人或者其他组织申请从事司法鉴定业务的，应当具备下列条件：

（一）有明确的业务范围；

（二）有在业务范围内进行司法鉴定所必需的仪器、设备；

（三）有在业务范围内进行司法鉴定所必需的依法通过计量认证或者实验室认可的检测实验室；

（四）每项司法鉴定业务有三名以上鉴定人。

六、申请从事司法鉴定业务的个人、法人或者其他组织，由省级人民政府司法行政部门审核，对符合条件的予以登记，编入鉴定人和鉴定机构名册并公告。

省级人民政府司法行政部门应当根据鉴定人或者鉴定机构的增加和撤销登记情况，定期更新所编制的鉴定人和鉴定机构名册并公告。

《医疗事故处理条例》

第二十三条　负责组织医疗事故技术鉴定工作的医学会应当建立专家库。

专家库由具备下列条件的医疗卫生专业技术人员组成：

（一）有良好的业务素质和执业品德；

（二）受聘于医疗卫生机构或者医学教学、科研机构并担任相应专业高级技术职务3年以上。

符合前款第（一）项规定条件并具备高级技术任职资格的法医可以受聘进入专家库。

负责组织医疗事故技术鉴定工作的医学会依照本条例规定聘请医疗卫生专业技术人员和法医进入专家库，可以不受行政区域的限制。

《最高人民法院关于适用〈中华人民共和国侵权责任法〉若干问题的通知》

三、人民法院适用侵权责任法审理民事纠纷案件，根据当事人的申请或者依职权决定进行医疗损害鉴定的，按照《全国人民代表大会常务委员会关于司法鉴定管理问题的决定》、《人民法院对外委托司法鉴定管理规定》及国家有关部门的规定组织鉴定。

《人民法院对外委托司法鉴定管理规定》

第十条 人民法院司法鉴定机构依据尊重当事人选择和人民法院指定相结合的原则，组织诉讼双方当事人进行司法鉴定的对外委托。

诉讼双方当事人协商不一致的，由人民法院司法鉴定机构在列入名册的、符合鉴定要求的鉴定人中，选择受委托人鉴定。

《人民法院司法鉴定人名册制度实施办法》

第五条 各高级人民法院可根据审判工作的需要，拟定本辖区建立几级鉴定人名册及各级鉴定人名册鉴定人数量的计划，报最高人民法院批准后实施。

第十六条 随机选定鉴定人是指采用抽签、摇号等随机的方法，从鉴定人名册中同一鉴定类别的鉴定人中确定鉴定人。

第十条　委托医疗损害鉴定的，当事人应当按照要求提交真实、完整、充分的鉴定材料。提交的鉴定材料不符合要求的，人民法院应当通知当事人更换或者补充相应材料。

在委托鉴定前，人民法院应当组织当事人对鉴定材料进行质证。

【条文释义】

本条是关于当事人提交鉴定材料及对鉴定材料进行质证的规定。本条系针对实践中鉴定材料提交混乱影响鉴定程序正常开展的问题，在总结实践经验的基础上作出的规定。对于本条的理解需要注意以下几点：

一、关于当事人提交鉴定材料的要求

由于鉴定材料对于鉴定意见的重要性，在医疗损害鉴定所依据的鉴定材料应当有相应的要求，这对于鉴定人作出客观、公平的医疗损害鉴定意见至关重要。正因如此，有关法规、规章或者行业规范等对于鉴定材料都有所要求。比如《司法部关于印发司法鉴定文书格式的通知》（司发通〔2016〕112号）关于司法鉴定告知书的要求中明确指出："委托人委托司法鉴定，应提供真实、完整、充分、符合鉴定要求的鉴定材料，并提供案件有关情况。因委托人或当事人提供虚假信息、隐瞒真实情况或提供不实材料产生的不良后果，司法鉴定机构和司法鉴定人概不负责。""有下列情形的，司法鉴定机构可以终止鉴定工作：（一）发现鉴定材料不真实、不完整、不充分或者取得方式不合法的；（二）鉴定用途不合法或者违背社会公德的；（三）鉴定要求不符合司法鉴定执业规则或者相关鉴定技术规范的；（四）鉴定要求超出本机构技术条件或者鉴定能力的；（五）委托人就同一鉴定事项同时委托其他司法鉴定机构进行鉴定的；（六）鉴定材料发生耗损，委托人不能补充提供的；（七）委托人拒不履行司法鉴定委托书规定的义务、被鉴定人拒不配合或者鉴定活动受到严重干扰，致使鉴定无法继续进行的；（八）委托人主动撤销鉴定委托，或者委托人、诉讼当事人拒绝支付鉴定费用的；（九）因不可抗力致使鉴定无法继续进行的；（十）其他不符合法律、法规、规章规定，需要终止鉴定的情形。”依据《最高人民法院、司法部关于建立司法鉴定管理与使用衔接机制的意见》（司发通〔2016〕98号）（以下简称《司法鉴定衔接意见》）的规定，“司法行政机关要严格规范鉴定受理程序和条件，明确鉴定机构不得违规接受委托；无正当理由不得拒绝接受人民法院的鉴定委托；接受人民法院委托鉴定后，不得私自接收当事人提交而未经人民法院确认的鉴定材料；鉴定机构应规范鉴定材料的接收和保存，实现鉴定过程和检验材料流转的全程记录和有效控制；鉴定过程中需要调取或者补充鉴定材料的，由鉴定机构或者当事人向委托法院提出申请。”2007年的《司法鉴定程序通则》（现已失效）第12条规定：“司法鉴定机构接受鉴定委托，应当要求委托人出具鉴定委托书，提供委托人的身份证明，并提供委托鉴定事项所需的鉴定材料。委托人委托他人代理的，应当要求出具委托书。本通则所指鉴定材料包括检材和鉴定资料。检材是指与鉴定事项有关的生物检材和非生物检材；鉴定资料是指存在于各种载体上与鉴定事项有关的记录。鉴定委托书应当载明委托人的名称或者姓名、拟委托的司法鉴定机构的名称、委托鉴定的事项、鉴定事项的用途以及鉴定要求等内容。委托鉴定事项属于重新鉴定的，应当在委托书中注明。”第14条规定：“司法鉴定机构收到委托，应当对委托的鉴定事项进行审查，对属于本机构司法鉴定业务范围，委托鉴定事项的用途及鉴定要求合法，提供的鉴定材料真实、完整、充分的鉴定委托，应当予以受理。对提供的鉴定材料不完整、不充分的，司法鉴定机构可以要求委托人补充；委托人补充齐全的，可以受理。”《医疗事故技术鉴定暂行办法》第16条也规定：“有下列情形之一的，医学会中止组织医疗事故技术鉴定：（一）当事人未按规定提交有关医疗事故技术鉴定材料的；（二）提供的材料不真实的；（三）拒绝缴纳鉴定费的；（四）卫生部规定的其他情形。”以上规定都是从行业主管部门的管理角度或者从有关法律后果角度对于鉴材的要求作了规定。本解释在总结既有规定和相关经验做法的基础上，也明确提出了鉴定材料的真实性、完整性、充分性的要求。具体如下：

1. 真实性。真实性是证据三性（客观性、合法性和关联性）之一的最基础要求。在民事诉讼中，鉴定材料应属于证据的范畴，其具备合法的证据资格，当然就要符合真实性的要求。通常而言，所谓证据的客观性，即证据的真实性，是指证据是对已发生事实的客观遗留，是一种不以人的意志为转移的客观存在。在医疗损害责任纠纷中，鉴定材料的真实性，就是要求鉴定材料本身必须是客观实在存在的对诊疗行为或者诊疗过程反映的客观真正，其基本要求就是鉴定材料不能是虚假或者伪造的。当然，审判实践中认定鉴定材料的真实性也是医疗损害鉴定的一个难点问题。医疗损害鉴定材料特别是病历资料多为书面资料，不少案件中存在伪造、篡改的问题。因此，确定鉴定材料的真实性十分重要，这一要求也是本条在后面规定的当事人对于鉴定材料必须质证要求，这也是从程序上保障鉴定材料真实性的重要措施。同时，对于鉴定材料真实性的把握，不仅要求当事人提供真实的鉴定材料，也要求鉴定人运用专业方法鉴别鉴定材料的真伪。人民法院也要依据法律规定，对于不真实的鉴定材料所作出的鉴定意见不予采信，而且要依据相关法律规定，确定有关责任主体的责任。比如适用侵权责任法第 58 条所规定的“伪造、篡改或者销毁病历资料”，“推定医疗机构有过错”。在此需要注意的是，关于鉴定材料的提供，这属于双方当事人的义务，对于与纠纷有关的证据材料，从证据法的角度讲，持有该证据的人就有提供该证据的义务，否则就应当承担相应的不利后果。

2. 完整性。完整性是对鉴定材料全面性的要求。没有完整的鉴定材料，所作出的鉴定意见也会欠缺公信力。如果进行某一专门性问题鉴定欠缺所需的某项鉴定材料，可能造成鉴定无法进行，进而导致无法查证待证事实。故原则上讲，对于某项鉴定事项所需的鉴定材料，都应收集完全，以便能够全面反映其发生、发展的全过程。但在此需要注意的是，这里的收集完全也并非面面俱到。以病历资料为例，这里强调的全面性并非必须所有的病历资料等一概都要提供，否则就不予鉴定。我们认为，鉴定材料全面性的要求要以符合证据关联性为基础，即与纠纷有关的病历资料，若与当事人诉争纠纷无关的病历资料当然无需提供。同时，鉴材的完整性问题既可能是一个依据日常经验法则可以判断的问题，也可能会涉及专业判断的情形。而且在日常经验法则的判断与专业判断存在不一致时，宜以专业判断标准来确定该鉴定的完整性，由此决定鉴定程序是否正常进行。同时，对于鉴材完整性的问题，不仅当事人有义务，鉴定机构或者鉴定人也负有相应的职责。鉴定机构或者鉴定人应当制定鉴定材料的提取、运输、接收、处置、保护、存储、保留、清理的程序，确保鉴定材料的完整性；鉴定机构或者鉴定人应当记录接收鉴定材料的状态和相关信息，包括与正常或者规定条件的偏离。因鉴定需要耗尽或者可能损坏鉴定材料的，应当告知委托人并征得书面同意。鉴定机构或者鉴定人应当具有适当的设备设施贮存、处理鉴定材料。对贮存鉴定材料的状态和条件进行定期检查并记录。鉴定机构或者鉴定人应当保持鉴定材料的流转记录。在司法鉴定委托书中，通常都会要求在“鉴定材料”一项，应当记录鉴定材料的名称、种类、数量、性状、保存状况、收到时间等，如果鉴定材料较多，可另附《鉴定材料清单》。

3. 充分性。所谓充分性的要求，就是指鉴定材料必须充足完备，能够保证鉴定程序的顺利进行。充分性与完整性密切相关，且更是一个专业判断问题。这里的专业判断首先应当是鉴定机构和鉴定人的专业判断问题。从理论上讲，鉴定材料的充分性不是要求鉴定材料包罗万象，而是要求鉴定材料与待证事实具有关联性，且是为保证鉴定程序顺利进行所必须。反面言之，只要是能够保证鉴定程序正常进行，这时鉴定材料即使不完整，但仍应认定为是充分的。另外，如果鉴定人认为鉴材不完整，原则上也应赋予当事人一定的救济机会，即对此专业性问题通过其他中立地位的有资质主体进行相应的判断，特别是在医疗损害责任纠纷中，鉴定意见对于裁判的影响极为重要，原则上能够通过鉴定来确定相关侵权责任构成事实的，还是要尽量通过启动鉴定程序解决，鉴定机构或者鉴定人不宜动辄以鉴材材料不充分，而拒绝进行鉴定，即在专业允许的情况下，宜适当降低对鉴定材料的硬性要求，从而更有效地服务纠纷的彻底解决。比如在某一案件中，由于所使用医疗器械已经并不存在，无法以此为基础进行鉴定，但是有关病历资料对于医疗器械的型号、标准、具体使用情形等都有明确记载，鉴定机构或者鉴定人据此认定可以以该病历资料为基础进行鉴定并作出相应的鉴定意见，人民法院原则上也应尊重该专业判断意见，并通过专业的鉴定意见来对案件进行裁判。

二、关于对鉴定材料的质证

（一）关于质证一般规则

一般认为，质证是指在民事诉讼中原、被告双方在庭审中采用询问、辨认、辩论等方法对证据的真实性、和本案的关联性、合法性以及证据在本案中的效力、证明力进行对质、辩论的诉讼程序。

关于质证程序。民事诉讼法第 68 条规定："证据应当在法庭上出示，并由当事人互相质证。对涉及国家秘密、商业秘密和个人隐私的证据应当保密，需要在法庭出示的，不得在公开开庭时出示。"《民诉证据规定》第 47 条也规定："证据应当在法庭上出示，由当事人质证。未经质证的证据，不能作为认定案件事实的依据。当事人在证据交换过程中认可并记录在卷的证据，经审判人员在庭审中说明后，可以作为认定案件事实的依据。"《民诉法解释》在此基础上，在第 103 条进一步规定："证据应当在法庭上出示，由当事人互相质证。未经当事人质证的证据，不得作为认定案件事实的根据。当事人在审理前的准备阶段认可的证据，经审判人员在庭审中说明后，视为质证过的证据。涉及国家秘密、商业秘密、个人隐私或者法律规定应当保密的证据，不得公开质证。"第 104 条又规定："人民法院应当组织当事人围绕证据的真实性、合法性以及与待证事实的关联性进行质证，并针对证据有无证明力和证明力大小进行说明和辩论。能够反映案件真实情况、与待证事实相关联、来源和形式符合法律规定的证据，应当作为认定案件事实的根据。"

关于证据材料的提供。《民诉证据规定》第 49 条规定："对书证、物证、视听资料进行质证时，当事人有权要求出示证据的原件或者原物。但有下列情况之一的除外：（一）出示原件或者原物确有困难并经人民法院准许出示复制件或者复制品的；（二）原件或者原物已不存在，但有证据证明复制件、复制品与原件或原物一致的。”此外，关于书证的提供，《民诉法解释》第111条规定：“民事诉讼法第七十条规定的提交书证原件确有困难，包括下列情形：（一）书证原件遗失、灭失或者毁损的；（二）原件在对方当事人控制之下，经合法通知提交而拒不提交的；（三）原件在他人控制之下，而其有权不提交的；（四）原件因篇幅或者体积过大而不便提交的；（五）承担举证证明责任的当事人通过申请人民法院调查收集或者其他方式无法获得书证原件的。前款规定情形，人民法院应当结合其他证据和案件具体情况，审查判断书证复制品等能否作为认定案件事实的根据。”

关于证据质证的顺序。依据《民诉证据规定》第51条的规定，质证按下列顺序进行：（1）原告出示证据，被告、第三人与原告进行质证；（2）被告出示证据，原告、第三人与被告进行质证；（3）第三人出示证据，原告、被告与第三人进行质证。此外，人民法院依照当事人申请调查收集的证据，作为提出申请的一方当事人提供的证据。人民法院依照职权调查收集的证据应当在庭审时出示，听取当事人意见，并可就调查收集该证据的情况予以说明。

（二）关于医疗损害鉴定材料的质证

基于辩论主义的要求，鉴定意见作为证据应当进行质证，同样当事人对鉴材有异议，也应当进行质证。如果当事人的异议内容本身就涉及专门性问题，则有必要先就该异议问题进行鉴定。如上所述，质证就是诉讼当事人围绕证据的真实性、客观性和合法性以及证据的证明力和效力作出陈述、对质和辩驳的诉讼活动。医疗损害责任纠纷中的鉴定材料在诉讼中应当属于民事诉讼证据的范畴，当然也要遵循证据质证的规则。上述民事诉讼证据质证的一般规则对于鉴定材料的质证也都要适用。

有意见认为，对于鉴定材料的先行审查及询问当事人的程序过于繁琐，可能会造成诉讼拖延。但考虑到本条规定所体现的质证规则，符合诉讼证据质证的基本要求，对于保障当事人程序权利乃至实体权利，维护判决的权威性和公信力具有重要意义，本条规定有其必要性。但在适用上要注意本条所解决的主要问题是鉴定材料的“质证”问题，故本条的重心在对“质证”程序的强调。至于“鉴定要求”的具体情形以及如何审查和询问、询问后是否提交鉴定等问题，宜由人民法院结合具体案件确定。另外，对于当事人经过质证不能达成一致意见的情形，本着彻底化解纠纷的考虑，人民法院应当根据案件具体情况对于涉及专门性事实问题的情形，可以依法决定是否将鉴定材料提交鉴定。

【适用指南】

对于本条的适用，要注意以下几点：

一、关于证据交换规则的适用

民事诉讼法第 133 条对审理前准备的规则作了原则性规定，其中第（4）项规定，“需要开庭审理的，通过要求当事人交换证据等方式，明确争议焦点。”《民诉法解释》在此基础上对审前准备阶段的具体要求作了明确，其中第 224 条规定：“依照民事诉讼法第一百三十三条第四项规定，人民法院可以在答辩期届满后，通过组织证据交换、召集庭前会议等方式，作好审理前的准备。”第 225 条对于庭前会议中有关证据交换以及委托鉴定程序作了规定。对于证据交换，实践已经证明这样做好处很多：一是使当事人各方相互了解其主张与证据，知己知彼，平衡利弊，有利于取得共识，促进相互谅解，达成庭前和解；二是无论是当事人提交的证据，还是法院调查获得的证据，通过庭前阅卷和相互交换，可以降低诉讼成本，使诉讼资源得到充分利用；三是有利于调动当事人举证的积极性，因为当事人为了使自己提出的主张或事实能有充分的证据支持，或者对对方提出的主张或事实给予有力的反证或抗辩，在证据交换前或后，都不会寄希望于法院去调查收集证据，而要靠自己或委托诉讼代理人去主动收集，以增加胜诉的可能性；四是对人民法院开庭审理来说，有利于抓住双方争议的焦点和解决案件中的主要矛盾，从而节省开庭审理时间，使开庭程序能有序而又能高效发挥作用。所以，不仅是我国一些法院采用庭前交换证据的做法，而且在世界上很多国家的法院早已规定庭前交换证据的制度。[①]

无论从法理还是从法律适用的基本规则上看，上述关于证据交换的规定对于医疗损害鉴定启动前有关鉴定材料的质证以及委托鉴定问题也同样适用。而且这一对于鉴定材料的质证也不同于对于鉴定意见本身的质证，前者通常发生在审理前准备阶段，特别是证据交换这一环节。后者则多发生在庭审阶段。当然，在庭审阶段也可能存在需要对鉴定材料进行质证的情形，此根据案件具体情况而异。另外，依据《民诉法解释》第229条规定的禁反言规则，即"当事人在庭审中对其在审理前的准备阶段认可的事实和证据提出不同意见的，人民法院应当责令其说明理由。必要时，可以责令其提供相应证据。人民法院应当结合当事人的诉讼能力、证据和案件的具体情况进行审查。理由成立的，可以列入争议焦点进行审理"，这对于庭审中涉及鉴定意见或者鉴定材料的质证时，也同样要予以适用。

二、先行鉴定规则的适用

在当事人对鉴材有异议进行质证的过程中，也会遇到鉴材本身涉及专门性技术认定的情形。我们认为对于这种情形，也应当依据民事诉讼法第76条的规定，通过鉴定程序来解决。本条第2款曾规定了当事人对于鉴定材料有异议，该异议内容涉及专门性问题的，可以对此先行申请鉴定、评估或者检测。虽然因考虑到实践中情况比较复杂，且明确规定这一内容，可能会导致诉讼拖延的问题，最终没有规定这一规则。我们认为，实践中仍可能要适用先行鉴定规则。对此发生较多的情形就是当事人对于病历资料中的笔迹真伪存有异议，而该病历资料又是下一步进行医疗损害鉴定所必须的材料，这时就有必要先行对该病历资料中的笔迹问题进行鉴定。至于实践中是否必须先行鉴定，其判断标准主要是该先行鉴定作出的鉴定意

---

① 参见最高人民法院原副院长唐德华同志在讨论民事诉讼证据司法解释座谈会上的讲话，讲话主标题是《做好司法解释工作完善民事诉讼证据制度》（2001年6月13日）。

见（包括评估报告或者检测意见等）是后续医疗损害鉴定中所必须依赖的基础。若非此种情形，考虑到诉讼效率和两便原则，即使涉及几个专门性问题的鉴定问题时，也宜在审理前阶段一并启动鉴定程序。

【法条链接】

《最高人民法院关于适用〈中华人民共和国民事诉讼法〉的解释》

第一百二十一条　当事人申请鉴定，可以在举证期限届满前提出。申请鉴定的事项与待证事实无关联，或者对证明待证事实无意义的，人民法院不予准许。

人民法院准许当事人鉴定申请的，应当组织双方当事人协商确定具备相应资格的鉴定人。当事人协商不成的，由人民法院指定。

符合依职权调查收集证据条件的，人民法院应当依职权委托鉴定，在询问当事人的意见后，指定具备相应资格的鉴定人。

《最高人民法院关于民事诉讼证据的若干规定》

第四十七条　证据应当在法庭上出示，由当事人质证。未经质证的证据，不能作为认定案件事实的依据。

第十一条 委托鉴定书，应当有明确的鉴定事项和鉴定要求。鉴定人应当按照委托鉴定的事项和要求进行鉴定。

下列专门性问题可以作为申请医疗损害鉴定的事项：

（一）实施诊疗行为有无过错；

（二）诊疗行为与损害后果之间是否存在因果关系以及原因力大小；

（三）医疗机构是否尽到了说明义务、取得患者或者患者近亲属书面同意的义务；

（四）医疗产品是否有缺陷、该缺陷与损害后果之间是否存在因果关系以及原因力的大小；

（五）患者损伤残疾程度；

（六）患者的护理期、休息期、营养期；

（七）其他专门性问题。

鉴定要求包括鉴定人的资质、鉴定人的组成、鉴定程序、鉴定意见、鉴定期限等。

【条文释义】

本条是关于医疗损害鉴定内容及要求的规定。本条系针对司法实务中鉴定人资质不符合要求、鉴定意见书写不规范、鉴定期限过长、甚至有的鉴定意见无法作为案件证据使用的问题作出的规定。对于本条的理解与适用，需要把握以下几点：

一、关于委托鉴定书的要求

近年来，最高人民法院以及有关行政主管部门都高度重视鉴定程序以及鉴定意见的规范化问题，特别是在 2016 年出台了《司法鉴定衔接意见》

这一重要规范性文件。根据《司法鉴定衔接意见》的规定精神，建立司法鉴定管理与使用衔接机制，规范司法鉴定工作，提高司法鉴定质量，是发挥司法鉴定作用，适应以审判为中心的诉讼制度改革的重要举措。人民法院和司法行政机关要充分认识司法鉴定管理与使用衔接机制对于促进司法公正、提高审判质量与效率的重要意义，立足各自职能定位，加强沟通协调，共同推动司法鉴定工作健康发展，确保审判活动的顺利进行。委托与受理是司法鉴定的关键环节，是保障鉴定活动顺利实施的重要条件。人民法院要根据审判工作需要，规范鉴定委托，完善鉴定材料的移交程序，规范技术性证据审查工作，规范庭审质证程序，指导和保障鉴定人出庭作证，加强审查判断鉴定意见的能力，确保司法公正。省级司法行政机关要适应人民法院委托鉴定需要，依法科学、合理编制鉴定机构和鉴定人名册，充分反映鉴定机构和鉴定人的执业能力和水平，在向社会公告的同时，提供多种获取途径和检索服务，方便人民法院委托鉴定。司法行政机关要严格规范鉴定受理程序和条件，明确鉴定机构不得违规接受委托；无正当理由不得拒绝接受人民法院的鉴定委托；接受人民法院委托鉴定后，不得私自接收当事人提交而未经人民法院确认的鉴定材料；鉴定机构应规范鉴定材料的接收和保存，实现鉴定过程和检验材料流转的全程记录和有效控制；鉴定过程中需要调取或者补充鉴定材料的，由鉴定机构或者当事人向委托法院提出申请。

民事诉讼法对于委托鉴定书的要求并没有具体规定。如前所述，医疗损害责任纠纷中存在司法鉴定和医学会鉴定的双轨制问题。在司法鉴定领域，从部门规章或者规范性文件层面，对于有关鉴定书的内容及格式有大致明确的规定。比如，《司法鉴定程序通则》（现已失效）第16条规定："司法鉴定机构决定受理鉴定委托的，应当与委托人签订司法鉴定委托书。司法鉴定委托书应当载明委托人名称、司法鉴定机构名称、委托鉴定事项、是否属于重新鉴定、鉴定用途、与鉴定有关的基本案情、鉴定材料的提供和退还、鉴定风险，以及双方商定的鉴定时限、鉴定费用及收取方式、双方权利义务等其他需要载明的事项。"关于委托鉴定书的提法，该规章称之为“司法鉴定委托书”。《司法部关于印发鉴定文书格式的通知》中大致沿用了上述做法。但在医学会鉴定中，目前现行有效的《医疗事故技术鉴定暂行办法》中并无具体的关于委托鉴定书内容及格式的要求。

针对医疗损害责任纠纷审判实践中不同地方甚至不同鉴定机构的委托鉴定书格式不一甚至混乱，鉴定意见内容与审判实际脱钩或者两张皮的现象甚至鉴定意见在客观上无法在裁判案件中使用等情况，本解释在深入调研、总结各地经验做法的基础上，明确规定了委托鉴定书应当有明确的鉴定事项和鉴定要求，而且鉴定人应当按照委托鉴定的事项和要求进行鉴定。当然这里的鉴定事项以及鉴定要求也要符合相应的法律规定为前提，对于超出鉴定人鉴定能力范围的事项或者要求，鉴定人依据相关规定可以不予受理。

关于鉴定事项。目前有关司法鉴定的行政规章及规范性文件，比如《司法部关于印发司法鉴定文书格式的通知》等对于鉴定事项都有明确要求。《全国人大法工委关于对法医类鉴定与医疗事故技术鉴定关系问题的意见》（法工委复字〔2005〕29号）中明确：“关于司法鉴定管理问题的决定第二条规定，国家对从事法医类鉴定的鉴定人和鉴定机构实行登记管理制度。医疗事故技术鉴定的组织方式与一般的法医类鉴定有很大区别，医疗事故技术鉴定的内容也不都属于法医类鉴定。但医疗事故技术鉴定中涉及的有关问题，如尸检、伤残鉴定等，属于法医类鉴定范围。对此类鉴定事项，在进行医疗事故技术鉴定时，由已列入鉴定人名册的法医参加鉴定为宜。”这里明确提到了“鉴定事项”，但《医疗事故技术鉴定暂行办法》并无这方面的规定。依据本条第1款的规定，不仅当事人申请鉴定，要提出明确的鉴定事项和鉴定要求，而且鉴定事项和鉴定要求的内容也是对鉴定人的一种约束，鉴定人应当按照委托鉴定的事项和要求进行鉴定。

二、医疗损害鉴定中的鉴定事项

根据鉴定意见是对案件事实认定中的专门性问题的意见性证据这一基

本属性，医疗损害鉴定中的鉴定事项应当属于案件事实认定问题，同时应当属于非通过专业判断无法认定的专门性问题。基于这一思路，依据侵权责任法中“医疗损害责任”一章的具体规定、比如医疗损害责任的具体类型、责任构成要件等并结合审判实践经验及诊疗行为本身的复杂性、专业性等因素，本条采用列举加兜底的方式，概括出了六项具体内容和一项概括性内容。具体如下：

（1）诊疗行为有无过错。即医疗机构及其医务人员在实施诊疗行为过程中有无过错。作为医疗损害责任的重要构成要件事实，医疗机构是否存在过错的问题首先是一个事实判断问题，而这往往需要专业判断才能认定，故需要通过鉴定程序来解决。结合本解释第 16 条的规定，对医疗机构及其医务人员的过错，应当依据法律、行政法规、规章以及其他有关诊疗规范进行认定，并可以综合考虑患者病情的紧急程度、当地的医疗水平、医疗机构与医务人员资质、患者个体差异等因素。鉴定人对诊疗过错进行鉴定的过程中也有必要予以适用。

（2）诊疗过错行为与损害后果之间是否存在因果关系以及原因力大小。这一项内容也是医疗损害责任的重要构成要件事实，基于诊疗行为与损害后果之间因果关系的专业性和复杂性的问题，这往往需要通过鉴定程序来确定。

（3）医疗机构是否尽到了告知义务、取得患者或者患者近亲属书面同意的义务。这涉及的主要是是否侵犯患者知情同意权的问题。调研中，有意见认为，这一内容特别是取得患者或者患者近亲属书面同意的情形并不需要专业判断，故不必通过鉴定程序解决。但多数意见认为，这里主要涉及对某一疾病特别是一些疑难杂症的诊断与治疗上，是否已经尽到告知义务尤其是告知是否充分的问题也往往需要专业判断，故有必要通过鉴定程序来解决，而且实践中多数案例对于医疗机构违反告知义务的问题都是通过鉴定程序来解决的。

（4）医疗产品是否有缺陷、该缺陷与损害后果之间是否存在因果关系以及原因力的大小。如同产品责任中的产品缺陷及因果关系问题，特别是隐蔽缺陷，通常需要专业判断，将此作为鉴定事项，符合实践通行做法。

(5) 患者损伤残疾程度。此项内容与其他的人身损害案件并不本质区别，属于人身损害案件中共通性专业问题，当然属于鉴定事项的范畴。

(6) 患者的护理期、休息期、营养期。休息期（又叫误工期、医疗休息期），是指人体损伤后经过诊断、治疗达到临床医学一般原则所承认的治愈（即临床症状和体征消失）或体征固定所需要的时间。营养期（又叫营养补偿期），是指人体损伤后，需要补充必需的营养物质，以提高治疗质量或者加速损伤康复的时间。护理期（又叫护理陪护期），是指人体损伤后，在医疗或者功能康复期间生活不能自理，需要他人帮助的时间。本项内容是根据调研意见作出的规定。比如有的地方规范性文件中要求，“医疗损害的鉴定，由受托鉴定机构对医疗行为有无过错、损害后果及因果关系、医疗过错行为在医疗损害后果中的原因力大小等进行鉴定，损害后果依据伤残等级标准确定。医疗损害赔偿中涉及三期（误工期、护理期、营养期）鉴定按照相关规定确定。”上海市也有专门的《人身损害受伤人员休息期、营养期、护理期评定准则》。北京司法鉴定业协会也出台了《人身损害受伤人员误工期、营养期、护理期评定准则（试行）》。护理期、休息期、营养期的确定对于患者权益维护具有重要意义，各地不少鉴定机构及鉴定人也都有对这一问题进行鉴定的能力，因此本款专门将这一内容列为鉴定事项。

(7) 其他专门性问题。考虑到审判实践中具体个案的差异，完全用列举方式可能不能涵盖所有的案件情况，所以设置一兜底条款，以保持本款内容的开放性和适应性。

在本解释起草过程中，曾对医疗机构实施的诊疗行为“是否属于不必要的检查”作为一项专门性问题，允许通过申请鉴定来解决。一般而言，医疗机构对患者的检查是疾病诊断以及采取治疗措施的必要手段，其本身就是一个专业判断问题，可以作为一个鉴定事项来对待。但考虑到医学本身的公益性、探索性以及疾病本身的复杂性等问题，在诊疗过程中是否属于不必要检查的情形在医学临床实践中不好把握，本条作出规定容易引起争议，不利于医学的进步，故本解释最终删除了这一项内容。实践中出现这一问题，可以依据有关法律规定处理即可，而且即使本解释未明确列明这一项，也可以在兜底的“其他专门性问题”所包括。

三、医疗损害鉴定中的鉴定要求

（一）关于鉴定要求的内容

2007 年《司法鉴定程序通则》（现已失效）第 14 条第 1 款规定：“司法鉴定机构收到委托，应当对委托的鉴定事项进行审查，对属于本机构司法鉴定业务范围，委托鉴定事项的用途及鉴定要求合法，提供的鉴定材料真实、完整、充分的鉴定委托，应当予以受理。”本款内容中明确提到了“鉴定要求”这一项内容。但《司法部关于印发司法鉴定文书格式的通知》中明确了司法鉴定委托书七类司法鉴定文书样式，其中在司法鉴定委托书中明确了鉴定事项和鉴定用途等内容，但是并无“鉴定要求”一项，仅是规定了“鉴定要求不符合司法鉴定执业规则或者相关鉴定技术规范的”“鉴定要求超出本机构技术条件或者鉴定能力的”鉴定委托，司法鉴定机构不得受理。对于医学会鉴定，《医疗事故处理条例》第 31 条第 2 款明确了“医疗事故技术鉴定书”应当包括“双方当事人的基本情况及要求”。也就是说在实务中“鉴定要求”这一项内容是客观存在的，而且从委托鉴定的委托方或者医疗损害责任纠纷中的当事人对于委托鉴定所必须的内容。而且从调研情况并结合审判实践需要看，“鉴定要求”这一项对于确保鉴定意见本身的针对性，避免鉴定本身的随意性，确保鉴定意见的质量以及能够真正有效服务于案件裁判具有十分重要的意义。正因如此，本条第 1 款明确规定了“委托鉴定书，应当有明确的鉴定事项和鉴定要求。鉴定人应当按照委托鉴定的事项和要求进行鉴定。”

但由于实践中对于鉴定要求缺乏明确统一的规范，导致实践中鉴定要求不够规范甚至五花八门，也导致了鉴定机构在一定程度上无所适从。正因如此，我们根据审判实践需求，从切实做好审判与鉴定程序的有机衔接的角度出发，在第 3 款明确规定了有关鉴定要求的具体内容，以便快捷高效的启动鉴定程序。依据本款规定，鉴定要求包括但不限于鉴定人的资质、鉴定人的组成、鉴定程序、鉴定意见、鉴定期限等。在适用本款时，要注意这些列举事项具有一定的强制性，即当事人提出鉴定申请时，在符合有关鉴定法规、规章规定的前提下，对于鉴定人的资质、鉴定人的组成以及鉴定程序、鉴定期限、鉴定意见等要有明确的要求，这是解决当前医疗损害责任纠纷中鉴定程序不够规范的针对性措施。

（二）鉴定意见的有关要求

鉴定意见是鉴定与审判衔接的关键内容。因此，有必要对鉴定意见的要求作出强调。

依据民事诉讼法第76条的规定，鉴定意见必须以书面形式出具，同时鉴定人应当在鉴定书上签名盖章。结合《民诉证据规定》第29条的规定，鉴定书应当具有以下内容：（1）委托人姓名或者名称、委托鉴定的内容；（2）委托鉴定的材料；（3）鉴定的依据及使用的科学技术手段；（4）对鉴定过程的说明；（5）明确的鉴定结论；（6）对鉴定人鉴定资格的说明；（7）鉴定人及鉴定机构签名盖章。此外，鉴定书的格式要规范，语言要准确、严谨。

（三）鉴定意见的内容要求

鉴定意见作为一种法定证据形式，必须符合证据的客观性、合法性和关联性的要求。

1. 关于客观性问题。鉴定意见必须符合科学性的要求，必须是运用科学原理和方法，依照有关科学技术规范和准则而作出的意见。

2. 关于合法性的问题。鉴定意见必须是具有相应资质条件的鉴定人，在没有依法需要回避的情形下，经过合法程序进行鉴定而得出的意见。

3. 关于关联性问题。鉴定意见必须与案件待证事实具有关联性，否则不但无益于案件事实认定，也会浪费当事人诉讼成本，造成诉讼拖延。同时，判断鉴定意见与案件待证事实之间的关联性需要具备的一个基础性条件，即鉴定意见本身必须做到结论尽量明确具体。

基于上述证据的三性考虑，医疗损害责任纠纷中的鉴定书应当包括的内容有：诊疗行为是否违反医疗卫生管理法律、行政法规、诊疗护理技术操作规范、常规；是否存在诊疗过错，诊疗行为与损害后果之间是否存在因果关系以及原因力大小等。同时为了强化鉴定人的出庭作证义务，有必要在鉴定书中明确写明鉴定人出庭作证义务。

【适用指南】

对于本条的适用，注意把握以下问题：

1. 关于申请鉴定的必要性原则。上述项目作为鉴定事项并非意味着存在上述情形都必须通过鉴定来解决。本款的列举仅是从专业性问题的类别或者事项上作的分类，至于是否必须通过鉴定来解决，这要满足鉴定的必要性要求，即非通过鉴定无法认定的专门性问题，这时才可以通过鉴定程序来解决。如果按照有关证据规则比如举证责任分配规则、证明标准规则结合人民法院对证据材料的审查能够认定案件事实的，则无需通过鉴定程序，以尽量避免诉讼的拖延，减少当事人不必要的诉讼负担。

2. 关于合法性和鉴定能力的要求。一般而言，鉴定机构或者鉴定人不能无故拒绝接受鉴定申请。但是此委托鉴定要以不超过鉴定人鉴定能力为原则，且要符合合法性要求，这里的合法性也包括不违反公序良俗。鉴定要求超出本机构技术条件或者鉴定能力的，鉴定用途不合法或者违背社会公德的，鉴定要求不符合司法鉴定执业规则或者相关鉴定技术规范的，鉴定机构不予受理。

3. 关于血液检测适用医疗损害鉴定规则的问题。有关血液检测的问题，本质上也是鉴定问题。血液检测意见，作为对患者输入的血液是否合格的专门性问题作出的书面意见，应属于鉴定意见的范畴。血液检测或者鉴定同样存在不够规范、难以检测等问题，有必要予以规范。由于实践中对于血液检测的性质存在不同认识，且有关血液检测准入资质、具体程序缺乏系统完备的规范标准，还有必要作进一步探索积累，本解释最终没有对血液检测问题作出专门规定。在具体法律适用上，可以适用本款第（7）

项的兜底条款，涉及血液是否合格、与损害后果之间是否存在因果关系以及原因力的大小等专门性问题，可以通过申请鉴定或者检测方式予以认定。

【法条链接】

《医疗事故处理条例》

第三十一条 专家鉴定组应当在事实清楚、证据确凿的基础上，综合分析患者的病情和个体差异，作出鉴定结论，并制作医疗事故技术鉴定书。鉴定结论以专家鉴定组成员的过半数通过。鉴定过程应当如实记载。

医疗事故技术鉴定书应当包括下列主要内容：

（一）双方当事人的基本情况及要求；

（二）当事人提交的材料和负责组织医疗事故技术鉴定工作的医学会的调查材料；

（三）对鉴定过程的说明；

（四）医疗行为是否违反医疗卫生管理法律、行政法规、部门规章和诊疗护理规范、常规；

（五）医疗过失行为与人身损害后果之间是否存在因果关系；

（六）医疗过失行为在医疗事故损害后果中的责任程度；

（七）医疗事故等级；

（八）对医疗事故患者的医疗护理医学建议。

附：《司法部关于印发司法鉴定文书格式的通知》（司发通［2016］112号）中明确的司法鉴定委托书文书样式

司法鉴定委托书

编号：________________

<table>
<tr><td>委 托 人</td><td></td><td>联系人
（电话）</td><td></td></tr>
<tr><td>联系地址</td><td></td><td>承 办 人</td><td></td></tr>
<tr><td>司法鉴定
机 构</td><td colspan="3">名　称：
地　址：　　　　　　　　邮　　编：
联系人：　　　　　　　　联系电话：</td></tr>
<tr><td>委 托
鉴定事项</td><td colspan="3"></td></tr>
<tr><td>是否属于
重新鉴定</td><td colspan="3"></td></tr>
<tr><td>鉴定用途</td><td colspan="3"></td></tr>
<tr><td>与鉴定有关
的基本案情</td><td colspan="3"></td></tr>
<tr><td>鉴定材料</td><td colspan="3"></td></tr>
</table>

续 表

<table>
<tr><td rowspan="2">预计费用
及收取方式</td><td>预计收费总金额：￥：______，大写：__________。</td></tr>
<tr><td></td></tr>
<tr><td>司法鉴定意见书发送方式</td><td>□自取
□邮寄 地址：
□其他方式（说明）</td></tr>
<tr><td colspan="2">约定事项：
1.（1）关于鉴定材料：
□所有鉴定材料无需退还。
□鉴定材料须完整、无损坏地退还委托人。
□因鉴定需要，鉴定材料可能会损坏、耗尽，导致无法完整退还。
□对保管和使用鉴定材料的特殊要求：______________________________。
（2）关于剩余鉴定材料：
□委托人于______周内自行取回。委托人未按时取回的，鉴定机构有权自行处理。
□鉴定机构自行处理。如需要发生处理费的，按有关收费标准或协商收取____元处理费。
□其他方式：

2. 鉴定时限：
□______年______月______日之前完成鉴定，提交司法鉴定意见书。
□从该委托书生效之日起__________个工作日内完成鉴定，提交司法鉴定意见书。
注：鉴定过程中补充或者重新提取鉴定材料所需的时间，不计入鉴定时限。

3. 需要回避的鉴定人：__________________，回避事由：________________。

4. 经双方协商一致，鉴定过程中可变更委托书内容。

5. 其他约定事项：</td></tr>
</table>

续　表

鉴定风险 提　示	1. 鉴定意见属于专家的专业意见，是否被采信取决于办案机关的审查和判断，鉴定人和鉴定机构无权干涉； 2. 由于受鉴定材料或者其他因素限制，并非所有的鉴定都能得出明确的鉴定意见； 3. 鉴定活动遵循依法独立、客观、公正的原则，只对鉴定材料和案件事实负责，不会考虑是否有利于任何一方当事人。	
其他需要 说明的事项		
委托人 （承办人签名或者盖章） ×年×月×日		司法鉴定机构 （签名、盖章） ×年×月×日

注：

1. “编号”由司法鉴定机构缩略名、年份、专业缩略语及序号组成。

2. “委托鉴定事项”用于描述需要解决的专门性问题。

3. 在“鉴定材料”一项，应当记录鉴定材料的名称、种类、数量、性状、保存状况、收到时间等，如果鉴定材料较多，可另附《鉴定材料清单》。

4. 关于“预计费用及收取方式”，应当列出费用计算方式；概算的鉴定费和其他费用，其中其他费用应尽量列明所有可能的费用，如现场提取鉴定材料时发生的差旅费等；费用收取方式、结算方式，如预收、后付或按照约定方式和时间支付费用；退还鉴定费的情形等。

5. 在“鉴定风险提示”一项，鉴定机构可增加其他的风险告知内容，有必要的，可另行签订风险告知书。

第十二条 **鉴定意见可以按照导致患者损害的全部原因、主要原因、同等原因、次要原因、轻微原因或者与患者损害无因果关系，表述诊疗行为或者医疗产品等造成患者损害的原因力大小。**

【条文释义】

本条是关于医疗损害鉴定的原因力规则的规定。

实践中医疗过错与患者自身疾病、损伤在患者损害事实中的原因力认定是争议较多的问题，且直接影响赔偿金额的确定。针对这一问题，本条根据侵权责任法有关原因力规则的基本理论，对医疗损害责任中诊疗过错行为与患者自身疾病等其他造成患者损害的原因之间的原因力大小区分了六种情形予以规定，从而规范鉴定意见对原因力问题的写法，以便法院更准确的确定当事人之间的责任。对于本条的理解，需要注意以下几点：

一、侵权责任法上的原因力规则

原因力是指违法行为或其他因素对于损害结果发生或扩大所发挥的作用力。对于原因力的性质究竟是事实性的抑或价值性的，是客观性的抑或主观性的，存在两种截然对立的观点。一种观点认为，原因力完全是一个客观的事实判断。因果关系、原因力以及相近的概念都是客观的。[①] 我们认为，原因力既有客观事实性，又有法律价值性。侵权责任法上因果关系的认定先是对于事实上因果关系的认定，即发生的是什么，为什么发生，之后是依据法律政策上的考虑，确定事实上的原因是否在法律上成为应对该损失负责的原因。作为与因果律有着天然纽带关系的原因力，其判断贯穿了事实因果关系和法律因果关系认定的整个过程，事实上的认定与价值上的

① 张新宝、明俊：《侵权法上的原因力理论研究》，载《中国法学》2005 年第 2 期。

评判自然也随之而来。加之，“责任是侵权法上因果关系探究的唯一核心。这不仅是一个事实问题，更是一个价值问题”。[①] 原因力一旦承载了确定责任的有无和明确责任范围的任务，也就无可避免地要兼有事实性与价值性、客观性与主观性的特质。因此，原因力的判断既成了一个自然科学问题，又成了一个法律政策问题。[②]

在现代社会中，侵权行为呈现出一因多果、多因一果，甚至多因多果的因果关系形态，受害人的损害常是掺杂了多人的行为甚至介入了各种外来因素造成的，原因力的判断则较为困难。在数种原因造成同一损害的复合因果关系形态中，原因力的判断与比较，十分复杂。通常而言，判定共同原因中各个原因对于损害事实发生的具体原因力的大小，即原因力的大小取决于各个共同原因的性质、原因事实与损害结果的距离以及原因事实的强度。直接原因的原因力优于间接原因；原因事实距损害结果近的原因力优于原因事实距损害结果远的原因力；原因事实强度大的原因优于原因事实强度小的原因。[③]

目前，对于复合因果形态下侵权责任的确定和分担，我国学界基本上不再主张单一的过错程度决定说或法律原因力决定说，而采综合说，但对于究竟是以过错程度比较为主还是以原因力比较为主，存在分歧。一种意见认为，应当以原因力比较为主，以过错程度比较为辅。因为侵权法的主要功能在于填补损害，而非惩罚；原因力是客观的，而过错是主观心态，原因力理论更能客观地确定当事人的责任份额。另一种观点认为，应当以过错程度比较为主，原因力比较为辅。史尚宽先生认为，“第一应比较双方过失之重轻（危险大者所要求之注意力亦大，故衡量过失之重轻，应置于其所需注意之程度），是以故意重于过失，重大过失重于轻过失。其过

① 王旸：《侵权行为法上因果关系理论研究》，载《民商法论丛》第 11 卷，法律出版社 1999 年版，第 477 页。转引自杨立新：《侵权法论（第五版）》，人民法院出版社 2013 年版，第 248 页。

② 杨立新：《侵权法论（第五版）》，人民法院出版社 2013 年版，第 248 页。

③ 杨立新：《侵权法论（第五版）》，人民法院出版社 2013 年版，第 251 页。

失相同者，除有发生所谓因果关系中断之情事外，比较其原因力之强弱以定之。”① 目前学界多赞成第二种意见，此主要理由在于：第一，侵权责任法的目的和功能是多重的。侵权法既有填补受害人损害的功能，又具抑制侵权行为发生的作用。② 而侵权责任法的预防抑制功能又是主要借助过错责任原则实现的。作为决定责任的最终条件，过错在很大程度上决定了责任范围以及责任的分担。第二，过错的类型化和客观化使得法官对过错的判断和比较相对更具可操作性。法律总是通过外在的行为来判断行为人的主观过错，并通过将过错划分为故意、重大过失、一般过失和轻微过失来明确行为人的责任范围。过错客观化的趋势，诸如合理人的标准、事实本身证明规则、违法视为过失等，使得这种判断不再停留在纯粹主观的层面上，从而更便于操作。第三，在一些情况下，原因力的判断、比较极为模糊，过错程度比较明显，这时运用过错比较来确定责任范围非常必要。③

二、医疗损害责任纠纷中的原因力规则

如上所述，在医疗损害责任纠纷中，患者损害与本人体质、疾病转归或者本人的过错情形等情形往往存在密切联系。较其他类型侵权责任纠纷，原因力规则在医疗损害责任纠纷中的适用更具有普遍性和典型性。由于原因力问题在医疗损害责任纠纷的实践中也是一个专门性问题的认定问题，这往往需要通过申请鉴定来解决。但在当前有关鉴定方面法规规则对于原因力鉴定特别是原因力大小的表述并没有具体的规定，这也导致实际中有些鉴定意见对于原因力后果的表述不规范、不统一。这一方面影响了鉴定意见本身的公信力和权威性，另一方面也对于人民法院裁判案件如何采信该鉴定意见产生了很大困扰，一定程度上也会影响裁判结果的公信力。

（一）目前实践中鉴定意见对原因力认定较为通行的做法

现在实践中对于原因力的表述不一，较为普遍的做法有以下两种：

---

① 史尚宽：《债法总论》，中国政法大学出版社 2000 年版，第 680 页。

② 于敏：《日本侵权行为法》，法律出版社 1998 年版，第 34 页。

③ 参见杨立新：《侵权法论（第五版）》，人民法院出版社 2013 年版，第 253 ~ 254 页。

一是采用参与度的表述模式，采取 A、B、C、D、E、F 级的表述方式。A 级：损害后果完全由其他因素造成；B 级：损害后果绝大部分由其他因素造成，医疗过失行为起轻微作用；C 级：损害后果主要由其他因素造成，医疗过失行为起次要作用；D 级：损害后果由医疗过失行为和其他因素共同造成；E 级：损害后果主要由医疗过失行为造成，其他因素起次要作用；F 级：损害后果完全由医疗过失行为造成。

另一种意见则是采取全部责任、主要责任、同等责任、次要责任、轻微责任、无责任的表述方式。比如《医疗事故技术鉴定暂行办法》第 36 条规定："专家鉴定组应当综合分析医疗过失行为在导致医疗事故损害后果中的作用、患者原有疾病状况等因素，判定医疗过失行为的责任程度。医疗事故中医疗过失行为责任程度分为：（一）完全责任，指医疗事故损害后果完全由医疗过失行为造成。（二）主要责任，指医疗事故损害后果主要由医疗过失行为造成，其他因素起次要作用。（三）次要责任，指医疗事故损害后果主要由其他因素造成，医疗过失行为起次要作用。（四）轻微责任，指医疗事故损害后果绝大部分由其他因素造成，医疗过失行为起轻微作用。"有的地方高院也是采取这一做法将诊疗过失行为在医疗事故损害后果中的责任程度分为："（一）完全责任，指医疗损害后果完全由诊疗过失行为造成，医疗机构应承担 100% 的责任；（二）主要责任，指医疗损害后果主要由诊疗过失行为造成，其他因素起次要作用，医疗机构应承担 60% ~90% 的责任；（三）同等责任，指指医疗损害后果由诊疗过失行为和其他因素共同造成，医疗机构应承担 50% 的责任；（四）次要责任，指医疗损害后果主要由其他因素造成，诊疗过失行为起次要作用，医疗机构应承担 20% ~40% 的责任；（五）轻微责任，指医疗损害后果绝大部分由其他因素造成，诊疗过失行为起轻微作用，医疗机构应承担不超过 10% 的责任。"也有的地方将此表述为："损害后果涉及多种原因时，应对各种原因在产生损害后果的过程中原因力大小进行分析，同时载明判定的理由和依据。原因力的大小分别表述为直接因素、主要因素、同等因素、次要因素、轻微因素及无因果关系：1. 直接因素，指患者损害后果完全由医疗过错因素造成。2. 主要因素，指患者损害后果主要由医疗过错因素造成，其他因素起次要作用。3. 同等因素，指医疗过错因素和其他因素难分主次。4. 次要因素，指医疗过错因素诱发加重患者损害后果。5. 轻微因素，指患者损害后果主要由其他因素造成，医疗过错因素起轻微作用。6. 无因果关系，指患者损害后果完全由其他因素造成。

实践中对于原因力大小的认定中，有时还存在着与比较过错相混淆的问题，特别是在用参与度的表述中，通常是将比较过错也融入在内了，其在后果上相当于是对责任后果程度比例作了认定，比如有的地方直接叫作“医疗过失参与度”。严格地讲，这一表述并不严谨，原因力的重心在于因果关系要件中的多因一果中多因的作用力大小，虽然在有过失或者存在第三人过错的情况下，这对于侵权人的过错的大小甚至有无有一定影响，但是过错认定以及比较过错的问题，其重心仍在过错这一构成要件上。对于最终责任的大小，则应该是建立在比较过错和比较原因力的综合判定至上。

（二）本条规定采取的做法

本解释在起草过程中，经过深入调研论证，并综合各方意见，明确了“鉴定意见可以按照导致患者损害的全部原因、主要原因、同等原因、次要原因、轻微原因或者与患者损害无因果关系表述诊疗行为或者医疗产品等造成患者损害的原因力大小”的规则。一者，原因力问题不仅是一个事实判断问题，也是法律价值判断问题，鉴定意见对于原因力的表述最终将会对判决产生实质影响，故有关原因力的表述应该更多地侧重于法律价值判断。参与度的表述虽然与原因力有一定共通之处，但如上所述，此与过错大小问题往往融在一起，这与法官在裁判案件中既要比较过错也要比较原因力大小来确定责任大小的规则不尽一致，有必要予以厘清。二者，这对于统一规范鉴定意见的表述、规范和提高鉴定意见质量也具有积极意义。同样，这对于规范和限制法官自由裁量权也具有积极意义。

征求意见过程中，不少意见认为，鉴定意见对原因力的认定涉及对鉴定人的要求，似应由行业主管部门予以规定，本解释作出规定是否妥当，需要再研究。经研究，这一内容涉及鉴定与审判的衔接问题，对于鉴定意见在案件裁判中发挥其应有作用具有重要意义，尤其是不可否认人民法院对于鉴定意见具有审查职责，而且实践中对此的做法也非常不规范，有必要在本解释中作出规定以统一各地不同的做法。但这确实与属行业监管以及专业认定密不可分，司法解释不宜作出硬性干预，故本解释采取了“鉴定意见可以按照”而非“应当按照”的表述模式，以便实践中灵活把握。另有意见建议增加一项内容“导致患者损害的轻微原因”。经研究，这一建议有一定道理，此与“次要原因”的原因力比例不尽吻合，不宜包含在“次要原因”中，以避免法官的自由裁量权过大，本解释最终采纳了这一意见。

【适用指南】

对于本条的适用，要注意以下几点：

1. 本条规定首先要规范的是鉴定意见对原因力问题的表述问题。从人民法院审查鉴定意见的角度，强调了医疗损害鉴定的鉴定意见可以按照导致患者损害的全部原因、主要原因、同等原因、次要原因、轻微原因或者与患者损害无因果关系表述原因力的具体情形。

在此需要注意的是，本条所作区分是针对审判实践中一般情况提出的普适性规则，这其中仍存在裁量比值范围较大的空间，考虑到实践中遇到纠纷的复杂性，本条规定内容并不妨碍各地在具体案件适用中对有关原因力大小的比值范围作进一步细化，特别是对主要原因和次要原因中原因力大小问题作进一步细分。

2. 关于本条所适用的案件范围问题。本条规定的适用范围既包括一般的医疗过错责任中的诊疗行为与损害后果之间的原因力大小，也包括医疗产品责任和输入血液责任纠纷中的缺陷产品或者不合格血液与患者损害的原因力大小或者医疗产品等造成患者损害的原因力大小以及诊疗过错行为与损害后果原因力大小的情形。另外，本条所规定的原因力表述规则对于确定多家医疗机构的诊疗行为与损害后果的原因力大小乃至其他多个责任主体承担责任大小问题也具有指导适用的意义。

【法条链接】

《最高人民法院关于审理人身损害赔偿案件适用法律若干问题的解释》

第三条 二人以上共同故意或者共同过失致人损害，或者虽无共同故意、共同过失，但其侵害行为直接结合发生同一损害后果的，构成共同侵权，应当依照民法通则第一百三十条规定承担连带责任。

二人以上没有共同故意或者共同过失，但其分别实施的数个行为间接结合发生同一损害后果的，应当根据过失大小或者原因力比例各自承担相应的赔偿责任。

《医疗事故技术鉴定暂行办法》

第三十六条 专家鉴定组应当综合分析医疗过失行为在导致医疗事故损害后果中的作用、患者原有疾病状况等因素，判定医疗过失行为的责任程度。医疗事故中医疗过失行为责任程度分为：

（一）完全责任，指医疗事故损害后果完全由医疗过失行为造成。

（二）主要责任，指医疗事故损害后果主要由医疗过失行为造成，其他因素起次要作用。

（三）次要责任，指医疗事故损害后果主要由其他因素造成，医疗过失行为起次要作用。

（四）轻微责任，指医疗事故损害后果绝大部分由其他因素造成，医疗过失行为起轻微作用。

第十三条 鉴定意见应当经当事人质证。

当事人申请鉴定人出庭作证，经人民法院审查同意，或者人民法院认为鉴定人有必要出庭的，应当通知鉴定人出庭作证。双方当事人同意鉴定人通过书面说明、视听传输技术或者视听资料等方式作证的，可以准许。

鉴定人因健康原因、自然灾害等不可抗力或者其他正当理由不能按期出庭的，可以延期开庭；经人民法院许可，也可以通过书面说明、视听传输技术或者视听资料等方式作证。

无前款规定理由，鉴定人拒绝出庭作证，当事人对鉴定意见又不认可的，对该鉴定意见不予采信。

【条文释义】

鉴定人出庭作证对于体现庭审的亲历性、增强鉴定意见质证的效果具有重要意义。针对实践中鉴定人出庭难的问题，民事诉讼法第 78 条明确规定了鉴定人出庭作证的具体情形及相应法律后果。鉴定人出庭作证难的问题在更加依赖鉴定意见的医疗损害责任纠纷案件中更加突出，相应的规范鉴定人出庭作证程序对于医疗损害责任纠纷的处理就显得更加重要。为此，本条在民事诉讼法规定的基础上专门细化了鉴定人出庭作证的规则。对于本条的适用，需要把握以下几点：

一、鉴定人的法律地位

在我国，鉴定人虽与证人同为诉讼参加人，有相似之处，但也存在明显不同。鉴定人与证人的相同点在于：都是诉讼参加人，都需要出庭作证，所提证据都属于对案件事实认定具有重要影响的言词证据的范畴，都依法享有人身和物质保障的权利等。

鉴定人与证人的区别表现在：

第一，是否需要具有专门知识不同。鉴定需要解决的是有关专门性问题，而所谓专门性问题是指需要借助科学实证手段以及专门的逻辑推理才能得出认识结果的问题，对专门性问题的认识判断需要借助于鉴定人的特殊能力和技术手段。因此，鉴定人必须具有特定的专业知识，他所作的鉴定结论是对某个专门性问题所作的分析和评价。而证人作证所针对的是普通人均能认识判断的事实，并不需要特定的专业知识，只需将案件事实如实陈述即可。

第二，了解案件事实的时间不同。由于鉴定人是对于已经发生的案件中的专门性问题所作的陈述和评价，鉴定意见具有事后性的特点。因此，鉴定人对案件事实的了解，一般是在诉讼过程中担任鉴定工作时才发生的；[①] 而证人是对案件事实有所了解的人，其对案件事实具有亲历性，因此他对案件事实是在诉讼发生之前就知晓的。

第三，是否可以更换不同。鉴定人是根据需要依法委托和聘请的，为保证鉴定意见的科学性和权威性，在符合法律规定条件时，可以选择、替换；而证人是亲历案件事实的人，其对案件事实的了解是由案件本身所决定，不能随意选择和替换，否则将可能导致无法认定案件事实。

第四，是否需要回避不同。由于鉴定意见是一种意见性证据，而鉴定意见又会对案件处理结果发生直接影响，因此，为保证鉴定意见的科学性、公正性，民事诉讼法及《决定》均要求鉴定人在与案件有利害关系时，应当回避；而对证人而言，基于查明案件事实的需要，即使其与案件有利害关系，也不能适用回避，只是可能会影响其证人证言的证明力。

第五，享有的权利并不相同。为保证鉴定意见的科学性，法律通常赋予鉴定人拥有高于一般证人的特权，其有权要求了解有关案情或查阅有关的案卷材料、必要时可以询问当事人及证人、共同鉴定时可以相互讨论等，而证人并无查阅案件卷宗材料及相互询问、讨论的权利。

---

① 江伟主编：《民事诉讼法》，中国人民大学出版社2007年版，第214页。

二、民事诉讼中有关鉴定人出庭作证义务的规则演进

随着社会科学技术的发展，社会分工越来越细，人们认识事实的方法、手段也越来越丰富，依靠科学的辅助工具认识世界的广度和深度已经冲破了依靠感官认识世界的限度。[①] 科学技术在推动社会进步，改变人们观念的同时，也深深地影响着司法制度的构建，鉴定制度的出现和演进，就是典型例证。

1991 年民事诉讼法规定了鉴定制度，但是并没有关于鉴定人出庭作证的规定。依据该法第 72 条第 2 款的规定，鉴定部门及其指定的鉴定人有权了解进行鉴定所需要的案件材料，必要时可以询问当事人、证人。但本款并没有规定必须在法庭上询问当事人和证人。该条第 3 款规定："鉴定部门和鉴定人应当提出书面鉴定结论，在鉴定书上签名或者盖章。鉴定人鉴定的，应当由鉴定人所在单位加盖印章，证明鉴定人身份。"对于鉴定人出庭作证义务也无要求。《最高人民法院关于适用〈中华人民共和国民事诉讼法〉若干问题的意见》（已失效）第 72 条仅是规定："证据应当在法庭上出示，并经过庭审辩论、质证。依法应当保密的证据，人民法院可视具体情况决定是否在开庭时出示，需要出示的，也不得在公开开庭时出示。"依据该条规定，鉴定意见应当在法庭上出示并须要双方当事人质证，但是仍然没有要求鉴定人必须出庭作证。

鉴定人不出庭作证，会影响鉴定意见的权威性和公信力，也会由于缺乏对鉴定机构及鉴定人的必要约束，容易导致轻率、甚至随意鉴定的情形出现。如此，当事人对鉴定意见的效力也难以认同，这就导致了司法实践中多头鉴定、重复鉴定屡屡发生，不利于案件所涉矛盾纠纷的依法妥善化解。正因如此，《民诉证据规定》对上述规定作了很大改进，明确规定了鉴定人出庭接受质询的义务，其第 59 条规定："鉴定人应当出庭接受当事人质询。鉴定人确因特殊原因无法出庭的，经人民法院准许，可以书面答

---

① 陈飞翔、叶树理：《完善鉴定人出庭制度的若干思考》，载《南京社会科学》2007 年第 3 期。

复当事人的质询。”第60条第1款规定：“经法庭许可，当事人可以向证人、鉴定人、勘验人发问。”这两条规定赋予了鉴定人出庭接受质询的义务和当事人可以询问鉴定人的权利，使得我国的鉴定制度更加符合程序正义的要求。但是在当时的背景下，由于体制的原因，在诉讼中鉴定人往往具有高于证人的特殊地位，因此《民诉证据规定》第59条仅规定了鉴定人出庭接受质询而不是作证的义务，同时考虑到对鉴定人人身财产权益的保护，对鉴定人不出庭作证开了一个口子，规定了鉴定人因特殊原因无法出庭作证的，经人民法院准许，可以书面答复质询。这种书面和间接式的质证方式，难以对鉴定意见的科学性、客观性和关联性问题做出准确的审查，也难以让当事人对鉴定人的公正性和权威性加以信服，从而对法庭审理的公正性造成负面影响。[①] 而且由于当时赋予鉴定人过高的法律地位，法律和司法解释又没有规定鉴定人不出庭作证的法律后果，使得鉴定人不出庭作证的口子越来越大。鉴定人出庭作证不仅会增加其成本，还会有受到打击报复的危险，其不出庭作证并不会导致其鉴定意见最终不被采信，人民法院也不能强制鉴定人出庭作证，但又必须依法（比如审限制度等）履行自身的裁判职责，使得上述有关鉴定人出庭接受质询的规定，在实践中没有得到很好的落实，鉴定人不出庭的情形依然较普遍存在。

针对上述问题，2005年《决定》第11条规定：“在诉讼中，当事人对鉴定意见有异议的，经人民法院依法通知，鉴定人应当出庭作证。”该条规定在明确规定了鉴定人应当出庭的同时，还第一次明确规定了鉴定人出庭作证义务而不是接受质询，宣示了鉴定人与证人同等的法律地位。在此基础上，《决定》第13条又进一步规定了鉴定人不出庭作证的法律责任：“鉴定人或者鉴定机构有违反本决定规定行为的，由省级人民政府司法行政部门予以警告，责令改正。鉴定人或者鉴定机构有下列情形之一的，由省级人民政府司法行政部门给予停止从事司法鉴定业务三个月以上一年以下的处罚；情节严重的，撤销登记：（一）因严重不负责任给当事人合

① 柯昌林：《鉴定人出庭作证问题研究》，载《湖南社会科学》2011年第3期。

法权益造成重大损失的；（二）提供虚假证明文件或者采取其他欺诈手段，骗取登记的；（三）经人民法院依法通知，拒绝出庭作证的；（四）法律、行政法规规定的其他情形。鉴定人故意作虚假鉴定，构成犯罪的，依法追究刑事责任；尚不构成犯罪的，依照前款规定处罚。”即在鉴定机构或鉴定人不出庭作证时，省级人民政府司法行政部门予以警告，责令改正，给予停止从事司法鉴定业务三个月以上一年以下的处罚；情节严重的，撤销登记。《决定》明确规定鉴定人出庭作证及相应法律后果，不仅有助于增强鉴定人的责任心，减少鉴定的暗箱操作，保证鉴定结论的客观准确，而且使得对鉴定结论有不同意见的当事人能在法庭上与鉴定人质证，从而体现了程序的公正。[①] 但由于《决定》主要是关于司法鉴定管理活动的行政管理法，虽涉及了鉴定人不出庭作证的行政责任，对于其不出庭作证是否影响该鉴定意见的采信以及相应的民事责任问题则没有涉及。而且按照字义理解，依据《决定》第 11 条的规定，鉴定人实际上可以先不出庭，当诉讼中出现对鉴定意见有异议后，再让鉴定人出庭，这无疑会增加法院开庭的次数，增加当事人的讼累，也浪费了宝贵的司法资源。[②] 当然，《决定》的上述规定虽未达到尽善尽美的高度，但是仍然可以称得上完善我国鉴定人出庭作证制度的里程碑意义的规定。

2012 年民事诉讼法在《决定》规定的基础上，对于鉴定人出庭作证制度作了进一步完善，并明确规定了鉴定人出庭作证义务及拒不出庭作证的民事法律后果，为鉴定人出庭作证及对鉴定意见的采信提供了明确的法律依据。这对于完善民事诉讼中的鉴定程序乃至案件事实认定的程序，增强鉴定意见的权威性和公信力，促进案件依法妥善审理，具有积极意义。

三、医疗损害责任纠纷中鉴定人出庭作证的具体规则

本解释按照民事诉讼法的有关规定，对于医疗损害责任纠纷中鉴定人出庭作证的有关规则作了细化规定，主要有以下几个方面：

---

① 卞建林、郭志媛：《规范司法鉴定程序之立法势在必行》，载《中国司法鉴定》2005 年第 4 期。

② 奉晓政：《司法鉴定结论采信问题研究》，载《广西社会科学》2006 年第 2 期。

(一) 关于鉴定意见的质证问题

这是鉴定人出庭作证的前提条件。本条按照证据质证的基本原则，明确规定了“鉴定意见应当经当事人质证”的规则。这是顺应2012年民事诉讼法修改明确鉴定意见仅是一种意见性证据而非不可推翻的结论这一重大变化的必然要求。民事诉讼法第63条将原来的“鉴定结论”修改为“鉴定意见”。第68条规定：“证据应当在法庭上出示，并由当事人互相质证。对涉及国家秘密、商业秘密和个人隐私的证据应当保密，需要在法庭出示的，不得在公开开庭时出示。”作为认定事实根据的证据，必须在法庭上出示。经当事人互相质证，是人民法院审查核实证据最重要、最基本的方式。对于出示的证据，双方当事人无异议的，人民法院即可以确认该证据的证明效力。如果一方当事人对证据提出异议的，人民法院则应当对该证据做进一步的调查和核实，而不能将有异议的证据作为认定事实的依据。① 鉴定意见作为认定案件事实的重要证据类型，当然也要在法庭上出示并质证，这也是民事诉讼辩论主义原则的基本要求。鉴定意见作为法定的证据形式，经由当事人质证，由人民法院依法认定是否作为定案依据，不能“以鉴代审”。而且通常情况下，鉴定意见并不会涉及国家秘密、商业秘密和个人隐私，在法庭上出示没有现实障碍，但如果个案中确实存在涉及国家秘密、商业秘密和个人隐私的鉴定意见的，这时应当按照民事诉讼法第68条的规定予以保密，确实需要在法庭出示的，也不得在公开开庭时出示。当然这也不能改变该鉴定意见作为证据的一种必须质证的基本原则。

(二) 关于鉴定人出庭作证义务的问题

如上所述，修改后的民事诉讼法第78条明确规定了鉴定人出庭作证的义务，本条第2款据此也作了明确规定。当事人申请鉴定人出庭作证，经人民法院审查同意，或者人民法院认为鉴定人有必要出庭的，应当通知

---

① 全国人大常委会法制工作委员会民法室：《〈中华人民共和国民事诉讼法〉释解与适用》，人民法院出版社2012年版，第107页。

鉴定人出庭作证。同时，本着对当事人处分权的尊重，如果双方当事人都同意鉴定人不出庭作证，则可以通过书面说明、视听传输技术或者视听资料等方式作证。在本解释起草过程中，为保证庭审顺利进行，给另一方当事人必要的准备时间，当事人对鉴定意见有异议的，应当提前一段时间告知人民法院，结合《民诉法解释》的规定，一概要求在审理前准备阶段提出似有些不现实，经再三斟酌，确立了开庭前 3 天的做法。但调研中有意见指出，当事人申请鉴定人出庭的时间应当在鉴定意见送达后 15 日内提出书面意见，经研究，这可能与开庭时间冲突，实践中不便操作，故未采纳这一建议。但本条可能涉及当事人没有在开庭前 3 日提出异议如何处理的问题，而且实践中案件情形非常复杂，一概要求开庭前 3 日提出，可能会过于僵化，不能涵盖所有案件具体情况，不利于案件的妥善处理。最后本条将这一内容删除，对此可以在实践中作进一步探索，将此作为一个问题由有关民事诉讼证据的司法解释作出统一规定。

（三）关于鉴定人因正当理由不能出庭的问题

考虑到鉴定意见对医疗纠纷处理结果的重要影响以及鉴定人相当于证人的诉讼地位，鉴定人也有存在正当理由不能出庭的情形。因此，本条参考民事诉讼法第 73 条规定的证人不能出庭的正当理由，对鉴定人不能出庭的正当理由作出了规定。民事诉讼法第 73 条规定："经人民法院通知，证人应当出庭作证。有下列情形之一的，经人民法院许可，可以通过书面证言、视听传输技术或者视听资料等方式作证：（一）因健康原因不能出庭的；（二）因路途遥远，交通不便不能出庭的；（三）因自然灾害等不可抗力不能出庭的；（四）其他有正当理由不能出庭的。"在审判实践中，证人可能会存在路途遥远、交通不便的情形，但鉴定人通常不会存在这一问题，故本条将这一理由删除，而仅是列举了健康原因、自然灾害等不可抗力及其他正当理由的情形。

（四）关于鉴定人因正当理由不能出庭的处理结果问题

本条根据调研意见规定了人民法院可以根据情况决定延期开庭审理。理由在于，鉴定意见对于医疗纠纷处理结果的重要影响，如果鉴定人确因正当理由不能出庭，一概对此鉴定意见不予采信，不仅会影响案结事了目的的实现，会给当事人造成诉累，也与民事诉讼法第 78 条规定的“鉴定人拒不出庭作证的，鉴定意见不得作为认定事实的根据”不符。因此，对于鉴定人因正当理由不能出庭的，有必要给予一定的缓冲程序。刑事诉讼中也同样存在鉴定人因正当理由不能出庭的情形。《最高人民法院关于适用〈中华人民共和国刑事诉讼法〉的解释》第 86 条第 2 款规定，鉴定人由于不能抗拒的原因或者有其他正当理由无法出庭的，人民法院可以根据情况决定延期审理或者重新鉴定。经研究，民事诉讼中启动鉴定程序本来就会导致案件审理期限延长，若对于鉴定人由于不能抗拒的原因或者有其他正当理由无法出庭的，人民法院再决定重新鉴定，势必会导致案件审理期限更加拉长，且还涉及鉴定费承担问题，势必会给当事人造成诉累；而且在《民诉证据规定》第 28 条对于重新鉴定已有明确规定的情况下，再行规定一个重新鉴定程序也会导致法律适用的困难，尤其是对此完全由人民法院根据情况决定重新鉴定，实践中也不好把握，容易导致裁判尺度不一；民事诉讼法第 78 条对于鉴定人拒不出庭作证的情形也规定了明确的法律后果，若鉴定人不出庭作证构成拒不出庭的情形，则可以直接适用这一规定。因此，在已有鉴定意见的情况下，对于鉴定人不能出庭作证的情况，本条仅规定了延期开庭的程序，如果经过延期开庭，鉴定人仍不出庭作证，这时在有关正当理由已经不存在时，或者人民法院根据诉讼诚信原则综合审查不具备正当理由的情况下，应当认定该鉴定人构成拒不出庭作证，而应承担相应不利法律后果。

（五）关于鉴定人拒不出庭作证的后果问题

本条最后一款依据民事诉讼法第 78 的规定明确规定了“鉴定人拒绝出庭作证，当事人对鉴定意见又不认可的，鉴定意见不予采信”。

【适用指南】

对于本条的适用，在审判实践中应注意以下问题：

一、关于鉴定人签章的要求

鉴定人签名或盖章的要求与后续的鉴定人出庭作证密切相连，民事诉讼法第 77 条第 2 款对此有明确要求。针对实践中存在的数个鉴定人参加鉴定仅由部分人签名，特别是有些医学会鉴定中鉴定专家个人不签名而仅由医学会盖章的情形，根据民事诉讼法第七十七条第二款的规定以及《民诉证据规定》第 27 条的规定，对于鉴定人不签名的法律后果有必要予以明确。通过明确法律后果的形式倒逼鉴定人进行签章，促进鉴定程序的规范，强化鉴定人的签名义务，也为落实鉴定人出庭作证制度提供必要保障。是故，我们倾向于认为，在同一医疗损害鉴定中鉴定人为一人或者数人，其中有鉴定人未在鉴定书上签名或盖章的，可以认定为"鉴定程序严重违法"的情形，当事人因此申请重新鉴定的，人民法院应予准许。

二、关于鉴定人不出庭作证时的替代作证方式

鉴定人不出庭作证的情形包括因正当原因不能出庭作证的情形和双方当事人都同意鉴定人不出庭作证的情形两种。这时就需要相应的替代作证方式。为了保证人民法院顺利发现案件真实，顺利进行案件审理工作，真正做到以事实为依据裁判案件，对于证人因为客观原因无法出庭作证的情形，《民诉证据规定》明确规定了书面证言、视听资料或者通过双向视听传输技术手段的替代性作证方式。2012 年民事诉讼法在此基础上规定了"书面证言、视听传输技术或者视听资料"三种替代的作证方式，尤其是在立法层面确立了视听传输技术的方式，充分体现了现代科技对法律制度的影响。运用高新科技手段，可以使证人不到庭的证据得以"补强"。随着高新科技在侦查、审查起诉与庭审阶段的广泛应用，对证人因身体健康原因、不可抗力等不能出庭作证的情况，发达国家纷纷采取了远程作证的办法，通过视听手段，采用录音、录像、幻灯、电影片、电视、多媒体等方式提供证人证言。计算机多媒体技术的发展，以及与电视技术的嫁接，使通过计算机或电视以及可视电话进行远程互动式对话成为可能。在技术设备可行的前提下，远程即时作证，将改变传统的庭审证人出庭作证、控

辩双方质证的模式。尤其对证人不出庭的情况下，通过远程作证、可以有效地解决证人不能到庭，质证与质询无法进行的难题。①

对于视听传输技术的作证方式，《民诉证据规定》将此界定为双向视听传输技术手段，“这种技术手段不仅要求具备双向传输的功能，而且必须是既可视又可听的手段。仅有可视或者仅有可听的功能，或者虽然既可视又可听，但只能单向传输的，都不属于司法解释要求的技术手段。”② 作为一种新事物，对于这种作证方式，《民诉证据规定》持一种较为谨慎的态度。后来的司法实践证明，这种视听技术作证的方式不仅有利于减轻当事人或证人的负担，节约成本，而且也可以及时高效的认定案件事实，保障庭审的顺利进行。但是对于双向“可视又可听”的要求，有过于苛刻之嫌。司法实务中也基于客观需要和现实条件所限，多在一定程度上放宽了“可视又可听”的要求。随着司法实践的经验积累，2012 年民事诉讼法也明确规定了视听传输技术这一作证方式。对于视听传输技术的具体形式，不仅没有“双向”的硬性要求，也对可视或可听的情况也没有特殊要求，这不仅有利于充分发挥视听传输技术在诉讼程序中的作用，而且便于在审判实践中根据客观条件因地制宜灵活把握。采用视听传输技术，创造出一个扩展性法庭空间，使得身处异地的证人的作证行为与法庭审理程序之间保持切实的实时性与虚拟的实地性。③ 当然，对于鉴定人运用视听传输技术的方式作证，也应该根据法庭审理案件的要求和双方当事人攻防辩论的需要，在人民法院的主持下，首先告知鉴定人相关权利义务后，然后鉴定人如实陈述，最后由当事人发表质证意见，必要时法官和双方当事人都可以询问鉴定人。

---

① 林林：《证人作证与证人证言制度的冷思考》，载《学术交流》2004 年第 5 期。

② 最高人民法院民一庭编著：《民事诉讼证据司法解释的理解与适用》，中国法制出版社 2002 年版，第 280 页。

③ 周成泓：《民事证人视听作证的程序研究》，载《政治与法律》2008 年第 8 期。

【法条链接】

《中华人民共和国民事诉讼法》

第六十八条　证据应当在法庭上出示，并由当事人互相质证。对涉及国家秘密、商业秘密和个人隐私的证据应当保密，需要在法庭出示的，不得在公开开庭时出示。

第七十三条　经人民法院通知，证人应当出庭作证。有下列情形之一的，经人民法院许可，可以通过书面证言、视听传输技术或者视听资料等方式作证：

（一）因健康原因不能出庭的；

（二）因路途遥远，交通不便不能出庭的；

（三）因自然灾害等不可抗力不能出庭的；

（四）其他有正当理由不能出庭的。

第七十七条　鉴定人有权了解进行鉴定所需要的案件材料，必要时可以询问当事人、证人。

鉴定人应当提出书面鉴定意见，在鉴定书上签名或者盖章。

第七十八条　当事人对鉴定意见有异议或者人民法院认为鉴定人有必要出庭的，鉴定人应当出庭作证。经人民法院通知，鉴定人拒不出庭作证的，鉴定意见不得作为认定事实的根据；支付鉴定费用的当事人可以要求返还鉴定费用。

第一百三十六条　人民法院审理民事案件，应当在开庭三日前通知当事人和其他诉讼参与人。公开审理的，应当公告当事人姓名、案由和开庭的时间、地点。

《最高人民法院关于民事诉讼证据的若干规定》

第二十七条　当事人对人民法院委托的鉴定部门作出的鉴定结论有异议申请重新鉴定，提出证据证明存在下列情形之一的，人民法院应予准许：

（一）鉴定机构或者鉴定人员不具备相关的鉴定资格的；

（二）鉴定程序严重违法的；

（三）鉴定结论明显依据不足的；

（四）经过质证认定不能作为证据使用的其他情形。

对有缺陷的鉴定结论，可以通过补充鉴定、重新质证或者补充质证等方法解决的，不予重新鉴定。

《最高人民法院关于适用〈中华人民共和国刑事诉讼法〉的解释》

第八十六条 经人民法院通知，鉴定人拒不出庭作证的，鉴定意见不得作为定案的根据。

鉴定人由于不能抗拒的原因或者有其他正当理由无法出庭的，人民法院可以根据情况决定延期审理或者重新鉴定。

对没有正当理由拒不出庭作证的鉴定人，人民法院应当通报司法行政机关或者有关部门。

第十四条　当事人申请通知一至二名具有医学专门知识的人出庭，对鉴定意见或者案件的其他专门性事实问题提出意见，人民法院准许的，应当通知具有医学专门知识的人出庭。

前款规定的具有医学专门知识的人提出的意见，视为当事人的陈述，经质证可以作为认定案件事实的根据。

【条文释义】

本条是关于医疗损害责任纠纷中专家辅助人有关法律适用规则的规定。专家辅助人制度对于解决民事诉讼中专门性事实认定方面特别是对于鉴定意见的质证的信息不对称问题，增强庭审的针对性和实效性具有重要意义。

2002年《民诉证据规定》在总结审判实践经验的基础上明确规定了专家辅助人制度，2012年修正后的民事诉讼法将这一实际效果非常好的制度吸收到法律当中。由于医疗损害责任纠纷案件本身的专业性、复杂性特点，本解释在民事诉讼法及《民诉法解释》有关规定的基础上，明确规定了专家辅助人制度。对于本条的理解，应当从以下几个方面把握：

一、关于专家辅助人的诉讼地位

现行法律对专家辅助人在诉讼活动中的地位并没有作出明确的规定。有意见认为，专家辅助人的身份具有二重性：一方面，具有当事人的证人身份，审判人员和当事人可以对出庭的具有专门知识的人员进行询问。经人民法院准许，可以由当事人各自申请的具有专门知识的人员就有关案件中的问题进行对质。另一方面，又具有类似于当事人的律师身份，这特别体现在，“具有专门知识的人员可以对鉴定人进行询问”。[①] 我们认为，此

① 常林：《司法鉴定与“案结事了”》，载《证据科学》2009年第5期。

种说法有一定道理，专家辅助人与证人、代理人作为诉讼参加人，他们之间肯定存在一定的相似性，但是不可将他们混淆。

专家辅助人具有与证人相似的一面，都有帮助法官查明案件客观真相的作用，但是他们之间存在本质区别：证人是以其亲身经历的事实向法庭进行陈述的人，其参加诉讼直接指向的是案件事实，而非专业性问题，其通常只能就其亲历事实作客观陈述，而不可进行推断和评价，而专家辅助人仅是出庭对案件涉及专业性问题提出个人意见。诉讼代理人与专家辅助人具有的相同点就是他们都有为委托人服务的一面，也有忠于事实和法律的责任，但是他们之间的区别也是十分明显的：诉讼代理人通常仅是为委托人提供法律上的帮助和服务，其在授权范围内进行的代理活动，产生的法律后果由委托人承担；专家辅助人就是提出专家意见，其参加诉讼所作陈述的法律后果并不必然由委托的一方当事人承担。因此，专家辅助人是独立于证人和诉讼代理人之外的诉讼参加人。由于其要么是帮助当事人共同行使当事人在法庭对鉴定意见的质询权，要么是帮助法官完成对鉴定结论的审查权，决定了他在诉讼活动中不享有独立的主体地位，仅是一种附属性的诉讼参与人，① 在诉讼地位上属于大陆法系中的诉讼辅佐人。② 由于专家辅助人并不是一方独立的诉讼主体，其行为不必然产生一定的法律后果。人民法院可以综合案件相关证据及具体案情来决定对该意见是否采信。关于申请专家辅助人出庭的具体程序、费用负担以及专家辅助人的法律地位等问题，民事诉讼法并没有明确规定。《民诉法解释》在总结以往审判实践经验，综合各方意见的基础上，对上述问题做了明确。其中，第122条规定："当事人可以依照民事诉讼法第七十九条的规定，在举证期限届满前申请一至二名具有专门知识的人出庭，代表当事人对鉴定意见进行质证，或者对案件事实所涉及的专业问题提出意见。具有专门知识的人在法庭上就专业问题提出的意见，视为当事人的陈述。人民法院准许当事人

---

① 卢建军：《解决司法鉴定结论使用中存在问题的根本途径——兼论我国诉讼专家辅助人制度的建构和完善》，载《证据科学》2010年第6期。

② 江伟主编：《民事诉讼法》，中国人民大学出版社2007年版，第161页。

申请的，相关费用由提出申请的当事人负担。”

二、专家辅助人制度在医疗损害责任纠纷中的具体适用

审判实践中对于专家辅助人提出意见的证据定性及效力问题存有争议，这一问题在医疗损害责任纠纷中十分突出。基于医疗损害责任纠纷中医患双方之间矛盾的尖锐性，以及医学的专业性，大多数医疗损害责任纠纷都需要通过鉴定程序解决，而且患者一方往往处于信息不对称的状态，专家辅助人制度在医疗损害责任纠纷的处理中就显得尤为重要。为弥补当事人举证能力的不足以及增强对鉴定意见进行质证的能力，充分发挥庭审作用，本解释在民事诉讼法以及《民诉法解释》有关规定的基础上，对医疗损害责任纠纷中的专家辅助人制度作了明确规定。具体而言，本条规定了以下内容：

其一，医疗损害责任纠纷中的专家辅助人的基本要求。基于医疗损害责任纠纷本身的特殊性和专业性，医疗损害责任纠纷中的专家辅助人的基本资质要求应该是要具备医学专门知识，通常而言，应该是医学专家。但对于何为医学专家，则没有具体明确标准，审判实务中对此也不宜作统一明确界定，在具体案件中可以按照医疗卫生有关职称评价规则或者行业标准做判断。在此要注意的是，这里的专家要求是具备医学专门知识，在理解上应该包括诊疗、护理、药学、医疗器械及其他医疗产品、输血方面的专家和法医类专家。同时在程序上，一方当事人申请专家辅助人的案件中，要赋予对方当事人对专家辅助人资质及所提意见方面的异议权。

其二，人数上的要求。在审判实践中，专家辅助人困扰法官和当事人的一个重要问题就是诉讼成本急剧增加，专家辅助人人数过多会导致影响庭审的正常进行、诉讼时限无限延长的问题。为防止法庭成为专家辅助人轮番对质大战的战场，有必要加强法庭对专家辅助人使用的控制，防止专家辅助人的滥用和诉讼费用的失控。对专家辅助人的总人数进行限定，对一方聘请的专家人数进行明确规定。[①] 是故，本解释承袭了《民诉证据规

① 邢学毅：《论在医疗纠纷诉讼中推行专家辅助人制度》，载《证据科学》2009 年第 3 期。

定》第61条的规定和《民诉法解释》第122条的规定，明确了当事人可以申请一至二名具有医学专门知识的人出庭。

其三，关于提出意见的范围。依据本条规定，专家辅助人发表意见的范围包括但不限于鉴定意见，还可以是某些专业问题，比如有关诊疗过错及因果关系问题、某些疑难的法律适用问题等。但无论如何，专家辅助人的陈述都要限定在事实认定方面，有关法律适用问题则要由人民法院依法作出相应的价值判断。

其四，关于人民法院的批准问题。启动专家辅助人出庭提出意见程序必须具备当事人申请和人民法院审查批准两个条件：一是当事人提出申请；二是人民法院依法通知。我们认为，虽然此并没有关于人民法院批准的要求，但人民法院在当事人申请专家辅助人出庭后，还是有必要对当事人的申请进行必要的审查，以保证专家辅助人出庭提出意见程序的规范性，避免诉讼过程无谓的拖延。是故，人民法院认为当事人申请专家辅助人出庭没有必要的，可以驳回当事人的申请。

其五，关于质证的要求。专家辅助人的陈述作为证据的一种当然要经过质证。本条第2款在《民诉法解释》将专家辅助人提出的意见定性为当事人陈述的基础上，参考《最高人民法院关于审理环境民事公益诉讼案件适用法律若干问题的解释》第15条第2款的规定，明确了专家辅助人所提意见经过质证，可以作为认定事实的根据。

在本解释起草过程中，有单位建议在本条中再增加一款："对于鉴定意见存在质疑或者无法委托司法鉴定的，人民法院可以聘请有专门知识的人提出专门性评价意见。"这主要是为解决实践中的两种情况：一是多份鉴定意见不一致的情形，二是鉴定事项存在明显争议，但当事人拒绝配合鉴定，或者因案件材料争议无法委托司法鉴定的情形。这两种情况人民法院可以聘请专家辅助人提出评价意见。经研究，这一建议有一定道理，但民事诉讼法第79条仅写到当事人申请专家辅助人的情形，人民法院直接聘请专家辅助人有突破法律之嫌，且由于专家辅助人既不是证人也不是鉴定人，我国法律上认定其为辅助一方当事人的人，人民法院聘请的话，费用如何承担也是个问题。另外，从中立的角度，人民法院也确立了技术咨询与审核的做法，对有关专门性问题予以认定。因此，本解释并未规定人民法院聘请专家辅助人的问题。另有单位建议明确专家辅助人的概念、地位、权利义务以及是否适用回避等内容。经研究，这一建议有一定道理，但《民诉法解释》第 122 条、第 123 条等对此已有规定，可以直接适用。至于专门知识的人的认定问题，这也是个专业判断问题，且个案差异较大，民事诉讼法并没有规定，司法解释也不宜作明确规定，可以在具体案件适用中予以把握。

三、关于专家辅助人的权利和义务

现行法律对于专家辅助人的权利义务并无明确规定，通常而言，专家辅助人可以享有以下权利，并应当履行相应的义务。

1. 专家辅助人的权利：（1）了解与其发表专家意见有关的案件情况的权利。尤其是针对鉴定意见，为使专家辅助人能够充分发表意见，其有权了解鉴定人的鉴定过程及内容。（2）发表意见的权利。这是专家辅助人相应的一项基本权利，其在法庭上可以就有关专业问题发表自己的意见及理由。（3）协助询问的权利。有权协助当事人就有关专业性问题向鉴定人提出询问，也可以独立向鉴定人提出询问，还可以与对方当事人申请的专家辅助人就案件有关问题进行对质。（4）合理费用的请求权。依据《民诉法解释》第 122 条第 3 款的规定，对于人民法院准许当事人申请的专家辅助人出庭所产生的有关费用由提出申请的当事人负担。

2. 专家辅助人的义务：（1）提出意见应当遵循客观和科学的要求；（2）认真履行当事人委托的职责，忠于职守；[①]（3）出庭参加诉讼。此为本条和《民诉法解释》第 122 条所明确规定的内容；（4）接受审判人员和当事人对有关问题进行询问的义务；（5）对于不适宜公开的案情依法负有保密义务，应当保守在诉讼中知悉的国家秘密和当事人的商业秘密，不得

---

① 卢建军：《解决司法鉴定结论使用中存在问题的根本途径——兼论我国诉讼专家辅助人制度的建构和完善》，载《证据科学》2010 年第 6 期。

泄露当事人的隐私。

在此需要注意的是，由于在证据定位上，专家辅助人出庭所作陈述属于当事人的陈述，其只是辅助一方当事人进行庭审活动。因此，这里的专家辅助人与鉴定人的要求并不相同，不能强制要求适用有关鉴定人的资质要求、程序规范等，比如，此专家辅助人就不必适用回避制度。

四、弥补法官审查鉴定意见时存在的专业性不足的方法

我国并没有如同国外一样的技术陪审员制度，但最高人民法院2007年发布的《最高人民法院技术咨询、技术审核工作管理规定》（法办发〔2007〕5号）（以下简称《技术审核规定》），明确了通过司法技术人员的技术咨询和技术审核的方式来辅助法官科学审查鉴定意见，在功能上与上述的技术陪审员趋同。依据《技术审核规定》第2条的规定，技术咨询是指司法技术人员运用专门知识或技能对法官提出的专业性问题进行解释或者答复的活动。技术审核是指司法辅助工作部门应审判、执行部门的要求，对送审案件中的鉴定文书、检验报告、勘验检查笔录、医疗资料、会计资料等技术性证据材料进行审查，提出审核意见的活动。

依据《技术审核规定》第4条、第5条的规定，审判、执行部门在审理案件时，需要通过咨询解决专业性问题的，可以直接向司法辅助工作部门的司法技术人员提出。咨询一般采用首问负责制，接受有关技术咨询的司法技术人员，应当认真、全面地解答问题，不得推诿或者做出不负责任的解答。对于超出本专业范围的一般专业性问题，司法技术人员应报请司法辅助工件部门负责人指派其他司法技术人员。司法辅助工作部门的非司法技术人员不得接受技术咨询。

依据《技术审核规定》第11条、第12条及第16条的规定，技术审核主要解决具体案件中的鉴定方法、程序、结论、因果关系等问题，适用于以下情形：（1）当事人提出重新鉴定申请，法官需要明确是否有必要再次启动鉴定程序及启动何种程序的；（2）多个鉴定意见不同或有矛盾，法官需要明确如何从科学角度取舍或采信鉴定意见的；（3）需明确鉴定意见对送审事项在科学上的证明意义的；（4）其他需要技术审核的。技术审核的主要内容有：（1）鉴定材料和鉴定对象是否符合鉴定要求，是否具备鉴定条件；（2）鉴定手段、方法是否科学，鉴定过程是否规范；（3）鉴定意见及其分析所依据的事实是否客观全面，特征的解释是否合理，适用的标准是否准确，分析说明是否符合逻辑，鉴定意见的推论是否符合科学规范；（4）其他应当审核的内容。对重大、疑难、复杂的案件，经审判、执行部门同意和司法辅助工作部门负责人批准，应当组织专家论证。

关于技术审核的方式，依据《技术审核规定》第19条的规定，技术审核一般采用书面审核的方式进行，承办人认为确有必要的，经审判、执行部门同意和司法辅助工作部门负责人批准，可以辅以下列审核方式：（1）勘验现场、检查被鉴定人或查看原鉴定中与案情有关的物品；（2）询问本案的当事人；（3）与鉴定人座谈。为防止有关技术审核问题干预法官审判权的正常行使，《技术审核规定》第19条明确要求，技术审核过程中形成的材料，仅供司法技术人员作技术审核时使用，不作为认定案件事实的证据。《技术审核规定》定第23条明确规定："审核意见书仅供法官、合议庭或审判委员会参考，不作为定案的依据，不对外公开。"

上述通过司法技术人员技术咨询和技术审核的方法可以有效提升法官审查鉴定意见的认知能力，提高庭审质量，促进审判的科学化，同时也可以减少双方当事人以及有关司法辅助人对鉴定意见没有实际意义的争执，节约司法资源，提供诉讼效率。

【适用指南】

对于专家辅助人制度的适用，要注意以下两个问题：

一、关于专家辅助人共性规则的适用问题

《民诉法解释》第122条、第123条有关专家辅助人的具体规则在医疗损害责任纠纷中同样适用，主要有如下内容：

其一，关于申请专家辅助人的时间阶段。依据《民诉法解释》第122条的规定，当事人可以依照民事诉讼法第七十九条的规定，在举证期限届满前申请专家辅助人出庭。这与鉴定申请的时间要求相一致，也符合民事诉讼法关于举证期限的一般要求。如何具体确定举证期限的问题，则要统一适用《民诉法解释》关于举证期限的相关规则。而《民诉法解释》第99条至第102条系统规定了灵活弹性的举证时限规则，比如举证时限的延长等，和多元化的逾期举证后果，确立的逾期举证以证据不失权为原则，失权为例外的规则（只有在故意或者重大过失逾期举证且与案件基本事实无关时人民法院才可以不采纳该证据）。有关医疗损害责任纠纷中专家辅助人的提出，当然也要适用这一规则。但为了庭审的顺利进行，有关是否提出鉴定以及是否提出专家辅助人的问题，通常要在一审庭前准备阶段提出，人民法院也要做好必要的释明，尽量避免在二审中再提出鉴定或者专家辅助人而引起不必要的争议，甚至引发案件的发回重审，增加当事人讼累。

其二，关于对专家辅助人的询问规则。《民诉法解释》第123条明确规定了专家辅助人出庭接受询问的具体规则及相应要求。专家辅助人的诉讼地位为诉讼辅助人，其在庭审中所作的陈述视为申请其到庭的一方当事人本人的陈述，因此，对于专家辅助人出庭接受询问的规则应当适用对当事人本人的询问规则。而在我国的审判实践中，对当事人的询问规则与对证人的询问规则大致相同。这些规则同样适用于对专家辅助人的询问。就询问主体而言，庭审中，本案的审判人员可以对专家辅助人进行询问，当事人也可以对专家辅助人进行询问。一种意见认为，这里的当事人应当是对方当事人，申请专家辅助人的当事人，其在专门性问题上的意见已经被其所申请出庭的专家辅助人所代表，故在逻辑上不必再对其申请的专家辅助人进行询问。我们认为，在具体审判实践中，若本方当事人询问其申请出庭的专家辅助人，是否准许可以交由法庭根据案件具体情况确定。对于双方当事人均申请专家辅助人的，则在法庭准许后，可以对对方当事人所申请的专家辅助人进行询问。此外，专家辅助人之间对有关专门性问题的意见存在分歧的，也可以相互进行质疑、辩论，但这也要以法庭准许作为前提条件。

其三，关于专家辅助人发表意见的具体内容。依据民事诉讼法第 79 条以及《民诉法解释》第 123 条第 2 款的规定，专家辅助人出庭的活动范围仅限于专门性问题的事实查明，超出这一范围的其他问题，专家辅助人不能参与。因此在庭审进行中，审判人员对涉及专门性问题的事实调查结束后，该专家辅助人应当退出审判区。如果专家辅助人在有关专门性问题的事实调查过程中超出专门性问题范围发表意见的，审判人员应当及时制止。专家辅助人因此扰乱庭审秩序的，则应当依法予以制裁。

在此需要注意的是，专家辅助人制度的主要功能之一在于弥补当事人对于鉴定意见质证能力的不足，即一方当事人申请鉴定后，另一方当事人可以申请专家辅助人出庭作证。但实践中也不限于此，申请鉴定的一方当事人也可以依法申请专家辅助人围绕鉴定意见发表意见，同时也可以就其他专门性事实问题发表意见。

二、关于专家辅助人提出意见的科学性问题

有学者认为，专家辅助人就是“为了保证当事人有效行使对鉴定人进行交叉询问的权利，法律允许其分别聘请具有专门知识的辅助人为本方当事人的利益”① 进行一系列诉讼活动的诉讼参与人。这种说法有一定道理，专家辅助人一般由当事人一方聘请，为一方当事人发表意见。基于委托关系，此专家辅助人确实要为委托方利益服务。相较于鉴定人而言，其意见的中立性要薄弱一些。我们认为，虽然专家辅助人可以对其委托的一方当事人利益服务，但必须以客观陈述、尊重科学为前提。专家辅助人不应当为偏袒一方而故意出具歪曲的意见。但是现行法律尚没有对专家辅助人有违科学的陈述的约束制裁机制。有学者认为，一旦确认某专家辅助人没有中立、客观的履行职责，法官应裁定其专家意见不可采信。该专家将被列入法院专家辅助人黑名单，不建议其他当事人对其进行聘任，还可以建议其所在行业协会对其进行处分。② 此种意见有一

① 卞建林、郭志媛：《规范司法鉴定程序之立法势在必行》，载《中国司法鉴定》2005 年第 4 期。

② 邢学毅：《论在医疗纠纷诉讼中推行专家辅助人制度》，载《证据科学》2009 年第 3 期。

定道理，但具体如何把握还需要司法实践不断探索和总结，在条件成熟时，制定相应的规范。

【法条链接】

《中华人民共和国民事诉讼法》

第七十九条 当事人可以申请人民法院通知有专门知识的人出庭，就鉴定人作出的鉴定意见或者专业问题提出意见。

《最高人民法院关于适用〈中华人民共和国民事诉讼法〉的解释》

第一百二十二条 当事人可以依照民事诉讼法第七十九条的规定，在举证期限届满前申请一至二名具有专门知识的人出庭，代表当事人对鉴定意见进行质证，或者对案件事实所涉及的专业问题提出意见。

具有专门知识的人在法庭上就专业问题提出的意见，视为当事人的陈述。

人民法院准许当事人申请的，相关费用由提出申请的当事人负担。

第一百二十三条 人民法院可以对出庭的具有专门知识的人进行询问。经法庭准许，当事人可以对出庭的具有专门知识的人进行询问，当事人各自申请的具有专门知识的人可以就案件中的有关问题进行对质。

具有专门知识的人不得参与专业问题之外的法庭审理活动。

《最高人民法院关于审理环境民事公益诉讼案件适用法律若干问题的解释》

第十五条 当事人申请通知有专门知识的人出庭，就鉴定人作出的鉴定意见或者就因果关系、生态环境修复方式、生态环境修复费用以及生态环境受到损害至恢复原状期间服务功能的损失等专门性问题提出意见的，人民法院可以准许。

前款规定的专家意见经质证，可以作为认定事实的根据。

《最高人民法院关于民事诉讼证据的若干规定》

第六十一条 当事人可以向人民法院申请由一至二名具有专门知识的人员出庭就案件的专门性问题进行说明。人民法院准许其申请的，有关费用由提出申请的当事人负担。

审判人员和当事人可以对出庭的具有专门知识的人员进行询问。

经人民法院准许，可以由当事人各自申请的具有专门知识的人员就有关案件中的问题进行对质。

具有专门知识的人员可以对鉴定人进行询问。

第十五条 当事人自行委托鉴定人作出的医疗损害鉴定意见，其他当事人认可的，可予采信。

当事人共同委托鉴定人作出的医疗损害鉴定意见，一方当事人不认可的，应当提出明确的异议内容和理由。经审查，有证据足以证明异议成立的，对鉴定意见不予采信；异议不成立的，应予采信。

【条文释义】

本条是关于医疗损害责任纠纷中当事人自行委托鉴定的鉴定意见效力认定的规定。对于本条的理解与适用，需要把握以下问题：

一、当事人自行委托鉴定的鉴定意见的效力认定的一般规则

（一）当事人自行委托鉴定概述

通常而言，委托鉴定可以分为两种，一种是当事人自行委托鉴定机构鉴定；另一种是法院委托鉴定，又叫司法鉴定。当事人自行委托鉴定，没有司法权介入，由委托鉴定的当事人提供鉴定所需材料，选定鉴定机构。自行鉴定在实践中大量出现，主要包括两种情形，一种是仅有一方当事人自行委托鉴定而未经对方当事人同意的情形；另一种则是双方当事人都同意的情形下非经人民法院委托而共同委托鉴定出具的鉴定意见。第一种情形下的鉴定意见的效力认定在审判实践中争议较大，也是影响鉴定意见公信力的一个重要表现，第二种情形的争议则多出现在一方当事人事后反悔的问题。当事人自行委托鉴定，鉴定资料由委托人一方提供，鉴定机构由其自行选择，在有多份鉴定意见的情况下可以自由取舍鉴定意见，选取对自己有利的结果，造成对方当事人应诉及举证的困难。由于法官对专业性知识的缺乏，无法对自行鉴定意见进行实质性审查，形成一种难以克服的

证据判断障碍。[1] 正因如此，《民诉证据规定》第 28 条明确规定："一方当事人自行委托有关部门作出的鉴定结论，另一方当事人有证据足以反驳并申请重新鉴定的，人民法院应予准许。"依据本条的规定，如果对方当事人没有足够证据反驳或者不申请重新鉴定的，可以作为定案的依据。[2]

（二）关于自行委托鉴定的鉴定意见的证明力大小

民事诉讼法对于自行委托鉴定的证明力并没有规定，审判实践中对此把握缺乏明确尺度，特别是在自行委托鉴定与诉讼中法院委托鉴定的鉴定意见并存、内容不一致甚至冲突时，如何采信的问题，容易出现争议。对于这一问题，一种观点认为相比于自行委托鉴定在鉴定程序的启动和鉴定机构的确定上完全取决于被侵权人个人的意愿，司法鉴定在鉴定程序的启动与鉴定机构的确定上不仅要征询被侵权人的意见，还需考虑侵权人的意见，并受有关司法鉴定的法律法规的调整。自行委托鉴定出具的鉴定民事诉讼法并未限制或者禁止当事人自行委托鉴定的行为，只是自行委托的鉴定意见证明力不足。[3] 司法鉴定的证明力一般要大于当事人自行委托鉴定的证明力。鉴定所依据的标准不同，得出的鉴定结论也就不同，结论不同，导致赔偿就不同。也有意见认为，法官在裁判民事案件时，当面临司法鉴定意见和个人委托鉴定意见并存时，如何采信鉴定意见，需要结合案件具体情况予以认定。

我们认为，上述意见都有一定道理。对于这一问题的准确解答，涉及自行委托的鉴定意见本身的性质认定问题。民事诉讼法第 76 条规定的鉴定程序虽然更多地体现了当事人主义模式下当事人的自愿选择，但不可否认这是在人民法院主持下确定的，而且往往体现的也不是一方当事人的意思而是双方当事人的合意。换言之，这一鉴定程序是在司法权（法院审判

---

① 林文学主编：《建设工程合同纠纷司法实务研究》，法律出版社 2014 年版，第 38 页。

② 江伟主编：《最新中华人民共和国民事诉讼法释义》，中国法制出版社 2012 年版，第 148 页。

③ 江伟主编：《最新中华人民共和国民事诉讼法释义》，中国法制出版社 2012 年版，第 148 页。

权）的介入或者主持下，通常由诉讼双方当事人达成合意后在鉴定人名册中选取，若达不成合意，则由法院依法指定而启动的。当事人提供的委托鉴定材料需经法院审查后，有关鉴定的委托书也是由法院出具，这都体现了诉讼中鉴定的鉴定人选择的中立性、合意性以及权威性，由此来体现鉴定意见的公信力。但当事人一方自行委托鉴定并无这一特点，从程序正义的角度看，由此出具的鉴定意见的权威性和公信力也不足，因此其证明力也应比民事诉讼法第 76 条所规定的鉴定意见的证明力要低。

关于自行委托鉴定意见的定性问题，在理论和实务上存在很大争议。从民事诉讼法第 63 条规定的八种证据，分别是：当事人的陈述、书证、物证、视听资料、电子数据、证人证言、鉴定意见以及勘验笔录。有意见认为，将自行鉴定意见归入证人证言中更符合法律和实践。民事诉讼法将证人定义为“知道案件情况的单位和个人”。具备专门知识的鉴定机构，因接受委托而对案件某一事实作出鉴别、判断或者解释，从而使案件事实得以查清，鉴定机构在接受委托的专业问题范围内也是“知道案件情况”的人。因此，当事人自行鉴定意见应属于证人证言性质。[①] 这一观点有一定道理，从广义上讲证人是指一切向司法机关陈述与案件有关情况的人，包括诉讼当事人、鉴定人和勘验检查人等，但鉴定意见作为证据使用，其功能发挥的落脚点在于鉴定意见的内容，更多的是一种依赖鉴定人自身专业知识所作出的判断性意见，而证人证言更多的侧重证人本身对案件事实的所见所闻后对案件事实本身的陈述，这也是民事诉讼法将证人证言与鉴定意见区分的重要原因。我们认为，自行委托后出具的鉴定意见，其作为证据使用的仍然也是鉴定意见本身，而非鉴定人作为“证人”的陈述。

二、医疗损害责任纠纷中的自行委托鉴定的基本规则

在医疗损害责任纠纷的审判实践中，当事人自行委托鉴定的情形并不少见。由于当事人自行委托鉴定的鉴定意见往往也仅会对委托鉴定的一方当事人有利，其公正性存在一定的欠缺。理论和实务中多认为《民诉证据

---

① 林文学主编：《建设工程合同纠纷司法实务研究》，法律出版社 2014 年版，第 38 页。

规定》第28条规定的“一方当事人自行委托有关部门作出的鉴定结论，另一方当事人有证据足以反驳并申请重新鉴定的，人民法院应予准许”，对另一方当事人要求过高。鉴于鉴定意见对于医疗损害责任纠纷案件中的重要性，自行委托鉴定的有关问题在医疗损害责任纠纷案件的处理中显得尤为突出，很大程度上已经严重影响了案件的妥当处理，甚至出现双方都难以服判息诉的情况。为保证鉴定意见的信服力，推动当事人依法启动鉴定程序，确保医疗损害责任纠纷案件的妥善处理，本解释最终在医疗损害责任纠纷领域对《民诉证据规定》的上述内容作了修正，其中第1款明确规定了一方当事人自行委托鉴定作出的医疗损害鉴定意见，另一方当事人认可的，人民法院对该鉴定意见予以采信。

虽然《民诉证据规定》第28条规定了对自行委托鉴定的重新鉴定程序，但是一方面这一规定的适用条件对另一方当事人的要求过高；另一方面，对于自行委托鉴定异议后一概通过重新鉴定来解决，可能会导致鉴定周期乃至案件审理时间过长、鉴定意见之间的证明力冲突等问题。对此，《最高人民法院关于当前形势下加强民事审判切实保障民生若干问题的通知》（法〔2012〕40号）中指出，“妥善审理医疗损害赔偿纠纷案件，促进平等、和谐、互信的医患关系的形成。要积极探索医疗损害赔偿纠纷案件审理的新思路，针对当前存在着的医疗鉴定难、鉴定乱的问题，要在实践中进行探索，努力寻找妥善的解决方案，尤其要避免因重复鉴定久拖不决，激化医患矛盾。要注重委托鉴定的统一化，严格执行只有经人民法院统一委托后作出的鉴定结论才能作为定案依据的规则。对于人民法院委托作出的鉴定，当事人申请重新鉴定的，要根据《关于民事诉讼证据的若干规定》等严格把关”。因此，从依法妥善处理案件，避免重复鉴定以及减轻当事人诉讼的经济及时间成本的角度讲，对于自行委托鉴定也有必要适当提高门槛。

实践中，有意见认为完全以对方当事人有异议即排除单方委托的鉴定意见，不符合证据法的规定，建议修改为将其作为一个普通书证对待。如果当事人再申请鉴定的，则按照司法解释前面的规定委托鉴定，如果不申请的，则可以根据证据评价规则认定该证据的证明力。但也有意见认为，鉴定意见本身性质与书证有本质不同，将此作为书证看待，有可能混淆鉴定意见与书证的关系，也难以解决通过法院委托后出具鉴定意见与之效力相冲突的问题，不能解决单方委托鉴定在实践中的问题，且在本方当事人承担举证责任的情况下，在其已自行委托鉴定的情况下，有倒逼对方当事人来申请鉴定从而增加对方当事人举证责任负担之嫌。本解释最终未明确规定将“自行委托鉴定的鉴定意见视为书证”的规则。此主要考虑是，书证的内容是一项客观事实，这与鉴定意见作为主观结论性证据有本质不同。当然，对此内容不予规定，并不意味着对于书证规则一概不能参照适用。

我们认为，从积累审判实践经验，依法公平裁判案件的角度，在实务中可以考虑探索将当事人单方自行委托鉴定的鉴定意见参照适用书证的规则。

最后需要说明的是，根据当事人的处分权原则，一方当事人自行委托鉴定人作出的医疗损害鉴定意见，其他当事人认可的，人民法院应予采信。同样，对于双方当事人共同自行委托鉴定的情形，也应予准许。在价值导向上，允许和鼓励双方当事人诉前共同委托鉴定，也有利于通过诉前调解等方式化解矛盾，推动多元方式化解矛盾纠纷。我们认为，在医疗损害责任纠纷中出现虚假诉讼损害案外人合法权益的情形十分罕见，再通过鉴定的方式来进行虚假诉讼则在实践中更难存在，因此，对于单方委托鉴定其他当事人认可或者双方共同委托鉴定的情形，可以按照尊重当事人处分权的要求予以采信。

同样基于对当事人处分权的尊重和诚信原则的维护，当事人共同委托鉴定人作出的医疗损害鉴定意见，如果一方当事人不认可，这时实际上是该当事人对自己此前意愿的一种推翻，这时原则上应当不允许其反悔。但基于真正查明案件事实妥善化解矛盾纠纷的需要，这时可以例外的允许该当事人提出明确的异议内容和理由。人民法院对该异议内容的审查应该按照充分性的标准进行，经审查如果该异议内容不成立或者理由不充分的，仍然要对该鉴定意见应予采信。这里的审查程序要根据案件具体情况看是否有必要通知鉴定人出庭作证。只有在该异议内容成立的，才可以对该鉴定意见不予采信。在这之后，则要根据当事人的申请或者是否属于必须依职权委托鉴定的情形来重新启动鉴定程序来认定案件事实，否则就要按照《民诉法解释》第 91 条有关举证责任分配的基本规则来进行裁判。

【适用指南】

对于本条的适用，争议最大的问题就在于单方委托鉴定情形下对方当事人不认可时，该鉴定意见的证明力如何认定的问题。简言之，如果该对方当事人依法申请并委托人民法院进行鉴定或者自行委托鉴定的一方当事人依法委托法院进行鉴定再或者人民法院依照职权委托鉴定后作出的鉴定意见，则后面作出的鉴定意见的证明力应当强于自行委托鉴定的鉴定意见，人民法院可以依法采信后面的鉴定意见而对前面自行委托鉴定的鉴定意见不予采信。但如果存在其他当事人并未委托鉴定，也不符合人民法院依照职权委托鉴定的情形时，这时就要直接面对该自行委托鉴定的鉴定意见的采信问题。如上所述，在现有证据八大类型中，我们认为该自行委托鉴定的鉴定意见既有人民法院依法委托作出的鉴定意见的专业性、主观性的特点，也具有书证以其内容证明案件事实的特点，故可以考虑探索参照适用书证的一般规则，并要适用有关鉴定意见专业性要求的具体规则，比如鉴定人出庭作证规则等。对此，具体论述如下：

一、关于书证的一般性法律适用规则

书证是以文字、数字、符号、图形等所记载的内容或表达的思想来证明案件事实的证据。从审判实践来看，书证的表现形式多种多样，从表达方式上看，有书写、打印的，也有刻制的等；从载体上看，有纸张、竹木、布料等。而具体的表现形式上，常见的有合同、文书、票据、商标图案等等。简言之，书证的主要表现形式是书面文件，但有时也可能表现为物品。依据民事诉讼法及《民诉法解释》的有关规定，书证的法律适用规则主要列举以下几点：

（一）需以提交原件为原则

依据民事诉讼法第70条的规定，当事人提交书证的，应当提交原件，但提交原件确有困难的，可以提交复制品、照片、副本、节录本。所谓原件，是指文书制作人作出的最初定稿、签字的原本或者加盖印章与原本有同一效力的正本。[①] 如果当事人提交原件确有困难的，可以提交复制件。但对于提交原件确有困难的情形，法律并无明确规定。《民诉证据规定》第49条对此规定："对书证、物证、视听资料进行质证时，当事人有权要求出示证据的原件或者原物。但有下列情况之一的除外：（一）出示原件或者原物确有困难并经人民法院准许出示复制件或者复制品的；（二）原件或者原物已不存在，但有证据证明复制件、复制品与原件或原物一致的。"

（二）关于文书提交命令

依据《民诉法解释》第112条的规定，书证在对方当事人控制之下的，承担举证责任的当事人可以在举证期限届满前书面申请人民法院责令对方当事人提交。本条规定的适用条件是：其一，申请主体是对所申请提交的书证所证明的案件事实承担举证责任的当事人；其二，申请的时间有明确的要求，即在举证期限届满前提出。有关举证期限的要求，则要适用前述关于不同情形下举证期限的规则。若在举证期限届满后提出申请，则不能适用本条的规定，也就不能产生本条规定的相应法律后果，对方当事人当然也有权不予提交。其三，申请的形式上必须以书面形式申请。其四，申请的前提条件是须有证据证明该书证在对方当事人而非其他人的控制之下。

关于提交书证命令的法律后果。依据《民诉法解释》第112条第2款的规定的，人民法院经审查发现当事人的申请符合上述条件的，则应当责令对方当事人提交该书证。对方当事人对此可以予以反驳，如果其有正当理由，比如证明该证据在他人控制之下等情况，则人民法院也能责令其提

① 全国人大常委会法制工作委员会民法室编著：《〈中华人民共和国民事诉讼法〉释解与适用》，人民法院出版社2012年版，第108页。

交证据。对于人民法院依法责令该方当事人提交证据的，基于公平考虑，也不能就此增加该方当事人的负担，故因提交书证所产生的费用，应当由申请的一方当事人负担。但被申请的一方对于提交书证所产生的费用要承担相应的举证责任。至于费用多少，宜参照民事诉讼法关于证人出庭作证费用的规定[①]予以确定。为节约诉讼成本，降低当事人负担，此项费用的承担有必要在人民法院所审理的案件中一并解决。

人民法院依法责令对方当事人提交该书证，对方当事人如果有正当理由，可以不提交该书证。但如果其无正当理由拒不提交的，人民法院可以认定申请人所主张的书证内容为真实，由此来反向督促被申请一方当事人提交在其控制之下的书证，从而使人民法院能够更加准确的认定案件事实，妥善化解矛盾纠纷。

（三）关于证明妨害的规则

依据《民诉法解释》第113条的规定，持有书证的当事人以妨碍对方当事人使用为目的，毁灭有关书证或者实施其他致使书证不能使用行为的，人民法院可以依照民事诉讼法第111条的规定，对其处以罚款、拘留。准确适用本条，需要满足的条件有：（1）该当事人持有该书证，即该书证处于该当事人的控制之下，若该当事人有证据证明该书证并非在其控制之下，自然没有本条的适用余地。（2）在主观方面必须是存在故意，且要限定在以妨碍对方当事人使用为目的的毁损行为，若无此目的或者无此毁损或其他致使书证不能使用的行为，均不能适用本条的处罚措施。（3）在后果上必须是使得该证据毁灭或者不能使用。若对方当事人主张适用本条规定看，则要对上述要件事实承担举证责任，人民法院在必要时可以依法调查取证。

二、医疗损害责任纠纷中的单方自行委托鉴定的具体法律适用

依据本条第1款的规定，当事人自行委托鉴定人作出的医疗损害鉴定

---

① 民事诉讼法第74条：证人因履行出庭作证义务而支出的交通、住宿、就餐等必要费用以及误工损失，由败诉一方当事人负担。当事人申请证人作证的，由该当事人先行垫付；当事人没有申请，人民法院通知证人作证的，由人民法院先行垫付。

意见，其他当事人认可的，应予采信。本款规定对于其他当事人不认可的情形如何认定该鉴定意见的证据资格和证明力问题则没有规定。如上所述，我们倾向于探索适用将此单方自行委托鉴定的鉴定意见视为书证的做法，参照适用有关证据的共通性法律规则，其证据资格、证明力等可以参照适用普通书证的规则，比如上述的提交原件规则等。当然，由于实践中单方自行委托鉴定的鉴定意见多是对己方有利，因此在具体操作层面，上述书证的证明妨害规则和文书提供命令等一般不会在单方自行委托鉴定的情形适用。医疗损害责任纠纷中的单方自行委托鉴定的鉴定意见，除了适用有关书证的共性法律规则外，在具体适用上还需注意以下几点：

1. 该鉴定意见并非公文书证。从学理上讲，根据书证的制作主体不同，可以分为公文书证和私文书证，这是书证最重要分类之一。公文书证具有较强的证明力。《民诉证据规定》从证明力大小的角度对这一问题做了简单规定，其第77条第1项规定："国家机关、社会团体依职权制作的公文书证的证明力一般大于其他书证"。《民诉法解释》第114条规定："国家机关或者其他依法具有社会管理职能的组织，在其职权范围内制作的文书所记载的事项推定为真实，但有相反证据足以推翻的除外。必要时，人民法院可以要求制作文书的机关或者组织对文书的真实性予以说明。"依据这一规定，公文书证的制作主体，限于国家机关或者其他依法具有社会管理职能的组织，且必须是在其职权范围之内所作出的书证。对于当事人单方委托鉴定后的鉴定意见，我们认为，此不应属于公文书证的范畴。原因是：

其一，依据民事诉讼法第76条至第78条的规定，对案件事实有关专门性问题进行鉴定的主体应当鉴定人而非鉴定机构。无论是委托司法鉴定机构还是医学会的鉴定人出具的鉴定意见，其更多的是体现鉴定人本身的专业性意见。

其二，该鉴定机构本身也不能界定为上述"其他依法具有社会管理职能的组织"，即不符合这一主体要件要求。

其三，从规范目的的角度看，虽然当事人单方委托鉴定并不违反有关鉴定程序规则，但在民事诉讼过程中，这一情形并不符合民事诉讼法第76条的规定，甚至可以说起本身在证据资格方面（鉴定意见）存有瑕疵，如果再将此界定为具有较强证明力的公文书证，既不能解决当前这一鉴定意见在实务中存在的公信力不足问题，相反还会造成更大的法律适用困难，更难以解决此与人民法院主持下委托鉴定的鉴定意见的效力冲突问题。

因此，我们认为，当事人单方委托的鉴定意见并非公文书证，仅属于普通书证的范畴，不能较普通书证具有更高的证明力，只能适用普通书证的证据规则。

2. 关于鉴定意见相关规则的适用。一方面，要适用有关鉴定资质、鉴定人签章、鉴定程序合法等规定。即该自行委托鉴定的鉴定意见应当符合鉴定意见的相关程序和形式要求，鉴定程序必须合法，鉴定机构和鉴定人必须具备相应的资质，同样，鉴定人应当在鉴定意见上签章，民事诉讼法第77条规定："鉴定人有权了解进行鉴定所需要的案件材料，必要时可以询问当事人、证人。鉴定人应当提出书面鉴定意见，在鉴定书上签名或者盖章。"这些要求与普通的鉴定意见并无区别。如果自行委托的鉴定意见欠缺上述程序或者形式要求，则该鉴定意见不具备相应的证据资格。另一方面，关于鉴定人出庭作证的规则也要适用。无论是自行委托鉴定还是法院主持下的鉴定，该鉴定人都属于民事诉讼法第78条规定的鉴定人的范畴。因此，在当事人对鉴定意见有异议或者人民法院认为鉴定人有必要出庭的，人民法院通知此鉴定人出庭的，其应当出庭作证。在法律后果上，经人民法院通知，鉴定人拒不出庭作证的，该鉴定意见不得作为认定案件事实的依据，即该鉴定意见失去证据能力。

【法条链接】

《中华人民共和国民事诉讼法》

第七十六条 当事人可以就查明事实的专门性问题向人民法院申请鉴定。当事人申请鉴定的，由双方当事人协商确定具备资格的鉴定人；协商不成的，由人民法院指定。

当事人未申请鉴定，人民法院对专门性问题认为需要鉴定的，应当委托具备资格的鉴定人进行鉴定。

第七十七条 鉴定人有权了解进行鉴定所需要的案件材料，必要时可以询问当事人、证人。

鉴定人应当提出书面鉴定意见，在鉴定书上签名或者盖章。

第七十八条 当事人对鉴定意见有异议或者人民法院认为鉴定人有必要出庭的，鉴定人应当出庭作证。经人民法院通知，鉴定人拒不出庭作证的，鉴定意见不得作为认定事实的根据；支付鉴定费用的当事人可以要求返还鉴定费用。

《最高人民法院关于民事诉讼证据的若干规定》

第二十七条 当事人对人民法院委托的鉴定部门作出的鉴定结论有异议申请重新鉴定，提出证据证明存在下列情形之一的，人民法院应予准许：

（一）鉴定机构或者鉴定人员不具备相关的鉴定资格的；

（二）鉴定程序严重违法的；

（三）鉴定结论明显依据不足的；

（四）经过质证认定不能作为证据使用的其他情形。

对有缺陷的鉴定结论，可以通过补充鉴定、重新质证或者补充质证等方法解决的，不予重新鉴定。

第二十八条 一方当事人自行委托有关部门作出的鉴定结论，另一方当事人有证据足以反驳并申请重新鉴定的，人民法院应予准许。

第十六条　对医疗机构及其医务人员的过错，应当依据法律、行政法规、规章以及其他有关诊疗规范进行认定，可以综合考虑患者病情的紧急程度、患者个体差异、当地的医疗水平、医疗机构与医务人员资质等因素。

【条文释义】

本条是关于诊疗过错认定标准的规定。诊疗过错作为过错的一种具体表现形式，是医疗损害责任构成的基本要件之一。

一、关于过错认定的一般规则

一般而言，依据侵权责任法第 6 条第 1 款的规定，适用过错责任原则的侵权责任的成立，必须满足违法行为、损害事实、因果关系和主观过错四个要件的齐备，四者缺一不能构成侵权责任。现在理论界对于过错系主观过错还是客观过错存有不同认识。主观过错说认为，过错是违法行为人对自己的行为及其后果所具有的主观心理状态。[①] 客观过错说认为，过错是指行为人未尽到一般人所能尽到的注意义务，也即违背了社会秩序要求的注意。[②]“判断过错不再以行为人个人的主观状态为根据，而是以一般注意义务的违反为标准。这种过错就是指对一般注意的违反”。[③] 综合过错说认为，过错首先是行为人进行某种行为时的心理状态，即使是法人，也具有这种法律上的心理状态。但是过错虽然是一种心理状态，但它必然是通过行为人的具体行为体现出来，判定一个人有无故意或者过失，总是和一定的行为联系起来的，并以行为为其前提和条件。没有行为，不管人们具备什么样的心理状态，也谈不上过错。这种过错，实际上是对行为人在进

---

① ［苏］B・格里巴诺夫等主编：《苏联民法》（下册），法律出版社 1986 年版，第 398 页。
② 孔祥俊等：《侵权责任要件研究》，载《政法论坛》1993 年第 2 期。
③ 孔祥俊等：《侵权责任要件研究》，载《政法论坛》1993 年第 2 期。

行这种行为时所具有的心理状态以及行为的本身的社会评价和价值评价。①王利明教授在其《侵权责任法研究》中进一步主张过错能够代替违法行为这一客观要件，认为违法行为应包含于过错之中。②

实务中，按照过错责任构成的四要件学说，过错是指侵权人在实施侵权行为时对于损害后果的主观心理状态，故意和过失。故意，是侵权人预见自己行为的损害结果，仍然希望这一损害后果发生或者放任这一后果发生的主观心理状态。根据侵权人心理状态的不同，故意又可以分为直接故意和间接故意两种形式。过失，包括疏忽和懈怠。侵权人对自己行为的损害结果，应当预见或者能够预见由于疏忽大意而没有预见，为疏忽；侵权人对自己行为的损害结果虽然预见到但却由于过于自信而认为可以避免，最终没有避免损害后果的发生为懈怠。一般而言，民法上的过失，就是侵权人对被侵权人应负注意义务的疏忽或懈怠。“过失者，行为人对于自己的行为，所生一定之结果，如为相当之注意，即可避免，而欠缺此注意之心理状态也。”③

应该说，上述主观状态与客观行为在具体行为中既有联系又有区别。对于一个具体行为，既包括行为人主观的状态，即观念上的形态，也包括客观上的外在样态，即身体上的动静。这两种形态，既有主观与客观的表现形式不同，又是相互联系，统一在一起的。④但是应当看到，从判断侵权责任构成上，由于过错体现在行为之中，就应当从行为中检验、判断行为人是否有过错，即对于过错的认定，往往都需要采取客观标准，这是现代民法理论和实务发展的趋势。无论是采主观过错说的学者还是采客观过错说的学者都赞成检验过错标准的客观化。检验过错用客观标准，是指判断过错时，采用客观的标准来衡量，违反客观标准，则应当认定为有过错。客观标准的适用主要适用于过失的认定上，而过失认定的基本标准就

---

① 王利明主编：《人格权法新论》，吉林人民出版社1994年版，第96～97页。

② 王利明：《侵权责任法研究（上卷）》，中国人民大学出版社2010年版，第301页。

③ 刘清波：《民法概论》，台湾地区开明书店1979年版，第267页。

④ 杨立新：《侵权法论（第五版）》，人民法院出版社2013年版，第207页。

是注意义务的违反问题。应该说，在现代侵权责任法上，无论是大陆法系还是英美法系，注意义务是侵权责任的核心要素，是界定过失的基准。各国侵权责任法中注意义务的内涵大同小异。英美法对注意义务的一般解释是一种为了避免造成损害而合理注意的法定责任。在侵权法中，如果行为人造成损害的行为违反了应对受害人承担的注意义务，则应当承担侵权责任。如果一个人能够合理地预见到其行为可能对其他人造成人身或者财产损害，那么，一般情况下他应对可能受其影响的人负有注意义务。[①]

在此还应当注意的是，现代侵权法并非完全按以客观标准衡量过错的有无，主观标准仍有适用的必要。在行为人故意侵权时，当其行为完全表现出其故意的心理状态时，则仍用主观标准而非客观标准判断。一般注意义务的违反这一客观标准，不是衡量一切过错的标准，而是衡量行为人主观上是否有过失的标准，因而，过失才是对一般注意义务的违反。如果确定故意能用主观标准判断而偏采用客观的违反注意义务的标准判断之，显然是舍本求末。[②] 换言之，用客观标准衡量过错，并不是绝对的标准，用客观标准衡量的只是过失，以及无法用主观标准衡量的某些故意。对于故意的衡量标准，还是要用主观标准来衡量。[③]

二、关于诊疗过错的认定标准

（一）关于诊疗过错认定标准概述

诊疗过错是指医疗机构在医疗活动中，医务人员未能按照当时的医疗水平通常应当提供的医疗服务，或者按照医疗良知、医疗伦理，以及医政管理规范和管理职责，应当给予的诚信、合理的医疗服务，没有尽到高度注意义务主观心理状态，以及医疗机构存在的对医务人员疏于选任、管理、教育的主观心理状态。确定医疗过错，应以实施诊疗行为当时的医疗水平为标准，同时适当参考地区、医疗机构资质和医务人员资质，确定医

① 王胜明：《〈中华人民共和国侵权责任法〉条文解释与立法背景》，人民法院出版社 2010 年版，第 222 页。

② 杨立新：《侵权法论（第五版）》，人民法院出版社 2013 年版，第 207～208 页。

③ 杨立新：《侵权法论（第五版）》，人民法院出版社 2013 年版，第 261 页。

疗机构和医务人员应当达到的注意义务，违反之，即为存在医疗过错。[①] 侵权责任法第57条将医务人员违反注意义务的标准界定为“未尽到与当时的医疗水平相应的诊疗义务”。依照本条规定，医务人员的注意义务就是应当尽到与当时的医疗水平相应的诊疗义务。尽到诊疗义务的一个重要方面，是诊疗行为符合法律、行政法规、规章以及诊疗规范的有关要求。在此需要注意的是，医务人员的注意义务并非与合法合规是完全等同的概念。一个医务人员应当具有的诊疗水平，并非完全能够被法律、行政法规、规章以及诊疗规范的有关要求所涵盖。医务人员完全遵守了具体的操作规程，仍然有可能作出事后证明是错误的判断，实施事后证明是错误的行为。但是，由于医疗行为具有未知性、特异性和专业性等特点，不能仅凭事后证明错误这一点来认定医务人员存在诊疗过错，不能唯结果论。关键要看是不是其他的医务人员一般都不会犯这种错误。因此，本条规定的诊疗义务可以理解为一般情况下医务人员可以尽到的，通过谨慎的作为或者不作为避免患者受到损害的义务。[②]

所谓医务人员违反注意义务的判断标准，就是指医务人员在诊疗活动中应当达到的医疗水准。医务人员在实施特定医疗行为时，不得低于其行为时临床上应有的医疗水准；否则，医务人员就违反了其应负的注意义务，而存在医疗上的过失，如果造成就诊人死亡或者严重损害就诊人身体健康的，就有可能构成医疗事故，引起对患者的侵权责任。可见，医疗水准直接关系到医师注意义务的认定。[③] 医师的注意义务一般表现为法律和规章所规定的具体医疗行为的操作规范及医界管理，此即为医师的具体注意义务。因此，在法律和规章等对医师的注意义务有明确规定的情况下，认定医疗过失比较容易。如果法律和规章等没有明文规定操作规程（即注

---

① 杨立新：《医疗损害责任构成要件的具体判断》，载《法律适用》2012年第4期。

② 王胜明主编：《〈中华人民共和国侵权责任法〉条文解释与立法背景》，人民法院出版社2010年版，第221页。

③ 最高人民法院侵权责任法研究小组编著：《中华人民共和国侵权责任法条文理解与适用》，人民法院出版社2010年版，第409页。

意义务）的医疗行为造成了患者的伤亡，如何认定过失呢？这就涉及到一个医师注意义务的基准问题。医师注意义务的基准主要是医疗基准，同时需考虑医疗行为的专门性、地域性和紧急性要素。医师注意义务的基准也就是判断医疗过失的抽象标准。与此相对，法律和规章等所规定的医师在实施具体诊疗行为时应遵守的操作规程，即具体注意义务则是判断医疗过失的具体标准。在司法实践中判断医疗行为是否有过失时，通常要将上述两种标准相结合方能得出适当的结论。[①] 通常而言，确定医疗机构注意义务的违反，应以医疗当时的医疗水平而非医学水平为标准。前者系临床诊疗过程中依据有关诊疗规范或者医学常规所确立的疾病诊断、治疗水准；后者则侧重于医学研究领域的水平，其更加前沿，对于医务人员要求更高甚至有些并非所有医务人员都已掌握的内容。目前各国通行做法是采用医疗水平而非医学水平的做法，这更符合临床治疗的实际水平，即可以准确划定医疗机构责任，又不至于给医疗机构和医务人员过重负担而影响医学的进步和医疗卫生事业的发展。

（二）认定诊疗过错需要综合考虑多元因素的理由

审判实践中，认定“当时的医疗水平”是否考虑医疗机构及其医务人员资质及地区差异等因素，有两种不同意见：一种意见认为，应当考虑上述因素，这样比较符合客观实际情况；另一种意见认为应采用同一标准，不应考虑上述标准，以统一法律适用，体现对当事人人身、财产权利的平等保护。本条采纳了第一种意见，即判断“当时的医疗水平”，应当依据法律、行政法规、规章以及其他有关诊疗规范的规定，但要综合考虑、诊疗当时当地的医疗水平、医疗机构与医务人员资质、患者病情的紧急程度、患者个体差异等因素。主要理由如下：

其一，充分考虑我国实际情况的需要。医学的不断进步会带动医疗水准的不断提升，因而时间不同，医疗水准也具有差异。另外，各地的医疗

---

① 王利明等主编：《侵权责任法裁判要旨与审判实务》，人民法院出版社 2010 年版，第 376～377 页。

水准并不是都随着医学的进步而同步提升，有的地区发展快些，有的地区发展慢些。因此，我们应当注意医疗水准这种时间和地域上的差异。[①] 由于我国经济社会发展并不平衡，发达地区与不发达地区的医疗水平存在较大差异，不同医疗机构及医务人员的资质存在差别。经济相对落后地区特别是偏远地区的医疗设备相对较差，对于疾病诊疗的辅助手段也相对匮乏，有关医疗技术的普及程度也相对较低，这对于疑难杂症类疾病的诊断和治疗的准确性无疑增加了难度。因此，在某些情况下，要适当考虑医疗机构及其医务人员资质、地区差异等客观因素，能够更加公平合理的确定医务人员违反诊疗义务的判断标准，这也更符合我国的实际情况。

其二，符合侵权责任法的立法本意。侵权责任法草案曾规定，“判断医务人员注意义务时，应当适当考虑地区、医疗机构资质、医务人员资质等因素。”后来考虑到诊疗行为的实际情况很复杂，删去了这一规定。立法机关在其著述中认为，地区、资质等因素能否在适用本条时考虑，应当结合具体情况。法律、行政法规、规章以及诊疗规范规定了具体要求的诊疗行为，医疗机构和医务人员一般都应当遵守，不应当因地区、资质的不同而有差别。除此以外，有的诊疗行为属于基本性操作，也不一定要考虑这些因素。反之，对于有的诊疗行为，在有的情况下“与当时的医疗水平相应的诊疗义务”也可以理解为包括地区、资质等因素。[②]

其三，符合比较法上的通行做法。比如，美国法院司法判例中形成的医疗标准具有一定的变迁性，最初是本地原则，即以当地医生的行为作为标准，这主要是因为过去城乡在医疗水平上的差距很大。其后，法院又发展出了一种相似地区原则，这种方法的缺陷在于没有一种明确的指标来比较两个地区的情况是否相似；目前绝大多数的法院采用的是全国标准，这是因为经过多年的发展各地医生之间的水平差异已经不很明显了，病人在

---

① 最高人民法院侵权责任法研究小组编著：《中华人民共和国侵权责任法条文理解与适用》，人民法院出版社 2010 年版，第 409 页。

② 王胜明主编：《〈中华人民共和国侵权责任法〉条文解释与立法背景》，人民法院出版社 2010 年版，第 221 页。

任何地方都可以享受到规范的医疗服务。[①] 在日本，也是将医师的注意义务区分为一般的抽象性注意义务和每一项具体诊疗行为的注意义务，对于具体诊疗行为的注意义务的违反，是按照最善的注意义务为标准进行个案判断。

三、诊疗过错多元认定标准的司法适用

依据本条规定，认定医疗机构诊疗过错的有无和大小，应当遵循以下规则：

1. 诊疗过错的认定，首先应当依据客观标准来判断。具体来说，医疗卫生管理法律、行政法规、部门规章、诊疗护理规范，特别是医疗卫生管理的部门规章、诊疗护理规范，是判断医疗过失的基本依据。在上述法规或者诊疗规范对于医疗机构及其医务人员进行有关诊疗活动应当遵循的具体规则明确规定的情况下，违反这一规定即违反普遍的医疗水平时，就应当认定医疗机构有过错。而且有些医疗法规或者诊疗规范实际上已将有关医疗机构或者医务人员资质、患者个人体质、疾病紧急程度等融入到有关疾病诊断、治疗或护理的具体规则当中，这时就更应该直接适用这一规则认定诊疗过错。

在这里有必要提一下医疗常规的问题。通常而言，医疗常规是医务人员在临床实践中形成的通用惯例，为医务人员的广泛参考。它通常表现为对病症一般诊断和治疗方法的描述。从我国司法实践的现有情况来看，大多倾向于只要诊疗行为符合医疗常规，即判定不存在过失。不过，在少数的判决中，还是有些法院注意到了医疗常规的局限性，并未因医务人员的行为与医疗常规相符而判定其不存在过失。这里还涉及一个复杂的命题，既医学常规的遵循与医务人员自由裁量权的尊重之间的平衡问题。比如在“张某等与某医院医疗损害责任纠纷案”中，丁某入被告医院治疗，在诊疗中左大脑严重脑梗，最终死亡。被告辩称，其诊疗行为符合诊疗常规，不存在医疗过错。法院认为，被告在对丁某行主动脉瓣置换术后，按常规

---

① 最高人民法院编选组：《道路交通损害赔偿司法解释适用手册》，人民法院出版社 2012 年版，第 153 页。

进行了华法林抗凝治疗，用法用量都符合要求，并严格进行了抗凝监测。尽管按常规对死者的诊疗无明显过错，但存在对死者特殊体质及个体差异并未尽到谨慎注意及预防义务的过错，调整抗凝用药过于保守以致脑梗塞。因此，被告存在过错。在该案中，法院强调了对死者特殊体质及个体差异的谨慎注意及预防义务，这是理性医务人员所能达到的程度，而当事医方却没有达到，尽管其诊疗行为符合医疗常规，但仍判定其具有过失。这实际上是以理性医务人员标准否定了以医疗常规对过失的判定。① 一般认为，诊疗行为是一项复杂的专业性活动，对于一些疾病的诊断与治疗，通常需要医务人员根据自己的专业知识、职业经验对病症及其诊疗方法进行自由裁量。考虑到疾病本身的复杂性和诊疗行为本身的专业性，医务人员的自由裁量权也是推动医学进步和医疗卫生事业发展所必须。从法律价值导向上看，医务人员为进行疾病诊断特别是一些疑难杂症甚至罕见病的治疗过程中，积极进行的探索性治疗应当予以必要尊重和鼓励，而不宜动辄以违反医疗常规认定其有过错，否则一味固守常规，可能医学本身的发展就会受阻。尤其是在受当前医患关系等因素影响下或多或少存在相对保守的治疗观念背景下，医务人员自由裁量权本身在政策导向上有必要支持和鼓励，甚至根据具体病情判断不能适用有关医学常规上的通常方法时，有必要肯定医务人员进行的探索性治疗。当然，医务人员裁量权的行使也不是不受约束的，对于医学常规的突破，要有较为充分合理的理由。至于诊疗行为自由裁判权的限度如何界定，首先是一个专业判断问题，在出现医疗纠纷后，也要通过申请鉴定来解决这一问题。

2. 参考性因素的适用

根据本条规定，认定医疗机构诊疗过错应当参考以下因素：

（1）医疗的地域因素和医疗机构资质条件。通常情况下经济落后地区的医疗机构在资金、技术、人才、药品等方面都不同程度地落后于经济发

---

① 参见：济南市历下区人民法院（2013）历民初字第619号民事判决书。转引自：窦海阳：《法院对医务人员过失判断依据之辨析——以〈侵权责任法〉施行以来相关判决为主要考察对象》，载《现代法学》2015年第2期。

达地区，经济发达地区与经济落后地区的整体医疗水平上存在差异。同样，医疗条件与治疗能力密切相关。综合性大医院往往技术先进、设施齐全、人才丰富，而小医院在设备、技术、人才等方面都与综合性大医院相差甚远，其治疗能力和医疗技术水平相差悬殊，在认定过失时必须考虑到医疗条件对医疗行为产生的影响。经济落后地区受到当地种种不利因素的影响，医疗技术水平不可能达到发达地区的水平，偏远的乡镇卫生院或者村卫生所等的医疗水平也无法与综合性大医院相比。而且乡镇卫生院或者县医院更会处于救治病患的第一线，充实壮大基层诊疗力量，落实分级诊疗、优化医疗资源分配，也是当前深化医疗卫生体制改革的一件大事。《全国医疗卫生服务体系规划纲要（2015～2020年）》明确指出："充分考虑经济社会发展水平和医疗卫生资源现状，统筹不同区域、类型、层级的医疗卫生资源的数量和布局，分类制订配置标准。促进基层医疗卫生机构发展，着力提升服务能力和质量"。对于诊疗过错的认定，若一概采取普遍的医疗水平标准认定诊疗过错，无疑会加重经济落后地区和基层医疗机构以及医务人员的负担，不利于甚至阻遏当地医疗卫生事业的发展。因此，判断医疗过失应结合该地区具体情况认定，结合医疗机构资质的标准进行判断。当然，这里的该地区标准应是本地区同类或者类似医疗机构进行该诊疗行为的医疗水准，实际上也是一个相对特定化的普遍性规则。无论就医师执业的环境还是医疗经验，都有地区性的差异，因此，判定医生是否尽到注意义务，应以同地区或者类似地区的医疗专业水平为依据。这就是国家标准加适当差别的原则。① 即在认定医疗机构有无违反注意义务时，应当考虑医疗机构的客观条件的平均水平，根据其实施医疗行为时所处的特定地域的医疗水准来认定。

（2）关于医务人员的资质。就医师来说，可以分为全科医师与专科医师。所谓全科医师，是指不分诊疗科别为患者实施医疗行为的医师；所谓

---

① 王利明等主编：《侵权责任法裁判要旨与审判实务》，人民法院出版社2010年版，第376～377页。

专科医师，是指以特定诊疗科为范围，仅在该科范围内为患者实施医疗行为的医师。就我国医疗体制现状而言，虽然对医师实行统一的临床执业证资格制度，但比较正规的医疗机构都内设内科、外科、儿科等不同科室，这其实就是专科医师制度。而在医疗卫生条件比较落后的地区，更多的是全科医师。那么，在认定医师的注意义务时，专科医师和全科医师一般应当以不同的医疗水准为基准。另外，医疗机构的资质也有很大差异，也在一定程度上影响到对医务人员注意义务的医疗水准。①

（3）患者病情的紧急程度、患者个体差异。如上所述，有关患者个体差异以及病情紧急程度等作为诊疗过错认定中的参考性因素，在审判实践中也已渐渐被采用。其实在立法上患者病情的紧急程度问题在侵权责任法第60条也有所体现，在本条规定的抢救生命垂危等紧急情况下的医疗机构的免责事由中明确了“尽到合理诊疗义务”的提法，而对于一般的医疗损害责任中的诊疗义务没有这一表述，通常理解在患者情况紧急时，该诊疗义务只要合理，医疗机构就要免责，这也是鼓励医疗机构积极履行救死扶伤职责所必须。同样，患者个体差异，其为呱呱婴儿还是高龄老人，在有关疾病诊疗护理方面，医疗机构应尽更高的注意义务，对于一些罕见病或者过敏体质者也要有不同的注意义务，这在医疗损害责任的过错认定上，也要有所考虑。

最后，本条采取了列举加不完全归纳的做法。人民法院在认定医疗机构过错时，除了参考上述因素之外，还可以根据案件具体情况参考其他因素予以综合判定。

【适用指南】

对于本条的适用，还要注意以下几个问题：

---

① 最高人民法院侵权责任法研究小组编著：《中华人民共和国侵权责任法条文理解与适用》，人民法院出版社2010年版，第410页。

1. 要正确认识上述地区差异以及医疗机构资质等因素在认定诊疗过错中的作用。我们认为，有关法规以及诊疗规范的规定是认定诊疗过错的基础，这些因素仅应属于适当考虑或者综合参考的范畴，以切实避免司法自由裁量权过大，影响裁判尺度的统一。而且对于有关医事法规、诊疗规范中已经融入这些因素作为判断医疗水准的具体标准时，直接适用这些法规、规范即可。

2. 本条规定所确立的规则对于医疗损害鉴定中的过错问题的鉴定具有指引和参考适用的作用。由于诊疗行为的专业性、复杂性等原因，对于诊疗过错进行认定，往往也需要通过申请鉴定来解决。鉴定程序中对于诊疗过错的认定和法院裁判案件时对诊疗过错的最终认定具有共通性，鉴定人对诊疗过错进行鉴定时，也可以将本条规定作为指引，即在依据有关医事法规、诊疗规范对诊疗过错进行认定时，也要综合考虑当地的医疗水平、医疗机构与医务人员资质、患者病情的紧急程度、患者个体差异等因素。

【法条链接】

《中华人民共和国侵权责任法》

第五十七条 医务人员在诊疗活动中未尽到与当时的医疗水平相应的诊疗义务，造成患者损害的，医疗机构应当承担赔偿责任。

第五十八条 患者有损害，因下列情形之一的，推定医疗机构有过错：

（一）违反法律、行政法规、规章以及其他有关诊疗规范的规定；

（二）隐匿或者拒绝提供与纠纷有关的病历资料；

（三）伪造、篡改或者销毁病历资料。

第十七条　医务人员违反侵权责任法第五十五条第一款规定义务，但未造成患者人身损害，患者请求医疗机构承担损害赔偿责任的，不予支持。

【条文释义】

本条是关于医务人员违反告知义务时的损害赔偿问题的规定。审判实践中，对于医务人员违反告知义务时如何确定损害赔偿责任，尤其是违反告知义务的侵害对象以及损害赔偿范围问题，是否所有违反告知义务的情形，医疗机构都要承担损害赔偿责任等问题在实践中存在很大争议。下面我们通过对立法文本的规范分析出发，结合审判实践中的判例做法，对这一问题做一探讨。

一、关于医务人员告知义务概述

根据侵权责任法第55第1款的规定，医务人员在诊疗活动中应当向患者说明病情和医疗措施。需要实施手术、特殊检查、特殊治疗的，医务人员应当及时向患者说明医疗风险、替代医疗方案等情况，并取得其书面同意；不宜向患者说明的，应当向患者近亲属说明，并取得其书面同意。通说认为，本条是关于医疗机构告知义务的规定。

具体的告知义务内容：一是医疗机构的医疗水平、设备、技术状况等；二是患者的病情以及医疗机构的检查、诊断方案；三是检查、诊断结果的告知义务；四是转医或转诊的告知义务。

当然，并不是在一切情况下医疗机构都需要履行告知义务。通常而言，不需要医疗机构加以说明的情况有：一是依据法律给予医生强制治疗的权限；二是危险性极其轻微，发生的可能性几乎没有；三是患者非常清楚自己的症状；四是患者自愿放弃接受医生的说明；[①] 五是由于事态紧急无法取得患者的承诺；六是如果加以说明可能给患者招致不良影响。[②] 最后一种情形需要进一步检讨。当患者得了绝症的时候，医疗机构有必要在适当时间以适当方式告知患者的近亲属，并取得患者近亲属的同意。只有这样才能够体现对患者的尊严与自由的彻底尊重。

履行告知义务，医生有自由裁量权，但应当有所限制，除非对患者履行告知义务对患者的健康有损害，都应当对患者善尽告知义务。如果不宜向患者履行告知义务的，医务人员应当向患者的近亲属说明，需要患者作出选择的，应当取得患者近亲属书面同意。

患者是否具有完全的意思表示能力，是告知义务履行中的重大问题。如果患者具有完全民事行为能力，那么医疗机构就必须向其本人履行告知义务，患者本人就是同意医治的主体。如果患者不具有完全民事行为能力或者无民事行为能力人，医疗机构必须向其监护人履行告知义务，患者的监护人就是同意医治的主体。在未得到患者或者其监护人同意的情况下，医疗机构具有侵袭性的医疗行为就不具备合法基础。如果医疗机构怠于获得患者本人或者其监护人的同意，那么医疗机构很有可能使患者错过医治的最佳时机。[③]

二、医务人员的告知义务和患者的知情同意权的关系

医务人员的告知义务和患者的知情同意权的辩证统一关系，不仅涉及医学伦理的命题，在法律意义上讲，还涉及违反告知义务的侵害对象以及侵权损害赔偿责任的确定问题。对于医务人员的告知义务与患者的知情同意权的关系，需要把握以下两点：

---

① 关于放弃知悉权的规定仅见于《荷兰民法典》第7：449条："倘若病人明示不愿接受信息，则就不应当提供信息，除非不提供信息对病人或其他人的不利后果超过了病人放弃信息的利益。"［德］冯·巴尔：《欧洲比较侵权行为法》下卷，焦美华译，张新宝校，法律出版社2001年版，第389页。转引自杨立新：《侵权法论（第五版）》，人民法院出版社2013年版，第578页。

② 参见段匡等：《医生的告知义务和患者的承诺》，载梁慧星主编：《民商法论丛》第12卷，法律出版社1999年版，第162页。

③ 杨立新：《侵权法论（第五版）》，人民法院出版社2013年版，第577~578页。

其一，要准确把握二者之间的辩证统一关系。一般认为，医务人员的告知义务与患者的知情同意权系一体两面的关系。医务人员的告知义务与患者的知情同意权相对应，该项义务主要是指医方为取得患者对医疗行为的同意，而对该医疗行为的有关事项进行说明的义务。侵权责任法基于对患者自主决定权之尊重，参考外国所谓“知情同意”规则，设第55条明确规定医务人员的“告知义务”和患者的“同意权”。[①] 医疗机构告知义务的来源，是患者享有的知情权和自我决定权。患者的知情同意权具有如下内容：一是充分知情权，二是自我决定权。医疗机构不履行告知义务，侵害的就是充分知情权和自我决定权。[②] 医疗机构基于患者及其家属的高度信赖和委托，处分事关患者生命、身体、健康等重大人格利益的事项，不应单凭医疗机构一方的裁量，而应当充分尊重患者的自主决定权。而患者自主决定权之正确行使，又有赖于医务人员履行告知义务。患者自主决定权是产生医务人员告知义务之法理根据；医务人员履行告知义务的目的，就是为了保障患者一方在对病情、诊疗方案及其可能风险等有充分了解的前提之下行使自主决定权。[③] 正是由于患者享有知情权和自我决定权，医疗机构才应当对患者履行告知义务。此种告知义务的对象主要是医疗过程中具有严重损伤后果的医疗行为，该行为可能影响身体机能甚至危及生命，因此需要患者在知晓自己病情并了解该医疗行为风险的基础上，作出是否同意该医疗措施的决定。比较法的角度看，国外均高度重视对患者知情同意权的保护，此尤以美国为典型。比如美国《统一医疗信息法》、病人权利典章等法律，确定了患者的如下权利：有权了解关于其疾病的诊断、治疗及愈后情况；有权了解对其病情的医疗决定及所有治疗建议的措施；有权了解医疗和护理上适宜的替代方法；有权了解实质性的风险；有权了解为其服务的医务人员的身份和职业状态；有权了解结算的总账单的

---

① 梁慧星：《论〈侵权责任法〉中的医疗损害责任》，载《法商研究》2010年第6期。

② 杨立新：《医疗侵权法律与适用》，法律出版社2008年版，第93页。

③ 梁慧星：《论〈侵权责任法〉中的医疗损害责任》，载《法商研究》2010年第6期。

分项和详细解释。[①] 最典型的是美国联邦政府 1990 年制定的《患者自主决定法》，该法不仅明确要求尊重患者的知情决定权，并且要求必须告知病人有权拒绝医药或手术治疗。据此，医务人员的告知义务是保障患者自主决定权的保障，前者为手段，后者为目的。也正因如此，立法机关将侵权责任法第 55 条概括为关于患者知情同意权的规定。[②] 进而言之，医疗机构违反告知义务，首先侵犯的是患者的知情同意权。

其二，患者自主决定权与医疗特权之间的协调。按照侵权责任法的立法思想，是否接受诊疗及接受何种诊疗方案，取决于患者自己的意思，在患者自己不能表示意思时取决于患者近亲属的意思，医疗机构和医务人员不得违反患者或者其近亲属的意思而实施诊疗行为。如果患者明确表示“不同意”救治，或者患者不能表达意思时其近亲属明确表示“不同意”救治，那么医疗机构和医务人员不得借口“紧急情况”而强行实施救治措施。立法体现出的对“患者自己决定权”的充分尊重，值得注意。[③] 这一见解较有道理，知情同意涉及医学伦理，也涉及与医务人员自由裁量权的平衡问题。医疗特权，又被称为医疗自由裁量权，这是推动医务人员积极探索前沿性问题，保障和服务医学发展所必须的内容。所谓医务人员履行告知义务的自由裁量行为，主要是指在医疗过程中医疗人员履行告知义务时，在向患者告知的内容、对象、时机和方式上享有一定的选择权，比如一些可能对意志薄弱患者产生有害后果的信息，患者已知的信息，明显轻微不会对患者知情同意权造成损害的信息等。[④] 从诊疗活动之专业性而言，医务人员在遵守医疗规则的前提下，对于其依据医学专业知识所作出的判断与裁量又不能不加以尊重。对患者的知情同意权过度的保护，就会导致

---

① 王胜明主编：《〈中华人民共和国侵权责任法〉条文解释与立法背景》，人民法院出版社 2010 年版，第 216 页

② 王胜明主编：《〈中华人民共和国侵权责任法〉条文解释与立法背景》，人民法院出版社 2010 年版，第 214 页。

③ 梁慧星：《论〈侵权责任法〉中的医疗损害责任》，载《法商研究》2010 年第 6 期。

④ 最高人民法院侵权责任法研究小组编著：《〈中华人民共和国侵权责任法〉条文理解与适用》，人民法院出版社 2010 年版，第 401 ~ 402 页。

医务人员的裁量权的缺位。因此，防止患者知情同意权滥用必须尊重医疗人员的裁量权，正确设定患者知情同意权的限制边界，从而解决医务人员治病救人的后顾之忧，更好地保护患者的利益。[①] 虽然在实践中如何尊重医务人员自由裁量权首先是一个专业判断问题，但从一般的经验法则判断，对医务人员自由裁量权的尊重，最基本的出发点就是是否符合医疗机构救死扶伤这一体现医疗行为公益性的根本职责。

三、违反告知义务医疗损害责任的具体类型

违反告知义务的医疗损害责任属于典型的医疗伦理责任，其构成要件要适用医疗伦理责任的通用规则，即要求有违法行为、损害事实、因果关系、医疗伦理过错四个要件。

关于违反告知义务医疗损害责任的具体类型，通常而言，主要包括两种：其一是违反告知义务造成自我决定权损害但未造成人身实质性损害的责任；其二是违反告知义务造成患者人身实质性损害的责任。现分述如下：

1. 违反告知义务造成自我决定权损害但未造成人身实质性损害的责任

这是指医疗机构未对病患充分告知或者说明其病情，未对病患提供及时有用的医疗建议的医疗损害责任，造成了受害患者的自我决定权的损害。这种损害包括在侵权责任法第55条第2款的“损害”之中。这种医疗损害责任违反的是医疗良知和医疗伦理，没有善尽对患者所负的告知义务、告知义务、建议义务等积极提供医疗资讯义务的过失，侵害患者知情权的侵权行为。

日本司法实务中对此类违反告知义务的情形，医疗机构承担责任持肯定态度。在“日本X教派教徒输血医生未尽告知义务案”中，“X教派”的忠实教徒A罹患肝脏肿瘤，就诊于东京大学医科学研究所附属医院，患者A在就诊时明确表示因输血违背自己的宗教信念而拒绝接受伴有输血的

---

① 最高人民法院侵权责任法研究小组编著：《〈中华人民共和国侵权责任法〉条文理解与适用》，人民法院出版社2010年版，第401页。

医疗行为，但是在接受肝脏肿瘤摘除手术的时候，医生对她实行了伴有输血的医疗行为，手术成功。该患者后来得知自己在医疗过程中被输血的消息后，精神极度痛苦。于是，该患者对医院及医生提起损害赔偿之诉。后来，该患者在诉讼中死亡，由其继承人继承诉讼。日本东京地方法院1997年3月12日第一审认为，为救他人的生命而进行的输血行为，乃属于社会上的正当行为，以无违法性为由驳回原告的诉讼请求。第二审法院认为，因医师违反告知义务，以致于患者的自我决定权受到侵害，因此被告的行为构成侵权行为，判令被告赔偿原告55万日元。第三审法院即最高裁判所第三小法庭认为，患者认为输血会违反自己宗教信念而明确拒绝伴有输血的医疗行为的意思时，该意思决定权应为人格权之内容，医院对此意思决定权应予以尊重。在本案的上述事实下，手术时除输血以外别无其他救命方法。但在入院时，医生应对患者说明在医疗过程中必要情况下，还是要输血。是否要接受该医院的手术，应该属于患者的自我决定权。本案被告怠于履行上述告知义务，因此可以认为其已经侵害了患者的意思决定权，即被告已经侵害了患者的人格权。因此，被告应该就受害人所受的精神痛苦负担慰抚金损害赔偿责任。① 手术中患者失血过多，必须输血，因此，本案的医师并非给患者输血具有过失，而是未向患者履行告知义务。

但是在我国理论和实务中，对于医疗机构或者其医务人员违反告知义务并未造成患者实质性人身损害的情况下，是否确定医疗机构应当承担赔偿责任的问题，具有很大争议。这涉及医患利益平衡保护乃至维护医学进步、保护广大人民群众健康福祉的问题，在理论上也涉及对侵权责任法第22条的认识问题，我们将在下文专门探讨。

2. 违反告知义务造成患者人身实质性损害的责任

医疗机构未尽告知义务，擅自进行医疗行为，侵害了病患的自我决定权，同时积极采取某种医疗措施或者消极停止继续治疗，造成患者的人身

① 本案为日本最高裁判所2000年（H12）2月29日第三小法庭判决。转引自杨立新：《侵权法论（第五版）》，人民法院出版社2013年版，第574～575页。

实质性损害。这种医疗损害责任类型违反的也是医疗良知和医疗伦理，不经患者同意，就采取积极行为或者消极行为，但造成了患者的人身损害，应当承担人身损害赔偿责任。这类纠纷中医疗机构应当承担责任在我国审判实务中得到普遍承认。比如在一个案件中，医疗机构未经患者同意擅自切除患者乳房，法院判决医疗机构承担了相应赔偿责任。在该案中，原告的右乳房发现恶性肿瘤，在得到其同意的情况下实施了乳房切除手术。但在切除了右乳房后又对其左乳房作了病理切片检查，发现左乳房属于乳腺症，医师在没有得到本人的同意下，将其左乳房也切除了。法院判决认为，全部切除女性乳房内部组织对于患者来说从生理机能到外观上都是具有非常重大后果的手术，为此，被告在切除原告左乳房手术时，必须重新取得患者的同意，在获得患者同意前，作为前提，医师有必要就症状、手术的必要性做出说明，像本案件这样手术有无必要存在不同见解的场合，患者是否接受手术的意思更有必要尊重。因此法院认为，医师应当把上述情况向患者做出充分说明并取得同意后才能进行手术。医师在没有取得患者同意的情况下切除左乳房手术的行为属于违法行为，命令其支付损害赔偿金。[①] 这种侵权行为是典型的未经同意而采取积极的医疗行为，所侵害的是患者的自我决定权。[②]

四、关于医务人员违反告知义务的精神损害赔偿问题

（一）精神损害赔偿概述

精神损害赔偿制度是在实务中不断探索发展进而确立的。《最高人民法院关于确定民事侵权精神损害赔偿责任若干问题的解释》（以下简称《精神损害解释》）规定精神损害赔偿的范围是：侵害生命权、健康权、身体权，姓名权、肖像权、名誉权、荣誉权，人格尊严权、人身自由权；违反社会公共利益、社会公德侵害他人隐私或者其他人格利益；非法使被监

---

① 判例时报第660号，日本判例时报社，第62页。转引自段匡、何湘渝：《医师的告知义务和患者的承诺》，载梁慧星主编：《民商法论丛》（第12卷），法律出版社1999年版，第159～160页。

② 杨立新：《侵权法论（第五版）》，人民法院出版社2013年版，第575～576页。

护人脱离监护，导致亲子关系或者近亲属间的亲属关系遭受严重损害；自然人死亡后其近亲属因以侮辱、诽谤、贬损、丑化或者违反社会公共利益、社会公德的其他方式，侵害死者姓名、肖像、名誉、荣誉，非法披露、利用死者隐私，或者以违反社会公共利益、社会公德的其他方式侵害死者隐私，非法利用、损害遗体、遗骨，或者以违反社会公共利益、社会公德的其他方式侵害遗体、遗骨；具有人格象征意义的特定纪念品因侵权行为而永久灭失或者毁坏。在理论上，对规定精神损害赔偿没有多大争议，司法实践也普遍认可，大多数国家也都作了规定。在制定侵权责任法的过程中，对于是否扩大精神损害赔偿的适用范围，若扩大，扩大到什么范围；是否规定精神损害赔偿额，若规定，如何规定等问题存在不同意见。有的提出，为防止法官滥用自由裁量权，应规定具体的精神损害赔偿限额。有的认为，精神损害赔偿制度在我国还处于起步和摸索阶段，规定具体的精神损害赔偿限额不切合实际，也不科学。现阶段宜规定精神损害赔偿的基本原则，由法院依据该原则根据具体案情确定赔偿数额。[①] 在广泛听取各方面的意见并经反复研究的基础上，为加强对受害人利益的保护，同时也为了防止精神损害赔偿被滥用，侵权责任法第 22 条规定最终规定："侵害他人人身权益，造成他人严重精神损害的，被侵权人可以请求精神损害赔偿。"依据该条的规定，主张精神损害赔偿须满足以下条件：

1. 侵害他人人身权益可以请求精神损害赔偿。根据该条的规定，精神损害赔偿的范围是侵害他人人身权益，侵害财产权益原则上不在精神损害赔偿的范围之内，上述《精神损害解释》规定的"非法利用、损害遗体、遗骨，或者以违反社会公共利益、社会公德的其他方式侵害遗体、遗骨；具有人格象征意义的特定纪念品因侵权行为而永久灭失或者毁坏"，应当要继续适用精神损害赔偿。依据侵权责任法第 2 条的规定，人身权益包括生命权、健康权、姓名权、名誉权、肖像权、隐私权。

---

① 王胜明主编：《〈中华人民共和国侵权责任法〉条文解释与立法背景》，人民法院出版社 2010 年版，第 92 页。

2. 须造成被侵权人严重精神损害。换言之，并非只要侵害他人人身权益被侵权人就可以主张精神损害赔偿，而只有“造成他人严重精神损害”才可以。一般而言，对于“严重”的认定，应当结合精神损害自身特性和现行司法解释进行理解。精神损害是否达到严重程度，应视人格权益性质不同而有所区别。对于侵害身体权、健康权的情形，在目前尚无新的针对性规定出台的情形下，仍可考虑借鉴当前司法实践中的主要做法，以达到伤残标准作为构成严重精神损害的主要依据。一般而言，只有达到伤残等级标准，才能提起精神损害赔偿。至于没有达到伤残等级标准的，精神损害是否构成后果严重，则应视情况而定，从严把握。相比身体、健康权侵害导致伤残的情形，生命被侵害造成的恶劣影响更为显著，更有必要以精神损害赔偿方式抚慰相关人员因此遭受的精神痛苦。而在精神性人格权益被侵害的情形，鉴于该类人格权益很难外化且存在个体差异性，因此，在确定是否达到严重标准时，应综合考虑侵权人的主观状态、侵害手段、场合、行为方式和被侵权人的精神状态等具体情节加以判断。①

3. 关于请求精神损害赔偿的范围。一般来说，请求精神损害赔偿的主体应当是直接遭受人身权侵害的本人。受到他人侵害致残，或者名誉等人身权益受到他人侵害造成严重的精神损害的，可以请求精神损害赔偿。同时根据侵权责任法第 18 条的规定，“被侵权人死亡的，其近亲属有权请求侵权人承担侵权责任。”这里并没有否定精神损害赔偿。因此，在被侵权人死亡的情况下，其近亲属有权主张精神损害赔偿。依据《精神损害解释》第 5 条的规定，法人或者其他组织以人格权利遭受侵害为由，向人民法院起诉请求赔偿精神损害的，人民法院不予受理。

（二）关于医务人员违反告知义务的精神损害赔偿问题

对于医务人员违反告知义务的医疗机构精神损害赔偿问题，审判实践中有不同意见。一种意见认为医务人员违反告知义务时，医疗机构应当承

---

① 最高人民法院侵权责任法研究小组编著：《〈中华人民共和国侵权责任法〉条文理解与适用》，人民法院出版社 2010 年版，第 171 页。

担相应的精神损害赔偿责任；另一种意见认为，医务人员未尽到告知义务，仅损害患者知情同意权利而未损害患者人身、财产权益的，医疗机构不承担赔偿责任。本解释在深入调研、充分论证的基础上，最终采纳了第二种意见。此主要理由在于：

其一，精神损害赔偿本身就要有相应的门槛。侵权责任法第 22 条已经明确规定了“侵害他人人身权益，造成他人严重精神损害的，被侵权人可以请求精神损害赔偿”。即对于精神损害赔偿本身就应当有必要的条件，不能动辄提起精神损害赔偿，浪费诉讼资源和对方当事人的精力成本。同样在医疗机构未尽告知义务的案件中也应该按照该条的规定限定精神损害赔偿提起的条件，只有造成患者严重精神损害的，患者主张医疗机构承担相应精神损害赔偿责任才应予支持。

其二，侵权责任法的功能不仅在于权利保护，还在于对行动自由的维护。如上所述，知情同意权并非法定化的人身权利类型，其本身不属于物质性人格权，也不属于独立的精神性人格权，应属于一般人格利益的范畴。单纯对于知情同意权的侵害，在实践中也难以像侵害隐私权、名誉权案件一样，能够确定统一明确的规则，实践中存在难以判断其中的精神损害与医疗机构未尽告知义务之间是否有因果关系的问题。尤其是，知情同意权作为一项非法定化的具体人格权类型，其本身的外延不够明确，如果动辄以保护患者知情同意权为由判决侵权人承担责任，可能会因对权利的过度保护而影响行为自由。

其三，对于“严重精神损害”的程度如何把握的问题。本着平衡救济患者损害和有效推动医疗卫生事业发展的考虑，避免精神损害赔偿适用范围太广，给医疗机构造成不必要的负担，应当对“严重精神损害”从严把握，将此限定在造成患者人身损害的范围之内，这样可以避免一些因医疗纠纷提起不必要的精神损害赔偿诉讼，不仅加重医疗机构负担，而且也不利于医患关系的和谐。但是在实践中需要注意的是，对于实施手术、特殊检查、特殊治疗的情形，本身即对患者利益影响较大，侵权责任法对这一情形都要求医疗机构征得患者或者其家属书面同意。因此，在实施手术、特殊检查、特殊治疗的情形下，如果医务人员未尽到告知义务侵害了患者知情同意权，可以认定为给患者造成严重精神损害的情形，这时应当允许患者依据侵权责任法第22条、第55条的规定主张精神损害赔偿。

【适用指南】

对于本条的适用，在实践中需要注意的是：

1. 对于医疗机构违反告知义务情形下的精神损害赔偿的适用，不仅要符合本条对于“严重精神损害”的限定条件，还要满足上述的侵权责任构成的四要件，即主观过错、损害后果、违法行为和因果关系。在法律适用上，既要适用侵权责任法第55条，也要适用第54条。本条规定主要根据侵权责任法第55条、第22条的规定，对于医务人员违反告知义务时的“严重精神损害”如何界定的解释，并不涉及此类侵权责任类型的其他构成要件。对此，仍应当依据侵权责任法第55条第2款的规定，须满足相应的侵权责任构成。不能说只要存在人身损害，就可以要求医疗机构赔偿精神损害，还需要看这其中是否有因果关系，医疗机构是否有过错等等。

2. 对于本条规定情形下的精神损害赔偿数额的最终确定，仍要依据《精神损害解释》第10条第1款的规定确定。依据该条款规定，精神损害的赔偿数额根据以下因素确定：(1) 侵权人的过错程度，法律另有规定的除外；(2) 侵害的手段、场合、行为方式等具体情节；(3) 侵权行为所造成的后果；(4) 侵权人的获利情况；(5) 侵权人承担责任的经济能力；(6) 受诉法院所在地平均生活水平。

【法条链接】

《中华人民共和国侵权责任法》

第二十二条 侵害他人人身权益，造成他人严重精神损害的，被侵权人可以请求精神损害赔偿。

第五十五条 医务人员在诊疗活动中应当向患者说明病情和医疗措施。需要实施手术、特殊检查、特殊治疗的，医务人员应当及时向患者说明医疗风险、替代医疗方案等情况，并取得其书面同意；不宜向患者说明的，应当向患者的近亲属说明，并取得其书面同意。

医务人员未尽到前款义务，造成患者损害的，医疗机构应当承担赔偿责任。

《医疗机构管理条例实施细则》

第六十二条 医疗机构应当尊重患者对自己的病情、诊断、治疗的知情权利。在实施手术、特殊检查、特殊治疗时，应当向患者作必要的解释。因实施保护性医疗措施不宜向患者说明情况的，应当将有关情况通知患者家属。

第八十八条 条例及本细则中下列用语的含义：

诊疗活动：是指通过各种检查，使用药物、器械及手术等方法，对疾病作出判断和消除疾病、缓解病情、减轻痛苦、改善功能、延长生命、帮助患者恢复健康的活动。

医疗美容：是指使用药物以及手术、物理和其他损伤性或者侵入性手段进行的美容。

特殊检查、特殊治疗：是指具有下列情形之一的诊断、治疗活动：

（一）有一定危险性，可能产生不良后果的检查和治疗；

（二）由于患者体质特殊或者病情危笃，可能对患者产生不良后果和危险的检查和治疗；

（三）临床试验性检查和治疗；

（四）收费可能对患者造成较大经济负担的检查和治疗。

卫生技术人员：是指按照国家有关法律、法规和规章的规定取得卫生技术人员资格或者职称的人员。

技术规范：是指由国家卫生计生委、国家中医药管理局制定或者认可的与诊疗活动有关的技术标准、操作规程等规范性文件。

军队的医疗机构：是指中国人民解放军和中国人民武装警察部队编制

内的医疗机构。

《最高人民法院关于确定民事侵权精神损害赔偿责任若干问题的解释》

第十条 精神损害的赔偿数额根据以下因素确定：

（一）侵权人的过错程度，法律另有规定的除外；

（二）侵害的手段、场合、行为方式等具体情节；

（三）侵权行为所造成的后果；

（四）侵权人的获利情况；

（五）侵权人承担责任的经济能力；

（六）受诉法院所在地平均生活水平。

法律、行政法规对残疾赔偿金、死亡赔偿金等有明确规定的，适用法律、行政法规的规定。

第十八条　因抢救生命垂危的患者等紧急情况且不能取得患者意见时，下列情形可以认定为侵权责任法第五十六条规定的不能取得患者近亲属意见：

（一）近亲属不明的；

（二）不能及时联系到近亲属的；

（三）近亲属拒绝发表意见的；

（四）近亲属达不成一致意见的；

（五）法律、法规规定的其他情形。

前款情形，医务人员经医疗机构负责人或者授权的负责人批准立即实施相应医疗措施，患者因此请求医疗机构承担赔偿责任的，不予支持；医疗机构及其医务人员怠于实施相应医疗措施造成损害，患者请求医疗机构承担赔偿责任的，应予支持。

【条文释义】

本条是关于紧急救治具体情形及责任承担规则的规定。本条在侵权责任法第 56 条规定的基础上，结合侵权责任法第 54 条、第 55 条、第 60 条的规定，对于紧急救治具体情形作了细化，并对医疗机构怠于立即实施相应的医疗措施的责任承担规则作了规定。

一、关于医疗机构紧急救治的基本规则

依据侵权责任法第 56 条的规定，医疗机构履行紧急救治义务必须符合特定条件，并遵循一定的程序。医疗机构实施紧急救治行为的前提条件是抢救生命垂危的患者等紧急情况。所谓危急情况系指患者的疾病或病情存在迫在眉睫的重大风险，根本来不及告知患者相关信息并征求其意见，如不立即采取相应抢救措施将危及其生命或对其身体健康造成重大不利后果。如某患者因交通事故腿大动脉破裂大出血应立即手术止血；某患者因坠楼头部严重受伤急需开颅清除瘀血，否则会丧失生命或造成瘫痪、植物人等严重后果的情况等。[①] 概言之，现行的医疗法规规章对于“紧急情况”的界定为：患者因疾病发作、突然外伤受害及异物侵入体内，身体处于危险状态或非常痛苦的状态，在临床上表现为急性外伤、脑挫伤、意识消失、大出血、心绞痛、急性严重中毒、呼吸困难、各种原因所致的休克等。一般来讲，上述情况中的紧急性可以概括为两类：一是时间上的紧急性，它是指医师的诊疗时间非常短暂，在技术上不可能作出十分全面的考虑及安排；二是事项上的紧急性，它是指采取何种治疗措施直接关系到患者的生死存亡需要医师作出紧急性的决断。需要说明的是，判断是否构成紧急情况，除了依据法律、法规和规章的规定外，还需要考虑以下两个方面：一是患者的生命健康受到伤病急剧恶化的威胁，这种威胁应当限定为对患者生命的威胁，而不能是对患者一般健康状况的威胁；二是患者生命受到的威胁是正在发生和实际存在的，患者伤病的急剧恶化对其生命安全的威胁不能是假想的，而应当是正在发生和实际存在的，不立即采取紧急救治措施必然导致患者死亡的后果。如果医师主观想象或虚幻地认为存在需要采取紧急救治的危险，而实际上这种危险并不存在，由于假想危险认识错误所采取的救治措施导致了不必要损害后果的，医疗机构还是应当承担责任。[②]

另外，侵权责任法第56条仅规定了患者“生命垂危”的紧急救治问题，却没有规定患者存在重大身体健康风险需要紧急救治的问题，如某患者因机器切断三根手指的前端，被工友送到医院时已经因疼痛和失血而昏迷，此时其伤口已严重感染，如不立即切除该三根手指的剩余部分整个手掌甚至整个手臂都将不保，而等待患者苏醒对此行使医疗同意权完全来不及，在此情况下，为患者重大身体健康利益考虑，也应有适用危急救治的

---

① 胡雪梅：《论我国危急救治制度之合理构建》，载《社会科学》2013年第1期。

② 王胜明主编：《〈中华人民共和国侵权责任法〉条文解释与立法背景》，人民法院出版社2010年版，第239页。

相关法律规则的必要。[①] 应该说，从侵权责任法第56规定的文义上看，紧急情况不限于抢救生命垂危的患者的情况，还应当包括虽然患者的生命没有严重危险，但患者不能行使自我决定权，如果不采取紧急救治行为，患者的健康利益将严重受损的情况。具体实施紧急救治行为的是医疗机构的医务人员，但由于紧急救治是对患者自主决定权的一种限制和补充，关涉患者重大的生命健康利益，因而实施紧急救治行为应当严谨、慎重，为充分保障患者的利益，实施紧急救治行为应当经过一定的程序，即经过医疗机构负责人或者授权的负责人批准，医疗人员才能实施紧急救治行为。[②]

二、关于紧急救治与患者知情同意权的协调

侵权责任法第55条规定了医疗机构的告知义务和患者的知情同意权。从根本上讲，生命健康权属于患者本人，医疗机构在诊疗活动中应当尊重患者的自主决定权，这是患者的知情同意权一般原则的体现。患者在生命垂危的情况下往往产生认知障碍，不能正确恰当地行使知情同意权，人的生命价值应当优先于知情同意权，从患者利益出发医疗机构得以实施紧急救治行为。但是，如果患者能够正确恰当地行使知情同意权，能对自身的生命健康权作出正确恰当的处置，医疗机构的行为就不能对抗患者的知情同意权，自行决定实施紧急救治行为。如果能够取得患者或者其近亲属的意见，医疗机构应当尊重其自主决定权。如果患者不能正确恰当地行使自主决定权，在一定条件下，其近亲属可以代理其行使知情同意权。[③] 也就是说，医疗机构及其医务人员在依法履行了告知义务后，如果患者近亲属不同意抢救，是不能强制实施抢救行为的，由此造成的不良结果，医疗机构不构成侵权。此法律依据是侵权责任法第60条的规定，即患者或者其近亲属不配合医疗机构进行符合诊疗规范的诊疗，造成患者损害的，医疗

---

① 胡雪梅：《论我国危急救治制度之合理构建》，载《社会科学》2013年第1期。

② 最高人民法院侵权责任法研究小组编著：《〈中华人民共和国侵权责任法〉条文理解与适用》，人民法院出版社2010年版，第404页。

③ 最高人民法院侵权责任法研究小组编著：《〈中华人民共和国侵权责任法〉条文理解与适用》，人民法院出版社2010年版，第404页。

机构不承担赔偿责任。医疗机构实施紧急救治行为，还必须是不能取得患者或者其近亲属意见的情况下，这时因患者一方不能行使知情同意权，从保护患者的利益出发，医疗机构就要实施相应的紧急救治行为。医疗机构实施紧急救治行为是对患者自主决定权的一种限制和补充。

三、关于“难以取得患者或者其近亲属同意”的界定

侵权责任法第56条规定了紧急情况下医疗机构实施紧急医疗措施的内容，但该条中“难以取得患者或者其近亲属同意”的表述易被理解为包括了患者或者其近亲属明确表示不同意的情况，分歧较大，需要进一步明确。一种意见认为，考虑到患者或者其近亲属明确不同意治疗的情况在实践中确有发生，在患者、医疗机构和患者的近亲属三者关系之间，患者本人的决定权必须得到应有的尊重，但不能过高地设定患者近亲属的主体地位和决定权，如果不能取得患者的意见，只能取得其近亲属意见，医疗机构如何采取紧急救治措施应当有一定的判断余地，在患者近亲属的意见重大且明显地损害患者利益时，医疗机构应当拒绝接受患者近亲属的意见。① 另有意见认为，“不能取得患者或者其近亲属意见”，主要是指患者不能表达意思，也无近亲属陪伴，又联系不到近亲属的情况，但不包括患者或者其近亲属明确表示拒绝采取医疗措施的情况。② 至于侵权责任法第56条中“不能取得患者或者其近亲属意见”的规定，时任全国人大常委会法制工作委员会副主任王胜明同志在全国人大法律委员会上作了说明，认为这是指患者不能表示意思且难以取得患者近亲属的意见。例如，汶川大地震，许多从废墟中挖出的重伤员已经生命垂危、神志不清，不能表达自己的意思，且难于联系、找到其近亲属以征求意见。在这种情况下，依据侵权责任法第56条的规定，应当经医疗机构负责人（医院负责人）或者授权的负责

---

① 最高人民法院侵权责任法研究小组编著：《〈中华人民共和国侵权责任法〉条文理解与适用》，人民法院出版社2010年版，第404～405页。

② 中国应用法学研究所主编：《侵权责任法疑难问题案例解读》，法律出版社2011年版，第207页。

人（医疗队负责人）批准，对处于生命垂危状态的患者实施救治措施。[①]

上述意见都有一定道理，对于患者不能表达意志的紧急情况下如何施救涉及患者一方自主决定权和医疗机构救治义务的协调问题。本解释依据侵权责任法第56条，执业医师法第24条，《医疗机构管理条例》第31条的规定，基于及时救治生命垂危等紧急情况下的患者的角度考虑，对侵权责任法第56条规定的“不能取得患者或者其近亲属意见的”情形作了进一步细化，对患者生命垂危且不能表达意见，医疗机构可以立即实施相应的医疗措施的情形，即不能取得患者近亲属意见的情形作了进一步细化，包括近亲属不明或者联系不到近亲属的、近亲属拒绝发表意见的、近亲属的意见不一致以及法律、法规规定的其他情形。对于这几种情形的把握，须注意以下几点：

1. 本条规定仅是对“不能取得患者近亲属意见”的情形作出的解释，并不能包括所有需要紧急救治的情形。本条规定也不涉及对生命垂危的患者等紧急情况的判断问题，对此仍应适用侵权责任法第56条规定以及有关医疗法律法规、诊疗规范等进行处理，这往往需要专业判断，通过启动鉴定程序来解决。

2. 关于近亲属不明及不能及时联系到近亲属的情形。这两种情况相对容易判断，多为近亲属不在现场，在当时紧急情况下也无法查明近亲属或者联系不到近亲属的情况。同进，根据讨论意见，将第一款第二项原来表述的“联系不到近亲属的”修改为“不能及时联系到近亲属的”，以减轻医疗机构在紧急情况下的取得患者近亲属意见的义务。对此需要注意的是：一是，必须与患者本身病情的紧急情况相结合，如果病情紧急到来不及联系或者查明近亲属的情形，这时不能苛求医疗机构去联系近亲属，同时医疗机构也不能以联系近亲属为由耽误对患者紧急病情的救助。二是，对于近亲属不明或者联系不到近亲属除了要与上述紧急情况相结合进行判断外，不能对医疗机构过于严苛地要求，比如不能要求医疗机构详细查明

① 梁慧星：《论〈侵权责任法〉中的医疗损害责任》，载《法商研究》2010年第6期。

患者所有的近亲属甚至要与所有的近亲属联系，而只能按照当时患者处在紧急情况下的特定场景，按照一般的日常经验法则判断医疗机构运用力所能及的方式查不到近亲属或者联系不到近亲属的情形。三是，对于联系不到近亲属的情形，虽然在患者身处紧急情况下不能要求医疗机构联系到每一个近亲属，但也是或多或少给医疗机构一定的义务，即要联系近亲属。当然，在当时情形下根本来不及联系近亲属的情形应该排除在外，因为这时抢救患者生命等人身重大利益无疑是排在第一位的。

3. 关于近亲属拒绝发表意见的情形。曾有意见提出将本条修改“近亲属不发表意见”。实际上，这两种用语在表述上大同小异，但“拒绝”发表意见暗含着对医疗机构要向患者近亲属说明并征询其意见的要求，有对患者近亲属知情同意权予以尊重的考虑。

4. 近亲属意见不一致的情形。对此仍应与患者本身病情的紧急情况相结合，原则上应以在场的近亲属达不成一致意见为限，不能硬性要求医疗机构通知到没到场的其他近亲属。当然，在患者病情允许的情况下，医疗机构应当进一步说明和督促患者近亲属形成一致意见，以免出现不必要的纠纷。

5. 关于兜底条款。有意见认为，本条不必写明兜底条款。经研究，考虑到社会生活的复杂性，这一法律法规规定的其他情形有保留的必要。这不仅能保持司法解释本身适用的开放性，更能针对患者病情紧急程度，将来不及征求患者近亲属意见的情形包含在其中。当然，来不及征求患者近亲属意见的情形如何认定，也是一个专业判断问题，对此既要尊重诊治过程中医务人员的专业判断，又要在事后纠纷处理中尊重有关的专业意见。

四、关于医疗机构怠于紧急救治的责任承担

侵权责任法并未规定与该法第 56 条规定有关的侵权责任承担规则，这其中争议较大的就是对于紧急救治属性如何认识的问题。

紧急救治是权利还是义务，学界和实务界对此有很大分歧。侵权责任法第 56 条的规定也未明确回答这个问题。我们认为，对此应当结合其他法律法规的规定和医疗行为自身特点规律来进行认定。一方面，执业医师法以及《医疗机构管理条例》的规定从文义上明确了紧急救治对于医疗机构而言是一种义务。医疗机构实施紧急医疗措施的性质，从患者的角度讲，应属于权利的范畴，即公民在生命垂危等紧急情况下，有得到紧急抢救、治疗的权利；而从医疗机构的角度讲，应当理解为紧急救治义务。[①]从及时救治生命垂危等紧急情况下的患者，维护患者生命健康权益的角度出发，对侵权责任法第56条所规定的“经医疗机构负责人或者授权的负责人批准，可以立即实施相应的医疗措施”的情形，不应进行限缩解释。至于有关部门规章的规定则应属于医疗机构在履行这一紧急救治义务时对医疗机构履行相应手续的管理性规定。另一方面，紧急救治问题与诊疗行为本身的特点密切相连。概言之，诊疗行为本身的特点有：一是侵入性，尤其是用药或者手术，对身体或者其他人身权益都会有一定损害；二是专业性，诊疗行为需要医学专门技术，同样对紧急情况的判断与救护也需要专业判断；三是公益性，诊疗行为本身具有救死扶伤的要求，而且这还涉及医疗行业整体发展的问题，与全体患者利益密切相关，涉及全体患者利益与个体患者利益的平衡问题；四是风险性，医学作为一门科学，其发展本来就伴随着对许多未知的探索，也就伴随着风险。因此，对于医疗机构而言，紧急救治虽然具有义务的属性，即对于生命垂危等紧急情况下的患者予以必要的救护措施这应该是医疗机构应尽的义务。但该义务的履行不是一种结果意义上义务，而只能是在当时紧急情况下应当采取的必要诊疗措施，这需要一种专业的判断，而这一专业判断也应得到事后必要的尊重。尤其是有些紧急情况特别是一些罕见病等如何治疗本身就是医学前沿问题，不见得就是当前诊疗规范所能涵盖，甚至也是个重大的伦理学命题，比如将脑干出血的急病人，在没有近亲属同意的情况下，治疗后转归成为植物人，是否就较为妥当，也值得思考。

从立法机关对这一问题的认识看，仅是“抢救受到生命威胁的患者等

---

① 参见最高人民法院侵权责任法研究小组编著：《〈中华人民共和国侵权责任法〉条文理解与适用》，人民法院出版社2010年版，第402页。

紧急情况”，医疗机构是否能够完全免除责任，还不能一概而论。在紧急情况下，由于时间和治疗措施的紧迫性，取得患者或其近亲属的同意往往不现实，如患者重度昏迷而其近亲属又不在现场，但救治急危患者又是医疗机构及其医务人员的职责之一，无正当理由拖延救治时间导致不良后果的，还要承担相应的法律责任。为此，侵权责任法第56条对紧急救治的情形作了规定。但是，该条只是回答了紧急情况下难以取得患者一方意见时，医疗机构是否可以“治”的问题。如果“治”的过程中产生损害，例如患者心跳骤停时医务人员对其进行胸外按摩致肋骨骨折并少量血气胸，再如患者窒息时因来不及采用无菌条件下的气管切开术，情况紧急，医务人员在医院大厅实施气管切开术后导致感染。对于上述患者的损害，医疗机构是否承担赔偿责任，这就涉及第二个关键的要件，即医务人员在紧急情况下是否尽到合理的诊疗义务。[①] 虽然依据《医疗事故处理条例》第33条第1项规定，在紧急情况下为抢救垂危患者生命而采取紧急医学措施造成不良后果的，不属于医疗事故，医疗机构不承担责任。但这主要侧重于有关行政责任承担问题，对于就患者进行救济的民事损害赔偿而言，则仍应看该医疗机构是否尽到合理诊疗义务。

正是基于上述考虑，我们认为，在价值导向上要鼓励和维护医疗机构在患者处于紧急情况下积极施救，对于医疗机构的积极施救行为造成不良后果应当持适当从宽的态度，对于医务人员经医疗机构负责人或者授权的负责人批准立即实施相应的紧急救治医疗措施，患者或其近亲属因此请求医疗机构承担赔偿责任的，人民法院不予支持。同时对于医疗机构怠于立即实施相应的医疗措施，导致患者生命权、健康权等受到损害时，也明确规定医疗机构应当承担相应的侵权责任。这样不仅有利于指导实务操作，有利于规范医疗机构行为，更有利于保障生命垂危等紧急情况下患者得到及时救治，维护其生命、健康权益。

---

① 王胜明主编：《〈中华人民共和国侵权责任法〉条文解释与立法背景》，人民法院出版社2010年版，第239～240页。

【适用指南】

对于本条的规定，要注意有关医疗机构怠于紧急救治的责任构成问题。

一般而言，紧急救治时的侵权责任也属于医疗损害责任的一种类型，通常应当适用侵权责任法第54条、第60条的规定。在责任构成上，要有损害事实、违法行为、因果关系和主观过错四个要件。但在审判实践中对此时诊疗过错的认定，有必要对紧急情况下的救治义务与非紧急情况下的救治义务有所区别，宜采取更严的标准或者更高的门槛认定医疗机构过错的存在。例如患者生命垂危必须采取紧急医学措施，都有可能造成不良后果。在这种情况下，由于紧急抢救措施是在危急情况下采取的，为了挽救患者生命，对紧急措施可能出现的不良后果不再考虑，两相衡量，抢救生命是第一位的，只要医务人员已经尽到合理注意义务，即使造成不良后果，对患者的身体有一定的损害，也不认为构成医疗损害责任，因此，医疗机构不承担赔偿责任。[①] 而且这里的合理诊疗义务的认定需要依据有关诊疗规范判断，对于紧急情况下的诊疗义务标准也会融入诊疗规范的具体内容当中。

至于“怠于”本身即蕴含着医疗机构存在“过错”的问题。对于“怠于”的判断标准，在价值导向上要遵循鼓励和倡导医疗机构实施紧急救助的义务，对于是否属于“怠于”紧急救助的情形，在认定标准上不宜太宽松，而应遵循有关诊疗规范的专业判断标准、尊重医学伦理并根据具体案件的主客观情况综合认定。比如医疗机构没有依照有关法律法规及相关工作规范的规定及时履行报告、批准手续以及医疗机构没有及时实施诊疗行为措施皆应包括在“怠于立即实施相应的医疗措施”的情形之中。而且认定医疗机构是否怠于实施相应的救治措施，首先也是一个专业判断问题，

① 杨立新：《侵权法论（第五版）》，人民法院出版社2013年版，第601页。

应该依据有关医事法律法规以及诊疗规范并结合具体案件情况进行判断，这一方面涉及对医患利益的平衡保护问题，也涉及医学伦理问题，应当审慎把握。比如对于不能表达自己意见的危重病人，且存在上述不能取得近亲属意见情形的，进行必要救治，这属于执业医师法作明确规定的内容，但救治到什么程度，其中的诊疗风险多大，这首先要尊重医疗机构的专业判断，也要审慎考虑“好死”与“赖活着”这一重大医学伦理关系问题，对此确实还有必要在实践中进一步探索。

至于本条第二款规定情形的举证责任问题，则应当适用本解释第 4 条的规定，在此不作赘述。当然，对于在紧急情况下该医疗机构是否存在过错以及该过错诊疗行为与损害后果之间是否有因果关系以及原因力大小的问题，要依据本解释第 16 条关于过错认定的规定进行判断，涉及专业性问题的，则要通过当事人依法申请鉴定，必要时人民法院依照职权启动鉴定程序来解决。

【法条链接】

《中华人民共和国侵权责任法》

第五十六条 因抢救生命垂危的患者等紧急情况，不能取得患者或者其近亲属意见的，经医疗机构负责人或者授权的负责人批准，可以立即实施相应的医疗措施。

第六十条 患者有损害，因下列情形之一的，医疗机构不承担赔偿责任：

（一）患者或者其近亲属不配合医疗机构进行符合诊疗规范的诊疗；

（二）医务人员在抢救生命垂危的患者等紧急情况下已经尽到合理诊疗义务；

（三）限于当时的医疗水平难以诊疗。

前款第一项情形中，医疗机构及其医务人员也有过错的，应当承担相应的赔偿责任。

第十九条　两个以上医疗机构的诊疗行为造成患者同一损害，患者请求医疗机构承担赔偿责任的，应当区分不同情况，依照侵权责任法第八条、第十一条或者第十二条的规定，确定各医疗机构承担的赔偿责任。

【条文释义】

本条规定了患者因在多个医疗机构接受诊疗受到损害，请求多个医疗机构承担赔偿责任的责任承担规则。侵权责任法对此并无明确规定，有必要予以细化。

关于二人以上实施侵权行为的责任承担问题，侵权责任法第 8 条规定了共同侵权的连带责任，第 10 条规定了共同危险行为为连带责任，第 12 条规定了能够确定责任大小的为按份责任。第 11 条规定了每个行为人的行为均足以造成全部损害的为连带责任，本条的主要内容是，在患者因多个医疗机构的诊疗活动受到损害中，既有可能根据侵权责任法第 12 条的规定承担按份责任，还有可能根据侵权责任法第 8 条的规定构成共同侵权，承担连带责任，还有可能存在行为与损害后果之间的因果关系难以确定，不能区分各自原因力大小、过错程度等特殊情形下，根据侵权责任法第 11 条的规定确定由多个责任主体承担连带责任。对于本条的理解与适用，需要把握以下几点：

一、关于共同侵权行为概述

（一）共同侵权行为的构成要件

共同侵权行为是指两个以上的行为人基于主观的关联共同或者客观的关联共同，共同实施侵害造成他人民事权益损害，依法应当承担连带责任的侵权行为。通常而言，构成共同侵权行为需要满足以下几个要件：

一是主体的复数性。共同侵权行为的主体必须是两人或者两人以上，当行为人只有一人时，不可能成立共同侵权。行为人可以是自然人，也可以是法人。

二是共同实施侵权行为。这一要件中的“共同”主要包括三层含义：其一，共同故意。数个行为人基于共同故意侵害他人合法权益的，应当成立共同侵权行为。其二，共同过失。“共同过失”主要是数个行为人共同从事某种行为，基于共同的疏忽大意，造成他人损害。其三，故意行为与过失行为相结合。

三是侵权行为与损害后果之间具有因果关系。在共同侵权行为中，有时各个侵权行为对造成损害后果的比例有所不同，但必须存在法律上的因果关系，如果某个行为人的行为与损害后果之间没有因果关系，不应与其他行为人构成共同侵权。

四是受害人具有损害。这是受害人请求加害人承担侵权责任的一个基本要件。无损害，则无救济，如果没有损害，根本不可能成立侵权责任。①

（二）共同侵权行为的基本分类

共同侵权行为包括主观的共同侵权行为和客观的共同侵权行为。具体如下：

1. 关于主观共同侵权行为。主观的共同侵权行为，是指二个以上的行为人具有主观的共同故意，共同实施行为侵害他人民事权益，造成损害的侵权行为。主观的共同侵权行为的典型特征是主观过错，即行为人之间具有意思联络。意思联络就是共同故意。数个行为人基于共同的侵害他人的故意，将数个人的行为联系在一起，构成了一个行为，造成他人民事权益的损害。这种侵权行为具有更大的危害性，被称之为“共同正犯”，应当课以更为严重的责任，因此，应当确定承担连带责任。共同故意，是指数个行为人都具有希望或者放任造成他人民事权益损害的行为后果发生的主观心理状态。数个行为人或者进行通谋，或者对他人实行侵害他人民事权

① 王胜明主编：《〈中华人民共和国侵权责任法〉条文解释与立法背景》，人民法院出版社2010年版，第46～47页。

益的故意行为知道而予以参加。二人以上具有如上的共同故意，并且共同实施加害行为，造成他人民事权益损害的同一个损害事实，就构成主观的共同侵权行为。主观的共同侵权行为分为两种类型：一是简单的共同侵权行为，是指只有实行行为人参加的主观的共同侵权行为。这种主观的共同侵权行为不论几个人为共同加害人，都是实行人，没有教唆人和帮助人参加。二是复杂的共同侵权行为，是指不仅有实行人参加，而且也有教唆人和帮助人参加的主观的共同侵权行为，教唆人或者帮助人参与其中，予以授意或者帮助，形成了复杂的共同侵权行为。

2. 关于客观共同侵权行为。客观的共同侵权行为，是指两个或者两个以上的行为人在主观上不具有共同故意，但基于行为的关联共同性，共同实施的行为侵害他人民事权益，造成同一个损害结果的侵权行为。

客观的共同侵权行为与主观的共同侵权行为的基本区别在于：数个行为人在主观上没有共同故意，只是由于数人的行为结合在一起，造成了一个共同的损害结果，才把它们确认为共同侵权行为。

主观的共同侵权行为的本质特征是共同故意，即共同的意思联络。客观的共同侵权行为没有共同故意，将数人的行为结合起来，构成一个行为的关键是什么呢？学者认为，在晚近的侵权法司法实践中，对于共同侵权行为的确认开始采用“客观说”或者“行为关联说”作出基础，扩大共同侵权行为的范围，即使多数加害人之间没有意思上的联络，其共同行为造成共同损害的，也认定为共同侵权行为，应当承担连带责任。[①] 史尚宽先生认为，“民法上之共同侵权行为与刑法上之共犯不同，苟各自之行为，客观上有关联共同，即为足矣。”[②] 对此，最典型的是我国台湾地区“司法院”在1977年召开“变更判例会议”，认为：民事上的共同侵权行为（狭义的共同侵权行为，即共同加害行为，下同），与刑事上之共同正犯，其构成要件不完全相同，共同侵权行为人间不宜有意思联络为必要，数人

---

① 张新宝：《侵权责任法原理》，中国人民大学出版社2005年版，第81页。

② 史尚宽：《债法总论》，中国政法大学出版社2000年版，第166页。

因之过失行为不法侵害他人之权利，苟各行为人之过失行为均为其所生损害之共同原因，即所谓行为关联共同，亦足成立共同侵权行为。各行为人既无意思联络，而其行为亦无关联共同者而言，自当别论。[①]

（三）关于叠加的共同侵权行为

根据侵权责任法第11条规定，二人以上分别实施侵权行为，行为人对所造成的损害承担按份责任。但如果每个行为人的侵权行为都足以造成全部损害，行为人则应当承担连带责任。有意见将本条称为并发的侵权行为，即无意思联络数人侵权在聚合（等价）因果关系情况下如何承担责任的规定。[②] 学理上将此界定为叠加的共同侵权行为，是客观的共同侵权行为的一种类型。在主观上，这种侵权行为的行为人并没有主观上的意思联络，也没有共同过失，而是分别实施侵权行为，造成了同一个损害，但每一个行为人的行为都足以造成全部损害。例如，前一个肇事司机将行人撞成致命伤后逃逸，后一个肇事司机将被侵权人轧死，两个行为人的行为都足以造成被侵权人死亡的后果。又如，一个人将他人的内脏刺伤，另一个又刺伤其内脏，两处刺伤均为致命伤，造成死亡结果。这两种情形都构成叠加的共同侵权责任。因此，法律规定行为人应当承担连带责任。

叠加的共同侵权行为中的数人的加害行为构成共同侵权行为，主要体现在叠加的因果关系上。从实际情况观察，两个以上的人分别实施侵权行为，已经确定其为各个独立的侵权行为，应当由侵权人各自承担侵权责任。但叠加的共同侵权行为中的每一个行为人对于损害的发生都具有全部的即100%的原因力，每个人都应当承担全部赔偿责任。确定数人的单独侵权行为为共同侵权行为，理由之一在于，每一个人的加害行为都成为造成全部损害的原因，因此，就这同一个损害而言，数个加害行为就成了共同原因；理由之二，如果每一个加害人的行为都构成侵权行为，都对被侵

---

① 刘清景主编：《民法实务全览》（上），台湾地区学知出版事业股份有限公司2000年版，第371页。转引自：杨立新：《侵权法论（第五版）》，人民法院出版社2013年版，第925页。

② 参见最高人民法院民事审判第一庭编著：《最高人民法院关于道路交通损害赔偿司法解释理解与适用》，人民法院出版社2012年版，第172页。

权人承担全部赔偿责任，而被侵权人的损害只有一个，每一个侵权人都承担全部责任，将会使受害人得到不当赔偿，这也不符合大陆法系侵权法填补损害的基本规则，只有承担一个全部赔偿责任，就能够保证被侵权人的损害赔偿请求权得到满足；理由之三，数人都应当承担全部责任，而法律只准许判处一个全部责任，那么，就只有按照连带责任确定数个侵权人的责任最为适当。①

适用侵权责任法第 11 条规定需要符合以下构成要件：

一是两人以上分别独立实施侵权行为。与共同侵权根本不同的是，这一情形下的数个侵权行为之间相互独立，数个行为人之间既不存在主观上的关联性，各个侵权行为之间也是相互独立的。如果侵权行为人主观具有意思联络，存在共同故意或者共同过失，应当适用侵权责任法第 8 条的规定。

二是造成同一损害后果。对此，立法机关认为，“同一损害”指数个侵权行为所造成的损害的性质是相同的，都是身体伤害或者财产损失，并且损害内容具有关联性。② 对此，我们认为，从文义上讲，同一损害似比同一性质损害的范围要求更为严格，这里强调的应该是损害的同一性，就是同一个损害，而非不同的损害，比如，甲的侵权行为造成了丙左腿受伤，乙的侵权行为也造成了丙左腿受伤，这是同一损害，但乙的侵权行为造成的是丙右腿受伤，则甲、乙两人的侵权行为造成的就不是同一损害，而是不同损害。当然这里的“同一损害”强调损害的同一性，并非是损害的唯一性，有时造成的损害范围可能不仅限于人身损害还会有财产损害，只要是这两个侵权行为中其中一个都足以导致这些损害的发生，即属于侵权责任法第 12 条所规定的情形。

三是每个的侵权行为都足以造成全部损害。这里的“足以”并不是指每个侵权行为都实际上造成了全部损害，而是指即便没有其他侵权行为的

---

① 杨立新：《侵权法论（第五版）》，人民法院出版社 2013 年版，第 924 ~ 924 页。

② 王胜明主编：《〈中华人民共和国侵权责任法〉条文解释与立法背景》，人民法院出版社 2010 年版，第 56 页。

共同作用，独立的单个侵权行为也有可能造成全部损害。[①]

在叠加的共同侵权行为中的特别问题是：第一，每个行为人的行为的原因力均为百分之百，但责任份额不能都是百分之百，例如两个行为人的行为相加造成同一个损害，每个人的责任份额应当为百分之五十，在此基础上实行连带责任。第二，一方行为人的行为的原因力为百分之百，另一方行为人的行为原因力为百分之五十，也是造成同一个损害结果，实行连带责任没有问题，问题在于各自承担的责任份额应当如何确定。有意见认为，在此种情况下，应当将两个行为的原因力相加，除以单个行为人的行为原因力，即为每个行为人所应当承担的责任份额，即一方为百分之六十六点六，另一方为百分之三十三点三。[②] 这一主张，可供实践中参考和探索。

二、关于分别侵权行为承担按份责任的规则

分别侵权行为，学者也称为无意思联络的数人侵权，[③] 是指数个行为人事先既没有共同的意思联络，也没有共同过失，只是由于行为的客观上的联系，而共同造成同一个损害结果。我国民法通则没有对分别侵权作出规定，《人身损害司法解释》第 3 条第 1 款规定："二人以上没有共同故意或者共同过失，但其分别实施的数个行为间接结合发生同一损害后果的，应当根据过失大小或者原因力比例各自承担相应的赔偿责任。"侵权责任法第 12 条规定："二人以上分别实施侵权行为造成同一损害，能够确定责任大小的，各自承担相应的责任；难以确定责任大小的，平均承担赔偿责任。"

与共同侵权行为相比较，分别侵权行为最显著的特点是各行为人在主观上没有共同过错，它们之间不存在主观上的意思联络，也不可能对自己的行为会与他人的行为发生结合时会造成受害人的同一损害事先预见，因

---

① 王胜明主编：《〈中华人民共和国侵权责任法〉条文解释与立法背景》，人民法院出版社 2010 年版，第 56 页。

② 杨立新：《侵权法论（第五版）》，人民法院出版社 2013 年版，第 925 页。

③ 王利明：《侵权法归责原则研究》，中国政法大学出版社 1992 年版，第 293 页。

而既没有共同故意，也没有共同过失。基于这一点，将这种行为称为无意思联络的数人侵权，其中无意思联络只能概括无共同故意一种情况，不能概括无共同过失的情况，因而称之为无过错联系的共同加害行为似更为准确。

对于分别侵权行为如何认定，实质上关系到共同侵权行为的本质如何界定问题。我们认为共同侵权行为的本质是关联共同，没有把无过错联系的共同加害行为包括在其中，而是将它视为一种特殊的侵权行为。就无过错联系的共同加害行为而言，与认定共同侵权行为的“关联共同说”主张相近。但是，由于将直接结合的数人行为认定为客观的共同侵权行为，那么，认定无过错联系的共同加害行为，不使用关联共同的学说，而是认为，数人为侵权行为的时间或地点虽无须为统一，但损害并非不可分割，有相当的关联性为已足。认定相当的关联性的要点是：第一，行为人为数人，为二人以上。第二，数人都实施了有关联性的行为，但不是直接结合，而是间接结合。间接结合的特征是，数人的行为不构成引起损害发生的统一原因，各个行为对损害后果的发生分别产生作用。① 第三，数人的行为造成同一个损害结果，损害结果具有统一性。②

依据侵权责任法第 12 条的规定，分别侵权行为须承担按份责任。按份责任承担的构成要件，一般而言，应当符合的条件是：一方面，二人以上分别实施侵权行为。即两个以上的侵权人没有意思联络独立实施的侵权行为，并各自满足独立的侵权责任构成。另一方面，须造成同一损害后果。若数个侵权行为造成了不同的损害后果，这时完全构成两个独立的侵权责任法律关系，应该是各自独立承担各自责任的数个单独侵权行为的形态。

在分别侵权制度中，确定各个行为人应当承担的份额，应当适用比较过错和比较原因力的规则。具体而言，确定无过错联系的共同加害行为人

---

① 张新宝：《侵权责任法原理》，中国人民大学出版社 2005 年版，第 82 页。

② 杨立新：《侵权法论（第五版）》，人民法院出版社 2013 年版，第 969 页。

的责任，应当依照以下规则处理：

1. 各行为人对各自的行为所造成的后果承担责任。无过错联系的共同加害行为属于单独侵权而非共同侵权，各行为人的行为只是单独的行为，只能对其行为所造成的损害后果负责。在损害结果可以单独确定的前提下，法官应当责令各行为人就其行为的损害承担赔偿责任。这是按份责任的体现。

2. 依照各自行为的原因力确定责任份额。各行为人在共同损害结果无法分割的情况下，按照各行为人所实施行为的原因力，按份额各自承担责任。无过错联系的共同加害行为多数情况是有一个共同的损害结果，且无法区分个人的损害后果。在这种情况下，应当将赔偿责任确定为一个整体责任，依据各行为人的行为对损害后果的原因力，划分责任的份额，由各行为人按照自己的份额承担责任。

3. 对于无法区分原因力的，应按照公平原则，区分各行为人的责任份额。对此，一是按照等额分配份额，二是考虑各行为人的经济负担能力，适当分割份额，仍按份额承担责任。

4. 对无过错联系的共同加害行为人不实行连带责任。无论在以上何种情况下，各行为人都只对自己应承担的份额承担责任，既不能使各行为人负连带责任，也不得令某个行为人负全部赔偿责任，同时，也不存在行为人内部的求偿关系。[①]

此外，侵权责任法第 10 条规定了共同危险行为的连带责任，“二人以上实施危及他人人身、财产安全的行为，其中一人或者数人的行为造成他人损害，能够确定具体侵权人的，由侵权人承担责任；不能确定具体侵权人的，行为人承担连带责任”。我们认为，在审判实践中患者在数个医疗机构就诊受到损害，很难构成共同危险行为，故本解释未对这一类型作列举，即使实践中出现此类纠纷，可以直接适用侵权责任法第 10 条的规定即可。

---

① 杨立新：《侵权法论（第五版）》，人民法院出版社 2013 年版，第 970 页。

三、患者在多个医疗机构接受诊疗受到损害的具体情形

患者在多个医疗机构接受诊疗受到损害，会存在以下情形：

其一，两个以上的医疗机构共同开展某种疾病诊治活动的，可能是一家医疗机构收治病人，多家医疗机构共同开展治疗，个别情况下可能存在两个以上的医疗机构联合收治患者的情形。两个以上的医疗机构共同诊治对患者造成损害的，根据侵权责任法第 8 条的规定构成共同侵权，应当承担连带责任。

其二，患者转院后发生损害的，这时医疗机构如何承担责任较为复杂。以患者转一次院为例，这时损害后果是由前一个医疗机构所致还是后一个医疗机构所致，亦或是两个医疗机构在损害后果的发生上均有作用，往往不明确。如经鉴定只有一家医疗机构有诊疗过错且与损害后果有因果关系，自然应对由该家医疗机构承担侵权责任。在两家医疗机构均有诊疗过错且与损害后果有因果关系的情况下，则存在着两家医疗机构是否承担连带责任的问题。对此，在转院的情况下，通常不存在共同侵权的问题，但可能会存在符合侵权责任法第 11 条规定的“二人以上分别实施侵权行为造成同一损害，每个人的侵权行为都足以造成全部损害”的情形，这时两个医疗机构应当承担连带责任。除此之外，应当按照侵权责任法第 12 条的规定承担按份责任。一般而言，两个医疗机构实施的诊疗行为构成共同危险行为的情形是不存在的，故本条未规定侵权责任法第 10 条有关共同危险行为责任承担的规定。

【适用指南】

对于本条的适用，要注意在医疗损害责任中适用侵权责任法第 8 条、第 11 条、第 12 条的具体规则。

一、侵权责任法第 8 条规定的在数个医疗机构导致损害责任纠纷中的适用

现在无论是理论上还是实践中，在存在数个侵权责任主体的情况下，

对于分别侵权和共同侵权的区分有越来越难以泾渭分明的趋势。比如，《德国民法典》当初规定共同侵权制度时，要求只有主观上具有共同故意才能构成共同侵权，除此之外，其他类型的数人侵权都属于分别侵权。但随着共同侵权制度的适用范围不断变宽，一些国家和地区对共同侵权逐渐采用客观说，将部分原属于分别侵权范畴的无意思联络数人侵权纳入共同侵权范畴，“共同”与“分别”的区别越来越模糊。[①] 这一情形在医疗损害责任纠纷中表现得尤为明显。在医疗损害责任纠纷中，由于诊疗行为作用于人体机理的复杂性，医学本身的探索性，甚至仍然存在不少未知性等原因，数个诊疗行为与患者损害后果之间究竟是什么关系，彼此之间的结合程度或者原因力多大往往难以确定，即使通过鉴定也难以作出专业判断。我们认为，对于这种情形，如果符合无意思联络的客观共同侵权的要求，即两个过错诊疗行为共同作用于患者并最终导致损害后果的发生，则可以判决两个医疗机构承担连带责任，这里的共同作用应该既包括行为本身，也应该包括行为的结果共同作用，且这一共同作用既可能是某种物理反应，也可能是某种化学反应。但如果不符合共同侵权的构成要件，仅是原因力大小难以区分，这时仍应按照侵权责任法第12条的规定，判决该数个医疗机构之间承担等额的赔偿责任，而不可判决他们之间承担连带责任。

二、侵权责任法第11条规定在数个医疗机构导致损害责任纠纷中的适用

具体到本解释中关于数个医疗机构导致损害案件纠纷，侵权责任法第11条规定的数人分别实施侵权行为足以造成同一损害承担连带责任在本条中的具体构成要件如下：

其一，实施过错诊疗行为的医疗机构的复数性，且数个医疗机构之间既没有共同的故意，也不存在共同的过失。如果存在共同故意或者过失，则应该适用侵权责任法第8条关于主观共同侵权的规定。

---

① 王胜明主编：《〈中华人民共和国侵权责任法〉条文解释与立法背景》，人民法院出版社2010年版，第59页。

其二，造成他人损害结果，且此种损害结果是同一的、不可分的。如果数个医疗机构的过错诊疗行为造成了数个独立的损害结果，则属于数个独立的侵权行为，不适用侵权责任法第 11 条的规定。当然，这里必须要求每个诊疗过错行为与患者所受损害之间存在因果关系，满足独立的侵权责任构成。

其三，每个诊疗过错行为都足以造成该损害后果的全部。即每个诊疗过错行为都构成损害结果发生的充分原因。从因果关系角度考察：每个诊疗过错行为均为发生损害后果的直接原因，具有造成损害后果的全部原因力。

关于构成侵权责任法第 11 条规定情形时的医疗机构承担侵权责任的责任形态问题。尽管在比较法上，对于等价因果关系情况下各个侵权人的责任承担，存在连带责任和按份责任两种立法模式。但是，我国侵权责任法明确了在此情况下各个侵权人需要承担连带责任。至于承担了侵权责任的行为人如果承担的责任份额超出了其应当承担的份额，可以向其他行为人追偿，这是连带责任人之间的责任分担问题。[①]

三、侵权责任法第 12 条规定的构成要件在数个医疗机构导致损害责任纠纷中的适用

结合侵权责任法第 12 条的规定，在数个医疗机构致人损害案件中，医疗机构承担按份责任的具体构成要件为：

其一，数个医疗机构的过错诊疗行为满足相对独立的侵权责任构成。在主体上要求存在数个医疗机构的过错诊疗行为导致患者损害，且数个责任主体之间并没有意思联络，即不存在共同的故意或者过失，只是由于偶然的结合导致了损害结果的发生，且不符合客观行为结合导致同一损害的要求。

其二，造成同一损害结果。如上所述，这里的数个诊疗过错行为实际

① 参见最高人民法院民事审判第一庭编著：《最高人民法院关于道路交通损害赔偿司法解释理解与适用》，人民法院出版社 2012 年版，第 173 页。

上构成了数个侵权行为，只是结合起来产生了患者相同的损害结果。因此，在此情形下，如果某一医疗机构的诊疗行为与损害后果没有因果关系，则当然不能适用侵权责任法第12条的规定。

在此需要注意的是，对于侵权责任法第12条的适用，必须要求各个诊疗过错行为均不足以单独导致患者同一损害结果的发生。在适用后果上，当能够确定数个医疗机构的过错和原因力大小时，要根据彼此的过错和原因力大小承担相应的责任；在无法确定各自过错和原因力大小的情况下，则要平均承担相应的按份责任。

在审判实践中对于本条的适用，还要注意准确把握对有关鉴定意见的审查和采信问题。由于诊疗行为本身的专业性、复杂性等原因，至于数个医疗机构分别实施诊疗行为造成患者同一损害的情形，某一诊疗过错行为是否与其他诊疗过错行为结合在一起共同造成同一损害，还是能够区分彼此原因力大小的问题，或者是每个诊疗过错行为是否都能够足以造成同一损害后果的发生，往往有赖于鉴定意见作专业判断。通常而言，对于鉴定意见所认定的内容，在当事人无相反证据足以反驳的情况下，人民法院应当作为认定案件事实的依据，同时也作为人民法院进行相应的法律适用判断的依据。但是人民法院也有必要对鉴定意见作必要审查，立足于法律价值判断作相应的裁判，不能完全“以鉴代审”。尤其是涉及连带责任承担的问题上，由于连带责任毕竟属于对当事人自己责任的一种加重，必须以符合法律所明确规定的构成要件为前提。从人民法院适用法律的角度，对于不符合侵权责任法第8条、第11条规定情形的医疗损害责任纠纷，无论鉴定意见之内容，都不能判决数个医疗机构承担连带责任。

【法条链接】

《中华人民共和国侵权责任法》

第八条 二人以上共同实施侵权行为，造成他人损害的，应当承担连带责任。

第十条 二人以上实施危及他人人身、财产安全的行为，其中一人或者数人的行为造成他人损害，能够确定具体侵权人的，由侵权人承担责任；不能确定具体侵权人的，行为人承担连带责任。

第十一条 二人以上分别实施侵权行为造成同一损害，每个人的侵权行为都足以造成全部损害的，行为人承担连带责任。

第十二条 二人以上分别实施侵权行为造成同一损害，能够确定责任大小的，各自承担相应的责任；难以确定责任大小的，平均承担赔偿责任。

《最高人民法院关于审理道路交通事故损害赔偿案件适用法律若干问题的解释》

第十三条 多辆机动车发生交通事故造成第三人损害，当事人请求多个侵权人承担赔偿责任的，人民法院应当区分不同情况，依照侵权责任法第十条、第十一条或者第十二条的规定，确定侵权人承担连带责任或者按份责任。

第二十条　医疗机构邀请本单位以外的医务人员对患者进行诊疗，因受邀医务人员的过错造成患者损害的，由邀请医疗机构承担赔偿责任。

【条文释义】

本条是关于外出会诊活动中致患者损害时如何承担责任的规定。

医师外出会诊（以下简称“会诊”）是当前医疗实践中普遍存在的一种现象。会诊对于促进医学交流与发展，提高医疗水平，保证医疗质量和医疗安全，方便群众就医，实现医疗资源优化配置、提高医疗服务水平、维护人民群众身心健康、满足人民群众不断增长的医疗需求具有重要意义。但在会诊过程中，由于涉及发出邀请的医疗机构（以下简称“邀请医疗机构”）、接受邀请的医疗机构（以下简称“会诊医疗机构”）、会诊医师和患者四方当事人，一旦造成患者损害，如何确定法律责任，缺乏明确的法律规定。调研中，不少意见提出有必要对会诊时的责任承担规则予以明确。下面我们将对外出会诊有关侵权责任承担问题做一探讨。

一、医师外出会诊制度概述

依据《医师外出会诊管理暂行规定》第2条的规定，医师外出会诊是指医师经所在医疗机构批准，为其他医疗机构特定的患者开展执业范围内的诊疗活动。从医方的角度看，医师外出会诊涉及邀请医疗机构、会诊医疗机构和会诊医师三个主体。依据《医师外出会诊管理暂行规定》的相关规定，在医师外出会诊法律关系中，他们各自有不同的义务。

1. 关于邀请医疗机构的义务

就邀请医疗机构而言，其在邀请其他医疗机构医师会诊时应当承担的义务，主要有：

其一，依照相应程序邀请会诊医师。在诊疗过程中需根据患者的病情需要或者患者要求等原因，需要邀请其他医疗机构的医师会诊时，经治科室应当向患者说明会诊、费用等情况，征得患者同意后，报本单位医务管理部门批准；当患者不具备完全民事行为能力时，应征得其近亲属或者监护人同意。从患者的角度讲，意味着患者或者其近亲属对于会诊享有知情同意权。

其二，书面邀请的义务。邀请医疗机构拟邀请其他医疗机构的医师会诊，需向会诊医疗机构发出书面会诊邀请函。内容应当包括拟会诊患者病历摘要、拟邀请医师或者邀请医师的专业及技术职务任职资格、会诊的目的、理由、时间和费用等情况，并加盖邀请医疗机构公章。用电话或者电子邮件等方式提出会诊邀请的，应当及时补办书面手续。

其三，禁止性情形。有下列情形之一的，医疗机构不得提出会诊邀请：（1）会诊邀请超出本单位诊疗科目或者本单位不具备相应资质的；（2）本单位的技术力量、设备、设施不能为会诊提供必要的医疗安全保障的；（3）会诊邀请超出被邀请医师执业范围的；（4）省级卫生行政部门规定的其他情形。

其四，其他程序性义务。会诊结束后，邀请医疗机构应当将会诊情况通报会诊医疗机构。医师应当在返回本单位 2 个工作日内将外出会诊的有关情况报告所在科室负责人和医务管理部门。

2. 关于会诊医疗机构的义务

在会诊法律关系中，会诊医疗机构承担的义务主要有：

其一，及时安排医师外出会诊的义务。会诊医疗机构接到会诊邀请后，在不影响本单位正常业务工作和医疗安全的前提下，医务管理部门应当及时安排医师外出会诊。会诊影响本单位正常业务工作但存在特殊需要的情况下，应当经会诊医疗机构负责人批准。

其二，会诊医疗机构不能派出会诊医师时，应当及时告知邀请医疗机构。但对于何为及时，《医师外出会诊管理暂行规定》并无具体规定，需要结合患者具体伤病情况和有关诊疗规范予以综合判断。

其三，禁止性情形。有下列情形之一的，医疗机构不得派出医师外出会诊：（1）会诊邀请超出本单位诊疗科目或者本单位不具备相应资质的；（2）会诊邀请超出被邀请医师执业范围的；（3）邀请医疗机构不具备相应医疗救治条件的；（4）省级卫生行政部门规定的其他情形。

3. 关于会诊医师的义务

在会诊关系中，无疑会诊医师是其中最关键的行为主体，其应当承担对于患者如同一般诊疗关系中相同的诊疗义务，即当时诊疗水平下的诊疗义务。具体到而言，会诊医师承担的义务主要有：

其一，医师接受会诊任务后，应当详细了解患者的病情，亲自诊查患者，完成相应的会诊工作，并按照规定书写医疗文书。

其二，医师在会诊过程中应当严格执行有关的卫生管理法律、法规、规章和诊疗规范、常规。

其三，医师未经所在医疗机构批准，不得擅自外出会诊，否则将构成非法行医。

其四，医师在会诊过程中发现难以胜任会诊工作，应当及时、如实告知邀请医疗机构，并终止会诊。医师在会诊过程中发现邀请医疗机构的技术力量、设备、设施条件不适宜收治该患者，或者难以保障会诊质量和安全的，应当建议将该患者转往其他具备收治条件的医疗机构诊治。

义务的违反意味着责任的承担，上述会诊法律关系中医方义务的违反会产生相应的法律责任，但有些可能仅仅是行政管理方面的责任，并不一定构成医疗损害责任。判断是否要承担医疗损害责任，需要以会诊中有关诊疗行为是否符合医疗损害责任构成为基本判断标准。比如上述邀请医疗机构其他程序性义务的违反，可以认定为该医疗机构在会诊法律关系中存在过错，但这一过错行为如果与患者损害没有因果关系，则当然不能承担医疗损害责任。同理，医疗损害责任在责任形态上是一种替代责任，即医务人员的过错行为导致损害的，应该由相应的医疗机构承担责任，因此会诊医师无论如何不能成为会诊导致患者损害的侵权责任主体。至于会诊导致患者损害的责任承担问题，我们将在下一部分详细阐述。

二、医师外出会诊的责任承担

依据《医师外出会诊管理暂行规定》第14条的规定："医师在外出会诊过程中发生的医疗事故争议，由邀请医疗机构按照《医疗事故处理条例》的规定进行处理。必要时，会诊医疗机构应当协助处理。"该条对于会诊导致患者损害的责任承担并没有具体规定。在实务中，关于因会诊医师在诊疗中出现过错造成患者损害时，如何确定侵权责任形态时，主要有两种观点：一是共同侵权责任说，认为应当由邀请医院与会诊医院对患者承担侵权责任，这又分为两种观点：（1）连带责任说，即邀请医院与会诊医院承担连带责任；（2）按份责任说，即邀请医院和会诊医院依各自的份额承担侵权责任。共同责任说认为，会诊医院与邀请医院都负有对会诊医师的监管义务，因此两者都应负责。连带责任说认为，由双方承担连带责任可以更好地救济患者，并有助于增强医院的责任意识，有利于减少损害事故的发生。二是单独侵权责任说，这也分为两种：（1）主张由会诊医院承担侵权责任；（2）主张由邀请医院承担侵权责任。会诊医院负责说认为，会诊医院选派会诊医师，具有人事管理权，应当由会诊医院负责。①

上述观点都有一定道理，但考虑到医师外出会诊过程中导致患者损害的情形也是医疗损害责任纠纷案件的一种类型，而医疗损害责任在责任形态上替代责任，因此医师外出会诊时的医疗损害责任也是替代责任，即因该会诊医师过错诊疗行为导致的损害应该由相应的医疗机构承担责任。上述观点在这一问题上并无争议，但是在由会诊医疗机构承担责任还是邀请医疗机构承担责任，或是他们共同承担责任上存在分歧。本解释在综合各方意见的基础上，确立了应由邀请医疗机构承担责任。主要理由如下：

1. 由邀请医疗机构承担责任符合会诊制度的基本目的。在会诊的诊疗过程中，会诊医师基本是处于邀请医院的监督、控制和管理下，会诊医师在诊疗过程中通常也无需向会诊医院进行报告，因此对医师负有监管控制义务的主要是邀请医院。一般而言，会诊制度的目的主要有两个：一是为

---

① 柳芃：《医师外出会诊致人损害的侵权责任研究》，载《医学与哲学》2015年第8A期。

了方便居民就医，满足居民的医疗需求；二是为了促进医学交流与发展，提高医疗服务水平，优化医疗资源配置。这其中，除了有益于患者外，对于邀请医院也大有裨益：第一，会诊可以加强邀请医院与外院的交流，提高邀请医院的医疗技术和服务水平，有助于邀请医院的长远发展。第二，通过会诊，患者往往不再需要转院治疗，客观上增加了邀请医院的经济收入，同时也有利于邀请医院医疗技术和服务水平的提高。实践中，邀请医院一般是县乡级及其以下的基层医疗机构，或是地处落后边远地区或是医疗技术服务水平较低的医疗机构，因此会诊制度具有社会公益目的。如果会诊医院承担过重责任，可能会对会诊医院产生阻吓作用而拒绝会诊邀请，不利于患者利益的实现和边远落后地区的医疗发展。[①] 因此，从制度设计的目的看，由邀请医疗机构承担责任而不由会诊医疗机构承担责任，对于促进医学交流与发展，提高社会整体医疗水平，方便群众就医，保护患者合法权益具有积极意义。

其二，由邀请医疗机构承担责任，符合替代责任的基本要求。在替代责任中，替代责任人都必须处于一种特定地位之中。这种特定地位，表现为替代责任人在其与加害人的特定关系中所处的带有支配性质的地位。它决定了替代责任人为加害人造成的损害后果负责的义务的产生。考察为加害人的损害后果负责的责任人地位，主要是看：双方有无确定特定关系的事实或合同；加害人是否受有责任人的报酬；加害人的活动是否受责任人的指示、监督或监护等约束；加害人是否向责任人提供劳务。当责任人处于这种特定地位时，责任人应当为加害人造成的损害后果负责。[②] 在邀请其他医疗机构医师会诊的情况下，该会诊医师虽然接受外出会诊的指示是来自会诊医疗机构，但接受该指示后所从事的诊疗活动已经属于邀请医疗机构的工作事务范畴，受到该邀请医疗机构的指示、监督，他也往往会因该会诊行为从该邀请医疗机构活动一定的报酬，符合替代责任的上述要

① 柳芃：《医师外出会诊致人损害的侵权责任研究》，载《医学与哲学》2015 年第 8A 期。
② 杨立新：《侵权法论（第五版）》，人民法院出版社 2013 年版，第 647 页。

求，应该由该邀请医疗机构承担责任。

其三，从与患者所形成诊疗关系的主体看，无疑该邀请医疗机构是与该患者形成诊疗关系的主体，且该邀请医疗机构能够从会诊行为中获得相应的利益，比如患者支付的医药费。由邀请医疗机构承担会诊过程中诊疗过错导致患者损害的责任，符合权责利相统一原则的要求。会诊医疗机构并未从患者处获得利益（即使其能获得相应的利益也是因为其与邀请医疗机构之间的协议而产生），该会诊医疗机构与患者之间并没有建立明确的诊疗法律关系，因此不宜由该会诊医疗机构承担责任。而且由邀请医疗机构承担责任既可以使法律关系更加清晰，也便于纠纷的一揽子解决。因为实践中不少案件并非仅有会诊医师的过错诊疗行为，可能还会存在邀请医疗机构的其他医务人员的过错诊疗行为，甚至有违反医疗机构内部管理规定而导致患者损害的情形，这时确定由邀请医疗机构作为责任承担主体，不至于使法律关系复杂化，也能非常简单明了的彻底解决这一纠纷。

【适用指南】

对于本条的适用，应当注意以下问题：

（一）关于邀请医疗机构承担医疗损害责任的构成要件

作为医疗损害责任的一种，医师外出会诊过错诊疗行为导致患者损害的责任构成应当符合侵权责任法第 54 条的一般规定，即需要有患者损害，违法诊疗行为、因果关系、主观过错四个要件。这四个构成要件的判断标准与一般的医疗损害责任构成并无区别。但需要注意的是，这里的违法诊疗行为仅是指该医师在对患者的诊疗过程中的过错诊疗行为，不包括邀请医疗机构的其他过错诊疗行为，比如该医疗机构的护理人员违反护理规范造成患者损害的情形、缺陷医疗产品导致患者损害的情形等等，也不包括会诊医疗机构存在过错，且该过错行为与患者损害有一定原因力的情形。

（二）本条规定并非涵全部与会诊有关的医疗损害责任纠纷

对于本条的适用，要注意区分本条规定的调整范围和其他与会诊有关的医疗损害责任纠纷在法律适用上的不同。至于前述邀请医疗机构的其他过错诊疗行为与会诊医师存在诊疗过错并存的情形，依据本条规定和侵权责任法第54条的规定，这时并不影响该邀请医疗机构的责任承担规则，只是该医疗机构存在数个过错诊疗行为而已。至于会诊医疗机构存在其他过错行为的情形，这时要看该过错行为与损害后果有无因果关系以及原因力的大小来确定该会诊医疗机构的责任大小。

实践中也有意见认为，会诊中因医师的过错造成患者损害的，由邀请医院承担侵权责任，会诊医院有过错的承担相应的补充责任。[①] 这一观点有一定道理，这是类比侵权责任法第34条第2款关于劳务派遣的规定所作的规定，外出会诊与劳务派遣有一定的相似性，但是由于外出会诊与劳务派遣在制度设立目的上有着根本不同，后者情形存在着劳务派遣单位与接受劳务派遣单位均因该劳务派遣获得相应经济利益的事实，属于典型的双方获利行为，该劳务派遣单位承担补充责任具有合理性。但在外出会诊中，该行为本身具有典型的公益性，对于提高相对落后地区医疗机构的医疗水平具有重要意义，这时仅要求该邀请医疗机构承担责任，无疑更有利于鼓励和促进会诊医疗机构积极外派会诊医师，从而进一步发挥会诊制度的功能价值。而且补充责任的一个重要功能就是为了充分救济受害人，但在实践中对于患者而言，通常也不会存在救济不能的风险，由会诊医疗机构承担补充责任不仅不便于实务操作，可能会导致法律关系复杂化，也会加重该会诊医疗机构负担，不利于推动会诊事业的开展。

【法条链接】

《中华人民共和国侵权责任法》

第五十四条 患者在诊疗活动中受到损害，医疗机构及其医务人员有过错的，由医疗机构承担赔偿责任。

---

① 柳芃：《医师外出会诊致人损害的侵权责任研究》，载《医学与哲学》2015年第8A期。

《医师外出会诊管理暂行规定》

第二条　本规定所称医师外出会诊是指医师经所在医疗机构批准，为其他医疗机构特定的患者开展执业范围内的诊疗活动。

医师未经所在医疗机构批准，不得擅自外出会诊。

第十四条　医师在外出会诊过程中发生的医疗事故争议，由邀请医疗机构按照《医疗事故处理条例》的规定进行处理。必要时，会诊医疗机构应当协助处理。

第二十一条 因医疗产品的缺陷或者输入不合格血液受到损害，患者请求医疗机构，缺陷医疗产品的生产者、销售者或者血液提供机构承担赔偿责任的，应予支持。

医疗机构承担赔偿责任后，向缺陷医疗产品的生产者、销售者或者血液提供机构追偿的，应予支持。

因医疗机构的过错使医疗产品存在缺陷或者血液不合格，医疗产品的生产者、销售者或者血液提供机构承担赔偿责任后，向医疗机构追偿的，应予支持。

【条文释义】

本条是关于医疗产品的生产者、销售者，输入不合格血液的提供机构以及医疗机构对患者损害承担责任的规定。

一、医疗产品责任承担的基本规则

药品、消毒药剂、医疗器械属于产品，应当适用产品责任的规定。依据侵权责任法第43条的规定，因产品存在缺陷造成人身、他人财产损害的，受害人可以向产品的生产者要求赔偿，也可以向产品的销售者要求赔偿。属于产品的生产者责任，产品的销售者赔偿的，产品的销售者有权向产品的生产者追偿。属于产品销售者的责任，产品的生产者赔偿的，产品的生产者有权向产品的销售者追偿。对于医疗产品损害责任的责任形态，侵权责任法第59条规定为“患者可以向生产者或者血液提供机构请求赔偿，也可以向医疗机构请求赔偿。患者向医疗机构请求赔偿的，医疗机构赔偿后，有权向负有责任的生产者或者血液提供机构追偿”，这与上述侵权责任法第43条规定在本质上是一致的。关于医疗产品责任的形态，一种意见认为医疗产品责任是连带责任；另一种意见认为，这同产品责任的责任形态一样，医疗产品损害责任也是不真正连带责任。这是目前的主流意见。

侵权责任法上的不真正连带责任，是指多数行为人违反法定义务，对一个受害人实施加害行为，或者不同的行为人基于不同的行为而致使受害人的权利受到损害，各个行为人产生的同一内容的侵权责任，各负全部赔偿责任，并因行为人之一的履行而使全体责任人的责任归于消灭的侵权责任形态。

不真正连带责任作为侵权责任形态之一，具有以下法律特征：

1. 不真正连带责任的责任主体是违反对同一个民事主体负有法定义务的数个行为人

不真正连带责任是侵权责任形态中的共同责任，因此必须是两个以上的民事主体作为责任人。其责任产生的基础，是该数人对同一个民事主体的民事权益负有法定义务，该法定义务不履行，造成了受害人的损害，发生侵权责任。例如，产品生产者和销售者都对产品使用者负有安全保障义务，生产的或者销售的产品有缺陷造成使用者损害，两个义务主体都违反了法定义务，构成侵权责任。因此，两个以上的违法行为造成损害，实际上构成了两个以上的侵权行为。而连带责任则不相同，数个行为人基于共同过错实施侵权行为，已经构成了一个侵权行为而不是数个侵权行为。

2. 不真正连带责任是基于同一损害事实发生的侵权责任

不真正连带责任的责任人虽然为两个以上，构成两个以上的侵权行为，但是两个以上的侵权行为造成的损害结果却是一个共同的损害。正是这一个共同的损害结果，才将两个行为人实施的侵权行为结合起来，构成共同责任，发生了不真正连带责任的法律后果。如果没有共同的损害结果，各个行为人实施的侵权行为都是单个侵权行为，不可能构成共同责任，无从发生不真正连带责任。所以，不真正连带责任的数人行为对于损害的发生都具有百分之百的原因力。无过错联系的共同加害行为，行为人虽然是各自实施的侵权行为，但是每一个行为人实施的行为结合在一起才造成了一个损害，所有的行为各具不同的原因力，因此也与不真正连带责任不同。共同侵权行为虽然是一个行为，但是每一个共同加害人的行为对于损害的发生各具原因力，而不是各具百分之百的原因。

3. 不同的侵权行为人对同一损害事实发生的侵权责任相互重合

正因为数个侵权行为人实施的是各自独立的侵权行为，而造成的却是一个共同的、同一的损害结果，因此，每个侵权行为人所发生的侵权责任内容是相同的，无论是在责任性质、责任方式和责任范围上都是重合的。因此，不真正连带责任与连带责任和按份责任都不相同。连带责任是一个责任，所有的共同加害人都只对这一个损害承担责任，而在内部却分为不同的责任份额。按份责任则也是一个责任，不同的行为人仅对自己的那一份额承担责任。①

不真正连带责任与连带责任的基本区别就在于，连带责任不论在形式上还是在实质上，所有的责任人都实行连带责任，在形式上，每一个责任人都对全部责任负责，实行形式上的连带；在实质上，每一个责任人都对连带责任的最终责任负责，都对连带责任承担最终责任，即负有自己的赔偿份额的最终责任，在实质上连带。而不真正连带责任不同，它只在形式上实行连带，在实质上不实行连带。在形式上，被侵权人可以向不真正连带责任人的任何一方主张承担赔偿责任，任何一方都有责任承担全部赔偿责任；但是在实质上，则必须有一个最终责任人，由最终责任人对全部侵权责任负责，不应当对全部赔偿责任负责的中间责任人即使是承担了全部赔偿责任，他也有权向最终责任人主张追偿全部责任，将中间责任转移给最终责任人，而自己最终是没有责任的。因此，侵权责任法第 59 条规定的上述责任形态，其最终责任的规则是侵权责任法第 41 条规定，是缺陷产品的生产者自己承担最终责任，因此属于不真正连带责任，而不是连带责任。②我们赞同这一意见，医疗产品损害责任是特殊的产品责任，在法律适用上除了适用侵权责任法第 59 条的规定外，还应适用侵权责任法第五

① 杨立新：《侵权法论（第五版）》，人民法院出版社 2013 版，第 988 ~ 989 页。

② 参见杨立新：《〈侵权责任法〉改革医疗损害责任制度的成功与不足》，载《中国人民大学学报》2010 年第 4 期。

章关于产品责任的一般规定。依照侵权责任法第41条、第43条及第59条的规定，因医疗产品存在缺陷造成人身、他人财产损害的，受害人可以向产品的生产者要求赔偿，也可以向医疗机构要求赔偿。属于医疗产品生产者的责任，产品的医疗机构赔偿的，有权向医疗产品的生产者追偿。由此可见，医疗产品责任作为产品责任的一种，其责任形态应该是不真正连带责任。如上所述，在医疗产品责任纠纷中，作为受害人的患者有权选择不同的责任主体为被告来主张权利，也可以选择他们为共同被告，人民法院也可以基于查明案件事实、方便彻底解决纠纷等考虑，追加他们为共同被告，但无论何种情况下，都由某个责任主体来承担最终的责任。

二、本条对医疗产品责任承担所作规定的主要考虑

医疗产品责任采用不真正连带责任，在当事人进行选择其中一个责任主体主张权利的情形，人民法院认定其责任大小及承担方式并无争议。但对于当事人将医疗机构和生产者同时起诉或被追加的情形，如何确定他们责任的大小及承担方式，则有不同看法。一种意见认为，应当确定由他们共同承担责任，再行确定他们之间的追偿权；审判实践中有的判决表述为共同承担责任，有的案例也直接表述为承担连带责任。另一种意见认为，这时应当判定缺陷的直接生产者承担侵权责任，不必实行让医疗机构先承担责任再进行追偿的做法。[①] 理论上一般认为，不真正连带责任中的相互重合的侵权责任中通常承担一个侵权责任即可保护受害人的权利，即只要数个重合的侵权责任履行了一个，受害人的损害就得到了救济，其受到损害的权利就得到了恢复。因此，不真正连带责任的受害人原则上只能选择相互重合的请求权中的一个行使，该请求权行使之后，其他的请求权即行消灭。[②] 这一意见就是严格按照不真正连带责任的基本法理，规定了直接判决由最终承担责任的主体承担责任的规则。这样做的好处在于实现了纠纷的彻底解决，减少追偿这一环节。

① 杨立新：《论医疗产品责任》，载《政法论丛》2009年第2期。
② 杨立新：《侵权法论（第五版）》，人民法院出版社2013版，第989页。

上述两种意见都有道理。本解释未采纳上述第二种意见判决由最终承担责任的主体承担责任的做法。主要理由是：其一，若最终承担责任的主体没有清偿能力，则被害人可能得不到应有救济，这与侵权责任法第59条规定的立法目的（即充分救济受害人）不符；其二，若最终判决缺陷产品生产者承担责任，意味着对患者向销售者主张权利的途径也被剥夺，不利于患者利益维护；其三，按照这一思路，在人民法院依照职权追加医疗产品生产者的情形，在原告坚持不变更原来对医疗机构诉讼请求的情况下，则面临着要对原告诉讼请求裁定驳回的问题，这就直接与侵权责任法第59条、第43条规定不符。

在此需要注意的是，本条第一款规定也并非对医疗机构与医疗产品生产者、销售者在外部关系上承担连带责任的否定。我们认为，这并不妨碍审判实践中，对于患者一方向医疗机构、医疗产品生产者、销售者主张共同承担赔偿责任或者承担连带责任的问题作有益探索。

三、关于输入不合格血液纠纷的责任承担问题

血液及血液制品是一种特殊的医疗资源，与人民群众的健康密切相关。输血感染是血液及血液制品危害人们的最主要的形式。[①] 近年来，因输血而导致患者受到损害的事例时有发生，因此而引发的医疗纠纷也越来越受到社会关注。从司法实践看，近年来各地因输血感染疾病而引发的侵权损害赔偿案件不断出现。现行法律法规对该类纠纷缺乏明确具体的规定，法院在审理中适用不同的归责原则，导致不同的判决结果。主要有以下三种情况：（1）适用无过错责任原则。这类情况实践中不多。例如在某案例中，原告在医院手术中输血400毫升，术后不久被确诊为丙型肝炎。法院查明原告输入的血液已经过检验不存在质量问题，但判决医院赔偿原告各项损失六千余元。（2）适用过错责任原则。这类情况实践中较为常见。例如在某案例中，原告在被告医院手术治疗过程中两次输血共1400

---

① 最高人民法院侵权责任法研究小组编著：《〈中华人民共和国侵权责任法〉条文理解与适用》，人民法院出版社2010年版，第416页。

毫升。原告出院后 1 个月被确诊为丙型肝炎，起诉至法院。医疗事故鉴定委员会鉴定认为，原告所患肝炎系输血所致，但属于无过错输血，不属于医疗事故。法院依据该鉴定结论，判决驳回原告的诉讼请求。再如在某案例中，原告因摔伤到医院治疗，输血 4 次后发现感染艾滋病病毒。法院查明，原告所用血液的三名供血员无献血档案，无法确定这三名供血者的健康情况，血站存在过错。因血站被撤销，由当地卫生局以血站的财产赔偿原告各项损失 11 万余元。（3）适用公平责任原则。民法通则第 132 条规定："当事人对造成损害都没有过错的，可以根据实际情况，由当事人分担民事责任。"一般认为该条规定不是该侵权损害赔偿中的一个独立归责原则，而只是对损害结果的分担原则。对于输血感染疾病的纠纷，法院认为医疗机构及血液中心均无过错，但适用过错责任原则又对受害人明显不公平时，往往适用公平责任原则，由各方当事人分担损害结果，判决医疗机构和血站给予患者一定的补偿，以适当保护患者的利益或者维护社会稳定的目的。例如在某案例中，原告住院治疗，输血 4 次出院后发现感染丙肝。法院查明，医院及血站均无过错，法院判决原告、医院、血站各承担原告医疗费的三分之一。在另一案情相似的案例中，法院判决原告、医院、血站按 3∶3∶4 的比例分担原告的损失。①

对于血站和医疗机构在输入不合格血液导致患者损失的责任。依据侵权责任法第 59 条的规定，输入不合格的血液与提供有缺陷的药品、消毒药剂、医疗器械产生同样的法律后果。医疗机构和血液提供机构对输血者因输入不合格的血液感染引起的损害承担严格责任，这样就最大限度地保护了输血者这一相对弱者的身体健康权。② 在侵权责任法起草过程中，有关血站是否应当承担赔偿责任的争议，主要存在于采供血过程中无过错的情况，例如造成不合格血液产生的原因是供血者处于病毒感染的"窗口

① 王胜明主编：《〈中华人民共和国侵权责任法〉条文解释与立法背景》，人民法院出版社 2010 年版，第 231 页。

② 最高人民法院侵权责任法研究小组编著：《〈中华人民共和国侵权责任法〉条文理解与适用》，人民法院出版社 2010 年版，第 416 页。

期”，限于目前的医学检测水平无法发现。在这种情况下，对于血站依法是否应当承担无过错责任，有不同意见。目前没有法律明确规定血站对民事损害应当承担无过错责任。依照产品质量法第41条的规定，缺陷产品的生产者应当承担无过错责任。因此，对血站责任问题的不同意见就主要反映在对于血液是否属于“产品”的争议上，大体有三种意见：（1）认为血液不是产品，不应适用产品质量法。（2）认为血液是产品，无过错输血感染疾病案件应适用产品质量法，由血液提供者向受害人承担无过错责任。（3）认为应当将血液视为“产品”，使血液提供者承担与血液制品生产者相同的责任。相对于输血用血液，普遍认为血液经过提取分离而形成的血液制品，如冻干血浆、白蛋白、丙种球蛋白和凝血因子等属于产品。血液与血液制品的来源相同，都是献血者体内自然流动的血液（或血浆），只是输血用血液由血液提供者以较为简单的工艺流程加工而成，而血液制品由企业以较为复杂的工艺流程加工制作。如果对“窗口期”等原因造成的输血感染事件按照不同的规则处理，对血站适用过错责任原则，对血液制品生产企业适用无过错责任原则，不符合法律公平公正的理念。因此在无过错输血感染疾病案件中，对于血液是否为产品不宜机械考虑，即使血液不是产品，亦应将其视为产品，适用产品质量法由血液提供机构承担无过错责任。最终立法机关采纳了上述第三种意见。输血感染案件中的受害人与血液提供机构相比是处于被动接受地位的弱者。至于医疗机构因过错致使患者受到输血损害的责任承担，立法机关也认为这时医疗机构的责任不应当比一般销售者的责任更低。①

对于输入不合格血液时医疗机构与血液提供机构之间的责任问题，本条在侵权责任法第59条基础上规定了应当适用关于医疗产品责任的细化规定。具体理由如下：

第一，输血感染案件中的受害人与血液提供机构相比，是处于被动接

① 参见王胜明主编：《〈中华人民共和国侵权责任法〉条文解释与立法背景》，人民法院出版社2010年版，第230～232页。

受地位的弱者。对于无过错输血感染这一不可预料的风险，血液提供机构更有控制风险、承担风险和分散风险的能力。合理保护受害患者的利益，有利于体现公平正义的法律精神，有利于减少医患纠纷，构建和谐社会。

第二，医疗机构与其他销售者相比，更具专业性，对于患者所输入血液，医疗机构负有最终的把关责任，这种责任关系着患者的生死存亡，作为专业机构和专业人员，医疗机构和医生有能力与责任对血液和血液制品进行鉴别，而患者比一般消费者而言，在专业性方面更处于劣势。因此，医疗机构的责任不应当比一般销售者的责任更低。①

第三，立法机关在制定侵权责任法第59条规定时也遵循了这一思路，②对输入不合格血液的侵权责任适用与缺陷医疗产品侵权责任相同的规则。

【适用指南】

对于本条的适用，要注意以下几个问题：

一、关于医疗产品销售者的责任

如上所述，由于医疗产品责任是产品责任的一种，有关医疗产品销售者的责任承担问题，要适用产品责任法第41条、第43条等规定。本条也是依据侵权责任法关于产品责任的规定，在侵权责任法第59条规定的基础上，明确将销售者列为医疗产品责任的主体。我国侵权责任法基于医疗公益性的考虑，并没有认定医疗机构是医疗产品的销售者，而是或多或少基于当前以药补医等情况（当然侵权责任法第59条规定并不限于这一理由）的考虑，医疗机构实际上处于销售者的地位，③ 在责任承担上确定了医疗机构承担与医疗产品销售者相类似的法律责任。在实践中需要注意的

---

① 王胜明主编：《〈中华人民共和国侵权责任法〉条文解释与立法背景》，人民法院出版社2010年版，第232页。

② 参见王胜明主编：《〈中华人民共和国侵权责任法〉条文解释与立法背景》，人民法院出版社2010年版，第231～233页。

③ 最高人民法院侵权责任法研究小组编著：《〈中华人民共和国侵权责任法〉条文理解与适用》，人民法院出版社2010年版，第419页。

问题是，如果患者从医疗机构诊断后并未在该医疗机构购买相应的医疗产品，比如药品，而是到相关医疗产品经营者处按照医疗机构的处方购买了该医疗产品，后因该医疗产品缺陷导致患者损害的情形，这时由于医疗机构并不具备类似于该医疗产品销售者之地位，其并未从该医疗产品的销售中获益，也无法控制该医疗产品之风险当然也就无法转嫁该风险，因此按照严格责任的基本法理，该医疗机构不应当是该缺陷医疗产品导致损害的责任承担主体，即不能适用侵权责任法第 59 条的规定，而应适用侵权责任法第 43 条等关于产品责任的一般性规定确定该医疗产品生产者和销售者的责任。

二、关于医疗产品责任承担后的追偿权问题

在产品责任中，追偿权问题通常被认为是产品生产者与销售者之间内部责任关系的一体两面的内容，医疗产品责任中的追偿权关系也是如此，只是增加了医疗机构这一责任主体或者追偿权主体。本条第 2 款、第 3 款是对医疗产品责任承担后追偿权的规定。侵权责任法第 59 条仅规定了医疗机构对医疗产品生产者的追偿权，并没有规定对医疗产品销售者的追偿权，也没有规定医疗产品生产者、销售者以及血液提供机构对有过错医疗机构的追偿权，由此引发的法律适用问题在实践中具有一定的普遍性，有必要通过司法解释予以明确。对此，我们根据调研意见，依据侵权责任法第 43 条、第 59 条的规定，明确了医疗机构承担责任后向医疗产品生产者、销售者的追偿权以及医疗产品生产者、销售者及血液提供机构向有过错医疗机构追偿的内容。至于医疗产品生产者、销售者之间追偿权问题，则直接适用侵权责任法第 43 条规定即可，无需重复规定。但在医疗机构与其他责任主体的追偿权的制度设计中，对医疗机构类推适用侵权责任法第 43 条第 3 款的规定，医疗机构有过错，其应当承担最终的责任，这时医疗产品的生产者、销售者以及血液提供机构也应当享有相应的追偿权，这对于各方主体之间的损益分配更加公平。

结合侵权责任法第 42 条、第 59 条的规定，医疗产品缺陷形成的原因，尤其是销售者的过错及其对产品缺陷形成的原因力即为划定销售者与生产者之间有关责任范围的基本依据。至于医疗机构与医疗产品的销售者、生产者之间的追偿权法律关系，也是因为多了一个责任主体而使得追偿权关系比仅有医疗产品生产者、销售者更为复杂，但其适用前提是一致的：其一，法院判决了某一个或两个以上责任主体对于患者一方承担了赔偿责任，对此，共同承担责任或者单独承担责任在所不问，共同承担责任仅是影响其追偿数额的大小。其二，具有明确的最终责任人，即被追偿的主体；其三，追偿权人已经向患者一方履行赔偿责任。

关于主张追偿权时的举证责任问题，应当按照《民诉法解释》第 90 条、第 91 条的规定确定，通常要适用“谁主张、谁举证”的一般规则。比如缺陷是由于销售者过错造成的，这是销售者承担责任的基本构成要件，医疗产品的生产者或者医疗机构在承担责任后就要对销售者的过错以及因果关系的成立承担举证责任。同样，在医疗机构是最终责任主体时，主张追偿权的主体也要对该医疗机构的过错造成产品缺陷的事实承担举证责任。但是，对于医疗产品生产者的责任，则依据侵权责任法第 41 条的规定，其承担的是无过错责任，在追偿权案件中，主张追偿权的主体也无须对医疗产品生产者的过错承担举证责任，多数案件可能依据患者主张产品责任的案件中查明的事实就可以完成相应举证责任，而直接向医疗产品的生产者主张追偿权。

在此需要注意的是，本条第二、三款规定的适用前提是由于缺陷医疗产品导致患者损害的情形，这时可能也同时存在患者自身过错、特异体质、病情转归等其他原因，但不能包括医疗机构在缺陷医疗产品之外也存在诊疗过错的情形。若是后者，则如果存在承担连带责任的情形，这时应当按照原因力大小确定的责任主体内部责任份额来行使追偿权。

【法条链接】

《中华人民共和国侵权责任法》

第四十一条 因产品存在缺陷造成他人损害的，生产者应当承担侵权责任。

第四十三条 因产品存在缺陷造成损害的，被侵权人可以向产品的生产者请求赔偿，也可以向产品的销售者请求赔偿。

产品缺陷由生产者造成的，销售者赔偿后，有权向生产者追偿。

因销售者的过错使产品存在缺陷的，生产者赔偿后，有权向销售者追偿。

第五十九条 因药品、消毒药剂、医疗器械的缺陷，或者输入不合格的血液造成患者损害的，患者可以向生产者或者血液提供机构请求赔偿，也可以向医疗机构请求赔偿。患者向医疗机构请求赔偿的，医疗机构赔偿后，有权向负有责任的生产者或者血液提供机构追偿。

《血液制品管理条例》

第十条 单采血浆站必须对供血浆者进行健康检查；检查合格的，由县级人民政府卫生行政部门核发《供血浆证》。

供血浆者健康检查标准，由国务院卫生行政部门制定。

第十二条 单采血浆站在采集血浆前，必须对供血浆者进行身份识别并核实其《供血浆证》，确认无误的，方可按照规定程序进行健康检查和血液化验；对检查、化验合格的，按照有关技术操作标准及程序采集血浆，并建立供血浆者健康检查及供血浆记录档案；对检查、化验不合格的，由单采血浆站收缴《供血浆证》，并由所在地县级人民政府卫生行政部门监督销毁。

严禁采集无《供血浆证》者的血浆。

血浆采集技术操作标准及程序，由国务院卫生行政部门制定。

第二十五条 血液制品生产单位在原料血浆投料生产前，必须使用有产品批准文号并经国家药品生物制品检定机构逐批检定合格的体外诊断试剂，对每一人份血浆进行全面复检，并作检测记录。

原料血浆经复检不合格的，不得投料生产，并必须在省级药品监督员监督下按照规定程序和方法予以销毁，并作记录。

原料血浆经复检发现有经血液途径传播的疾病的，必须通知供应血浆的单采血浆站，并及时上报所在地省、自治区、直辖市人民政府卫生行政部门。

第二十六条　血液制品出厂前，必须经过质量检验；经检验不符合国家标准的，严禁出厂。

《医疗机构临床用血管理办法》

第二十八条　医疗机构应当建立临床用血医学文书管理制度，确保临床用血信息客观真实、完整、可追溯。医师应当将患者输血适应证的评估、输血过程和输血后疗效评价情况记入病历；临床输血治疗知情同意书、输血记录单等随病历保存。

《临床输血技术规范》

第六条　决定输血治疗前，经治医师应向患者或其家属说明输同种异体血的不良反应和经血传播疾病的可能性，征得患者或家属的同意，并在《输血治疗同意书》上签字。《输血治疗同意书》入病历。无家属签字的无自主意识患者的紧急输血，应报医院职能部门或主管领导同意、备案，并记入病历。

第十四条　受血者配血试验的血标本必须是输血前3天之内的。

第十六条　凡输注全血、浓缩红细胞、红细胞悬液、洗涤红细胞、冰冻红细胞、浓缩白细胞、手工分离浓缩血小板等患者，应进行交叉配血试验。机器单采浓缩血小板应ABO血型同型输注。

第二十二条 缺陷医疗产品与医疗机构的过错诊疗行为共同造成患者同一损害，患者请求医疗机构与医疗产品的生产者或者销售者承担连带责任的，应予支持。

医疗机构或者医疗产品的生产者、销售者承担赔偿责任后，向其他责任主体追偿的，应当根据诊疗行为与缺陷医疗产品造成患者损害的原因力大小确定相应的数额。

输入不合格血液与医疗机构的过错诊疗行为共同造成患者同一损害的，参照适用前两款规定。

【条文释义】

本条是关于同时存在缺陷医疗产品与诊疗过错造成患者损害同一损害时的责任承担规则的规定。对于本条的适用，需要把握以下几点：

一、共同侵权行为的一般规则

共同侵权，是指数人共同不法侵害他人权益造成损害的行为。对共同侵权行为，有的学者称为“共同致人损害”，有的学者称为“共同过错”，还有的学者称为“共同不法行为”。[①]

在大陆法系民法中，《法国民法典》并没有对共同侵权行为作出明确规定。第一个规定共同侵权制度的是《德国民法典》，其第830条中规定：“数人因共同实施侵权行为造成损害的，各人对损害均负责任。”后来的一些国家和地区的立法基本沿袭了这一做法。比如，《日本民法典》第719条第1款规定：“由于多人共同的不法行为而对他人造成了损害时，各人对于该损害负有连带赔偿责任。无法得知共同行为人中的某一人是否施加

① 王胜明主编：《〈中华人民共和国侵权责任法〉条文解释与立法背景》，人民法院出版社2010年版，第42页。

了该损害时亦同样。”《意大利民法典》第2055条第1款规定：“如果损害行为可归责于多个人，则所有的人要承担连带赔偿的责任。”《韩国民法典》第760条第1款也规定：“数人因共同不法行为（侵权行为）给他人造成损害时，对其损害有连带赔偿责任。”《瑞士债务法》第50条第1款规定：“如果数人共同造成损害，则不管是教唆者、主要侵权行为人或者辅助侵权行为人，均应当对受害人承担连带责任和单独责任。”

我国近代以来的做法也都是借鉴上述国家尤其是日本民法典的做法。比如《民国民律草案》第248条规定：“数人共同不法侵害他人之权利者，连带负损害赔偿责任。其不能确知孰为加害人者，亦同。”“教唆人及帮助人，视为共同行为人。”我国台湾地区“民法典”沿袭了民国民律草案的185条第1款的规定：“数人共同不法侵害他人之权利者，连带负损害赔偿责任。”我国现今的立法对于共同侵权的界定与上述规则在本质上也是一致的。民法通则第130条规定：“二人以上共同侵权造成他人损害的，应当承担连带责任。”侵权责任法传承了民法通则的做法，在第8条规定：“二人以上共同实施侵权行为，造成他人损害的，应当承担连带责任。”

近年来，学界和实务界对于共同侵权行为的适用范围作了进一步的研究和检讨，其核心内容就是在突破主观共同故意或者共同意思联络这一问题上，由此而生的是对共同侵权行为的本质的反思。概言之，主要观点有：一是意思联络说，认为共同加害人之间必须有意思联络始能构成。意思联络即共同故意，它使主体的意志统一为共同意志，使主体的行为统一为共同的行为。反之，如无主体间的意思联络，则各人的行为就无法在实质上统一起来，因而也不构成共同侵权行为。① 二是共同过错说，认为共同侵权行为的本质特征在于数个行为人对损害结果具有共同过错，既包括共同故意，也包括共同过失。② 三是共同行为说，认为共同行为是共同加

---

① 伍再阳：《意思联络是共同侵权行为人的必备要件》，载《法学季刊》1984年第2期。

② 王利明、杨立新等：《民法·侵权行为法》，中国人民大学出版社1993年版，第354页；杨立新：《侵权损害赔偿》，吉林人民出版社1990年版，第135～137页。

害人承担连带责任的基础，共同加害结果的发生，总是同共同加害行为紧密联系，不可分割。[①] 四是关联共同说，认为共同侵权行为以各个侵权行为所引起的结果，有客观的关联共同为已足，各行为人间不必有意思的联络。数人为侵权行为的时间或地点，虽无须为统一，但损害则必须不可分离，始成立关联共同。[②]《人身损害司法解释》本质特征的界定作了一定程度的突破，除了坚持共同侵权行为的共同过错的本质之外，还部分承认共同侵权行为的客观标准，认为数人虽无共同故意、共同过失，但其侵害行为直接结合发生同一损害后果的，构成共同侵权，应当依照民法通则第130条规定承担连带责任。这一条规定在实务中一般认为采取坚持“时空统一性”作为认定直接结合的依据。虽然“时空统一性”在实践中确实存在不好把握的问题，但不可否认的是，这一规则对于进一步完善共同侵权的法律适用规则体系做出了贡献，将客观关联性引入了共同侵权的制度体系中来。共同侵权行为的本质特征应当从主观标准向客观标准适当过渡，以更好地保护受害人，可以借鉴我国台湾地区“民法”关于共同侵权行为的本质特征为关联共同的立场，将共同侵权行为分为主观的关联共同和客观的关联共同。[③]

我们认为，根据侵权责任法第8条的规定，在数人侵权情形下，如果构成一般侵权，数个行为人分别根据各自行为造成损害后果的可能性承担按份责任。如果构成共同侵权，数个行为人对受害人承担连带责任，受害人可以要求任何一行为人承担全部侵权责任。连带责任的制度价值就在于通过增加承担全部责任的主体数量，加强对受害人请求权的保护，以确保受害人获得充分的救济。但连带责任的承担实际上对于某个先行承担责任而后再行追偿的主体而言，是一种责任的加重。如果共同侵权制度的适用范围过于宽泛，会使行为人动辄与他人承担连带责任，哪怕其本身只需要承担一小部分的份额，他也必须首先对外承担全部责任，然后再向其他行

① 邓大榜：《共同侵权行为人的民事责任初探》，载《法学季刊》1982年第3期。
② 欧阳宇经：《民法债编通则实用》，台湾地区汉林出版社1978年版，第78页。
③ 杨立新：《侵权法论（第五版）》，人民法院出版社2013年版，第915页。

为人追偿，不仅增加了诉讼成本，而且可能使得具有清偿能力的人承担了其本不应承担的份额，蒙受不公平，反而使本应承担更多份额的行为人得以逃脱。如果共同侵权制度的适用范围过于狭窄，将不利于充分发挥该制度迅捷救济受害人的设计初衷，受害人需要证明数个行为人的侵权行为在损害后果中所占的份额，增加了诉讼难度。也正因为此，在构建共同侵权制度时，需要在行为人与受害人之间寻找到一个合适的平衡点。①

二、缺陷医疗产品与诊疗过错行为共同造成同一损害时的责任承担规则

（一）缺陷医疗产品与诊疗过错行为共同造成同一损害时承担连带责任的基本考虑

由于在医疗产品责任案件中，造成患者最终的人身、财产权益损害的原因往往非常复杂，有时会伴有患者原有疾病状况、自身特异体质、医疗产品存在缺陷，诊疗行为有过错等多种原因。在医疗产品有缺陷，同时医疗机构的诊疗行为也有过错的情况下，医疗产品的生产者、销售者与医疗机构承担连带责任还是按份责任，存有一定争议。

一种意见认为，医疗机构在给患者使用医疗产品之外的其他诊疗行为有过错的情况下，让医疗机构与医疗产品的生产者就患者的损害承担连带赔偿责任缺乏法律依据。这时应该依照原因力规则来确定相应责任主体的责任份额，医疗机构要对其诊疗过错行为造成的损害承担责任，缺陷医疗产品的生产者仅对医疗产品缺陷所造成的损害结果承担赔偿责任。当然，也可能会存在符合侵权责任法第 11 条规定的每一个侵权行为都足以造成全部损害的情形，这时应当依法承担连带责任。本解释稿此前曾采纳该意见。

另一种意见认为，缺陷医疗产品与医疗机构的过错诊疗行为共同造成患者同一损害，医疗机构与医疗产品的生产者应当承担连带责任。理由在

① 王胜明主编：《〈中华人民共和国侵权责任法〉条文解释与立法背景》，人民法院出版社 2010 年版，第 47 ~ 48 页。

于：其一，鉴于诊疗行为的专业性，使用缺陷医疗产品中的过错诊疗行为与此外的行为在实际操作中难以区分，要求患者对此举证不现实，由此来确定责任主体的按份责任也不利于患者利益的保护，而且会使法律关系复杂化，徒增双方当事人的负担；其二，参照《人身损害司法解释》第3条的规定，在难以区分使用缺陷医疗产品中的过错诊疗行为与此外的行为的情况下，直接规定医疗产品的生产者与医疗机构承担连带责任，有利于对患者的救济。而且采用“共同造成”的表述，也符合侵权责任法第8条的规定。至于医疗机构与医疗产品的生产者之间的内部责任承担问题，则应当通过行使追偿权的方式解决。

上述意见都有一定道理。由于患者个体体质的各异性、疾病本身的复杂性和诊疗行为本身的复杂性，以及医疗产品作用于人体机理反应的不确定性，在既存在医疗产品有缺陷，又有过错诊疗行为时，如何确定医疗机构与医疗产品的生产者、销售者之间的责任形态不可一概而论。同时，基于连带责任在本质上就是对自己责任的一种加重，在法律没有具体规定的情况下不能课以当事人以连带责任，避免因此危害行动自由和社会进步。反言之，对于符合侵权责任法有关共同侵权的规定的案件，则有关责任主体就要承担连带责任。本解释最终按照这一思路，分两款规定了医疗机构与医疗产品的生产者的连带责任及追偿权行使的规则。

有意见认为，若按照侵权责任法第8条的规定来处理本条所规范的事项，则没有必要对此作出解释。本解释最终没有采纳这一意见，而是认为根据实践需要对此作出规定具有现实必要性。

（二）缺陷医疗产品与诊疗过错行为共同造成同一损害的具体适用规则

根据本条规定，缺陷医疗产品与诊疗过错行为构成共同侵权行为时，医疗机构与医疗产品的生产者或者销售者对外须承担连带责任，被侵权人有权请求部分或者全部行为人承担全部责任。如上所述，共同侵权行为不仅包括主观有意思联络的共同故意或者共同过失侵权行为，还应包括客观上行为关联共同的侵权行为，此两者的责任构成规则并不相同。对于存在共同过错的共同侵权行为，这属于传统侵权法中的共同侵权行为类型，理论上和实践中均没有太大争议。共同侵权并不限于适用过错责任的侵权行为类型。实践中有观点认为，共同侵权行为属于过错责任的范畴，行为人承担责任的基础在于其是否具有主观过错。因此，适用无过错责任归责原则的医疗产品责任不可能成立共同侵权。经研究，我们并未采纳这一观点。无过错责任原则虽不以行为人的故意、过失为要件，但这不意味着行为人没有过错，行为人不仅可以因故意、过失致人损害，同样也可以事先通谋策划。因此，在适用无过错责任的医疗产品责任中，只要数个责任主体之间存在共同故意或者共同过失，则构成共同侵权，应当承担连带责任。虽然这一情形在当前实务中十分罕见，但理论上是存在发生此类共同侵权的可能性，也不能排除实践中或者将来一定没有这一情形的共同侵权存在。

在缺陷医疗产品与诊疗过错行为共同造成患者同一损害的情形，应该类似于客观行为关联的共同侵权情形。对于无意思联络的数人共同侵权的责任承担，只要符合关联共同性的要件，也应当承担连带责任，这属于目前较为通行的做法。缺陷医疗产品与过错诊疗行为共同造成患者同一损害的情形，应属于客观行为关联的共同侵权行为，责任主体应当承担连带责任。比如在郭某与大连昊德商贸有限公司（以下简称昊德公司）等医疗损害责任纠纷案中，法院认为，“依据鉴定机构做出的鉴定结论可知，306 医院为郭某使用的缆索发生了疲劳断裂。在此情况下，306 医院应在为郭某取出钢板和缆索的同时，注意封存样品和保存记录，以保证问题器械的可追溯性；而不应简单的将存疑器械在未经双方共同封存的情况下交予郭某保管。306 医院称此为患者的权利，应属对相关操作规范理解认识有误。故关于郭某提交的钢板和钢索是否为 306 医院从郭某体内取出的原物，306 医院和捷迈公司在庭审中均予以否认；昊德公司予以认可在先，而后又变更陈述亦予以否认，但郭某就此无从举证，应认定为因 306 医院的处置行为不当所致，应由 306 医院承担相应的责任。捷迈公司和昊德公司虽称不排除其他公司仿冒捷迈公司产品的情况，但亦未举证，故法院认定郭某在本案审理中提交的钢板及缆索均系306医院实际为郭某植入的器械。”“306医院和昊德公司均认可在郭某进行钢板和缆索植入手术时，有昊德公司的销售人员跟台并直接向术者提供了植入的缆索。同时，306医院、昊德公司的陈述以及捷迈公司提供的产品说明书均表明，不同材质的缆索不可同时使用，但昊德公司在庭审中认可可能出现同时使用两种不同材质缆索的情形。现根据鉴定机构的结论可知，1#缆索材质与2#缆索、3#和4#缆索材质不同，且该情况可能造成一定的电解反应而给手术部位带来特异性刺激，增加了后期发生并发症的风险，故对于郭某后期发生感染，内固定物取出的损害后果，昊德公司应与306医院承担连带赔偿责任。”① 本案裁判两责任主体承担连带责任的依据是涉案缆索选用行为是306医院和昊德公司共同实施而非依据缺陷医疗产品与过错诊疗行为结合所导致。但从本案案情来看，由于案涉钢板和钢索从患者体内取出后，院方未尽妥善保管义务，导致该钢板和钢索是否存在缺陷难以认定，按照医疗产品责任的举证证明责任分配规则，应当由医疗机构和医疗产品的生产者、销售者承担相应的举证不能后果。换言之，本案在本质上应属于缺陷医疗产品与过错诊疗行为共同导致患者同一损害的案件。

对于责任主体之间无意思联络的缺陷医疗产品与过错诊疗行为共同导致患者同一损害的共同侵权行为的责任构成，除了需要满足一般的侵权责任构成要件，比如产品责任构成需要满足有损害事实、产品存在缺陷、缺陷产品与损害事实之间有因果关系的基本要件，过错诊疗行为的责任构成也要符合一般的医疗损害责任构成要件，还要满足以下几个要件：

一是侵权主体的复数性。此为共同侵权行为的一般特征，在此不作赘述。

二是主观上虽无意思联络，但必须存在缺陷医疗产品与过错诊疗行为共同造成了同一损害这一要件。即缺陷医疗产品与过错诊疗行为结合在一起，造成了同一个损害结果，形成了客观的关联共同，构成了共同侵权行

① 详见北京市第三中级人民法院（2015）三中民终字第15486号民事判决书。

为。这一行为的共同性的重心应当在于造成损害结果的同一性。对于同一损害的认识，在本质上应当界定为此损害后果具有不可分割性，但从表现样态上讲，对于通过现有的科技水平都无法查明缺陷医疗产品与过错诊疗行为之间造成的具体损害份额或者比例的情况，也应当认定为属于同一损害的范畴。

三是须满足因果关系的要件。这里的因果关系与一般侵权行为不同，需要缺陷医疗产品与过错诊疗行为结合在一起共同导致了患者的同一损害。可能单独某一过错诊疗行为或者产品即使存在缺陷也未造成患者的损害后果，但两者结合就造成了患者的损害后果。

上述规则也应当适用于输入不合格血液与过错诊疗行为结合造成患者同一损害的纠纷当中。有关法律适用规则与上述规则相同，在此不作赘述。

三、原因力规则在本条情形下的适用

在侵权责任法的理论和实务中，对于数人侵权的责任份额划分问题，一般要适用比较过错和比较原因力，即原因力规则。原因力规则既可以在有多个加害行为时使用，比如，《人身损害赔偿解释》第 3 条第 2 款规定："二人以上没有共同故意或者共同过失，但其分别实施的数个行为间接结合发生同一损害后果的，应当根据过失大小或者原因力比例各自承担相应的赔偿责任"；也可以在确定共同侵害或者其他承担连带责任情形下的内部责任使用。对于比较过错和比较原因力的具体做法，目前较为普遍的是以过错程度比较为主、法律原因力比较为辅的方法。在数种原因造成损害结果的侵权行为中，确定各个主体的赔偿份额的主要因素，是过错程度的轻重；而原因力的大小尽管也影响各自的赔偿责任份额，但要受过错程度因素的约束和制约，原因力对于赔偿份额的确定具有相对性。① 在过错责任中更多地根据过错程度来决定责任范围，在过错推定或者无过错责任这样无法进行过错比较的情况下，主要采用原因力的比较。② 史尚宽先生也

---

① 杨立新：《侵权损害赔偿（第五版）》，法律出版社 2010 年版，第 107 页。

② 参见王利明：《侵权行为法归责原则研究》，中国政法大学出版社 1992 年版，第 614 页。

认为，“第一应比较双方过失之重轻（危险大者所要求之注意力亦大，故衡量过失之重轻，应置于其所需注意之程度），是以故意重于过失，重大过失重于轻过失。其过失相同者，除有发生所谓因果关系中断之情事外，比较其原因力之强弱以定之。”① 以过错程度比较为主的做法，就是通过将过错划分为故意、重大过失、一般过失和轻微过失来明确行为人的责任范围。我们认为，以过错程度比较为主、法律原因力比较为辅对于解决适用过错责任原则的侵权行为类型具有合理性，但考虑到某些侵权行为类型的复杂性，可能也不能涵盖所有的过错侵权类型，医疗损害责任纠纷即是其中需要更多考虑适用原因力规则的典型类型，尤其是在对于患者一方并没有过错而不能适用过失相抵规则的情况下，原因力规则的适用对于公平合理确定医疗机构责任大小，妥善解决医疗损害责任纠纷具有十分重要的作用。医疗损害责任纠纷与其他绝大多数侵权责任纠纷的不同之处在于，患者无论是因为何种原因到医疗机构就诊，总是本身或多或少有一定的伤病或者疾病，而有时这些疾病本身就是导致在诊疗过程中最终出现人身伤害的重要原因，这是确定医疗机构侵权责任大小所无法回避的；而且由于个体体质、病情紧急程度等不同，诊疗行为或者医疗产品作用于人体机理反应本身的复杂甚至不可控性等原因，同样的诊疗行为或者医疗产品等作用于不同的患者可能也会得到不同的后果，患者个人体质等个体性原因对于损害后果如果有一定的原因力，当然也不能一概要求医疗机构承担责任。从价值取向上讲，在医疗损害责任纠纷中更多地考虑原因力规则不仅是公平确定医疗机构责任的需要，更是通过原因力规则，避免给医疗机构过重负担而影响医学的进步，可见这也是维护和体现诊疗行为公益性，平衡医患双方利益，促进医疗卫生事业健康有序发展所必须。尤为重要的是，无论是医疗损害责任纠纷的审判实务中还是医疗损害鉴定中采用原因力规则，已经为社会所普遍接受。

---

① 史尚宽：《债法总论》，中国政法大学出版社2000年版，第680页。

【适用指南】

原因力规则与本条规定的内容有密切联系，此既涉及与本条第一款适用范围的区别或者划分问题，也是确定第二款有关追偿权份额大小的重要依据。对于原因力规则的具体适用，需要把握以下几点：

1. 对于本条第 1 款的情形，必须以构成共同侵权为前提，对于不符合本条第一款规定的共同侵权要件的缺陷医疗产品与过错诊疗行为造成患者损害的情形，则属于典型的多因一果侵权行为类型，应当适用原因力规则。通常而言，依照侵权责任法第 12 条关于“二人以上分别实施侵权行为造成同一损害，能够确定责任大小的，各自承担相应的责任；难以确定责任大小的，平均承担赔偿责任”的规定，对于非共同侵权行为，其行为人在行为之前并无共同的意思联络，也没有客观上的行为结合的时空一致性，该侵权行为不是共同侵权行为，各个加害人之间不承担连带责任，应就自己的过错程度和行为的法律原因力，分别承担按份责任。但在缺陷医疗产品与过错诊疗行为造成患者损害的情况下，确定责任主体承担责任的大小，应该适用比较原因力的规则，但同时也要考虑缺陷本身的严重程度和诊疗过错的大小。具体而言，应当注意以下几点：

（1）各责任主体对各自的医疗产品缺陷或者过错诊疗行为所造成的后果承担按份责任。在这一情形下，各责任人所承担的责任实际上是独立的责任，只是对其行为所造成的损害后果负责。在损害结果可以单独确定的前提下，应当由各责任人在其原因力范围内造成的损害承担赔偿责任。

（2）依照原因力规则确定责任份额时，一方面，要注意将患者一方原因包括个体体质、原发疾病以及个人过错，比如延误治疗等情况，将此导致损害后果的原因力在整个责任中扣除；另一方面，在具体确定责任主体内部责任份额时，也要考虑考虑缺陷本身的严重程度和诊疗过错的大小，虽然这二者难以进行量化比较，但应该作为确定责任份额的重要因素，根据个案情况予以酌定。

（3）对于无法区分过错和法律原因力的，应按照公平原则，一般情况下数人应当是承担相同份额的责任，这时要适当考虑各行为人的经济负担能力和非法获利情况，对于责任份额予以必要的微调。

（4）基于医疗损害责任本身的专业性，上述数个原因导致损害后果的原因力大小，甚至还有产品缺陷程度、诊疗过错大小等往往都有赖于专业判断，通过医疗损害鉴定来解决。也正是由于这一原因，本解释将原因力大小作为明确的申请鉴定事项予以规定。在没有相反证据足以反驳鉴定意见的，鉴定意见对于医疗损害责任中原因力大小的认定，人民法院应当予以采信。

2. 医疗产品责任中的多因一果情形下对原因力规则的适用。这与本条第一款所规定的医疗产品责任与过错诊疗行为的共同侵权类型有本质区别，即对于共同侵权的构成，必须是缺陷医疗产品与过错诊疗行为结合在一起共同造成损害，若非结合在一起造成，且能够区分原因力大小的，则应该承担的是按份责任；同样，所造成的损害非同一损害，比如缺陷医疗产品造成的损害在心脏，而在实施手术过程中，因为过错诊疗行为导致了胃的损害，则二者并非满足一个侵权责任构成，而是独立的两个侵权责任构成，要各自承担自己的责任。同样，对于能够区分各自造成损害大小，而非共同造成同一损害的情形，就应当适用原因力规则确定各自责任的大小。

在共同侵权行为中，共同加害人须对受害人承担连带责任，但其内部而言，各个加害人的过错和行为的原因力可能是不一样的。在其中一人或数人承担连带责任之后，必然也面临一个内部追偿问题。各加害人必须根据各自的过错和行为的法律原因力分担其内部责任份额。对于法律有规定的，应当依照法律来确定各行为人的责任份额。侵权责任法第14条第1款规定："连带责任人根据各自责任大小确定相应的赔偿数额；难以确定责任大小的，平均承担赔偿责任。"行为人有约定的，可以依照约定来确定各行为人的责任份额。对于既无法律规定又无当事人约定的，通常而言，需要按照各共同行为人过错程度和行为的原因力大小，综合判断各共同加害人各自的份额。具体方法是：第一，确定整体责任是100%；第二，确定各行为人主观过错在整体过错中的百分比，按照故意重于重大过失，重大过失重于一般过失的标准，分别确定各行为人各自所占过错比例的百分比；第三，确定各行为人的行为对损害发生的原因力，亦用百分比表示，即全体行为人的行为总和为100%，各行为人的行为所占百分比；第四，某一行为人的过错百分比与行为原因力百分比相加除以2，即为该行为人的责任份额。例如，某一行为人的过错程度为30%，行为的原因力为50%，其责任份额即为40%。[①] 这是针对一般共同侵权而言的惯常规则，但对于因客观关联的共同侵权行为，其过错程度的大小通常难以作横向比较，尤其是本条所规定的缺陷医疗产品与过错诊疗行为共同造成患者同一损害的情形，则更应该注重原因力规则的适用，并参考缺陷程度和过错程度大小来公平确定责任份额的大小。但在各个责任人的原因力大小都无法确定的，这时则应当以各行为人平均分担责任为原则，并适当考虑加害人的非法获利、经济负担能力等情况来酌定。

【法条链接】

《中华人民共和国侵权责任法》

第八条　二人以上共同实施侵权行为，造成他人损害的，应当承担连带责任。

第十一条　二人以上分别实施侵权行为造成同一损害，每个人的侵权行为都足以造成全部损害的，行为人承担连带责任。

第十二条　二人以上分别实施侵权行为造成同一损害，能够确定责任大小的，各自承担相应的责任；难以确定责任大小的，平均承担赔偿责任。

第十四条　连带责任人根据各自责任大小确定相应的赔偿数额；难以

---

① 杨立新：《侵权法论（第五版）》，人民法院出版社2013版，第942～943页。

确定责任大小的，平均承担赔偿责任。

支付超出自己赔偿数额的连带责任人，有权向其他连带责任人追偿。

第四十三条 因产品存在缺陷造成损害的，被侵权人可以向产品的生产者请求赔偿，也可以向产品的销售者请求赔偿。

产品缺陷由生产者造成的，销售者赔偿后，有权向生产者追偿。

因销售者的过错使产品存在缺陷的，生产者赔偿后，有权向销售者追偿。

《最高人民法院关于审理人身损害赔偿案件适用法律若干问题的解释》

第三条 二人以上共同故意或者共同过失致人损害，或者虽无共同故意、共同过失，但其侵害行为直接结合发生同一损害后果的，构成共同侵权，应当依照民法通则第一百三十条规定承担连带责任。

二人以上没有共同故意或者共同过失，但其分别实施的数个行为间接结合发生同一损害后果的，应当根据过失大小或者原因力比例各自承担相应的赔偿责任。

第二十三条　医疗产品的生产者、销售者明知医疗产品存在缺陷仍然生产、销售，造成患者死亡或者健康严重损害，被侵权人请求生产者、销售者赔偿损失及二倍以下惩罚性赔偿的，人民法院应予支持。

【条文释义】

本条是关于缺陷医疗产品惩罚性损害赔偿责任的规定。

侵权责任法在产品责任一章中确立了惩罚性损害赔偿制度，其目的在于通过制裁故意将缺陷产品投放市场并且已经造成了使用人严重人身损害的行为，督促生产者、经营者规范其行为，提高产品质量，以充分保护产品使用人的合法权益。侵权责任法第 47 条关于产品责任中的惩罚性损害赔偿的规定，对于医疗产品责任也应当予以适用。而且在医疗产品纠纷中引入惩罚性赔偿，对于威慑或者阻遏明知医疗产品存在缺陷仍然生产、销售的行为，维护广大人民群众的生命健康利益，具有重要意义。

一、产品责任惩罚性损害赔偿的一般规则

（一）惩罚性赔偿概述

侵权责任法第 47 条规定："明知产品存在缺陷仍然生产、销售，造成他人死亡或者健康严重损害的，被侵权人有权请求相应的惩罚性赔偿。"

对于惩罚性损害赔偿在产品责任领域内的适用，各国做法差异很大。一些英美法系国家承认惩罚性赔偿制度，比较典型的是美国。20 世纪以来，大公司制造的不合格商品对消费者造成了严重损害。尽管消费者可以通过一般损害赔偿获得补救，但由于大公司财大气粗，补偿性赔偿可能难以对其制造和销售不合格甚至危险商品的行为起到遏制作用，需要通过惩罚性赔偿的方法保护广大消费者利益。惩罚性赔偿逐渐被用于产品责任。目前，美国大多数州都采纳这一制度。美国的一些联邦法案如《谢尔曼法案》《克莱顿法案》《联邦消费者信用保护法》《联邦职业安全与健康法》等都对惩罚性赔偿作了规定。美国侵权法重述也对惩罚性赔偿制度作了规定。侵权法重述二第908条（1）规定，惩罚性赔偿是在补偿性赔偿或名义上的赔偿之外、为惩罚该赔偿交付方的恶劣行为并阻遏他与相似者在将来实施类似行为而给予的赔偿。大陆法系国家在民事立法、司法实践中一直不接受惩罚性赔偿制度，主要原因是：这些国家严格区分公法与私法，强调公法私法具有不同的职能。行政法、刑法等公法的任务是惩罚犯罪和不法行为，维护社会公共利益；私法的任务是协调私人之间的利益纷争，对受害人所受损害进行补偿和救济，维护个体之间的利益平衡，私法责任（即民事责任）具有完全补偿性，不具有惩罚性。惩罚性赔偿制度实质是一种公法责任而非私法责任，将其作为民事责任纳入私法体系，与公法、私法的严格划分观念及私法的基本原则不相符。但是，近年来有的大陆法系国家和地区开始规定惩罚性赔偿。①

一直以来，我国侵权责任法理论始终坚持侵权损害赔偿的补偿原则，坚持损害赔偿的补偿性，强调赔偿金的数额应当与实际损失相当，赔偿不能超过实际的损失范围，对在侵权责任法中规定惩罚性赔偿持反对态度。但在原消费者权益保护法第49条（现第55条）规定了产品欺诈和服务欺诈双倍赔偿的惩罚性赔偿金之后，惩罚性赔偿发挥了较好的社会效果。后来合同法的第113条进一步确认了惩罚性赔偿。但上述两部法律都对惩罚性赔偿的适用条件和赔偿范围作了较为严格的限制。在起草民法典乃至侵权责任法的过程中，绝大多数同志建议，在侵权责任法的产品侵权责任中规定惩罚性赔偿金，以制裁漠视消费者合法权益、出于故意将有可能造成他人损害的缺陷产品投放市场的行为人。因此，侵权责任法第47条在借鉴原消费者保护法第49条（现第55条）的规定并参考国外做法的基础上，规定了生产者、销售者在明知产品存在缺陷仍然生产、销售，造成他

① 王胜明主编：《〈中华人民共和国侵权责任法〉条文解释与立法背景》，人民法院出版社2010年版，第189～190页。

人生命、健康损害的，就要承担相应的惩罚性损害赔偿责任。

（二）惩罚性损害赔偿的制度构造

一般而言，惩罚性损害赔偿制度是指加害人所要承担的损害赔偿数额超过受害者实际损害数额，在补偿受害人损害的基础上，彰显对加害人进行惩罚的制度。适用惩罚性损害赔偿的构成要件如下：

1. 明知产品存在缺陷

明知产品存在缺陷，是生产者或者销售者已经确定地知道生产或者销售的产品存在缺陷，具有损害他人生命或者健康的危险。在客观上，是该产品确实存在缺陷，有造成他人生命健康损害的危险，在主观上，则生产者或者销售者已经明确地知道该产品存在缺陷，有造成他人生命健康损害的危险。明知的要求，是过错中故意的要求。

2. 仍然生产、销售

仍然继续生产、销售，是生产者或者销售者继续将缺陷产品投入流通，并且希望其销售到消费者的手中。仍然生产、销售，是明知之后而为，但也包括在生产销售之后通过已经发生损害之后明知。无论怎样，只要是明知产品有缺陷可能造成他人损害，仍然生产、销售的，就具备本要件。

3. 造成他人生命健康损害

造成他人生命健康损害，是所有侵权人承担人身损害赔偿责任的要件，恶意产品责任当然须具备本要件。所不同的是，恶意产品责任的人身损害后果是在恶意产品责任人的主观意料之中，不出其所料。因此，确定其承担惩罚性赔偿责任，当然具有科以惩罚性赔偿责任的必要性，是完全应当的。①

（三）惩罚性损害赔偿标准的确定

侵权责任法第47条确立了产品责任中的惩罚性损害赔偿制度，但其并没有对惩罚性损害赔偿的具体数额作出明确规定。此前的法律法规、司法解释或部门规章中有关于惩罚性损害赔偿的规定。比如消费者权益保护法第55条规定："经营者提供商品或者服务有欺诈行为的，应当按照消费

① 杨立新：《侵权法论（第五版）》，人民法院出版社2013年版，第729~730页。

者的要求增加赔偿其受到的损失，增加赔偿的金额为消费者购买商品的价款或者接受服务的费用的三倍；增加赔偿的金额不足五百元的，为五百元。法律另有规定的，依照其规定。经营者明知商品或者服务存在缺陷，仍然向消费者提供，造成消费者或者其他受害人死亡或者健康严重损害的，受害人有权要求经营者依照本法第四十九条、第五十一条等法律规定赔偿损失，并有权要求所受损失二倍以下的惩罚性赔偿。”建设部在2001年6月出台的《商品房销售管理办法》这个规章，其中第20条对商品房面积“缺斤短两”也规定了“绝对值超出3%部分的房价款由房地产开发企业双倍返还买受人”。《最高人民法院关于审理商品房买卖合同纠纷案件适用法律若干问题的解释》第8条、第9条也确立了对于商品房权属欺诈“不超过已付购房款一倍”的惩罚性赔偿上限。而食品安全法第148条第2款规定：“生产不符合食品安全标准的食品或者经营明知是不符合食品安全标准的食品，消费者除要求赔偿损失外，还可以向生产者或者经营者要求支付价款十倍或者损失三倍的赔偿金；增加赔偿的金额不足一千元的，为一千元。但是，食品的标签、说明书存在不影响食品安全且不会对消费者造成误导的瑕疵的除外。”

二、医疗产品惩罚性赔偿制度的确立

在医疗产品责任领域确立惩罚性赔偿，通过发挥惩罚性赔偿的制裁和威慑功能，对于规范医疗产品质量，保护广大患者安全使用医疗产品，增进全民健康福祉具有十分重要的意义。但由于侵权责任法第47条并没有规定相应的惩罚性损害赔偿的标准，使得这一规定缺乏可操作性。为此，本解释参照消费者权益保护法第55条第2款的规定，明确规定了医疗产品的生产者、销售者明知医疗产品存在缺陷仍然生产、销售造成患者死亡或者健康严重损害，有权请求所受损失二倍以下的惩罚性赔偿。这一规定的主要考虑是：

其一，严格按照侵权责任法第47条以及第59条规定的文义进行解释。上述第47条规定将产品的生产者、销售者作为产品惩罚性赔偿责任的责任主体，而第59条规定并没有将医疗机构明确为医疗产品的销售者。基于惩罚性赔偿本身就是对自己责任、填平责任的加重，在法律没有明确规定的情况下，司法解释也不宜将医疗机构作为医疗产品的销售者来适用产品责任的惩罚性赔偿。从发挥制裁和遏制功能、规范和保障医疗产品质量的角度，对医疗产品的生产者、销售者课以惩罚性赔偿应该能够比较充分地发挥这一制度的功能价值。

其二，赔偿标准上适用消费者权益保护法第55条第2款的规定。该款规定："经营者明知商品或者服务存在缺陷，仍然向消费者提供，造成消费者或者其他受害人死亡或者健康严重损害的，受害人有权要求经营者依照本法第四十九条、第五十一条等法律规定赔偿损失，并有权要求所受损失二倍以下的惩罚性赔偿。"这里的"经营者"在解释上即包括产品的生产者和销售者。由于侵权责任法第47条并没有规定明确的惩罚性赔偿标准，缺乏具体的可操作性，这在一定程度上使得该条规定的功能价值受到很大影响。我们认为，在明确医疗产品惩罚性赔偿的责任主体是医疗产品的生产者、销售者的前提下将患者视同消费者予以保护，适用消费者权益保护法的这一规定既可以有效弥补侵权责任法第47条的立法不足，也在本质上符合消费者权益保护法对消费者权益予以保护的立法精神和实践中对于患者利益予以保护的需要。

需要指出的是，惩罚性赔偿的主要目的不在于弥补被侵权人的损害，而在于惩罚有主观故意的侵权行为，并遏制这种侵权行为的发生。从赔偿功能上讲，其主要作用在于威慑，不在于补偿。虽然从个案上看，被侵权人得到了高于实际损害的赔偿数额，但从侵权人的角度来讲，这种赔偿能够提高其注意义务，从而避免类似情况再次发生。①

三、医疗产品责任中惩罚性赔偿的适用

（一）当前医疗产品责任审判实践中对于惩罚性赔偿的主要做法

当前在医疗产品责任乃至一般的产品责任领域，多是严格按照侵权责

---

① 王胜明主编：《〈中华人民共和国侵权责任法〉条文解释与立法背景》，人民法院出版社2010年版，第189～190页。

任法第47条规定的构成要件确定是否适用惩罚性赔偿的。反映到具体案件中，在食品安全领域，由于有较为明确的裁判标准，法院一般会依法判决惩罚性赔偿。比如在张波与华润万家生活超市（广州）有限公司天河公园店、华润万家生活超市（广州）有限公司、常州市隆瑞保健食品有限公司产品责任纠纷案中，法院认为，食品安全法第96条（现被第148条取代）第2款明确规定："生产不符合食品安全标准的食品或者销售明知是不符合安全标准的食品，消费者除要求赔偿损失外，还可以向生产者或者销售者要求支付价款十倍的赔偿金。"本案中，天河公园店对其销售不符合安全标准的食品的行为存在过错，张波上诉请求天河公园店向其支付十倍价款的赔偿金3420元符合上述法律规定，法院予以支持。至于华润万家公司、天河公园店答辩认为涉案产品没有给张波造成人身或财产的损害后果的问题，食品安全法是以保证食品安全，保障公众身体健康和生命安全为立法目的，其规定的十倍的惩罚性赔偿制度，并不是建立在消费者实际遭受或者实际需要填补损失上的，即该十倍惩罚赔偿金的支付不应以造成消费者实际人身财产损害为前提，故对于天河公园店该项抗辩意见不予采纳。①

具体到医疗产品责任领域，在陈长新与厦门大学附属中山医院医疗服务合同纠纷案中，法院根据侵权责任法第四十七条的规定，惩罚性赔偿以侵权人明知产品存在缺陷为要件，本案中山医院并不存在侵害陈长新健康权的故意，陈长新主张惩罚性赔偿，缺乏事实依据，不予支持。②

（二）医疗产品责任适用惩罚性赔偿的构成要件

同产品责任的惩罚性损害制度一样，医疗产品责任适用惩罚性赔偿，除了满足医疗产品责任的基本构成要件，即损害事实、产品存在缺陷、产品缺陷与损害事实有因果关系的构成要件外，还要满足以下特别的构成要件：

---

① 参见广东省广州市中级人民法院（2014）穗中法民一终字第5991号民事判决书。

② 参见福建省厦门市中级人民法院（2013）厦民终字第3165号民事判决书。

第一，医疗产品的生产者、销售者存在“明知而仍然生产、销售”的故意。目前民法理论与刑法理论对于“过错”“故意”“过失”的认识有着本质上的共通性。一般认为，故意就其本质而言是一种内在的追求或者放任自己行为造成损害后果的意图。① 据此，故意可以分为直接故意和间接故意，直接故意的界定标准为明知某一行为会发生某种损害后果，而积极追求该损害后果发生的主观心理状态；间接故意的界定标准则是明知该行为会发生某种损害后果，而放任该损害后果发生的主观心理状态。可见，无论直接故意还是间接故意，都要有“明知”这一要素。“明知”是故意构成中的认识因素，是故意的重要表现形式。故意层面的“明知”是指对违法的、危害社会结果的认识，② 也就是行为人认识到其行为会造成一定的危害后果。司法实践中，对于明知的证明，也往往需要通过举证有关的客观行为表现来实现，对此需要通过举证责任分配的一般规则来确定相应的举证责任，这对于医疗产品责任纠纷也不例外。在法律和司法解释没有特别规定惩罚性损害赔偿适用举证责任倒置的情况下，如同上述案例的认识一样，对于医疗产品生产者、销售者的“明知”应当按照“谁主张，谁举证”的一般规则，确定由原告方即患者或者其近亲属承担相应的举证责任。

第二，必须存在缺陷产品导致患者严重人身损害的事实。这一要件实际上与一般的医疗产品责任构成要件要求一致，在这里作突出强调的意义在于，对于医疗产品责任适用惩罚性损害赔偿与上述食品安全法第 148 条第 2 款以及消费者权益保护法第 55 条第 1 款所规定的惩罚性赔偿的适用前提不同，对于后两者的适用不需要以造成消费者损害为前提，即没造成消费者损害，经营者同样要承担惩罚性赔偿，但对于前者则必须严格限定在缺陷医疗产品导致患者人身损害，即生命权、身体权、健康权受到损害且达到严重的程度。对于仅是侵害患者精神性人格权、造成患者财产损害或

---

① 张新宝：《侵权责任构成要件研究》，法律出版社 2007 年版，第 479 页。

② 舒洪水：《生产、销售有毒、有害食品罪中“明知”的认定》，载《法学》2013 年第 8 期。

者造成患者单纯的精神损害，即使构成恶意产品侵权行为也不应当适用惩罚性赔偿金制度，只能承担填补损害的赔偿责任。同样，如果对于患者身体健康并没有造成严重损害的程度，也不能适用惩罚性损害赔偿。换言之，造成患者一般的轻伤害，不能适用惩罚性损害赔偿。对此，法律和司法解释并没有明确规定，审判实务中可以在不违背法律规定精神的背景下作有益探索。

对于缺陷产品导致患者严重人身损害的举证责任，通常而言应该按照产品责任的一般证明规则来确定，并无特殊之处。基于在产品责任中，损害事实本身都是由患者或者其近亲属来举证，在适用惩罚性赔偿时，是否达到严重损害患者健康的情形，也要由患者一方来举证。

【适用指南】

在明确了医疗产品惩罚性赔偿责任的构成要件后，对于医疗产品惩罚性赔偿责任的具体适用，主要涉及惩罚性具体计算标准如何确定的问题。对此，本条按照消费者权益保护法第 55 条第 2 款的规定确定了“有权要求所受损失二倍以下的惩罚性赔偿”的标准。对于这一规则的适用，要注意把握以下两点：

其一，该所受损失二倍以下的惩罚性赔偿是患者一般的损害赔偿之外的加重赔偿，这与对患者损害赔偿的填平并不存在交叉或者重合。即在适用惩罚性赔偿时，对于患者全部的赔偿包括一般的损害赔偿和惩罚性赔偿两类，由此来体现对于医疗产品生产者、销售者恶意侵权行为的制裁。

其二，“所受损失二倍以下的惩罚性赔偿”中的“所受损害”的范围问题。实务中对此存在争议，有意见认为，这一损害不能包括所有的人身损害赔偿范围，尤其是不宜包括残疾赔偿金、死亡赔偿金；另有意见认为，这一损害应该限定在人身损害的赔偿范围内，对于财产损害、精神损害等应该排除在外。这些意见都有一定道理。我们认为，现行法律对于“所受损失”并没有明确列举，但也没作明确限定。从消费者权益保护第

55 条第 2 款的规定看，其赔偿标准的计算依据主要是该法第 49 条和第 51 条的规定，而这两条的内容包括了全部人身损害赔偿的范围，包括医药费、护理费、残疾赔偿金、死亡赔偿金以及精神损害赔偿。既然消费者权益保护法已经确立了上述惩罚性赔偿的计算基数，本解释适用这一标准也符合立法精神，这既是充分发挥惩罚性赔偿制度功能所必须，也与当前发达国家惩罚性赔偿适用标准逐渐提高的趋势相一致。

当然，对于明知医疗产品存在缺陷仍然生产或者销售的行为往往会涉嫌刑事犯罪，多会与刑事案件交织在一起。对存在这一情形的案件，要按照当前民刑交叉案件处理的一般规则来审理。比如涉及损害赔偿包括惩罚性赔偿的，要适用有关刑事法律、司法解释的规定。比如在刑事附带民事诉讼中，《刑诉法解释》第 155 条第 2 款规定："犯罪行为造成被害人人身损害的，应当赔偿医疗费、护理费、交通费等为治疗和康复支付的合理费用，以及因误工减少的收入。造成被害人残疾的，还应当赔偿残疾生活辅助具费等费用；造成被害人死亡的，还应当赔偿丧葬费等费用。"在医疗产品刑事犯罪中涉及有关赔偿的，要适用这一规定。

【法条链接】

《中华人民共和国侵权责任法》

第四十七条 明知产品存在缺陷仍然生产、销售，造成他人死亡或者健康严重损害的，被侵权人有权请求相应的惩罚性赔偿。

《中华人民共和国消费者权益保护法》

第五十五条 经营者提供商品或者服务有欺诈行为的，应当按照消费者的要求增加赔偿其受到的损失，增加赔偿的金额为消费者购买商品的价款或者接受服务的费用的三倍；增加赔偿的金额不足五百元的，为五百元。法律另有规定的，依照其规定。

经营者明知商品或者服务存在缺陷，仍然向消费者提供，造成消费者或者其他受害人死亡或者健康严重损害的，受害人有权要求经营者依照本法第四十九条、第五十一条等法律规定赔偿损失，并有权要求所受损失二倍以下的惩罚性赔偿。

《最高人民法院关于审理食品药品纠纷案件适用法律若干问题的规定》

第十五条 生产不符合安全标准的食品或者销售明知是不符合安全标准的食品，消费者除要求赔偿损失外，向生产者、销售者主张支付价款十倍赔偿金或者依照法律规定的其他赔偿标准要求赔偿的，人民法院应予支持。

第二十四条　被侵权人同时起诉两个以上医疗机构承担赔偿责任，人民法院经审理，受诉法院所在地的医疗机构依法不承担赔偿责任，其他医疗机构承担赔偿责任的，残疾赔偿金、死亡赔偿金的计算，按下列情形分别处理：

（一）一个医疗机构承担责任的，按照该医疗机构所在地的赔偿标准执行；

（二）两个以上医疗机构均承担责任的，可以按照其中赔偿标准较高的医疗机构所在地标准执行。

【条文释义】

本条是关于多个医疗机构承担损害赔偿责任时如何适用残疾赔偿金、死亡赔偿金的计算规则的规定。

一、人身损害赔偿概述

人身损害赔偿是指行为人侵犯他人的生命健康权益造成致伤、致残、致死等后果，承担金钱赔偿责任的一种民事法律救济制度。[①] 我国的立法中，早在民法通则第 119 条中就规定了人身损害赔偿制度的基本内容，根据该规定，侵害公民身体造成伤害的，应当赔偿医疗费、因误工减少的收入、残废者生活补助费等费用；造成死亡的，还应当支付丧葬费、死者生前扶养的人必要的生活费等费用。消费者权益保护法、产品质量法等法律以及最高法院的司法解释在民法通则的基础上对人身损害赔偿制度作了补充和完善。侵权责任法第 16 条在民法通则等法律规定的基础上，总结近二十多年来的司法实践经验，对人身损害赔偿的范围作了系统完善的

---

① 王胜明主编：《〈中华人民共和国侵权责任法〉条文解释与立法背景》，人民法院出版社 2010 年版，第 75 页。

规定。

通常而言，人身损害赔偿的范围包括：

1. 人身损害的一般赔偿范围。依据侵权责任法第16条的规定，侵害他人造成人身损害的，应当赔偿医疗费、护理费、交通费等为治疗和康复支出的合理费用，以及因误工减少的收入。这是侵权责任法规定的人身损害赔偿责任的一般赔偿范围。这些损失通常被称为具体损失，是受害人实际支出的费用或者实际减少的收入等可以交换价值计算的损失。在此需要注意的是，该条所列举的一般赔偿范围内的赔偿项目仅是几种比较典型的费用支出，实践中并不仅限于这些赔偿项目，只要是因为治疗和康复所支出的所有合理费用，都可以纳入一般赔偿的范围，例如营养费、住院费等费用。比如，《人身损害司法解释》第17条第1款规定："受害人遭受人身损害，因就医治疗支出的各项费用以及因误工减少的收入，包括医疗费、误工费、护理费、交通费、住宿费、住院伙食补助费、必要的营养费，赔偿义务人应当予以赔偿。"这与侵权责任法并不冲突，在审判实践中可以继续适用，即在侵权责任纠纷案件中，存在上述被侵权人损害情形的，可以根据这一规定具体确定人身损害赔偿的一般范围。

依据侵权责任法第16条、《人身损害司法解释》的相关规定，上述赔偿项目的具体计算标准的计算标准是：

（1）关于医疗费的计算问题。医疗费根据医疗机构出具的医药费、住院费等收款凭证，结合病历和诊断证明等相关证据确定。赔偿义务人对治疗的必要性和合理性有异议的，应当承担相应的举证责任。医疗费的赔偿数额，按照一审法庭辩论终结前实际发生的数额确定。器官功能恢复训练所必要的康复费、适当的整容费以及其他后续治疗费，赔偿权利人可以待实际发生后另行起诉。但根据医疗证明或者鉴定意见确定必然发生的费用，可以与已经发生的医疗费一并予以赔偿。

（2）关于误工费的计算问题。误工费根据受害人的误工时间和收入状况确定。误工时间根据受害人接受治疗的医疗机构出具的证明确定。受害人因伤致残持续误工的，误工时间可以计算至定残日前一天。受害人有固定收入的，误工费按照实际减少的收入计算。受害人无固定收入的，按照其最近三年的平均收入计算；受害人不能举证证明其最近三年的平均收入状况的，可以参照受诉法院所在地相同或者相近行业上一年度职工的平均工资计算。

（3）关于护理费的计算问题。护理费根据护理人员的收入状况和护理人数、护理期限确定。护理人员有收入的，参照误工费的规定计算；护理人员没有收入或者雇佣护工的，参照当地护工从事同等级别护理的劳务报酬标准计算。护理人员原则上为一人，但医疗机构或者鉴定意见有明确意见的，可以参照确定护理人员人数。护理期限应计算至受害人恢复生活自理能力时止。受害人因残疾不能恢复生活自理能力的，可以根据其年龄、健康状况等因素确定合理的护理期限，但最长不超过二十年。受害人定残后的护理，应当根据其护理依赖程度并结合配制残疾辅助器具的情况确定护理级别。

（4）关于交通费的计算问题。交通费根据受害人及其必要的陪护人员因就医或者转院治疗实际发生的费用计算。交通费应当以正式票据为凭；有关凭据应当与就医地点、时间、人数、次数相符合。

（5）关于其他费用的计算问题。住院伙食补助费可以参照当地国家机关一般工作人员的出差伙食补助标准予以确定。受害人确有必要到外地治疗，因客观原因不能住院，受害人本人及其陪护人员实际发生的住宿费和伙食费，其合理部分应予赔偿。营养费根据受害人伤残情况参照医疗机构的意见确定。

2. 造成残疾的赔偿范围

对于残疾的赔偿范围，我国的立法有一个不断发展演进的过程。根据民法通则第 119 条的规定，受害人残疾的，应当赔偿医疗费、因误工减少的收入、残废者生活补助费等费用，对于是否赔偿被扶养人生活费和残疾赔偿金没有明确规定。产品质量法第 44 条、消费者权益保护法第 49 条则明确规定，受害人残疾的，除应当赔偿医疗费、治疗期间的护理费、因误工减少的收入等费用外，还应当支付残疾者生活自助具费、生活补助费、残疾赔偿金以及由其扶养的人所必需的生活费等费用。但是没有明确生活补助费、残疾赔偿金以及由其扶养的人所必需的生活费三者之间的关系。《人身损害司法解释》第17条第2款规定："受害人因伤致残的，其因增加生活上需要所支出的必要费用以及因丧失劳动能力导致的收入损失，包括残疾赔偿金、残疾辅助器具费、被扶养人生活费，以及因康复护理、继续治疗实际发生的必要的康复费、护理费、后续治疗费，赔偿义务人也应当予以赔偿。"侵权责任法在总结以往审判实践经验的基础上，明确规定了造成受害人残疾的，除应赔偿上述医疗费等合理费用，以及因误工减少的收入外，还应当赔偿残疾生活辅助具费和残疾赔偿金。

"残疾生活辅助具费"是指受害人因残疾而造成身体功能全部或者部分丧失后需要配制补偿功能的残疾辅助器具比如假肢、助听器等的费用。依据《人身损害司法解释》第26条的规定，残疾辅助器具费按照普通适用器具的合理费用标准计算。伤情有特殊需要的，可以参照辅助器具配制机构的意见确定相应的合理费用标准。辅助器具的更换周期和赔偿期限参照配制机构的意见确定。

造成他人残疾的，主要的赔偿项目是残疾赔偿金，对此我们将在下面作专题论述。

3. 造成死亡的赔偿范围

对死亡赔偿的范围，民法通则第119条规定，除应当赔偿医疗费、因误工减少的收入等费用外，还应当支付丧葬费、死者生前扶养的人必要的生活费等费用。消费者权益保护法第49条、产品质量法第44条对于死亡赔偿金也有相应规定。依据《人身损害司法解释》第17条第3款的规定，受害人死亡的，侵权人除应当根据个案的治疗情况赔偿医疗费、护理费、营养费等相关合理费用外，还应当赔偿丧葬费、被扶养人生活费、死亡补偿费以及受害人亲属办理丧葬事宜支出的交通费、住宿费和误工损失等合理费用。侵权责任法在立法和司法实践经验基础上，并借鉴国外做法，明确规定了侵害他人造成死亡的，除应当赔偿医疗费、护理费、交通费等合理费用，还应当赔偿丧葬费和死亡赔偿金。

二、医疗损害责任纠纷中的死亡赔偿金与残疾赔偿金的具体适用

(一) 医疗损害责任纠纷中人身损害赔偿的一般规则

在侵权责任法施行前，医疗损害赔偿项目和赔偿标准法律适用的二元化是当前医疗损害赔偿审判实践中最棘手的问题。有的法院适用《医疗事故处理条例》(以下简称《条例》)，有的适用民法通则和《人身损害司法解释》。由于《条例》规定的赔偿范围比较窄、标准比较低，所以就出现了医院过错较重，患者损失较大，由于鉴定为医疗事故，按照《条例》的规定赔偿额比较低；而医方过错较轻，患者损害较小，不构成医疗事故但有医疗过错，适用《人身损害司法解释》反而赔偿额更高。患者的人身权利遭受医疗过错行为同等损害，却不是同等赔偿，破坏了国家法制的统一，影响了法律的权威性和严肃性。侵权责任法虽然没有明确规定医疗损害赔偿范围和标准，但不明确规定就是说医疗损害赔偿范围和标准没有特别规定，与其他侵权类型完全一样。侵权责任法解决了司法实践中赔偿标准二元化问题，不再区分医疗事故与非医疗事故。因此，人民法院在审理医疗损害赔偿案件时，应统一适用侵权责任法关于赔偿范围和标准的规定。也就是按照侵权责任法第 16 条的规定，侵害他人造成人身损害的，应当赔偿医疗费、护理费、交通费等为治疗和康复支出的合理费用，以及因误工减少的收入。造成残疾的，还应当赔偿残疾生活辅助具费和残疾赔偿金。造成死亡的，还应当赔偿丧葬费和死亡赔偿金。[①] 简言之，侵权责任法明确规定了侵权责任纠纷的赔偿范围和赔偿标准。医疗损害责任纠纷当然应当适用侵权责任法的规定。具体而言，对患者的人身损害，要适用侵权责任法第 16 条的规定；对财产损害赔偿，应当适用侵权责任法第 19 条的规定，对精神损害赔偿，应当适用侵权责任法第 22 条的规定。至于具体的赔偿标准，就人身损害赔偿而言，目前《人身损害司法解释》对具体赔偿项目都规定了明确的计算方法，有必要予以适用。其他有关损害赔

---

① 林文学:《〈侵权责任法〉医疗损害责任规定若干问题探析》，载《法律适用》2010 年第 7 期。

偿标准的司法解释，在不与侵权责任法相关规定冲突的情况下，也应当予以适用。

（二）本条规定所主要解决的问题

本条规定主要解决数个不同地区医疗机构承担责任时死亡赔偿金、残疾赔偿金的计算标准问题。对此，需要首先了解医疗损害责任纠纷中适用“两金”时存在的主要争议。

由于《人身损害司法解释》对于死亡赔偿金、残疾赔偿金的计算标准采取了受诉法院所在地上一年度城镇居民人均可支配收入或者农村居民人均纯收入的标准，而不同地区的经济发展不平衡，各地的赔偿标准多有高有底，由此导致在医疗纠纷中，不少患者为获得更高赔偿，通过转院到赔偿标准较高地区的医疗机构就诊的方式，来获得连接点找管辖法院，使得到该医疗机构所在地法院起诉的案件屡屡发生。尤其在受诉法院所在地的医疗机构并不承担责任的情况下，仍然判决原来的医疗机构按照受诉法院所在地的赔偿标准承担责任，不仅加重了该医疗机构的负担，也不利于和谐医患关系的构建。这一通过不诚信行为而获得不当利益的行为也不宜提倡。

为此，本条针对患者同时请求多个医疗机构承担赔偿责任的情形，明确了受诉法院所在地的医疗机构依法不承担赔偿责任时，不能按照受诉法院所在地的赔偿标准来计算须承担责任的医疗机构的赔偿数额。具体而言，如果只有其他一个医疗机构承担责任的，可以按照该医疗机构所在地的赔偿标准执行；若有两个以上医疗机构均承担责任的，基于到对患者损害充分救济的考虑，依据“就高不就低”的原则，可以按照其中赔偿标准较高的医疗机构所在地的标准执行。

本解释起草过程中，有意见建议增加“当事人户籍所在的赔偿标准高于医疗机构所在地的标准的，可以按照户籍所在地的标准执行”。理由是：避免出现医疗机构所在地标准过低，造成患者利益受损。同时，患者处于弱者地位，这样修改体现法律对患者的保护，体现公平。经研究，我们没有采纳这一建议，本条规定的主旨是为避免当事人通过选择医院拉管辖的问题出现，如果有本条规定之后，患者一方通常会做出理性选择在更可能要承担责任的医疗机构所在地起诉，这实际上仍然遵循了《人身损害司法解释》所确立的受诉法院所在地规则，这也符合侵权责任纠纷由被告住所地或者侵权行为地法院管辖的一般规则。

【适用指南】

对于本条的适用，需要注意以下问题：

1. 关于本条规定的适用条件

对于本条的适用，需要满足以下条件：

其一，患者在多家医疗机构就诊并受到损害。这是本条规定适用的基本前提。如果患者仅在一家医疗机构就诊，无本条适用的可能。同时，患者需遭受损害，若无损害，当然就无救济。

其二，受诉法院所在地医疗机构不承担责任。即受诉医疗机构的诊疗行为对于患者的损害不能满足医疗损害责任的构成要件，其不应承担责任。如果受诉法院所在地医疗机构需要承担责任，则应该直接适用受诉法院所在地的赔偿标准。而且该医疗机构需要承担责任，就医疗损害责任纠纷而言，该医疗机构所在地也属于侵权行为地，患者一方依据民事诉讼法的规定当然也可以向该地法院提起诉讼。

其三，非受诉法院所在地医疗机构的诊疗行为符合医疗损害责任的构成要件。这里的医疗损害责任形态既包括一般的医疗损害责任也包括医疗产品责任，但是该医疗机构的行为构成非医疗损害责任的其他侵权责任则不能适用本条规定。

在此需要注意的是，对于本条第二项的适用，除了满足上述条件外，还应当满足该两个非受诉法院所在地医疗机构都要承担医疗损害责任这一要件，至于这两个医疗机构承担的是连带责任还是按份责任在所不问，承担的是一般的医疗损害责任还是医疗产品责任也在所不问。

2. 关于“就高不就低”标准的适用。一方面，本条第二项就确立了就高不就低的赔偿标准，即非受诉法院所在医疗机构之外的两个以上医疗机构均承担责任的，可以按照其中赔偿标准较高的医疗机构所在地的标准执行。另一方面，法律或者相关司法解释规定的标准高于前款规定的医疗机构所在地标准的，可以按照法律或者相关司法解释的规定执行。比如，《人身损害司法解释》第30条规定，赔偿权利人举证证明其住所地或者经常居住地城镇居民人均可支配收入或者农村居民人均纯收入高于受诉法院所在地标准的，残疾赔偿金或者死亡赔偿金可以按照其住所地或者经常居住地的相关标准计算。这一规则对于医疗损害责任纠纷也同样适用。

【法条链接】

《中华人民共和国侵权责任法》

第十六条 侵害他人造成人身损害的，应当赔偿医疗费、护理费、交通费等为治疗和康复支出的合理费用，以及因误工减少的收入。造成残疾的，还应当赔偿残疾生活辅助具费和残疾赔偿金。造成死亡的，还应当赔偿丧葬费和死亡赔偿金。

第十九条 侵害他人财产的，财产损失按照损失发生时的市场价格或者其他方式计算。

第二十条 侵害他人人身权益造成财产损失的，按照被侵权人因此受到的损失赔偿；被侵权人的损失难以确定，侵权人因此获得利益的，按照其获得的利益赔偿；侵权人因此获得的利益难以确定，被侵权人和侵权人就赔偿数额协商不一致，向人民法院提起诉讼的，由人民法院根据实际情况确定赔偿数额。

第二十二条 侵害他人人身权益，造成他人严重精神损害的，被侵权人可以请求精神损害赔偿。

第二十五条 损害发生后，当事人可以协商赔偿费用的支付方式。协商不一致的，赔偿费用应当一次性支付；一次性支付确有困难的，可以分期支付，但应当提供相应的担保。

第五十四条 患者在诊疗活动中受到损害，医疗机构及其医务人员有过错的，由医疗机构承担赔偿责任。

《最高人民法院关于审理人身损害赔偿案件适用法律若干问题的解释》

第十七条 受害人遭受人身损害，因就医治疗支出的各项费用以及因误工减少的收入，包括医疗费、误工费、护理费、交通费、住宿费、住院伙食补助费、必要的营养费，赔偿义务人应当予以赔偿。

受害人因伤致残的，其因增加生活上需要所支出的必要费用以及因丧失劳动能力导致的收入损失，包括残疾赔偿金、残疾辅助器具费、被扶养人生活费，以及因康复护理、继续治疗实际发生的必要的康复费、护理费、后续治疗费，赔偿义务人也应当予以赔偿。

受害人死亡的，赔偿义务人除应当根据抢救治疗情况赔偿本条第一款规定的相关费用外，还应当赔偿丧葬费、被扶养人生活费、死亡补偿费以及受害人亲属办理丧葬事宜支出的交通费、住宿费和误工损失等其他合理费用。

第十八条 受害人或者死者近亲属遭受精神损害，赔偿权利人向人民法院请求赔偿精神损害抚慰金的，适用《最高人民法院关于确定民事侵权精神损害赔偿责任若干问题的解释》予以确定。

精神损害抚慰金的请求权，不得让与或者继承。但赔偿义务人已经以书面方式承诺给予金钱赔偿，或者赔偿权利人已经向人民法院起诉的除外。

第二十条 误工费根据受害人的误工时间和收入状况确定。

误工时间根据受害人接受治疗的医疗机构出具的证明确定。受害人因伤致残持续误工的，误工时间可以计算至定残日前一天。

受害人有固定收入的，误工费按照实际减少的收入计算。受害人无固定收入的，按照其最近三年的平均收入计算；受害人不能举证证明其最近三年的平均收入状况的，可以参照受诉法院所在地相同或者相近行业上一年度职工的平均工资计算。

第二十五条 残疾赔偿金根据受害人丧失劳动能力程度或者伤残等

级，按照受诉法院所在地上一年度城镇居民人均可支配收入或者农村居民人均纯收入标准，自定残之日起按二十年计算。但六十周岁以上的，年龄每增加一岁减少一年；七十五周岁以上的，按五年计算。

受害人因伤致残但实际收入没有减少，或者伤残等级较轻但造成职业妨害严重影响其劳动就业的，可以对残疾赔偿金作相应调整。

第二十七条 丧葬费按照受诉法院所在地上一年度职工月平均工资标准，以六个月总额计算。

第二十八条 被扶养人生活费根据扶养人丧失劳动能力程度，按照受诉法院所在地上一年度城镇居民人均消费性支出和农村居民人均年生活消费支出标准计算。被扶养人为未成年人的，计算至十八周岁；被扶养人无劳动能力又无其他生活来源的，计算二十年。但六十周岁以上的，年龄每增加一岁减少一年；七十五周岁以上的，按五年计算。

被扶养人是指受害人依法应当承担扶养义务的未成年人或者丧失劳动能力又无其他生活来源的成年近亲属。被扶养人还有其他扶养人的，赔偿义务人只赔偿受害人依法应当负担的部分。被扶养人有数人的，年赔偿总额累计不超过上一年度城镇居民人均消费性支出额或者农村居民人均年生活消费支出额。

第二十九条 死亡赔偿金按照受诉法院所在地上一年度城镇居民人均可支配收入或者农村居民人均纯收入标准，按二十年计算。但六十周岁以上的，年龄每增加一岁减少一年；七十五周岁以上的，按五年计算。

第三十条 赔偿权利人举证证明其住所地或者经常居住地城镇居民人均可支配收入或者农村居民人均纯收入高于受诉法院所在地标准的，残疾赔偿金或者死亡赔偿金可以按照其住所地或者经常居住地的相关标准计算。

被扶养人生活费的相关计算标准，依照前款原则确定。

第二十五条 **患者死亡后，其近亲属请求医疗损害赔偿的，适用本解释；支付患者医疗费、丧葬费等合理费用的人请求赔偿该费用的，适用本解释。**

本解释所称的“医疗产品”包括药品、消毒药剂、医疗器械等。

【条文释义】

本条是有关法律适用的指引及术语的解释性规定。第 1 款是对患者近亲属主张医疗损害赔偿以及支付患者医疗费、丧葬费等合理费用的人请求赔偿该费用的法律适用问题作了指引性规定。第 2 款对医疗产品的范围作了规定。

一、关于患者死亡后主张侵权责任的主体问题

对于侵权责任中的赔偿权利人，依据《人身损害赔偿解释》第 1 条第 2 款的规定，赔偿权利人是指因侵权行为或者其他致害原因直接遭受人身损害的受害人、依法由受害人承担扶养义务的被扶养人以及死亡受害人的近亲属。关于近亲属的范围，侵权责任法并没有规定，这主要是因为婚姻法、继承法等婚姻家庭法律对于近亲属的范围都做了规定，同时在被侵权人死亡的案件中，有时要根据具体案情确定哪些近亲属可以请求侵权人承担侵权责任，故侵权责任法最终并没有规定“近亲属”的范围。其实，在我国，近亲属是一个由司法解释确认的概念，也是一个外延很宽泛的概念：配偶、父母、子女为近亲属，孙子女、外孙子女以及祖父母、外祖父母也属于近亲属的范畴。《最高人民法院关于贯彻〈中华人民共和国民法通则〉若干问题的意见》（试行）（以下简称《民法通则意见》）第 12 条规定：“民法通则中规定的近亲属包括配偶、父母、子女、兄弟姐妹、祖父母、外祖父母、孙子女，外孙子女。”《最高人民法院关于审理名誉权案件若干问题的解答》指出“死者名誉受到损害的，其近亲属有权向人民法院起诉。近亲属包括：配偶、父母、子女、兄弟姐妹、祖父母、外祖父母、孙子女、外孙子女。”《最高人民法院关于确定民事侵权精神损害赔偿责任若干问题的解释》（以下简称《精神损害赔偿解释》）第 7 条进一步规定：“自然人因侵权行为致死，或者自然人死亡后其人格或者遗体遭受侵害，死者的配偶、父母和子女向人民法院起诉请求赔偿精神损害的，列其配偶、父母和子女为原告；没有配偶、父母和子女的，可以由其他近亲属提起诉讼，列其他近亲属为原告。”在侵权死亡的案件中，如此多的近亲属人员，是分别享有自己的精神损害赔偿请求权还是共享一个统一的损害赔偿请求权呢？实践中存有很大争议，每个人的人格都是独立的，每个人的精神利益也是相对独立的，从这个角度来看似乎每一个近亲属都应享有此的损害赔偿请求权。比如对于精神损害赔偿而言，如果从案件的整体性来考虑，从加害人的赔偿义务来考虑，似乎将此精神损害赔偿请求权界定为一个由近亲属共享的请求权为宜：由近亲属共享一个统一的精神损害赔偿请求权，对于案件的处理较为方便，对于加害人而言，其赔偿义务也相对确定，不会因为近亲属人数的不同而导致精神损害赔偿数额的巨大差别。① 对于侵权死亡的其他损害的赔偿，也应当遵循这一规则，即在侵权死亡的案件中，近亲属应当作为一个整体主张统一的损害赔偿。

在关于死亡赔偿金的诉讼当中，应当将同一顺序的请求权人作为必要共同诉讼当事人。② 具体而言，可以参照《精神损害赔偿解释》第 7 条的规定，死者的配偶、父母和子女向人民法院起诉请求赔偿精神损害的，列其配偶、父母和子女为原告；没有配偶、父母和子女的，可以由其他近亲属提起诉讼，列其他近亲属为原告。同时，在当事人主体资格问题上要适用必要共同诉讼的规则，即适用《民诉法解释》第 73 条、第 74 条的规定，必须共同进行诉讼的当事人没有参加诉讼的，人民法院应当依照民事

---

① 张新宝、郭明龙：《论侵权死亡的精神损害赔偿》，载《法学杂志》2009 年第 1 期。

② 杜万华：《杜万华大法官民事商事审判实务演讲录》，人民法院出版社 2016 年版，第 43 页。

诉讼法第132条的规定，通知其参加；当事人也可以向人民法院申请追加。人民法院对当事人提出的申请，应当进行审查，申请理由不成立的，裁定驳回；申请理由成立的，书面通知被追加的当事人参加诉讼。人民法院追加共同诉讼的当事人时，应当通知其他当事人。应当追加的原告，已明确表示放弃实体权利的，可不予追加；既不愿意参加诉讼，又不放弃实体权利的，仍应追加为共同原告，其不参加诉讼，不影响人民法院对案件的审理和依法作出判决。

同时，根据侵权责任法第18条第2款的规定，被侵权人死亡的，支付被侵权人医疗费、丧葬费等合理费用的人有权请求侵权人赔偿费用，但侵权人已支付该费用的除外。在司法实践中，支付被侵权人死亡前的医疗费等合理费用的，不一定是被侵权人本身，而是其亲属、朋友或者其他人；对于丧葬费，由于受害人已经死亡，只能是其亲属、朋友或者其他人支付。若支付这些费用的是被侵权人的近亲属，这些近亲属当然可以依据本条第一款的规定请求侵权人赔偿这些费用，若支付这些费用的并非其近亲属，而是其朋友、其他人或者某一单位的，实际支付费用的主体也可以作为独立的请求权人请求侵权人赔偿这些费用，但若侵权人已将这些费用赔偿给被侵权人近亲属的，实际支付这些费用的主体就不能再向侵权人请求赔偿，而只能要求获得赔偿的近亲属返还这些费用。赋予实际支付医疗费、丧葬费等费用的主体独立请求权，有利于弘扬帮扶帮衬的社会美德，保护善良的社会风俗，也可以防止侵权人获得不当利益。①

本解释在综合各方意见的基础上，既考虑体系的完备性也方便审判实践中对于本条规定予以适用，对于支付患者医疗费、丧葬费等合理费用的人请求赔偿该费用的纠纷，也明确规定了适用本解释。在此要注意的是：一方面，对于此类纠纷，在案由上仍应属于医疗损害责任纠纷的范畴，在法律适用上除了要适用侵权责任法第18条规定之外，还要适用侵权责任

① 参见王胜明主编：《〈中华人民共和国侵权责任法〉条文解释与立法背景》，人民法院出版社2010年版，第78至79页。

法关于医疗损害责任的规定，包括责任构成、过错认定等内容。另一方面，此类纠纷对于本解释的适用，并非所有条文都要适用。对于医疗损害责任纠纷共通性的规定，包括举证责任、鉴定申请、原因力规则等原则上都要适用。但是与此类纠纷特质明显不符的规则不予适用，比如关于死亡赔偿金、残疾赔偿金的赔偿标准等，惩罚性损害赔偿等条文，与垫付费用的情形并无联系，故这些条文不能适用。

二、关于医疗产品的范围

根据侵权责任法第59条的规定，“医疗产品”应当包括药品、消毒药剂、医疗器械。这里的规定系列举式规定。本解释采用了“等”的提法，意在保持本术语界定的开放性和灵活性。当然，严格地讲，目前来看本解释所称的医疗产品主要就是药品、消毒药剂、医疗器械的简写，这也是有利于条文简洁表述的需要，同时将此规定在本条当中，也是基于本解释体系更加科学合理的需要。对于本款内容的理解，需要注意以下几点：

1. 关于药品。药品管理法第100条对药品作了规定，具体包括中药材、化学原料药及其制剂、抗生素、生化药品、放射性药品、血清、疫苗、血液制品和诊断药品等。按照该条规定，血清和血液制品属于药品而非血液。按照《血液制品管理条例》第45条的规定，血液制品是指各种人血浆蛋白制品，另外，除了由药品生产商生产的药品之外，根据药品管理法第25条和《医疗机构药事管理暂行规定》[①] 第32条的规定，医疗机构还可以使用自配制剂，这也是一种特殊的药品，其生产者就是医疗机构自身。

2. 消毒药剂一般是指用于消毒、灭菌或洗涤消毒的制剂，但有关法律、法规和规章对此都没有规定。依据《消毒管理办法》第46条的规定，消毒产品包括消毒剂、消毒器械（含生物指示物、化学指示物和灭菌物品包装物）、卫生用品和一次性使用医疗用品。本条并没有对消毒药剂下定义。我们认为，《侵权责任法》上的“消毒药剂”应作广义理解，既包括狭义的消毒药剂，也包括灭菌药剂和洗涤消毒的制剂。

---

① 此文件现已失效。

3. 关于医疗器械。按照《医疗器械监督管理条例》第76条的规定，“医疗器械，是指直接或者间接用于人体的仪器、设备、器具、体外诊断试剂及校准物、材料以及其他类似或者相关的物品，包括所需要的计算机软件；其效用主要通过物理等方式获得，不是通过药理学、免疫学或者代谢的方式获得，或者虽然有这些方式参与但是只起辅助作用；其目的是：（一）疾病的诊断、预防、监护、治疗或者缓解；（二）损伤的诊断、监护、治疗、缓解或者功能补偿；（三）生理结构或者生理过程的检验、替代、调节或者支持；（四）生命的支持或者维持；（五）妊娠控制；（六）通过对来自人体的样本进行检查，为医疗或者诊断目的提供信息。”“大型医用设备，是指使用技术复杂、资金投入量大、运行成本高、对医疗费用影响大且纳入目录管理的大型医疗器械。”在此需要注意的是，依据《消毒管理办法》第46条的规定，消毒产品包括消毒剂、消毒器械（含生物指示物、化学指示物和灭菌物品包装物）、卫生用品和一次性使用医疗用品。可见，在消毒产品中，除消毒剂之外，消毒器械、卫生用品和一次性使用医疗用品均属于医疗器械而非消毒药剂。

此外，《医疗器械监督管理条例》第20条对于从事医疗器械生产活动应当具备的条件、第29条对于从事医疗器械经营活动的要求、第34条对于医疗器械使用单位的要求等都作了明确规定。这在实践中可以作为认定医疗器械在生产和使用中是否存在缺陷的重要依据。

【适用指南】

对于本条的适用，需要注意本条第1款中有关被扶养人的界定问题。

我们认为，被扶养人不限于受死者生前扶养的卑亲属，应当包括所有与死者生前有扶养关系的卑亲属和尊亲属。只要与死者生前有扶养关系，均视为被扶养人，这里的扶养关系是赡养、抚养、扶养三种法律关系，不可单纯理解为只有平辈亲属的扶养关系。但是被扶养人似应限于与死者有法定扶养关系的权利人。我国《民法通则》在第119条规定为“死者生前扶养的人”。从立法的本意上看，应当是不包括事实上的扶养关系，因为事实扶养关系的界限不好界定，应以法定扶养为限，确定被扶养人的范围。①

《人身损害赔偿解释》第28条第2款对作为间接受害人的被扶养人予以明确界定，即“被扶养人是指受害人依法应当承担扶养义务的未成年人或者丧失劳动能力又无其他生活来源的成年近亲属”。具体而言，被扶养人包括受害人根据法律规定负有义务承担扶养义务的人：一类是不满18周岁的未成年人；还有一类是虽已经成年，但属于无民事行为能力人或者限制民事行为能力人，如精神病人或者丧失劳动能力甚至生活自理能力的人。这些人都是依靠受害人在人身损害死亡或者致残前扶养的，都属于进行赔偿的被扶养人的范畴。法院在处理被扶养人生活费赔偿案件中，对赔偿权利人的认定应以此为据，以前的规定与此内容不一致的，以此为准。有些遗憾的是，该解释未对胎儿的扶养费赔偿请求权予以规定。

关于胎儿是否应包括在被扶养人范围之内的问题，以前的民法理论和实务认为胎儿本未出生，尚不具有权利能力，不享有扶养的权利。但是，胎儿在其出生之前，已经事实上存在，并且终究要出生成为一个活体的人或死胎。如果作为他（或她）的扶养人被致死，其出生后的扶养权利被剥夺。为了保护死者所应抚养的胎儿出生后的扶养权利，法律一般都规定胎儿是被扶养人，享有扶养损害赔偿请求权。我国侵权责任法没有明文规定对胎儿扶养权的保护。但民法总则第16条明确规定：“涉及遗产继承、接受赠与等胎儿利益保护的，胎儿视为具有民事权利能力。但是胎儿娩出时为死体的，其民事权利能力自始不存在。”对胎儿扶养权利的保护属于人身权延伸保护的范畴，有利于保护第二代的健康成长，且又为立法通例应当采纳，在实践中应当将胎儿列入被扶养人范围之内，具体的赔偿可从其出生之后给付。

① 参见杨立新：《侵权法论（第五版）》，人民法院出版社2013年版，第1101页。

【法条链接】

《中华人民共和国侵权责任法》

第十八条　被侵权人死亡的，其近亲属有权请求侵权人承担侵权责任。被侵权人为单位，该单位分立、合并的，承继权利的单位有权请求侵权人承担侵权责任。

被侵权人死亡的，支付被侵权人医疗费、丧葬费等合理费用的人有权请求侵权人赔偿费用，但侵权人已支付该费用的除外。

第五十九条　因药品、消毒药剂、医疗器械的缺陷，或者输入不合格的血液造成患者损害的，患者可以向生产者或者血液提供机构请求赔偿，也可以向医疗机构请求赔偿。患者向医疗机构请求赔偿的，医疗机构赔偿后，有权向负有责任的生产者或者血液提供机构追偿。

《最高人民法院关于贯彻执行〈中华人民共和国民法通则〉若干问题的意见（试行）》

12. 民法通则中规定的近亲属，包括配偶、父母、子女、兄弟姐妹、祖父母、外祖父母、孙子女、外孙子女。

《最高人民法院关于确定民事侵权精神损害赔偿责任若干问题的解释》

第七条　自然人因侵权行为致死，或者自然人死亡后其人格或者遗体遭受侵害，死者的配偶、父母和子女向人民法院起诉请求赔偿精神损害的，列其配偶、父母和子女为原告；没有配偶、父母和子女的，可以由其他近亲属提起诉讼，列其他近亲属为原告。

《中华人民共和国执业医师法》

第二十五条　医师应当使用经国家有关部门批准使用的药品、消毒药剂和医疗器械。

除正当诊断治疗外，不得使用麻醉药品、医疗用毒性药品、精神药品和放射性药品。

《中华人民共和国药品管理法》

第一百条 本法下列用语的含义是：

药品，是指用于预防、治疗、诊断人的疾病，有目的地调节人的生理机能并规定有适应症或者功能主治、用法和用量的物质，包括中药材、中药饮片、中成药、化学原料药及其制剂、抗生素、生化药品、放射性药品、血清、疫苗、血液制品和诊断药品等。

辅料，是指生产药品和调配处方时所用的赋形剂和附加剂。

药品生产企业，是指生产药品的专营企业或者兼营企业。

药品经营企业，是指经营药品的专营企业或者兼营企业。

《医疗器械监督管理条例》

第二十条 从事医疗器械生产活动，应当具备下列条件：

（一）有与生产的医疗器械相适应的生产场地、环境条件、生产设备以及专业技术人员；

（二）有对生产的医疗器械进行质量检验的机构或者专职检验人员以及检验设备；

（三）有保证医疗器械质量的管理制度；

（四）有与生产的医疗器械相适应的售后服务能力；

（五）产品研制、生产工艺文件规定的要求。

第二十九条 从事医疗器械经营活动，应当有与经营规模和经营范围相适应的经营场所和贮存条件，以及与经营的医疗器械相适应的质量管理制度和质量管理机构或者人员。

第三十四条 医疗器械使用单位应当有与在用医疗器械品种、数量相适应的贮存场所和条件。医疗器械使用单位应当加强对工作人员的技术培训，按照产品说明书、技术操作规范等要求使用医疗器械。

医疗器械使用单位配置大型医用设备，应当符合国务院卫生计生主管部门制定的大型医用设备配置规划，与其功能定位、临床服务需求相适应，具有相应的技术条件、配套设施和具备相应资质、能力的专业技术人员，并经省级以上人民政府卫生计生主管部门批准，取得大型医用设备配置许可证。

大型医用设备配置管理办法由国务院卫生计生主管部门会同国务院有关部门制定。大型医用设备目录由国务院卫生计生主管部门商国务院有关部门提出，报国务院批准后执行。

第七十六条　本条例下列用语的含义：

医疗器械，是指直接或者间接用于人体的仪器、设备、器具、体外诊断试剂及校准物、材料以及其他类似或者相关的物品，包括所需要的计算机软件；其效用主要通过物理等方式获得，不是通过药理学、免疫学或者代谢的方式获得，或者虽然有这些方式参与但是只起辅助作用；其目的是：

（一）疾病的诊断、预防、监护、治疗或者缓解；

（二）损伤的诊断、监护、治疗、缓解或者功能补偿；

（三）生理结构或者生理过程的检验、替代、调节或者支持；

（四）生命的支持或者维持；

（五）妊娠控制；

（六）通过对来自人体的样本进行检查，为医疗或者诊断目的提供信息。

医疗器械使用单位，是指使用医疗器械为他人提供医疗等技术服务的机构，包括取得医疗机构执业许可证的医疗机构，取得计划生育技术服务机构执业许可证的计划生育技术服务机构，以及依法不需要取得医疗机构执业许可证的血站、单采血浆站、康复辅助器具适配机构等。

大型医用设备，是指使用技术复杂、资金投入量大、运行成本高、对医疗费用影响大且纳入目录管理的大型医疗器械。

《中华人民共和国传染病防治法实施办法》

第二十七条　生产、经营、使用消毒药剂和消毒器械、卫生用品、卫生材料、一次性医疗器材、隐形眼镜、人造器官等必须符合国家有关标准，不符合国家有关标准的不得生产、经营和使用。

第二十六条 **本院以前发布的司法解释与本解释不一致的，以本解释为准。**

本解释施行后尚未终审的案件，适用本解释；本解释施行前已经终审，当事人申请再审或者按照审判监督程序决定再审的案件，不适用本解释。

【条文释义】

本条是关于本解释效力的规定。本解释的颁布，对于规范医疗损害责任纠纷案件的法律适用，保障医患双方当事人合法权益，促进医药卫生事业健康有序发展具有十分重要的积极意义。为依法充分保障当事人合法权益，做好相关的诉讼程序衔接适用工作，本条对于本解释的时间效力问题作出了规定。

一、关于司法解释的生效时间

法的时间效力是指法律何时生效、何时终止生效及法律对其颁布实施前的事件和行为是否具有溯及力的问题。法律生效的时间一般是根据法律的具体性质和实际需要来决定的。主要有以下几种形式：(1) 自法律颁发之日起生效；(2) 由该法来规定具体生效时间；(3) 由专门法决定规定该法的具体生效时间；(4) 规定法律颁布后到达一定期限开始生效。

司法解释的生效时间主要有两种：一是自司法解释公布之日起生效，通常表述为“本解释自公布之日起施行”。这种表述方式多适用于急需要尽快出台且马上施行时机比较成熟的情况，为了使司法解释尽早发挥应有作用，而采取的做法。例如，《最高人民法院关于适用〈中华人民共和国婚姻法〉若干问题的解释（一）》即采取了这一做法，其第 34 条即规定“本解释自公布之日起施行”。二是规定具体的生效时间，通常表述为“本解释自某年某月某日起施行”。这种方式一般是基于预留一段准备期，使得需要适用本解释的有关方面做好必要的学习、掌握和准备，以便于司法解释的顺利实施的考虑。《最高人民法院关于审理建设工程施工合同纠纷案件适用法律问题的解释》即采取了这一做法，其第28条规定："本解释自2005年1月1日起施行"。此后，考虑到司法解释对于审判实践指导的现实需要，为规范司法解释的实行时间，最高人民法院出台了《最高人民法院办公厅关于规范司法解释施行日期有关问题的通知》（法办［2007］396号）（以下简称《法办［2007］396号通知》）。根据《法办［2007］396号通知》的规定，"今后各部门起草的司法解释对施行日期没有特殊要求的，司法解释条文中不再规定'本解释自公布之日起施行'的条款，施行时间一律以发布司法解释的最高人民法院公告中明确的日期为准。司法解释对施行日期有特别要求的，应当在司法解释条文中规定相应条款，明确具体施行时间，我院公告的施行日期应当与司法解释的规定相一致。"在这之后最高人民法院出台的司法解释都是按照《法办［2007］396号通知》的要求，对司法解释的实行时间作出了相应规定。本解释即按照上述要求，明确规定了公布之后第2天，即2017年12月14日起施行，以便本解释能够迅速及时地指导审判实践，发挥其效用。

二、关于司法解释的溯及力问题

关于法的溯及力，又称法的溯及既往的效力，是指新的法律颁布后，对其生效前的事件和行为是否适用的问题，如果适用，则具有溯及力；如果不适用，则不具有溯及力。一般情况下，我国法律坚持"法律不溯及既往"的原则，也有例外，特别是在刑法中，目前各国采用的通例是"从旧兼从轻"原则，我国现行刑法就是采用"从旧兼从轻"的原则。对此，我国立法法第93条对于法律不溯及既往的原则作出了明确规定："法律、行政法规、地方性法规、自治条例和单行条例、规章不溯及既往，但为了更好地保护公民、法人和其他组织的权利和利益而作的特别规定除外。"此规定的法理依据在于，法律作为社会的行为规范，通过对违反者的惩戒来促使人们遵守执行，人们之所以对自己的违法行为承担不利后果，接受惩戒，就是因为事先已经知道或者应当知道哪些行为是法律允许的，哪些行为是法律不允许的，法律对人们的行为起指导和警示作用。不能要求人们遵守还没有制定出来的法律，法只对其生效后的人们的行为起规范作用。如果允许法具有溯及力，人们就无法知道自己的哪些行为将要受到惩罚，就没有安全感，也没有行为的自由。因此，作为一项法制原则，法是不具有溯及既往的效力的。国外大多数国家都承认这一原则。

在调研过程中，一致意见认为，法不溯及既往原则是针对实体法而言的，法谚云："实体从旧、程序从新"。我国法学界也通常认为，"实体法以不溯及既往为原则之一。但程序法无此原则，与此相反的是，在新程序法生效时尚未处理的案件，均应采取程序从新原则，依照新程序法处理。"[①] 法不溯及既往原则源于对信赖利益的保护，而信赖利益一般是基于实体法形成的。实体法创造、确定和规范权利（力）和义务，而程序法不创造新的权利和义务，只是提供法律救济和实现权利的方法和途径。[②] 因而，实体法溯及既往会影响法的安定性和人民对于旧法的信赖利益，而程序法溯及既往反而可能有助于新法迅速妥适地适用。[③]《最高人民法院关于修改后的民事诉讼法施行时未结案件适用法律若干问题的规定》即按照"程序从新"的要求作出一般性规定，对2013年1月1日修改后的民事诉讼法施行时未结的民事案件，适用修改后的民事诉讼法。

司法解释对其生效以前的事件和行为有无溯及力的问题，是一个较为复杂的问题。根据《中华人民共和国立法法》第93条的规定，法律、行政法规、地方性法规、自治条例和单行条例、规章不溯及既往，但为了更好地保护公民、法人和其他组织的权利和利益而作的特别规定除外。这是我国首次在宪法性法律文件中规定不溯及既往原则。但是，该条文没有把法律解释和司法解释列入其中。

---

① 卓泽渊主编：《法学导论》，法律出版社2000年版，第20页。

② 朱力宇：《关于法的溯及力问题和法律不溯既往原则的若干新思考》，载《法治研究》2010年第5期。

③ 胡建淼、杨登峰：《有利法律溯及原则及其适用中的若干问题》，载《北京大学学报（哲学社会科学版）》2006年第6期。

司法解释对其生效以前的事件和行为有无溯及力的问题，是一个较为复杂的问题，一直存有不同认识：一种意见认为，司法解释是对现行立法的解释，故应当自公布之日起，对于人民法院尚未审结的一、二审案件均应当适用。这种对司法解释施行前人民法院已经受理、司法解释施行时尚未审结的案件加以适用司法解释的主张，实际上是赋予了司法解释一定的溯及力。另一种意见认为，司法解释虽然理论上是对既有法律的解释，但我国的司法解释在一定程度上起着填补立法空白，甚至创设新规则的作用。按照法律不溯及既往的原则，司法解释只能适用于公布施行后起诉到人民法院的案件。只要案件的一审程序受理于司法解释生效施行之前的，都不能适用该司法解释。[①] 我们倾向于第一种观点。一般认为，根据《人民法院组织法》等有关规定，最高人民法院对于在审判过程中如何具体应用法律、法令的问题，进行解释。司法解释是对法律的释明，虽在被解释法律实施后制定，但应视为被解释法律的一部分，其在失效之日就应适用于审判实践，而且具有溯及力，但其溯及力应受被解释法律的时间效力范围的限制，即如果以制定法为解释对象，该司法解释一般与被解释法律同步发生效力，被解释法律如果能够适用于某一纠纷，该司法解释同样也应适用于该纠纷。关于刑事司法解释的溯及力，《最高人民法院、最高人民检察院关于适用刑事司法解释时间效力问题的规定》第 1 条明确规定："司法解释是最高人民法院对审判工作中具体应用法律问题和最高人民检察院对检察工作中具体应用法律问题所作的具有法律效力的解释，自发布或者规定之日起施行，效力适用于法律的施行期间。"关于民事司法解释的溯及力，并无类似上述刑事司法解释溯及力的统一规定，相关规定散见于最高人民法院近几年的民事司法解释的具体条文中。比如，《最高人民法院关于确定民事侵权精神损害赔偿责任若干问题的解释》第 12 条规定："在本解释公布施行之前已经生效施行的司法解释，其内容有与本解释不

---

① 最高人民法院民事审判第一庭编著：《最高人民法院建设工程施工合同司法解释的理解与适用》，人民法院出版社 2004 年版，第 244 页。

一致的，以本解释为准。”同时，“新法优于旧法”原则的基本要求是，由同一部门就相同的问题，在不同时期先后作出的规定应该以最新规定为准。[①] 一般而言，在后的规范性规定均较在先的规定科学，更有利于保护公民、法人、其他组织的合法权益，因此，新法优于旧法是法的适用的一般原则，司法解释也应遵循该原则。[②] 本解释的适用当然也要按照这一思路，即以前发布的司法解释与本解释不一致的，不再适用。

三、关于本解释与其他规范冲突时如何处理的问题

对于司法解释与其他法律规范的冲突问题，当然应当按照“上位法优于下位法”、“特别法优于一般法”以及“新法优于旧法”的原则确定。具体而言，应当把握以下三点：

1. 本解释施行前本院作出的有关司法解释与本解释相抵触的，以本解释为准。对于本解释而言，此前最高人民法院发布的司法解释或者其他规范性文件与本解释规定不一致的，施行后尚未终审的案件，应当适用本解释的规定。当然，在本解释施行后，新的司法解释对本解释所规定的内容又有不同规定的，也要以新的司法解释的规定为准。

在此需要注意的是，这涉及对“不一致”的理解问题。我们认为，本解释与原有司法解释“不一致”的定位必须局限于“同一法律问题或者规则”，若系不同问题的规定，当然不能适用本条规定的内容。一般而言，本解释对原有司法解释有关规定内容作出修改或者新增的规定，属于本解释与此前出台的其他司法解释“不一致”的情形，对此应当适用本解释。但是，对于本解释并没有规定，而此前出台的其他司法解释对这一问题有规定的，这一规定又与本解释相关条文并不冲突，则原有司法解释的规定应当继续适用。

2. 关于“特别法优于一般法”的运用。“特别法”与“一般法”适用

---

① 最高人民法院民事审判第一庭编著：《最高人民法院建设工程施工合同司法解释的理解与适用》，人民法院出版社 2004 年版，第 245 页。

② 最高人民法院民事审判第二庭编著：《最高人民法院关于民事案件诉讼时效司法解释理解与适用》，人民法院出版社 2008 年版，第 386 页。

规则是特别法优先适用，但在特别法没有规定的情形下，则应适用一般法的规定。虽然目前对于司法解释是否为其解释的法律或者解释所依据的法律的特别法，但是一般认为，在司法解释中有明确规定的情况下要适用司法解释的规定，司法解释没有明确规定的，则要适用其解释的法律或者解释所依据的法律所规定的一般规则。这一规则对于本解释同样适用。比如，本解释第八条规定了医疗损害鉴定启动的规则、第二十四条对损害赔偿标准作了规定，对此当然要适用本解释的规定，但对于有关医疗损害责任中损害赔偿的基本规则，人民法院依照职权调查取证等问题，则要结合适用侵权责任法、民事诉讼法及《人身损害司法解释》的相关规定。

3. 关于“上位法优于下位法”的问题。我们认为，目前本解释是依据侵权责任法、民事诉讼法的内容所作出的规定，其内容并不存在与这两部法律相冲突的问题。虽然目前学术界及实务界对于司法解释与其所依据的法律是否是下位法与上位法的关系存有争议，但通常认为司法解释是不能违反法律规定的。鉴于本解释目前不存在与侵权责任法、民事诉讼法规定相冲突的地方，故在立法机关不对侵权责任法、民事诉讼法予以修改的情况下，对于需要适用本解释的民事案件，就不存在优先适用这两部法律规定而排除本解释的问题。

【适用指南】

对于本条在审判实践中的适用，需要把握好本解释适用的案件范围问题。“实体从旧、程序从新”是大陆法系和普通法系公认的法则。因此，在本解释施行后，所有的医疗损害责任纠纷案件，无论是一审案件还是二审案件，均适用本解释。

但对于本解释施行前已经终审的案件，在当事人申请再审或者按照审判监督程序决定再审而进入审理程序的，则不适用本解释。这是司法解释溯及力的例外原则，涉及司法解释的溯及力与生效裁判的既判力的平衡问题。一般情况下，裁判的既判力应当优于司法解释的溯及力，即不得以判决的个案解释不同于司法解释为由推翻已经生效的判决。此理由在于，即使司法解释溯及既往，也要以不违反法的安定性和信赖利益保护原则为前提，而维护裁判的既判力也是法的安定性的一项基本要求，如果溯及力优于既判力，则势必在一定程度上动摇法的安定性和生效裁判的权威性、公信力。如果承认司法解释的溯及力优于既判力，则可能会引起大量的裁决被推翻，从而给司法裁决的权威性带来负面影响。[①] 采取既判力优于溯及力的做法，也是为了维护人民法院生效裁判的公信力和稳定性的需要，本解释也是采取了这一做法。

---

① 杨立新主编：《最高人民法院审理建筑物区分所有权纠纷案件司法解释理解与运用》，法律出版社2009年版，第200页。

第三部分

典型案例

最高人民法院
关于医疗损害责任纠纷司法解释
条文释义与实务指南

ZUIGAO RENMIN FAYUAN
GUANYU YILIAO SUNHAI ZEREN JIUFEN SIFA JIESHI
TIAOWEN SHIYI YU SHIWU ZHINAN

1. 何某杰与哈尔滨市阿城区中医院医疗损害赔偿纠纷案[①]

——医疗损害事实发生在有关法律施行前的，应当适用当时法律、司法解释的规定，即使该案再审的，也应以此为标准判决原裁判是否构成适用法律错误

【裁判要旨】

本案的损害事实发生在侵权责任法施行前，故应适用当时的法律、司法解释的规定，不能适用现行有效的侵权责任法、民事诉讼法以及《医疗损害解释》的规定。关于本案涉及的鉴定人出庭的问题，也要适用当时的法律或者司法解释的规定。而依据《民诉证据规定》第59条的规定，当事人对鉴定结论有异议，且鉴定人无法出庭接受当事人质询的，经人民法院准许，可以书面答复当事人的质询。故在没有核实鉴定人不能出庭的理由是否客观真实，以及没有征求当事人是否同意鉴定机构书面答复的前提下，人民法院不能简单地对鉴定意见不予采信。若针对上述鉴定意见，双方当事人虽有异议，但未申请重新鉴定或者补充鉴定，则在该鉴定意见系合法作出且能够与其他证据相佐证的情况下，人民法院可以根据该鉴定意见所认定的事实确定医疗机构应当承担的责任比例。在此需要注意的是，上述规则只能适用于损害事实发生在侵权责任法以前的案件，因为这与民事诉讼法第78条以及本解释的规定并不相同。

患者一方主张医疗损害鉴定所依据的病历资料系医疗机构伪造的，但未提供证据证明或者提供证据不能证明医疗机构伪造病历的，应当承担举证不能的后果。

① 《中华人民共和国最高人民法院公报》2005年第5期，最高人民法院（2003）民一终字第82号民事判决书。

【相关法条】

《中华人民共和国民事诉讼法》第七十八条

《最高人民法院关于民事诉讼证据的若干规定》第五十九条

《最高人民法院关于审理医疗损害责任纠纷案件适用法律若干问题的解释》第二十六条、关于鉴定人出庭作证的规定

【基本案情】

阿城市人民法院于2005年8月30日作出（2004）阿民初字第594号民事判决。阿城中医院不服，向哈尔滨市中级人民法院提起上诉。哈尔滨市中级人民法院以一审判决程序违法、认定事实不清，可能影响案件的正确判决为由，于2005年12月8日作出（2005）哈民二终字第1973号民事裁定：撤销（2004）阿民初字第594号民事判决，将案件发回阿城市人民法院重审。

2003年6月27日13时许，何某杰陪同丈夫马某良到阿城中医院就医，经阿城中医院门诊医生检查，初步诊断为冠心病、肺感染，并发出入院通知单，于15时30分入阿城中医院内科治疗。住院后，阿城市医院开始对患者进行治疗，静脉注射利多卡因、硝普钠并吸氧。19时30分左右，患者出现不良反应，出现呕吐现象，值班医生为患者注射一支胃复安。21时许，患者再次出现不良反应，呼吸困难，经阿城中医院值班医生检查后进行抢救，至23时许，患者马某良经抢救无效死亡。马某良死后、何某杰及其家属按民族习俗下葬，之后，何某杰到网城小中医院处将所剩药物退掉，并要求复印患者病案。2003年8月4日，阿城中医院给何某杰复印了病案。2003年8月18日，双方共同将死者病案予以封存后，何某杰申请哈尔滨市医学会对马某良死因进行医疗事故鉴定。2004年3月11日，哈尔滨市医学会作出鉴定，分析意见为：1. 医方对该患诊断及治疗原则尚得当。2. 医方在抢救治疗过程中存在以下不足（1）在诊断及救治过程中缺少必要的辅助检查，如：血离子、肾功能；（2）在救治过程中没有细致地观察病情变化，对病情发展认识不足；（3）没能及早向病人家属交代病情危重及预后。3. 因缺少尸体检验材料，无法明确判断死因，所以不能确

定医方以上不足与患者死亡的因果关系，故不能作出是否构成医疗事故的结论。另查明，何某杰有两名子女，现均已成年。

二审法院另查明：2006年4月11日，阿城市人民法院委托黑龙江省医学会，就阿城中医院的医疗行为与马某良的死亡有无因果关系进行鉴定，鉴定结论为无因果关系、但是，医疗过程存在不足之处，即1. 对病情严重程度评估不足；2. 上级医师会诊不及时，3. 病例记载欠规范等。一审期间，经二审法院准许，哈尔滨市医学会、黑龙江省医学会就鉴定结论出具书面答复意见，均认为原鉴定结论并无不当之处。其他事实与重审判决认定事实一致。

【裁判结果】

一审法院判决：一、阿城中医院于判决生效后5日内赔偿何某杰医疗费341. 13元；二、阿城中医院于判决生效后日内赔偿何某杰医疗事故鉴定费5580元；二、阿城中医院于判决生效后5日内赔偿何某杰车费、复印费900元；四、阿城中医院于判决生效后5日内赔偿何某杰死亡赔偿金148914元；五、阿城中医院于判决生效后5日内赔偿何某杰丧葬费6506. 10元；六、阿城中医院于判决生效后5日内赔偿何某杰被抚养人生活费了7068元；七、驳回何某杰其他诉讼请求。

二审法院判决：一、维持哈尔滨市阿城区人民法院（2006）阿民重字第12号民事判决第七项；二、变更哈尔滨市阿城区人民法院（2006）阿民重字第12号民事判决第一项为：阿城中医院于判决生效后5日内赔偿何某杰医疗费151. 61元；三、变更哈尔滨市阿城区人民法院（2006）阿民重字第12号民事判决第二项为阿城中医院于判决生效后5日内赔偿何某杰医疗事故鉴定费2480元；四、变更哈尔滨市阿城区人民法院（2006）阿民重字第12号民事判决第三项为：阿城中医院于判决生效后5日内赔偿何某杰车费、复印费400元；五、变更哈尔滨市阿城区人民法院（2006）阿民重字第12号民事判决第四项为：阿城中医院于判决生效后5日内赔偿何某杰死亡赔偿金66184元；六、变更哈尔滨市阿城区人民法院（2006）阿民重字第12号民事判决第五项为：阿城中医院于判决生效后5

日内赔偿何某杰丧葬费 2891.6 元；七、变电哈尔滨币阿城区人民法院（2006）阿民重字第 12 号民事判决第六项为：阿城中医院于判决生效后 5 日内赔偿何某杰被抚养人生活费 16474.67 元。

再审法院判决：维持哈尔滨市中级人民法院（2007）哈民二终字第 562 号民事判决。

【裁判理由】

再审法院认为，根据《最高法院人民关于民事诉讼证据的若干规定》第五十九条之规定："鉴定人应当出庭接受当事人质询。鉴定人确因特殊原因无法出庭的，经人民法院准许，可以书面答复当事人的质询。"本案中，鉴定机构已就当事人提出的质疑进行了书面答复，且当事人双方均未申请重新鉴定或者补充鉴定，故二审判决采纳该鉴定并无不当。本案现有的证据无法证明阿城中医院的治疗行为与马某良的死亡存在因果关系，故二审法院以阿城中医院治疗方法不当为由酌定其承担 40% 的赔偿责任，已充分保障了申诉人何某杰的权利。何某杰主张鉴定人未接受质询，鉴定意见不能作为定案依据的申诉请求无事实和法律依据，法院再审不予支持。

【附二审法院裁判理由】

二审法院认为，本案系医疗损害赔偿纠纷，患者马某良系在阿城中医院治疗过程中死亡，故双方当事人就是否构成医疗事故，是否存在因果关系已分别在省、市医学会做了三次鉴定，一审依据哈尔滨市医学会的鉴定结论，认定阿城中医院的医疗行为存有过错有相应依据。但是，原审以鉴定人员没有出庭接受当事人质询为由，对照龙江省医学会的鉴定结论不予采纳不妥，按照《最高人民法院关于民事诉讼证据的若干规定》第 59 条的相关规定，当事人对鉴定结论有异议，且鉴定人无法出庭接受当事人质询的，经人民法院准许，可以书面答复当事人的质询。本案中，原审在没有核实鉴定人不能出庭的理由是否客观真实，以及没有征求当事人是否同意鉴定机构书面答复的前提下，对鉴定结论不予采信有误。且省、市医学会的鉴定中关于阿城中医院的医疗行为存有过错的结论并不矛盾，双方可以互相印证。法院经过对该鉴定结论重新组织当事会的鉴定结论予以采信。双方当事人虽对已做出的鉴定结论不服，但又未申请重新鉴定或者补充鉴定，双方应当依据上述鉴定结论承担各自的责任。关于赔偿的比例问题。本案经省、市两级医学会鉴定结论认定，对于马某良的死亡结果，阿城中医院不构成医疗事故，医疗行为与损害结果之间不存在因果关系，但是，鉴定结论同时认定阿城中医院在医疗过程存在不足之处，该不足对马某良的死亡结果存在一定程度的影响，因此，阿城中医院应当承担相应的过错赔偿责任，但该责任较之医疗事故或者因果关系形成的责任为轻，属于次要责任，而原审按照90%的比例确定阿城市中医人进行质证后，对黑龙江省医学院的赔偿责任不当，法院予以纠正。阿城中医院应当承担40%的赔偿责任。关于何某杰称，鉴定所依据的病历系阿城中医院伪造的，因阿城中医院你，包括”死亡病历讨论记录”等资料在内的病例是在马某良2003年6月27日死亡发生后形成的。而何某杰直至8月4日才要求复印该病例，故何某杰没有证据证实该份病例是不真实的，对该项主张法院不予支持。

【附一审法院裁判理由】

一审法院重审认为，马某良到阿城中医院就诊治疗，阿城中医院负有提供安全医疗服务的责任和义务。本案中，阿城中医院医疗行为虽不构成医疗事故，但存在过失、过错。鉴定机关认定阿城中医院对马某良诊治过程中存在下述不足：1. 在诊断及救治过程中缺少不要的辅助检查，如：血离子、肾功等；2. 在救治过程中没有细致地观察病情变化，对病情发展认识不足；3. 没能及早向病人家属交代病情危重及预后。另外，患者死亡，则必须依赖对尸体进行系统的病理解剖、组织学检验以及各项实验室检查，根据各类数据、结果综合分析，作出比较明确的死因结论。在此基础上，方有可能对死亡原因与医院医疗处置行为之间是否存在直接必然的因果关系进行分析判断。从能力方面讲，阿城中医院无论从专业理论和临床技术实力上都远远强于何某杰，阿城中医院应当知道患者死亡后进行尸体解剖、病理学检验的结果是解决死亡原因与医疗处置之间是否存在因果关系的关键所在，办案中患者没有进行尸检责任在阿城中医院，应推定阿城中医院的医疗行为存在过失。阿城中医院在2003年8月4日才给何某杰复印病案，病案中内容填写不全，复印病案中没有死亡病例讨论记录，违反“病历应及时书写，如因抢救急危患者，未能及时书写病历的，有关医务人员应当在抢救结束后6个小时内据实补记，并加以注明”的规定，这也致使何某杰对患者死亡与医疗行为不当存在因果关系存在合理怀疑。根据《最高人民法院关于参照〈医疗事故处理条例〉审理医疗纠纷案件的通知》的规定：“该《条例》实施后发生的医疗事故引起的医疗赔偿纠纷诉到法院的，参照《条例》的有关规定办理；因医疗事故以外的原因引起的其他医疗赔偿纠纷，适用《民法通则》的规定。”本案中，阿城中医院的医疗行为虽未构成医疗事故，但阿城中医院的医疗行为有过错，其过错与患者死亡之间存在一定的因果关系。阿城中医院应当对何艳杰予以赔偿病，承担患者死亡的90%责任。

2. 李某、赵某琦与襄阳市第一人民医院医疗损害责任纠纷案①

——在医疗损害责任纠纷的二审程序中，人民法院以举证责任分配错误为由裁定发回重审

【裁判要旨】

在二审程序中，人民法院可以依法运用发回重审程序，医疗损害责任纠纷也不例外。本案的典型之处在于，二审法院因原审中对于举证责任分配错误以及患者一方提出对涉案病历中的当事人的签字签名笔迹进行真伪鉴定，以及对相关病例资料进行文检鉴定及医疗机构是否篡改、隐匿病历进行司法技术鉴定的情形予以退案处理存在举证责任分配不当、程序违法的情形，依照民事诉讼法的相关规定裁定发回重审。当然，因举证责任分

① 案号：（2015）鄂襄阳中民二终字第00433号

配错误是否属于民事诉讼法第 170 条第 1 款第 3 项以及民诉法解释第 325 条列举的严重程序错误可以再作研究，举证责任分配不当似更应当属于适用法律错误的情形，也接近于认定基本事实不清的情形。但在此要注意的是，依据民事诉讼法的相关规定，发回重审程序原则上以一次发回为限，以避免诉讼程序无谓的拖延。

在侵权责任法施行前，有关医疗损害责任纠纷的举证责任分配问题应当适用当时的法律及司法解释的规定，即适用《最高人民法院民事诉讼证据规定》第 4 条第 1 款第（8）项的规定，应当由医疗机构对医疗行为与损害结果之间不存在因果关系及不存在医疗过错承担举证责任。这与侵权责任法施行后的相关案件的法律适用问题存在根本不同，后者情形的案件在医疗损害解释施行后起诉到法院的，要适用医疗损害解释第四条的规定确定举证责任的分配规则。

患者一方对于鉴定意见持有异议并申请鉴定人出庭接受质询，人民法院应当依法予审查，在没有违反法律规定的情形下，原则上应当准许。但发生在 2012 年修订的民事诉讼法施行前的案件，则仍要适用当时的法律或者司法解释的规定。

【相关法条】

《中华人民共和国侵权责任法》第五十四条、第五十八条

《中华人民共和国民事诉讼法》第一百七十条

【基本案情】

上诉人李某、赵某琦因与市一医院医疗损害责任纠纷一案，不服襄阳市樊城区人民法院（2014）鄂樊城民二初字第 00034 号民事判决，向襄阳中院提出上诉。襄阳中院组成合议庭公开开庭审理了本案。上诉人李某及其与赵某琦的共同委托代理人闫某军，被上诉人市一医院的委托代理人王红权、成章凯到庭参加了诉讼。

法院经审理认为，原审判决以李某、赵某琦无证据证明市一医院在诊疗行为过程中存在过错为由驳回其诉讼请求，但本案医疗纠纷发生于《侵

权责任法》实施之前，按照《民诉证据规定》第4条第1款第（8）项的规定，应当由医疗机构对医疗行为与损害结果之间不存在因果关系及不存在医疗过错承担举证责任。虽然原襄樊市医学会的鉴定意见认为本案不属于医疗事故，李某、赵某琦对该鉴定意见持有异议并申请鉴定人出庭接受质询，原审法院对此未予准许不当。同时，李某、赵某琦在原一审及发还重审后的一审程序中先后两次明确提出对涉案病历中“李某”的签字签名笔迹进行真伪鉴定，对赵正朝的病历进行文检鉴定及市一医院是否篡改、隐匿病历进行司法技术鉴定，原审法院司法技术部门以申请人未要求对病历是否伪造、篡改、隐匿进行鉴定为由作退案处理存在矛盾。综上，原审法院举证责任分配不当，程序违法。

【裁判结果】

法院生效裁定：

一、撤销襄阳市樊城区人民法院（2014）鄂樊城民二初字第00034号民事判决。

二、本案发回襄阳市樊城区人民法院重新审理。

3. 陈某等与周某芳医疗损害责任赔偿纠纷案①

——未进行尸检导致无法查明死因的，法院可以根据鉴定意见以及过错大小酌情判决医疗机构承担部分责任；医疗机构提供给患者复印的病历前后不一致的，可以认定医疗机构有过错

【裁判要旨】

在没有进行尸检确定死因的情况下，鉴定意见认为医疗机构存在对患者术后的病情观察、护理上存在不足，并存在部分病历不真实、未提供电

① 案号：(2013）镇民终字第1378号

子病历的情形，但均与患者死亡后果之间无明确相关性，法院结合医疗机构的过错程度，对周某芳、陈某的损失，酌定承担20%责任。

医疗机构存在过错的主要方面在于患者要求复印病历时，其第一次提供的病历与第二次提供的病历不一致，且未提供电子病历。但审理法院指出，患者认为医疗机构提供的病历不真实，应当承担相应的不利后果，否则不能轻易认定医疗机构隐匿或者伪造病历。我们认为，对于病历真实性问题，需要根据案件具体情况确定，但考虑到病历资料通常为医疗机构所掌握和控制，也有必要将病历资料有关问题的举证责任适当分配给医疗机构，以维护医患关系的平衡。本案中，法院实际上也适当分配给医疗机构在提供病历方面的举证责任。

当事人就医疗损害责任纠纷中的专门性问题，可以申请鉴定，对鉴定意见有异议的，可以申请补充鉴定；对于鉴定意见或者补充鉴定意见有异议的，可以申请人民法院通知鉴定人出庭作证。

【相关法条】

《中华人民共和国侵权责任法》第五十四条、第五十八条、第六十一条

【基本案情】

周某芳系陈某宏之妻，陈某系陈某宏之子。2011年9月19日，陈某宏因“发作性胸闷、心悸4－5月”，到江苏大学附属医院门诊就诊，江苏大学附属医院初诊为冠心病，并建议住院检查。陈某宏于9月20日上午住院检查后被诊断为急性心肌梗死，后于9月22日行冠状动脉造影及支架植入术。陈某宏在9月23日22时许，因胸痛至医生办公室询问，22时25分突发晕厥倒在医生办公室，后经医院抢救无效于9月24日0时30分被宣告死亡。周某芳、陈某于2011年9月25日下午至江苏大学附属医院处封存并复印了陈某宏在2011年9月20日至9月24日的住院病历。2012年2月24日，周某芳、陈某至江苏大学附属医院对封存的病历启封复印后再次封存。

2012年4月5日，周某芳、陈某诉至一审法院，要求江苏大学附属医院赔偿其各项损失40万元。

一审审理过程中，经江苏大学附属医院申请，一审法院委托镇江市医学会进行司法鉴定，鉴定事项为：江苏大学附属医院的诊疗行为是否违反诊疗规范、是否存在过错，江苏大学附属医院的医疗行为与陈某宏的死亡之间是否存在因果关系。2013 年 1 月 7 日，镇江市医学会出具医疗损害鉴定书认为：1. 患者陈某宏冠心病诊断成立，有冠状动脉造影检查的指征，患方术前签署了《导管造影检查、治疗知情同意书》，医方已履行了书面告知义务；2. 肝素钠的使用未违反医疗常规，地尔硫卓为介入手术过程预防桡动脉痉挛的常规用药；3. 医方介入手术操作未见违规之处，未发现与手术相关的并发症；4. 陈某宏术后 30 余小时突发病情变化，经抢救无效死亡，因未进行尸体解剖，考虑为急性心肌梗死并发心脏破裂所致的可能性大；5. 16 页患者住院资料复印件为患方代理人可复印的患者住院资料中的部分客观资料，相关客观检查结果是本例鉴定的主要依据。镇江医学会的鉴定结论为：医方在患者术后的病情观察、护理上存在不足（如在患者诉说胸痛时，未能及时安排心电图、心脏超声、心肌酶谱等检查进一步完善鉴别诊断等），但与患者的心脏破裂之间无明确相关性。

周某芳、陈某对鉴定结论提出异议，认为相关鉴定结论不明确，依据不充分，要求对下列事项进行补充鉴定：1. 明确在“心梗三项”报告不真实的情况下，患者能否确诊为急性非 ST 段心肌梗死；2. 仅凭经质证认可的 16 页病历资料，如何作出鉴定结论；3. 明确对患者实施冠状动脉造影及介入手术必要性的依据；4. 肝素钠的使用未违反医疗常规的依据；5. 患者术后哪些检查足以证实患者心肌梗死并发心脏破裂的可能性大，能否排除介入手术引发支架内血栓的可能性；6. 江苏大学附属医院在患者晕厥后，未明确病因的情况下仓促抢救，措施是否得当。为此，镇江市医学会出具了《关于陈某宏医疗损害鉴定的补充说明》载明：1. “心梗三项”是目前临床上诊断急性心肌梗死的指标之一，心肌肌钙蛋白是诊断心肌梗死的敏感指标。以往沿用多年的心肌酶测定仍有一定的参考价值。患者术前血生化检查结果均有异常，在无“心梗三项”时，也应考虑存在急性心肌梗死的可能；2. 16 页患者住院资料为患方家属可复印的客观资料中的部分，依据其中的心电图检查结果、血生化检查结果、心脏超声检查结果等，考虑患者患有“冠心病”的可能，结合门诊病历中患者的主诉，有行冠状动脉造影的指征；3.《内科学》（第七版）第三篇第七章的第二节、第三节内容是对患者实施冠状动脉造影及介入手术必要性的依据；4. 肝素钠注射液是冠状动脉造影检查术中的常规必备药品，在冠状动脉造影检查术中，所有手术器械都应由肝素钠盐水冲洗，以避免血栓的发生；5. 患者的确切死亡原因因无相关尸检资料而无法确定，根据9月23日23时急诊床旁心脏超声检查结果，结合患者冠状动脉造影手术光盘，在支架植入手术过程中未见有造影剂外渗等现象，考虑患者的死亡原因以“急性心肌梗死并发心脏破裂”的可能性大，该患者是否存在支架内血栓因缺乏相关的资料（如尸体解剖、冠状动脉造影等）无法判定；6. 仅凭16页病历资料不能对患者晕厥后医方的抢救措施进行鉴定，而根据医方提供的患者住院病历则可认定在患者发生晕厥后，医方给予的抢救措施基本符合心肺复苏抢救的医疗规范。

周某芳、陈某对鉴定意见及补充说明仍有如下异议：1. 江苏大学附属医院对陈某宏的诊断错误，单凭心梗三项检验结果是不能作出非ST段抬高性急性心肌梗死的诊断，只能诊断为稳定型心绞痛；2. 患者没有鉴定意见所说的主要指征，根本无须进行冠状动脉造影，江苏大学附属医院的冠状动脉造影检查与介入治疗方案错误；3. 未尽相应的告知义务，在知情同意书中，江苏大学附属医院没有告知患者进行冠状动脉造影的主要指征和介入治疗的适应征，也未告知患者其他的替代治疗方案；未尽到诊疗义务，在可能出现手术不成功时没有紧急做主动脉—冠状动脉旁路移植术，江苏大学附属医院给予的心肺复苏抢救措施针对的应该是心脏骤停，而不是AMI并发心脏破裂，患者亲属同意或不同意尸检均需在病历中明确表态并签字，江苏大学附属医院出具的死亡记录中没有相关内容，故没有尸检导致死因不明的责任在医方。因此，陈某宏的死亡与江苏大学附属医院的医疗过错存在直接关系。

根据周某芳、陈某的申请，一审法院通知鉴定人员出庭。镇江市医学会指派参与鉴定的专家孙烈出庭。鉴定人员当庭对周某芳、陈某提出的异议答复如下：1. 鉴定人是根据心肌酶测定、患者症状、冠状动脉造影结合心电图作出医方诊断正确的结论；2. 周某芳、陈某列举的冠脉造影适应征五项条件不是需满足所有条件，只要满足其中一条即可。鉴定人依据的是第3条和第4条，造影是诊断冠心病的最有效检查；3. 根据造影结论，再决定是否采取其他治疗措施，如有其他方案应向患者告知。

【裁判结果】

一审法院判决：

江苏大学附属医院于判决生效后十日内赔偿周某芳、陈某人民币115637.80元。

二审法院判决：

驳回上诉，维持原判。

【裁判理由】

法院生效裁判认为，本案争议的问题有：1. 江苏大学附属医院是否存在隐匿病历，是否可以推定江苏大学附属医院存在过错；2. 鉴定报告能否采信；3. 未能进行尸检，江苏大学附属医院是否应当承担责任；4. 未支付的医疗费是否应计算为周某芳、陈某的损失及丧葬费的计算是否有误。

关于第1个问题。江苏大学附属医院于2011年9月24日复印给陈某的16页病历的真实性能够确认。对于江苏大学附属医院第二天向陈某提供并共同封存了42页病历，应属于迟延提供病历，对于迟延提供的这部分病历的真实性应由江苏大学附属医院承担举证责任。陈某提出江苏大学隐匿电子病历，但纸质病历与电子病历具有相同的法律效力，江苏大学附属医院并未隐匿或者拒绝提供与纠纷有关的病历资料，故不适用因存在隐匿或者拒绝提供与纠纷有关的病历资料的情形而推定医疗机构有过错的规定。

关于第2个问题。关于鉴定报告的意见能否采纳的问题，陈某向鉴定机构提出的补充鉴定要求中提出“仅凭患方经法院质证认定的16页相关病历资料，应作如何鉴定结论”，鉴定机构在《关于陈某宏医疗损害鉴定的补充说明》中明确仅根据16页病案资料，依据其中的心电图检查结果、血生化检查结果、心脏超声检查结果等，考虑患者患有“冠心病”的可能，结合门诊病历中患者的主诉，有行冠状动脉造影的指征。故即使排除江苏大学附属医院迟延提供的相应病历资料，仅依据经确认的16页病历也能得出上述结论，一审法院委托鉴定的程序并未违法，故鉴定报告的意见能够采纳。

关于第3个问题。患者陈某宏的确切死亡原因因未进行尸检而无法确定，但鉴定结论依据2011年9月23日23时急诊床旁心脏超声检查结果，结合患者冠脉造影手术光盘在支架植入手术过程中未见有造影剂外渗等现象，考虑患者的死亡原因以“急性心肌梗死并发心脏破裂”的可能性大。对于未进行尸检的原因，陈某、周某芳陈述系江苏大学附属医院未通知其进行尸检，江苏大学附属医院陈述其口头告知陈某、周某芳进行尸检，但陈某、周某芳未同意进行尸检。但双方均无书面证据能够证明未进行尸检的原因。《中华人民共和国侵权责任法》第54条规定：“患者在诊疗活动中受到损害，医疗机构及其医务人员有过错的，由医疗机构承担赔偿责任。”医疗损害赔偿责任纠纷适用过错责任原则，陈某、周某芳应对医疗机构及其医务人员存在过错、医务人员的诊疗行为与损害结果之间存在因果关系等承担举证责任。现陈某、周某芳未提出进行尸检导致患者死亡原因不明，应承担举证不能的法律后果，江苏大学附属医院对此不承担责任。

关于第4个问题。对于未支付的医疗费，因该费用尚未支付，该部分的医疗费损失尚未发生，一审法院在本案中对此未予处理并无不当。陈某、周某芳可在该损失实际发生后，再行主张。对于丧葬费的计算问题，《最高人民法院关于审理人身损害赔偿问题若干问题的解释》第27条规定：“丧葬费按照受诉法院所在地上一年度职工月平均工资标准，以六个月总额计算。”丧葬费应为22993元，但陈某、周某芳一审的诉讼请求中主张的丧葬费为20000元，故一审法院据此认定丧葬费为20000元，并无不当。

综上，患者在诊疗活动中受到损害，医疗机构及其医务人员有过错的，由医疗机构承担赔偿责任。本案中，江苏大学附属医院在患者术后的病情观察、护理上存在不足，但与患者的心脏破裂之间无明确相关性，一审法院结合江苏大学附属医院的过错程度，酌定其承担20%的责任并无不当。陈某与江苏大学附属医院的上诉理由均不能成立，二审法院均不予支持。一审法院认定事实清楚，适用法律正确。

【附一审法院裁判理由】

原审法院认为：公民的生命健康权受到法律保护。患者在诊疗活动中受到损害，医疗机构及其医务人员有过错的，医疗机构应当根据其过错大小承担相应赔偿责任。

本案争议焦点为：1. 是否存在周某芳、陈某于2011年9月24日下午去江苏大学附属医院要求复印陈某宏住院病历，江苏大学附属医院仅提供16页病历的事实？如存在该事实，能否认定属于《中华人民共和国侵权责任法》第58条第2项："隐匿或者拒绝提供与纠纷有关的病历资料"的情形，推定江苏大学附属医院有过错？2. 陈某宏入院记录中现病史的记录是否真实？如不真实，对鉴定结果有无影响？3. 周某芳、陈某提供的陈某宏心梗三项检查报告单是否真实，能否作为证据使用？4. 江苏大学附属医院是否向原审法院提供了真实的电子病历？5. 镇江市医学会的鉴定意见能否作为本案定案的依据？周某芳、陈某的重新鉴定申请是否应当采纳？6. 未对患者陈某宏进行尸体解剖致死亡原因不明的责任应由谁承担？

关于争议焦点1及争议焦点4。周某芳、陈某提供的16页病历其中的心电图粘贴页复印件与双方共同封存的心电图粘贴页不一致，对此江苏大学附属医院称周某芳、陈某有可能在陈某宏住院期间复印过病历，但未提供相关证据，亦未作出其他合理解释。在本案审理期间，应周某芳、陈某申请，原审法院组织双方至江苏大学附属医院核实相关电子病历。江苏大学附属医院提供了住院部及档案室电脑中储存的电子病历进行核实。此后，周某芳、陈某认为上述两处均不是江苏大学附属医院保存电子病历的地方，江苏大学附属医院系拒不提供电子病历。一审庭审中，原审法院要求江苏大学附属医院就此事实予以答复，江苏大学附属医院称庭后核实，但在原审法院规定的时间内未就此作出答复。

因周某芳、陈某提供的16页病历复印件中心电图粘贴单与双方封存并复印的42页病历粘贴顺序不一致，可排除周某芳、陈某再次复印的可能。江苏大学附属医院虽然认为周某芳、陈某有可能在陈某宏住院期间复印过病历，但未提供相关证据，亦未作出其他合理解释，应承担举证不能的法律后果。可以推定周某芳、陈某所述，于2011年9月24日下午去江苏大学附属医院处要求复印陈某宏住院病历，江苏大学附属医院仅提供16页病历的事实属实。江苏大学附属医院第二天向周某芳、陈某提供了42页病历，并共同封存复印，属于迟延提供病历，应对迟延提供的部分病历的真实性，承担进一步的举证责任。案件审理中，应周某芳、陈某申请，原审法院组织双方对据以形成纸质病历的电子病历至江苏大学附属医院处进行核实，周某芳、陈某认为江苏大学附属医院提供的查询电子病历的地方并非规定的信息中心，而是另有所在。就此，江苏大学附属医院未按原审法院的要求，在规定的时间内对此作出说明。当事人对自己应当知道的事实陈述为不知道或不清楚的，原审法院将采信相对方对其不利的陈述。因此，原审法院认为江苏大学附属医院未提供本案相关的电子病历。但电子病历是病历的一种记录形式，与纸质病历具有相同的法律效力。对江苏大学附属医院及时提供给周某芳、陈某复印的16页病历，周某芳、陈某如认为不真实，应当负举证责任。而周某芳、陈某未举证，应承担举证不能的法律后果。综上，江苏大学附属医院的行为不属于侵权责任法第58条第2项：隐匿或者拒绝提供与纠纷有关的病历资料而应适用推定过错的情形。

关于争议焦点2。周某芳、陈某提供的陈某宏的医保病历中没有记载现病史中记录的有关就医及服药情况，医保病历的就诊次数与医保费用清单反映情况的就诊次数相一致。原审法院委托镇江市医学会鉴定时，明确现病史中周某芳、陈某提出异议部分不作为鉴定依据。周某芳、陈某已尽到相应的举证责任，江苏大学附属医院提出反驳意见，对自己书写内容的真实性应负举证责任，而江苏大学附属医院未举证，应承担举证不能的法律后果。可认定陈某宏病历的现病史中记录的有关就医及服药情况不真实。但原审法院委托镇江市医学会鉴定时，已明确现病史部分不作为鉴定依据，故该内容对鉴定结论没有影响。

关于争议焦点3。因江苏大学附属医院提供的陈某宏心梗三项检查报告单上打印的时间与实际时间不符，周某芳、陈某对其真实性提出异议，认为不能证明该检查报告单反映的陈某宏心梗三项检查结果，有可能是同时期其他病人的报告单。关于心梗三项的真实性，原审法院组织双方到江苏大学附属医院，调取了心梗三项检查记录本，并根据该记录本，到病案室随机调取了2011年9月20日前后，同一台机器所作的其他病人的病历资料四份，发现虽然日期均为错误，但错误日期每天更新并与实际日期一一对应。同一日期中，没有与陈某宏检查数据相同的检查单。陈某宏心梗三项检查报告单存在瑕疵，但江苏大学附属医院提供的证据已形成证据链，能够证实该检查单的真实性，可以作为证据使用。

关于争议焦点5。经查证未发现鉴定人有程序违法及鉴定意见的相关依据有谬误之处。虽然，江苏大学附属医院未提供相关电子病历，但鉴定机构系根据双方均认可的“16页纸质病历”及冠状动脉造影检查资料，作出鉴定意见，同时认为仅凭16页病历资料不能对患者晕厥后医方的抢救措施进行鉴定，而根据医方提供的患者住院病历则可认定在患者发生晕厥后，医方给予的抢救措施基本符合心肺复苏抢救的医疗规范。鉴定人根据原审法院要求派员出庭。鉴定人的当庭陈述与鉴定意见书基本一致，其中增加认为江苏大学附属医院应当在知情同意书中告知患者其他的替代治疗方案未告知；江苏大学附属医院对患者采取的心肺复苏的抢救措施是正确的。镇江市医学会的鉴定意见已经充分考虑到本案双方对证据真实性的分歧，并就此作出鉴定结论，符合法律规定，能够作为本案定案的依据，周某芳、陈某的重新鉴定申请理由不充分，不予采纳。

关于争议焦点6。本案为侵权案件，适用过错责任原则，周某芳、陈某应当对江苏大学附属医院的行为是否存在过错承担举证责任，而尸体解剖是查明患者死亡原因的重要手段，周某芳、陈某未提出尸体解剖而导致患者死因不明，应当承担举证不能的法律后果。

综上，江苏大学附属医院虽然在患者术后的病情观察、护理上存在不足，并存在部分病历不真实、未提供电子病历的情形，但均与患者陈某宏的心脏破裂之间无明确相关性，结合江苏大学附属医院的过错程度，对周某芳、陈某的损失，酌定承担20%的责任。

依据相关法律规定并结合周某芳、陈某的主张，原审法院对周某芳、陈某的损失确定如下：1. 医疗费1000元，其他医疗费尚未支付的，本案不作处理；2. 死亡赔偿金504509元；3. 精神损害抚慰金50000元；4. 丧葬费20000元；5. 处理丧葬事宜人员交通费酌定1000元、误工费酌定680元、住宿费酌定1000元。上述损失合计578189元，由江苏大学附属医院赔偿周某芳、陈某20%为115637.80元。

4. 李某丽等与邵阳医学高等专科学校附属医院医疗损害赔偿纠纷案①

——医疗机构在产检检查中履行了符合诊疗规范的告知义务，且该产检行为与婴儿出生缺陷之间无因果关系的，依法不承担侵权责任

【裁判要旨】

产前检查引发的纠纷在实践中具有一定的普遍性，不当出生案或者不当生命案的损害赔偿问题在理论和实践中都是一个难题。本案从依法认定事实出发，对于医疗机构在每次检查前都履行了告知义务，而且案涉患者一方签字确认的《胎儿超声检查知情同意书》对胎儿超声检查存在的风

① 案号：（2011）邵中民一终字第107号

险，条款具体、清楚、全面，实施的产前检查行为也符合《临床技术操作规范—超声医学分册》及《产前诊断技术管理办法》的内容、要求和范围，故本案中的医疗机构已经按照诊疗规范尽到了注意和告知义务，主观上没有过错。而且女婴右手掌、右手指缺失，系其在胎儿妊娠过程中形成的畸形，是一种先天性畸形，该缺陷不是由于医生的过失造成，即使没有诊疗行为介入，这也是存在的。该损害结果并非医疗机构的产前检查行为所致，与该产前检查行为之间没有因果关系，故该医疗机构的医疗行为不构成侵权责任，不应当承担赔偿责任。

在此需要注意的是，本案的关键点在于医疗机构是否尽到告知义务的问题，通常这是一个专业判断问题，要依据有关诊疗规范来确定，往往需要通过鉴定来解决。此外关于这种类型的案件，原告主体资格问题也是一个争议点，本案确立了缺陷婴儿的父母为适格原告的做法，也是一种思路。如何统一规范，还需要进一步研究。

【相关法条】

《中华人民共和国侵权责任法》第五十五条

【基本案情】

李某丽、曾某美系夫妻关系。李某丽因怀孕，于2010年5月14日在邵阳医学高等专科学校附属医院（以下简称医专附属医院）进行产前B超检查，检查之前，李某丽在被告出具的《胎儿超声检查知情同意书》上予以签字，该《胎儿超声检查知情同意书》的主要内容为“随着电子技术和超声诊断仪器分辨力的迅速发展，目前的胎儿超声检查已能发现和检出大部分胎儿畸形，但由于以下主要原因，胎儿超声检出也存在较大的局限性：1. 超声是一种无创的高科技检查技术，但超声仪器具有一定的局限性，和其他检查一样，不是一种万能的检查。2. 超声是一种影像学检查方法，不同于病理学检查，超声诊断意见不等于病理学诊断。3. 胎儿超声检查是一种间接检查技术，不是直接对胎儿进行检查，胎儿位于母体宫腔内，超声检查时隔着母体腹壁、子宫壁、检查胎儿心脏时还隔着胎儿胸壁，加之胎儿心脏较小，胎儿在宫腔内不断活动，胎儿心脏血流动力学与小儿和成人有很大不同，因此其检查的准确性不如小儿和成人那样可靠。4. 超声受被检者各种因素包括孕妇、孕周以及胎儿体位、羊水、胎儿活动、胎儿骨骼声影等多因素影响，许多器官或部位可能无法显示或显示不清，超声显像也不可能将胎儿的所有结构显示出来。5. 胎儿畸形是一个动态形成的过程，没有发展到一定程度时，有可能不为超声所显示，胎儿畸形和胚胎正常生长发育一样，随着孕周的增大，胎儿长大。胎儿畸形也随之增大。6. 发现胎儿畸形的最佳时间是孕 18 ~ 24 周，胎龄过小和过大都影响胎儿检查的准确性，不是每次产前超声检查的目的都是为了检查胎儿畸形，而很多时候是检查胎儿生长发育。7. 产科超声检查的 3 个重点时间段是孕 10 ~ 14 周、18 ~ 24 周、32 ~ 36 周。8. 胎儿超声检查是靠超声诊断仪器进行检查，目前超声诊断仪尚不能完全满足对胎儿心脏细微病变进行准确诊断的要求。9. 尽管超声检查能发现被检者胎儿畸形，但不能检出所有的胎儿畸形，即诊断符合率不可能达 100%。10. 超声检查意见仅供临床参考。由于以上影响因素，胎儿超声检查的准确性仍然十分有限，并且其诊断也存在不确定性，存在假阳性和假阴性，因此胎儿超声检查属于一种选择性检查，如果孕妇及其家属不能理解上述影响因素，可以放弃检查，如果在理解上述影响因素的基础上仍要求进行胎儿超声检查，请签字表示认可同意。当日，医专附属医院出具了彩色超声检查报告单，主要内容为“因胎位、羊水等因素影响，胎儿部分肢体及颜面部显示不清。宫内中孕，单活胎，建议复查”。同年 7 月 1 日，李某丽在医专附属医院处又进行产前 B 超检查，检查之前，李某丽同样在附属医院出具的《胎儿超声检查知情同意书》上予以签字，当日，附属医院出具了超声检查报告单，主要内容为“肢体部分可见，宫内晚孕，单活胎，头位，随诊”。2010 年 8 月 21 日，李某丽在医专附属医院处又再次进行产前 B 超检查，检查之前，李某丽同样在附属医院出具的《胎儿超声检查知情同意书》上予以签字，当日，医专附属医院出具了超声检查报告单，主要内容为“肢体部分可见，颜面部因体位原因显示不清，宫内晚孕，单活胎，头位”。因已到预产期，李某丽随即在医专附属医院产科住院，8 月 22 日凌晨生下一右手掌、右手指缺失女婴（现取名曾某）。8 月 23 日，李某丽办理了出院手续，李某丽在医专附属医院共用去检查和住院医疗费用1564.32 元。此后，李某丽认为，在医专附属医院进行产前超声检查，超声提示均没有告知其胎儿畸形，医生也未在病历上给予诊断或提示，告知李某丽可能出生畸形胎儿，更未建议李某丽到上级医院确诊。医院没有履行告知义务，侵犯了李某丽的知情权及优生优育权，导致胎儿错误出生，附属医院对此损害结果有严重过错，给李某丽在经济和精神上均造成严重损害，应当承担赔偿责任。

另查明，《临床技术操作规范——超声医学分册》中对晚期妊娠常规超声检查的内容为：1. 胎位。2. 胎儿径线测量双顶径（BPD），股骨长度（FL）。3. 是否为多胎。4. 检查胎儿有无显性脊柱裂、无脑儿、腹裂、心脏外翻。5. 测量胎心率及观察胎动。6. 确定胎盘位置。7. 测量羊水深度。胎儿手掌并非产前常规超声检查的内容。

再查明，《产前诊断技术管理办法》附件 6——《超声产前诊断技术规范》中第三条对超声产前诊断应诊断的严重畸形作出以下规定：根据目前超声技术水平，妊娠 16 周 ~24 周应诊断的致命畸形包括无脑儿、脑膨出、开放性脊柱裂、胸腹壁缺损内脏外翻、单腔心、致命性软骨发育不全等。对手掌、手指缺失畸形的诊断并未包括在该技术规范之中。

【裁判结果】

一审法院判决：驳回李某丽、曾某美的诉讼请求。

二审法院判决：驳回上诉，维持原判。

【裁判理由】

法院生效裁判认为：本案系医疗损害赔偿纠纷。医专附属医院在给李某丽做产前胎儿彩色超声检查中，由于检查设备本身的局限性和胎儿体位、孕周、胎儿活动、胎儿骨骼声影及羊水等多因素影响，超声显像未将胎儿的手掌显示清晰，导致检查者无法作出准确判断。医专附属医院出具的超声检查报告单注明“肢体部分可见”，并不代表胎儿肢体超声显像清晰可见，且超声检查报告单出具了建议复查的意见，李某丽取得报告后可以选择其他医院或更精准的检查方式进行复查，但其没有到其他医院复查，甚至没有选择更精准的检查方式进行复查，而是选择了普通黑白 B 超进行第二次复查，医专附属医院在现有设备的前提下未能做出准确判断，属于正常检查风险，这种风险，医专附属医院在李某丽每一次检查之前做了书面告知并由李某丽签字，医专附属医院对李某丽的产前超声检查行为符合医疗常规和现行法律法规规定，主客观均没有过错。且李某丽所生女婴曾某右手掌、手指缺失，系其在妊娠过程中形成的畸形，并非医专附属医院的检查行为所致，故医专附属医院不应承担侵权赔偿责任。综上，李某丽等关于医专附属医院有过错，应承担侵权赔偿责任的理由不能成立，对其诉讼请求不予支持。

【附原审法院裁判理由】

一审法院认为，本案是一起医疗损害赔偿纠纷。本案争议的焦点是：1. 李某丽、曾某美是否为本案的适格原告？2. 附属医院在为李某丽进行胎儿超声检查过程中是否存在过错？3. 附属医院对李某丽产下畸形婴儿是否应该承担赔偿责任？

关于争议焦点 1：医疗损害责任所调整的法律关系之主体为医患双方，即医疗机构和患者。在过去的医疗关系中，所谓医疗，单指治病，所以，接受医疗服务和参与到医疗关系的另一方当事人理所当然是身患疾病而前往医疗机构接受医疗救治的病人。随着现代医学技术的迅速发展，很多人并非因治疗疾病而前往医疗机构就医，接受医疗服务的主体不仅包括病员，还包括为预防疾病、美容、保健、体检及孕妇进行产前检查等前往医疗机构就诊的人员。对于孕妇，其体内的胎儿是母体的一部分，胎儿（婴儿）的缺陷即是母亲的缺陷，也是父母的缺陷，作为胎儿（婴儿）的父母，与医疗机构发生纠纷，自然可以成为案件的当事人，李某丽、曾某美作为原告以与被告发生医疗损害赔偿纠纷向法院起诉，其主体适格；附属医院辩称两上诉人不是适格主体，理由不能成立。

关于争议焦点 2：目前很多医学问题尚处于探索之中，超声检查方法和技术仍存在一定的局限性。在产前检查中，由于医疗技术水平本身的局限性和受胎儿体位、胎儿活动、胎儿骨骼声影及羊水等多因素影响，超声显像尚不能将胎儿的所有结构显示出来，胎儿畸形的概率客观存在。《中华人民共和国侵权责任法》第55条规定“医务人员在诊疗活动中应当向患者说明病情和医疗措施。需要实施手术、特殊检查、特殊治疗的，医务人员应当及时向患者说明医疗风险、替代医疗方案等情况，并取得其书面同意；不宜向患者说明的，应当向患者的近亲属说明，并取得其书面同意。医务人员未尽到前款义务，造成患者损害的，医疗机构应当承担赔偿责任。”本案中的李某丽先后三次在医专附属医院处进行胎儿超声检查，每次检查前，李某丽都在该院出具的《胎儿超声检查知情同意书》上予以签字，该《胎儿超声检查知情同意书》中对胎儿超声检查存在的风险，条款具体、清楚、全面，应视为其已对胎儿超声检查存在的风险完全知晓，并认定医专附属医院已充分履行了对李某丽的告知义务；医专附属医院出具的超声检查报告单，也完全符合《临床技术操作规范——超声医学分册》及《产前诊断技术管理办法》附件6——《超声产前诊断技术规范》所规定的内容、要求和范围，医专附属医院在对李某丽的诊疗活动中也不存在《中华人民共和国侵权责任法》第五十八条规定“患者有损害，因下列情形之一的，推定医疗机构有过错：（一）违反法律、行政法规、规章以及其他有关诊疗规范的规定；（二）隐匿或者拒绝提供与纠纷有关的病历资料；（三）伪造、篡改或者销毁病历资料”中的任何一种情形。所以，医专附属医院为李某丽进行胎儿超声检查，按照医疗规范和常规尽到了注意和告知义务，主观上没有过错，客观上没有违反医疗卫生管理法律法规和规章及诊疗护理规范，其医疗行为不具有过错。医专附属医院辩称其诊疗活动符合诊疗规范，没有过错，理由成立。

关于争议焦点3：李某丽产下的女婴右手掌、右手指缺失，系其在胎儿妊娠过程中形成的畸形，是一种先天性畸形，该缺陷不是由于医专附属医院医生的过失造成，即使没有医生的行为介入，其也注定是存在的。因此，该损害结果并非医专附属医院的产前检查行为所致，与医专附属医院的产前检查行为之间没有因果关系，医专附属医院的医疗行为不构成侵权责任，不应当承担赔偿责任。综上所述，本案中，医专附属医院的医疗行为未违反医疗卫生管理、行政法规、部门规章和诊疗护理规范、常规，不存在医疗过失行为，李某丽的婴儿出现先天畸形与医专附属医院的医疗行为之间不存在因果关系，医专附属医院主观上也不存在过错。

5. 田某峰与首都医科大学宣武医院医疗损害责任纠纷案[①]

——医疗机构存在误诊误治、未充分告知等过错诊疗行为的情况下，其赔偿责任的大小也要考虑原发疾病本身治疗的难易程度以及患者本身体质等因素

【裁判要旨】

在医疗机构存在误诊误治情况下，医疗费等费用的赔偿范围应当包括该误诊误治所支出的费用本身。本案中所列的医疗费赔偿范围就包括患者到另一医疗机构施行手术确诊结核病之前的一段时间内所行治疗所支付的医疗费等费用属不必要支出，应当予以赔偿。同时，在确诊某一疾病后由于此前误诊误治的情形，对症治疗的延误可能导致患者确诊疾病有某种程度的发展，由此造成治疗难度的加大和支出费用的增加也应属于赔偿范围。

医疗机构未尽充分告知义务或违反告知义务给患者造成损害的，应当承担赔偿责任，违反告知义务的情形不仅包括不作为的情形，即不告知的情形，还包括不充分告知的情形，另外还有滥告知的情形。本案中，在未明确诊断及患者生命体征平稳的情况下于 2013 年 5 月 23 日发出病危（重）通知书缺乏客观依据，在患者住院期间与其家属缺乏沟通，患者出

① 案号：（2014）二中民终字第 09820 号

院时未交代其目前情况及后续诊疗建议（如诊断尚不明确，应进一步检查等），均系存在未尽到必要告知义务的过错。

但在此需要注意的是，关于医疗机构责任的承担一定要考虑原发疾病本身治疗的难易程度以及患者本身体质等因素。由于疾病诊疗活动的复杂性及医学发展水平的局限性，疾病的诊治往往需要一个过程。疑难疾病的诊治更是需要一个反复检查、鉴别的过程。因此，评价医疗机构的诊疗行为是否存在过错的标准是其是否尽到与当时医疗水平相适应的诊疗义务，而不仅仅是诊疗结果。即使诊疗行为存在过错，医疗机构承担的责任也应与其过错程度相当，不应过分夸大或缩小。本案中患者所患结核病与卵巢肿瘤在临床上极易误诊，准确诊断需要通过一系列的检查、分析和逐步排除来实现，故不能以后来另一家医疗机构的确诊来全盘否定案涉医疗机构诊疗行为的价值，甚至认为该医疗机构诊疗行为均存在过错，也不应因其在诊疗行为上存在一定过错就过分夸大其损害后果及责任。

此外，本案中也存在根据当事人的申请，法院依法通知鉴定人出庭作证的情形，并最终根据合法有效的鉴定意见对案件作出裁判。当事人主张鉴定过程中违反法定情形，应当承担举证责任。同时，对于法院未将“鉴定人书面回复意见”向当事人出示问题，但该意见的基本内容与鉴定人在出庭质询中表达的意见一致，只是表达方式不同，故仅能认定原审法院在庭审中未出示该意见的做法不够规范，但并不能认定此已构成违反法定程序，也不能影响鉴定意见的效力。

【相关法条】

《中华人民共和国侵权责任法》第五十四条、第五十五条

《最高人民法院关于审理医疗损害责任纠纷案件适用法律若干问题的解释》第五条、第十二条、第十三条

【基本案情】

田某峰因“腹痛1月余”于2013年5月6日入住宣武医院普通外科，经此前门诊检查、入院查体及专科检查等，初步诊断为肠梗阻。根据病程

记录载，诊断及诊断依据：肠梗阻，十二指肠水平部梗阻。患者1月前进餐后活动后出现上腹持续性胀痛，伴发热，体温最高39℃，伴恶心，呕吐，排气排便减少。症状持续加重。查体：中上腹部压痛明显，肌紧张，肠鸣音减弱，1次/分，故考虑本诊断可能性大。同年5月7日确定诊断：右附件占位、腹腔多发占位、卵巢癌并腹腔广泛转移可能性大、十二指肠不全梗阻、水电解质紊乱、低蛋白血钠症。

住院期间，田某峰到中国人民解放军第三〇七医院（以下简称三〇七医院）进行PET/CT检查。该院2013年5月17日出具的检查报告中载：简要病史，患者腹痛、不能进食、呕吐，外院检查示“十二指肠梗阻、结肠壁增厚、肿瘤标志物CA125升高”，为进一步明确全身情况来诊。检查意见：1. 双侧附件区囊实性肿物局部代谢活性不均匀增高（右侧为著），腹膜广泛增厚并代谢活性增高，以上结合病史综合考虑卵巢癌伴腹膜转移可能性大，建议取腹膜高代谢灶活检；小肠、结肠及阑尾受侵可能。2. 双肺炎症。左肺上叶陈旧性病变。右侧胸腔少量积液。3. 轻度脂肪肝。胆囊炎。腹盆腔积液。4. 左下鼻甲肥厚。5. 全脑代谢活性降低。

2013年5月20日，宣武医院请妇科会诊，会诊诊断：腹痛待查；盆腔积液，晚期卵巢癌可能性大。意见：1. 腹腔穿刺液送病理，找肿瘤细胞，常规，细菌培养。2. 血HCG。3. 继续抗炎治疗。4. 建议贵科腹穿抽腹水200ml送肿瘤医院找肿瘤细胞。5. 建议行PET检查明确肿瘤诊断……5月22日病理诊断报告（右穹窿穿刺液）涂片镜下见散在淋巴细胞。5月23日17时下达病危（重）通知书：目前患者主要诊断为右附件占位，卵巢癌腹腔官方转移可能性大。现患者病情危重，病情有可能进一步恶化，随时有可能出现以下一种或多种危及患者生命的并发症：1. 严重心律失常……5月24日，田某峰出院（实际住院18天）。出院诊断：右附件占位、腹腔多发占位、卵巢癌并腹腔广泛转移可能性大、十二指肠不全梗阻、水电解质紊乱、低蛋白血钠症。

2013年5月24日至6月1日期间，田某峰因肠梗阻转入兴和县蒙中中医医院（以下简称兴和医院）住院治疗。

2013年6月2日，田某峰主因“间断右中上腹疼痛伴呕吐两月余”转入包医三院住院治疗。入院后完善相关检查，于6月8日在手术室全麻下行剖腹探查、腹膜活检术，手术记录载腹腔广泛致密粘连，胃体部平面以下呈冰冻样改变，切除部分网膜，送快速病理，提示结核，再次送病理，诊断相同。术后给予对症治疗及抗结核治疗，恢复可。于7月29日出院（实际住院57天），出院诊断：腹膜结核，十二指肠不完全梗阻。

一审过程中，经田某峰申请，一审法院依法委托北京天平司法鉴定中心（以下简称天平鉴定中心）就宣武医院对田某峰的诊疗行为有无过错，该过错与其损害后果有无因果关系及过错参与度进行鉴定。2014年3月25日，该中心出具法医学鉴定意见书（以下简称鉴定意见书），其中分析说明一节载有：……1. 被鉴定人田某峰于包医三院行剖腹探查、腹膜活检术，术中见腹腔广泛致密粘连，胃体部平面以下呈冰冻样改变，术中切除部分网膜，送病理诊断为结核，其腹膜结核（结核性腹膜炎）诊断成立，该病系由结核分枝杆菌引起的一种慢性、弥漫性腹膜感染，多数患者起病缓慢，根据病理特点可分为渗出型、粘连型及干酪型，其中粘连型腹膜有大量纤维增生，明显增厚，并和附近脏器形成广泛粘连，致使肠曲受压而引起梗阻，结合上述情况，被鉴定人腹腔广泛致密粘连，胃体部平面以下呈冰冻样改变及肠梗阻等是其长期病变发展的结果，为病人自身疾病所致。2. 卵巢肿瘤与结核病在临床上极易误诊，2013年5月6日被鉴定人田某峰以肠梗阻、十二指肠水平部梗阻入住宣武医院诊治。诊治过程中医方对被鉴定人进行的生化、影像学检查有临床适应征，符合医疗常规。但在现有检查未发现被鉴定人患有结核病，且穿刺未明确肿瘤的前提下，应遵PET/CT建议行腹膜高代谢灶活检协助明确诊断，医方未行上述措施直接排除结核病诊断依据不足。3. 被鉴定人在住院过程中，医方给予其抗生素、补液、解痉止痛、胃肠减压、抑酸等治疗措施，上述治疗并非针对肿瘤的治疗，也不会促进或加重结核病发展，客观上缓解了被鉴定人十二指肠占位、腹痛等症状，符合医疗常规，不属于误治。但上述治疗均非抗结核治疗手段，故对被鉴定人结核病的病情控制及根治无实际效果。由于医方未及时明确诊断以行针对治疗，未能控制被鉴定人结核病进一步发展，客观上延误了对被鉴定人的治疗，存在医疗过失。4. 医方将其他病人（孙某婵）结肠检查报告单混入被鉴定人病历，存在病历管理上的欠缺，但依目前鉴定材料尚不足以证实该报告单影响了医方对被鉴定人诊断（两位患者病变部位不同且“卵巢癌并腹腔广泛转移可能性大”非确诊诊断）。5. 医方在未明确诊断及被鉴定人生命体征平稳的情况下于2013年5月23日发出病危（重）通知书缺乏客观依据，医方在被鉴定人住院期间与其家属缺乏沟通，被鉴定人出院时医方未交代被鉴定人目前情况及后续诊疗建议（如诊断尚不明确，应进一步检查等），存在未尽到必要告知义务的医疗过失。综上，医方在对被鉴定人的诊疗过程中存在医疗过失，该过失客观上延误了被鉴定人结核病的治疗，与被鉴定人损害后果存在一定的因果关系，参照《北京司法鉴定业协会关于办理医疗过失司法鉴定案件的若干意见》（京司鉴协发（2009）5号）三（二）第3款、第6款之规定，医方责任程度为轻微。田某峰为此支付鉴定费（含复印费176元）共计7826元。

上述鉴定意见作出后，宣武医院提出书面异议，天平鉴定中心就宣武医院所提问题复函载：（一）我中心（2013）临鉴字第2382号第八页倒数第1行所载“穿刺”，系指2013年5月20日送检，2013年5月22日报告的右穹窿穿刺液检查。（二）经审查送检材料，被鉴定人田某峰于2013年5月17日前往三〇七医院行PET/CT检查，检查建议：取腹膜高代谢灶活检。医方于2013年5月20日9时28分病程记录中有上述检查记录，故医方不晚于5月20日得知PET/CT建议，医方此前所进行的为明确诊断而行的检查，及缓解病人临床症状的治疗是符合常规的。而5月20日医方送检材料为右穹窿穿刺液，未完全遵照PET/CT检查建议。故分析认为医方在2013年5月20日送检右穹窿穿刺液涂片前的检查、治疗符合常规，而非5月22日。（三）经审查现有材料，医方的延误治疗行为拟为2013年5月20日右穹窿穿刺液送检日期后为宜，具体原因请参阅（二）。

田某峰亦不服该鉴定意见，并申请鉴定人出庭接受质询。鉴定人书面回复意见中载：1. 针对田某峰主张仅从鉴定机构已确认宣武医院存在过失的行为看，宣武医院的责任就不应仅是轻微责任，至少是主要责任。答复：(1) 关于宣武医院在对田某峰诊疗过程中存在的医疗过失，我中心鉴定意见书已予明确，请参阅北天司鉴（2013）2382号鉴定意见书分析说明部分。被鉴定人田某峰入院前及入院后多次肿瘤相关抗原CAl25均升高，入院后MRI检查右侧附件区混杂异常信号，三〇七医院PET/CT检查回报双侧附件区囊实性肿物局部代谢活性不均匀增高（右侧为著），腹膜广泛增厚并代谢活性增高，考虑卵巢癌伴腹膜转移可能性大。医方出院诊断为“卵巢癌并腹腔广泛转移可能性大”，该诊断非临床确定诊断，不属于患方所述“误诊”。同时，被鉴定人入院后医方先后予结核菌素纯蛋白衍化物皮试，结果为阴性，血清结核抗体检查结果阴性，三次痰抗酸杆菌检查均未找到抗酸杆菌，阴道后穹窿穿刺液检查散在淋巴细胞。上述检查结果均未提示被鉴定人感染结核菌，在此情况下医方无依据诊断被鉴定人腹膜结核。由于被鉴定人田某峰未经手术、病理检查，难以确诊，故医方不存在误诊，承担主要责任无依据。(2) 关于患方所提出的医方采用的是“无效治疗”“损害后果本来就包括治疗费用的无效花费与支出”的问题，鉴定意见书第9页分析说明部分第三点已予详细分析，并认定为医疗过失。(3) 关于医方下达病危（重）通知书造成“患者及亲属精神极度崩溃”的问题，鉴定意见书第9页分析说明部分第五点已予详细分析，并认定下达病危（重）通知书缺乏客观依据，为医疗过失。关于被鉴定人及家属精神上的损害，目前送检材料尚不能支持，且该项目不属于法医临床鉴定范畴。目前被鉴定人田某峰存在的器质性损害已在鉴定意见书第8页分析说明部分第一点详细分析，损害后果主要为自身疾病长期发展所致，非医源性损害导致，患方强调医方为主要责任无客观依据，医方的责任为一段时间内（三〇七医院PET/CT检查5月20日回报——6月8日手术后确诊）未能积极检查，尽早确诊，延误了其抗结核治疗。2. 针对田某峰主张鉴定机构将宣武医院重大失误行为避重就轻定性为病历管理欠缺，严重影响了对宣武医院责任的客观评价。答复：关于医方将名为“孙某婵”的患者的检查结果混入被鉴定人田某峰病案的问题，我中心在鉴定意见书第9页分析说明部分第四点已详细分析。需要指出的是：宣武医院对被鉴定人田某峰的诊断并未确诊，只是依据被鉴定人病史、临床表现、入院前、后多次肿瘤相关抗原 CAl25 均升高，入院后 MRI 检查右侧附件区混杂异常型号，三〇七医院 PET/CT 检查回报双侧附件区囊实性肿物局部代谢活性不均匀增高（右侧为著），腹膜广泛增厚并代谢活性增高等，综合考虑卵巢癌伴腹膜转移可能性大。完全依赖一张孙某婵的结肠灌钡检查报告“右半横结肠癌”来诊断被鉴定人田某峰病情是不切实际的，因为：医方从未给被鉴定人田某峰进行过结肠灌钡检查，被鉴定人田某峰考虑卵巢癌伴腹膜转移可能性大，而孙某婵的结肠灌钡检查报告是“右半横结肠癌”，二者无论是疾病名称、病灶位置均风马牛不相及，故鉴定意见认为医方上述错误只是病案管理上的欠缺。3. 针对田某峰主张鉴定机构没有对宣武医院的责任程度进行分析，“责任程度轻微”的结论属于无本之木，根本不足以采信。答复：本次鉴定的委托内容为“医方对患方的诊疗行为有无过错，如有过错，该过错与田某峰的损害后果有无因果关系及过错参与程度”，关于医方过失对于患方损害后果责任程度的分析，本鉴定中心鉴定意见书分析说明部分已经全面分析。鉴定人正是综合考虑了被鉴定人田某峰自身疾病的严重性、复杂性，医方存在的未尽必要注意义务、告知义务的医疗过失，二者与损害后果均存在原因力关系，根据原因力的大小而决定责任程度，鉴定结果客观、科学、公正。4. 针对田某峰主张鉴定程序存在重大缺陷与瑕疵。答复：根据《司法鉴定程序通则》之规定，法医临床司法鉴定并非个人行为，鉴定结论需在鉴定机构领导统一安排下集体讨论形成。本案听证会有鉴定人卜英平主持，听证过程中鉴定人金姬善因病提前离席，鉴定人张某虽未参加听证会，但二人均参与本案鉴定工作，如：阅读、审查鉴定材料、听证会记录、医患双方陈述材料，讨论专家咨询意见，最终集体讨论形成一致鉴定意见。故鉴定人金姬善未全程参与听证会，张某缺席听证会，并不影响本案鉴定结论。田某峰当庭支付质询费 1000 元。

一审庭审中，田某峰称医疗费原始票据丢失，其在宣武医院共支付医疗费 53572. 05 元，在兴和医院支付医疗费 6145. 14 元，在包医三院支付医疗费56022.64元，在三〇七医院支付医疗费12725元，并提交医疗费票据复印件加以证明。田某峰提交内蒙古瑞盛新能源有限公司出具的误工损失证明三份，意欲证明田某峰本人工资及误工情况，以及田某峰亲属为照顾田某峰发生的护理费用；为证明交通费，田某峰提交兴和医院收据（其中包括2013年5月24日急救车费用4000元及2013年6月2日急救车费用3500元）、火车票、公路客运发票加以证明；田某峰另提交北京万鸿春宾馆有限责任公司等单位出具的住宿费发票3张（2013年4月29日至2013年5月24日共计4430元）、包头市昆区同泰宾馆收据1张（2013年6月2日至2013年8月2日共计9600元）、兴和县飞雨宾馆收据1张（1280元）。宣武医院对田某峰提交医疗费票据的复印件真实性有异议，认为不排除上述费用已通过保险报销；对误工损失证明、交通费及住宿费票据的真实性有异议。一审庭审中，经释明，双方均表示就田某峰误工时间、护理人数及期限等不申请进行司法鉴定。

二审法院经审理查明：除田某峰提出一审判决书中大肆引用的“鉴定人书面回复意见”未在庭审中出示，其从未见过以外，双方当事人对原判查明的事实没有异议。二审法院对双方没有争议的事实予以确认。

关于一审判决书中所称“鉴定人书面回复意见”，经二审法院核实，准确名称应为“北京天平司法鉴定中心出庭质证材料”。原审法院确实未将该材料向双方当事人出示，但该材料基本内容与鉴定人出庭接受质询中的陈述一致，只是表达方式不同。田某峰虽然不认可该材料内容与鉴定人出庭接受质询中陈述的内容一致，但经二审法院释明仍未提出二者具体差异。宣武医院对该材料没有异议，并称原审法官因出庭鉴定人语速较快，要求鉴定人庭后将庭审中发表的意见整理成书面材料。

二审法院审理中，田某峰就鉴定违反法定程序问题，除坚持鉴定人张某没有参加听证会这一理由外，另提出两点理由：一是天平鉴定中心没有告知其鉴定人员组成，妨碍了其行使申请回避的权利；二是天平鉴定中心集体研究决定鉴定结论的做法违法了《鉴定程序通则》关于鉴定人独立进行鉴定的有关规定。就天平鉴定中心是否告知当事人鉴定人员组成问题，二审法院通过电话向该中心进行核实。该中心经查阅档案答复，在召开鉴定听证会的2014年1月8日，于会前以发放告知“当事人回避申请告知书”的方式向双方进行了告知。该中心并将该告知书复印件加盖印章后传真至二审法院。该告知书显示：天平鉴定中心向双方告知的鉴定人包括在本案鉴定文书上签字的三名司法鉴定人，并询问双方当事人是否申请鉴定人回避，双方均书面表示不申请回避。庭审质证中，田某峰以未见到原件为由对该告知书真实性不予认可；宣武医院对该告知书的形式及内容的真实性均予以认可。

关于田某峰主张的在各医院支出医疗费的数额，宣武医院现表示不予否认，但坚持认为，无法排除田某峰通过保险进行过报销。田某峰坚持称，其没有参加保险，未进行过报销。关于田某峰2013年5月20日至24日期间在宣武医院支出的医疗费数额，宣武医院提交了该部分费用明细清单，费用共计9621.29元。田某峰仅以上述费用没在就诊当天让其确认为由不予认可，且称自己也无法提供具体数额。

另，田某峰在原审中为证明交通费损失提交的证据，即2张兴和医院收据和多张火车票、公路客运发票中，火车票显示的时间均为2013年8月以后，公路客运发票未显示时间。宣武医院认为2张收据非正式发票，对其真实性不予认可；火车票、公路客运发票与田某峰在宣武医院的住院治疗没有关联性。

上述事实有田某峰病历资料、天平鉴定中心鉴定文书及复函、出庭质证材料、发票、收据及双方当事人陈述等证据材料在案佐证。

【裁判结果】

一审法院判决：

一、判决生效之日起十五日内，首都医科大学宣武医院赔偿田某峰住院伙食补助费200元、误工费267元、护理费667元、交通费1600元、住宿费640元、精神损害抚慰金20000元；二、驳回田某峰的其他诉讼请求。

二审法院判决：

一、撤销北京市西城区（2014）西民初字第19264号民事判决第二项。

二、变更北京市西城区（2014）西民初字第19264号民事判决第一项为：首都医科大学宣武医院于本判决生效后十五日内赔偿田某峰医疗费26971元、住院伙食补助费1220元、误工费1627元、护理费4067元、交通费5400元、住宿费3904元、精神损害抚慰金20000元。

三、驳回田某峰的其他诉讼请求。

【裁判理由】

法院生效裁判认为根据侵权责任法的相关规定，医疗机构承担医疗损害责任须具备四个要件，即医疗机构的医务人员对患者实施了诊疗行为、患者受到损害，医疗机构及其医务人员的诊疗行为存在过错，医疗机构及其医务人员的过错与患者所受损害之间存在因果关系。本案中，患者田某峰要求医疗机构宣武医院承担医疗损害责任，双方对于宣武医院对田某峰实施了诊疗行为及田某峰受到损害没有争议，但就宣武医院在诊疗活动中是否存在过错、该过错与田某峰所受损害之间是否存在因果关系及因果关系大小存在争议。因该争议涉及专门性问题，应当委托鉴定机构进行鉴定。原审法院委托天平鉴定中心就宣武医院的诊疗行为是否存在过错、该过错与田某峰的损害后果有无因果关系及过错参与程度进行了鉴定。该中心出具鉴定意见后，双方提出异议，鉴定人给予了书面答复并出庭接受质询。原审按照鉴定意见判决后，田某峰仍以鉴定程序违法、鉴定意见不公以及原审法院未将鉴定人对其异议的书面回复意见向当事人出示为由认为判决不公，提起上诉。因此，二审的争议焦点在于田某峰的上述理由是否成立，以及由此决定的鉴定意见能否作为裁判依据和如何正确理解鉴定意见来判定宣武医院应当承担的具体责任。

关于鉴定程序的合法性问题，二审法院向天平鉴定中心调取“当事人回避申请告知书”传真复印件，该证据取得程序合法，形式和内容未见瑕疵，且有宣武医院的陈述佐证，田某峰提出异议的理由亦不充分，故二审法院对该证据予以采信。据此，天平鉴定中心在鉴定听证会开始前已经向双方当事人告知本案鉴定人组成及申请鉴定人回避的权利。同时，三位在鉴定意见书上签名的鉴定人均参与了鉴定工作，包括阅读、审查鉴定材料、听证会记录、双方当事人陈述材料，讨论专家咨询意见，最终集体讨论形成一致意见。虽然鉴定听证过程中出现鉴定人张某未出席及金某善因病提前离席的情况，程序确实有失严谨，但目前我国尚无法律法规对医疗过错鉴定是否召开听证会及听证会的具体程序作出规定，故田某峰据此主张鉴定程序违法缺乏依据。至于《司法鉴定程序通则》中关于鉴定人独立进行鉴定的规定是否意味着绝对禁止鉴定人就相关问题与其他人进行讨论，目前尚无明确的有权解释，且天平鉴定中心所述本案鉴定经集体讨论形成一致意见中的“集体”是否限于在鉴定意见书上签名的鉴定人并不明确，故田某峰关于鉴定程序违反《司法鉴定程序通则》相关规定的主张亦不能成立。

关于原审法院未将“鉴定人书面回复意见”向当事人出示问题，因该意见的基本内容与鉴定人在出庭质询中表达的意见一致，只是表达方式不同，故原审法院未在庭审中出示该意见的做法虽然不够规范，但并不构成违反法定程序，亦不影响鉴定人意见的效力。关于鉴定意见内容的公正性问题，田某峰在原审中从多方面提出异议，鉴定人出庭进行了答复，田某峰在二审中仍坚持其异议，但从双方所述具体内容来看，鉴定人的答复比较客观有据，田某峰的异议依据不足，难以动摇鉴定意见。鉴于上述理由，二审法院认为，天平鉴定中心出具的鉴定意见合法有效，应当作为认定宣武医院有无过错、该过错与田某峰损害后果有无因果关系及因果关系大小的主要依据。

根据鉴定意见，田某峰以肠梗阻、十二指肠水平部梗阻入住宣武医院后，宣武医院对其进行的相关生化、影像学检查具备临床适应症，系明确诊断所需；对其采取的抗生素、补液、胃肠减压等治疗措施，并非针对肿瘤的治疗，不会促进或加重结核病的发展，客观上缓解了田某峰腹痛等症状。故上述诊断和治疗行为均符合诊疗常规。但是，宣武医院的诊疗行为存在两个方面过错：其一，在未明确诊断及田某峰生命体征平稳的情况下于2013年5月23日发出病危（重）通知书缺乏客观依据，在田某峰住院期间与其家属缺乏沟通，田某峰出院时未交代其目前情况及后续诊疗建议（如诊断尚不明确，应进一步检查等），存在未尽到必要告知义务的过错。据此，宣武医院在2013年5月20日之前的诊疗行为没有过错，之后的诊疗行为存在上述过错。其二，在现有检查未发现田某峰有结核病，且穿刺未明确肿瘤的前提下，于2013年5月20日得知三〇七医院PET/CT检查建议“取腹膜高代谢灶活检”后，未遵建议行相应检查助明确诊断，直接排除结核病诊断依据不足，所进行的治疗均非抗结核治疗手段，故对田某峰结核病的病情控制及根治无实际效果。由于未及时明确诊断以行对针对治疗，客观上延误了田某峰结核病的治疗。

医疗机构承担医疗损害责任的大小应与其过错程度及其过错与患者损害之间的因果关系大小相适应。宣武医院在对田某峰的诊疗活动中存在上述两方面过错，应对由此给田某峰造成的损害承担相应责任。其中第一方面过错的损害后果主要是给田某峰及其家属造成极大的精神压力及痛苦，故宣武医院应当向田某峰支付一定的精神损害抚慰金。原审法院根据实际情况酌情确定宣武医院赔偿田某峰精神损害抚慰金20000元，并无不当，二审法院予以维持。田某峰关于增加精神损害抚慰金数额的上诉请求，缺乏依据，二审法院不予支持。

根据鉴定意见，田某峰结核病及相关器质性损害为病人自身疾病所致，非医源性疾病。上述宣武医院第二方面过错与田某峰该损害之间的因果关系为延误了结核病得以明确诊断以行针对治疗的时间，具体后果表现在两个方面：首先，田某峰自2013年5月20日起至其在包医三院施行手术确诊结核病之前的一段时间内所行治疗，对结核病没有实际效果，故田某峰为此支付的医疗费等费用属不必要支出。其次，确诊及对症治疗的延误可能会导致田某峰结核病有某种程度的发展，由此造成治疗难度的加大和支出费用的增加。考虑到鉴定意见确定的宣武医院责任程度、结核病的慢性病特点、延误期间的治疗情况等因素，应当认为因宣武医院过错所致延误对田某峰结核病的发展影响轻微，由此造成的治疗难度加大和支出费用增加有限，仅占田某峰为治疗结核病支出费用的一小部分。因此，宣武医院因第二方面过错承担的责任应当为，赔偿田某峰在结核病延误诊治期间因进行无效治疗支出的全部费用和为治疗结核病支出费用的一小部分。

关于宣武医院因第二方面过错承担赔偿费用的计算，田某峰2013年5月20日至6月1日在宣武医院及兴和医院进行的治疗显然属无效治疗，所支出费用宣武医院应当按100%赔偿。田某峰在包医三院治疗期间，于2013年6月8日经手术确诊为结核病后对症治疗，自该日起支出的费用属其治疗自身疾病所必需，宣武医院仅应赔偿因其过错所致增加部分。田某峰6月2日至6月7日期间在包医三院支出的费用必然包含为6月8日手术前期准备的费用，可能还包含部分进行无效治疗支出的费用。宣武医院对前者仅应部分赔偿，对后者应全部赔偿，但因二者之间的数额无法严格区分，二审法院综合考虑鉴定意见认定的宣武医院责任程度、田某峰在包医三院费用支出情况等因素，酌情确定宣武医院赔偿田某峰在包医三院治疗期间支出费用的约20%。

关于宣武医院因第二方面过错承担赔偿费用的项目，根据侵权责任法的相关规定，应当包括田某峰主张的医疗费、住院伙食补助费、误工费、护理费、交通费以及住宿费。其中医疗费，应以实际发生额为标准。关于2013年5月20日至24日期间的医疗费数额，宣武医院提交的费用明细清单未见瑕疵，田某峰质疑的理由不能成立，故二审法院对该证据中记载的医疗费数额予以采信。关于田某峰在兴和医院、包医三院支出的医疗费数额，宣武医院现对田某峰的主张已无异议，其质疑田某峰经过报销亦无证据证明，故二审法院对田某峰主张的数额予以采信。根据上述数额计算，宣武医院应赔偿田某峰医疗费为26971元。关于交通费，田某峰所举证据很不规范，宣武医院所提异议确有依据，仅以该证据难以证明其在2013年5月20日至6月1日期间和同年6月2日至7月29日期间实际支出交通费的准确数额，故二审法院参考田某峰所举证据，综合考虑其身体状况、住院时间、交通条件等因素，酌情确定其在上述两个期间的交通费各为4500元，故宣武医院应当赔偿田某峰的交通费为5400元。关于住院伙食补助费、误工费、住宿费，原审法院按照田某峰主张的标准（住院伙食补助费每天50元、误工费每月2000元、住宿费每天160元）计算，宣武医院未提出异议，故二审法院仍以该标准计算。据此，宣武医院应当赔偿田某峰的住院伙食补助费为1220元，误工费为1627元，住宿费为3904元。关于护理费，原审法院按照田某峰提供证据证明的护理人员工资标准每月5000元、护理人数为1人计算，亦无不当，二审法院予以采纳。据此，宣武医院应当赔偿田某峰护理费为4067元。综上，二审法院对田某峰关于医疗费、交通费、住院伙食补助费、误工费、住宿费、护理费的上诉请求予以部分支持。原审根据实际情况决定本案的司法鉴定费由宣武医院负担、出庭质询费由田某峰负担，于法有据，二审法院不作调整。

由于疾病诊疗活动的复杂性及医学发展水平的局限性，疾病的诊治往往需要一个过程。疑难疾病的诊治更是需要一个反复检查、鉴别的过程。因此，评价医疗机构的诊疗行为是否存在过错的标准是其是否尽到与当时医疗水平相适应的诊疗义务，而不仅仅是诊疗结果。即使诊疗行为存在过错，医疗机构承担的责任也应与其过错程度相当，不应过分夸大或缩小。田某峰所患结核病与卵巢肿瘤在临床上极易误诊，准确诊断需要通过一系列的检查、分析和逐步排除来实现，故不能以后来包医三院的确诊来全盘否定宣武医院诊疗行为的价值，甚至认为宣武医院的诊疗行为均存在过错，也不应因宣武医院在诊疗行为上存在一定过错就过分夸大其损害后果及责任。根据鉴定意见，宣武医院在2013年5月20日之前的诊疗行为符合医疗常规，不存在过错，田某峰要求宣武医院赔偿该期间支出的费用，没有依据，二审法院对其该部分上诉请求不予支持。宣武医院的过错对于田某峰结核病的发展影响轻微，田某峰要求其赔偿在包医三院住院期间支出的全部费用（含在三〇七医院所支出费用）依据不足，二审法院对超出宣武医院承担责任比例的部分不予支持。田某峰要求宣武医院赔偿其从包医三院出院后支出的费用，更没有依据，二审法院亦不予支持。

【附一审法院裁判理由】

一审法院认为，患者在诊疗活动中受到损害，医疗机构及其医务人员有过错的，由医疗机构承担赔偿责任。根据双方当事人陈述、病历记载并结合天平鉴定中心出具的鉴定意见，田某峰以肠梗阻、十二指肠水平部梗阻入住宣武医院治疗，宣武医院进行的相关生化、影像学检查具备临床适应症，系明确诊断所需，此后所进行的抗生素、补液、胃肠减压等治疗措施，符合诊疗常规，且客观上缓解了田某峰十二指肠占位、腹痛等症状，应当认为宣武医院所行治疗系针对田某峰肠梗阻的对症治疗，田某峰主张宣武医院系无效治疗，依据不足。但是，宣武医院在对田某峰诊断方面存在失当。根据2013年5月17日三〇七医院作出的PET/CT检查报告，田某峰双侧附件区囊实性肿物局部代谢活性不均匀增高（右侧为著），腹膜广泛增厚并代谢活性增高，以上结合病史综合考虑卵巢癌伴腹膜转移可能性大，建议取腹膜高代谢活检。宣武医院在2013年5月20日的病程记录中含有对上述检查的记载，但其在现有检查未发现田某峰有结核病，且穿刺未明确肿瘤的前提下，未遵PET/CT建议行腹膜高代谢活检协助明确诊断，在缺乏病理支持的情况下，明确地下达田某峰临床诊断为卵巢癌并腹腔广泛转移可能性大，存在不足，未能及时诊断出田某峰结核病情以行针对治疗，客观上延误了田某峰该病情的治疗，存在过失。需要指出的是，根据鉴定意见，田某峰腹腔广泛致密粘连，胃体部平面以下呈冰冻样改变及肠梗阻等是其长期病变发展的结果，为病人自身疾病所致，宣武医院责任为一段时间内（三〇七医院PET/CT检查5月20日回报至6月8日手术后确诊）未能及时检查、尽早确诊，延误抗结核治疗。因此，宣武医院的过失主要在于客观上延误了田某峰结核病的治疗，依现有证据不能认定田某峰损害结果系由宣武医院所致。因此，田某峰主张宣武医院赔偿医疗费的诉讼请求，法院不予支持。但考虑到宣武医院在2013年5月20日至2013年6月8日期间的过失因素，其应当赔偿在此期间田某峰发生的住院伙食补助费、误工费、护理费、交通费以及住宿费。法院参考鉴定单位对于过错参与度的意见，据此认定宣武医院应当对田某峰承担20%的民事责任。宣武医院应当根据此比例，赔偿田某峰所造成的上述合理损失。住院伙食补助费依照相关法律及司法解释规定计算。田某峰主张误工费及护理费的工资标准未超合理限度，法院据此对田某峰上述费用酌情予以认定，但护理人数以一人为限。考虑到田某峰住院需家属护理等因素，对于田某峰主张的住宿费，法院亦酌情予以支持。田某峰主张的交通费，法院根据其提交票据及就医情况，酌情予以支持。此外，宣武医院在田某峰生命体征平稳且未有明确诊断的前提下，向田某峰下达病危（重）通知书，给田某峰本人及家属造成极大的精神压力及痛苦，应当向田某峰支付一定的精神损害抚慰金。鉴于司法鉴定认定宣武医院存在一定的医疗过错，故本案的司法鉴定费由宣武医院负担。出庭质询费由田某峰负担。

6. 晏某某与重庆市某某保健院等医疗损害责任纠纷案①

——依据鉴定意见确定两家医疗机构均存在过错，各自承担相应的赔偿责任

【裁判要旨】

本案系依据鉴定意见对于两家医疗机构存在的过错及患者一方的过错作出认定，适用过失相抵规则，确定了两家医疗机构的责任范围。同时，本判决对于近亲属的意见明显不利于患者利益情形下的医疗机构的注意义务问题做了有益探索，明确了在这一情形下，依据专业判断意见，医疗机构应当积极选择多种治疗方案和方法避免患者损害后果的发生。在本案中，即便子宫切口愈合不良，出现血肿、感染、大出血导致子宫次全切，术前告知的风险成为事实，但医疗机构仍有对并发症及早发现，并在发现后尽力处置将损害后果减少到最低限度的义务，该义务应当是医务人员应当具备的注意义务，并以此认定了医疗机构的过错。但在此需要注意的是，本判决的适用并非与侵权责任法第56条规定的紧急情形下医疗机构的救治义务的适用相一致，在患者一方意见明显不利于疾病治疗的情

① 案号：（2011）中区法民初字第03179号

形，涉及医学伦理，在过错认定问题上，需要依据专业判断意见慎重认定。

【基本案情】

2010年8月2日，患者晏某某因“经期延长3月”到重庆市某某保健院入院就医，妇科检查显示：宫颈肥大、糜烂Ⅰ°，子宫前位，1+月孕大，外形欠规则，质中，活动，无压痛，双附件区未扪及明显异常；B超检查显示：宫体大小约5.6×6.5×3.9cm，形态欠规则，右侧壁见6.7×4.8cm实质不均质回声块影，界较清，内见2.9×2.5cm不规则暗区，提示子宫实性占位。入院诊断：子宫肌瘤、慢性宫颈炎。

经医患沟通、术前讨论，签署《手术同意书》，同年8月4日上午在CSEA麻醉下经腹子宫肌瘤挖除术，术中出血20ml，术后补液抗炎治疗，保留腹腔引流管一根，术中诊断为子宫多发性肌瘤（变性）。术后第一天，腹腔引流40ml；第二天腹腔引流管引流除液体16 ml为淡红色；第三天患者晏某某诉无何不适，查阴道无流血，腹腔引流出23ml液体，色淡红，停腹腔引流管。术后第七天，患者自诉无何不适，腹部伤口拆线，甲期愈合，阴道无流血，予以出院，医嘱：1. 休息、卫生、营养；2. 门诊随访，如有异，及时来院；3. 子宫肌瘤有复发可能性，应注意复查。晏某某在住院期间的医疗费用为5719.5元。

2010年8月29日，晏某某因子宫肌瘤挖除术后25天，阴道流血14天，流血加重10分钟急症入重庆市某医院，急诊以“阴道流血待查、失血性休克”收治入院。入院诊断：1. 阴道流血待查：功能失调性子宫出血？子宫切口愈合不良出血？2. 失血性休克；3. 子宫肌瘤挖除术后。入院后完善相关辅助检查，立即心电监护及血氧饱和度检测，建立两个静脉通道、合血、安置尿管、补液，缩宫素和止血三联静滴止血、纠正休克、吸氧、保暖等对症支持治疗，检测血压、心率。急查血常规、血电解质、尿常规、凝血功能。行B超提示：右后穹窿2.5×1.7cm无回声区，子宫大小6.5×4.3×4.9cm，子宫右后侧壁见3.8×3.3cm无回声及密度增高的混合块影。告知患者家属手术风险，若为原子宫切口愈合不良出血，术中出血不止，需立即行剖腹探查术，必要时需切除子宫，患者家属表示理解，同意目前处理。在纠正休克、完善剖腹探查术前准备，继续备血的同时行宫腔诊刮术。术中术后出血少，约20ml，患者术前、术后均诉右下腹隐痛，术后无加重，未诉特殊不适。术后复查B超，再次输入红细胞悬液、血浆，继续补液、吸氧及保暖纠正休克，抗生素预防感染，缩宫止血等处理。

同年8月30日，患者诉轻度腰部胀痛，腹痛明显好转，腹胀，阴道少许暗红色血，通过患者家属与手术医师联系，详细询问术中过程顺利，肌瘤为肌壁间肌瘤，未损伤内膜。再次和患者及家属沟通，告知随时有再次发生大出血可能，密切观察患者病情变化。复查B超提示：1. 子宫壁回声不均质，宫腔内少量积液；2. 子宫右侧混合性回声（5.4×6.5cm大小），其内可见动脉血管。8月31日，患者仍诉右下腹有隐痛，未加重，阴道流血极少，色暗红，无异味。主任医师查房，嘱患者近期手术史，不排除子宫肌瘤挖除部位于宫腔相通及感染所致出血可能，诊刮术中刮出物少，不能排除患者再次大出血可能，可作两个方案选择：一是进行子宫介入治疗，预防出血；二是子宫切除术。9月1日16时，复查B超提示，子宫右侧后方混合性回声包块较前无明显增大，其内可见动脉血管。病检提示：（子宫宫腔）宫内膜单纯性增生。患者丈夫自行与某某保健院手术医师联系后，再次确认手术未穿透宫内膜，表示暂时不愿介入治疗。9月1日19时40分，晏某某无明显诱因突诉右下腹隐痛加重，阴道突然大量流血。重庆市某医院和患者家属沟通后，建议急症剖腹探查术，必要时切除子宫。20时10分，重庆市某医院在全麻下行急诊剖腹探查术，术中见子宫后壁下段与右卵巢输卵管及肠管紧密粘连，分离粘连，见剥离面渗血较多，原宫壁切口缝线部分脱落，切口裂开，组织水肿、质脆。探查见子宫体外观及大小正常，子宫右侧壁下段突向阔韧带一包块约5×5×5cm，质硬，边界清楚，大于子宫体。因考虑原手术部位感染，陈旧性血肿，故决定行子宫次全切术。术中见右侧附件组织水肿、脆弱，层次不清，子宫后壁下段见一切口，长约4cm，缝线部分脱落，组织水肿，脆弱，切面灰白色，由切口进入子宫下段右侧壁间包块，证实为一血肿约 4×4×4cm 大小，内见陈旧性血块，血肿腔与宫腔相同。术中诊断：子宫切口血肿伴感染、失血性休克。9 月 11 日，患者未诉明显不适，复查 B 超提示：1. 子宫次全切除术后；2. 残余子宫及双侧附件区未见明显异常。准予患者出院。住院费用共计 19534.74 元。

【裁判结果】

法院判决如下：

一、被告重庆市某某保健院于本判决生效之日起五日内向原告晏某某赔偿各项费用共计 33553 元；

二、被告重庆市某医院于本判决生效之日起五日内向原告晏某某赔偿各项费用共计 33553 元；

三、驳回原告晏某某的其他诉讼请求。

如果未按本判决指定的期间履行给付金钱义务，应当依照《中华人民共和国民事诉讼法》第二百五十三条之规定，加倍支付迟延履行期间的债务利息。

【裁判理由】

《中华人民共和国侵权责任法》第五十四规定，患者在诊疗活动中受到损害，医疗机构及其医务人员有过错的，由医疗机构承担赔偿责任。第五十七条规定，医务人员在诊疗活动中未尽到与当时的医疗水平相应的诊疗义务，造成患者损害的，医疗机构应当承担赔偿责任。根据上述规定，医疗损害侵权责任的构成要件有四：一是医疗机构和医务人员的诊疗行为，二是患者的损害，三是诊疗行为与损害后果之间的因果关系，四是医务人员的过错。

本案中，晏某某因患病到重庆市某某保健院及重庆市某医院就诊，双方对两家医疗机构的诊疗行为，及晏某某的子宫被次全切的后果均无异议。

对于是否存在过错的问题，重庆法正司法鉴定所对两家医疗机构的诊疗行为是否具有过错及与损害后果之间的因果关系进行了司法鉴定。法院认为，医务人员在医疗活动中，应该具备高度的注意，对患者尽到最善良的谨慎和关心，以避免患者遭受不应有的危险或损害的责任。重庆市某某保健院选用子宫后壁切口，较大肌瘤剜除后切口选用连续缝合，术后放置引流，已考虑到该手术对止血的欠缺，但未见对可能出现子宫壁内血肿的检查，出院时亦未见措施对早期诊断子宫壁内血肿有所帮助。重庆市某医院在诊刮止血后，要求家属向原手术医生询问手术情况不利于医患双方发现真实的病情，容易造成家属对诊疗方案的选择和估计不当，应属不当。自 8 月 29 日患者入院诊刮止血后，重庆市某医院虽多次 B 超检查发现患者有再次大出血的可能，但至 9 月 1 日 19 时 40 分患者再次发生大出血的四天时间内，该院的针对性治疗欠积极，消极等待预期后果的发生。虽然重庆市某医院多次医患沟通，但其近亲属的意见明显不利于患者利益，医疗机构应当积极选择多种治疗方案和方法避免患者损害后果的发生。即便子宫切口愈合不良，出现血肿、感染、大出血导致子宫次全切，术前告知的风险成为事实，但医疗机构仍有对并发症及早发现，并在发现后尽力处置将损害后果减少到最低限度的义务，该义务应当是医务人员应当具备的注意义务。上述两家医疗机构均未尽到上述义务，存在缺陷和不足，应当认定为医疗过错。

对于因果关系的问题，晏某某在子宫肌瘤挖除术后 11 天开始阴道连续流血 14 天，应属异常情况，其未遵医嘱及时就诊，对其损害后果的发生亦存在过错。法院采信鉴定机构对于因果关系的意见，认为虽不能肯定医疗手段一定会避免这后果的发生，但理论上不能排除以上医患三方的不足或缺陷减弱了阻止后果的发生的力度，故认为医患三方的不足或缺陷为晏某某子宫次全切后果的共同因素。

综上，本案之医疗损害侵权责任成立，重庆市某某保健院及重庆市某医院对晏某某的损害后果应当承担相应的赔偿责任。法院酌情考虑由重庆市某某保健院及重庆市某医院各承担 33% 的赔偿责任。

关于医疗费，法院认为患者子宫切口愈合不良并发症的发生是患者自身因素，子宫次全切是对并发症处置的最终结果，故患者在重庆市某某保健院的诊疗是对原发疾病的治疗，不应纳入本案的赔偿范围。对在重庆市某医院的住院费用19534.74元，法院予以主张。

关于住院伙食补助费，法院将在重庆市某医院住院治疗期间的费用纳入本案的赔偿范围，计算为13×32=416元。

关于护理费，因晏某某并未举示相关证据，根据司法实践，法院酌情主张13×50=650元。

关于误工费，法院认为误工损失应属事实，结合医嘱关于休息的记载，酌情主张在重庆市某医院住院期间及出院后一个月的误工损失，标准按照上一年度私营单位就业人员年平均工资计算，金额计算为：20790÷365×43=2449元。

关于营养费，结合晏某某的病历材料和医嘱，应当加强营养，法院酌情主张500元。

关于残疾赔偿金的问题，重庆市法正司法鉴定所对晏某某的损害后果鉴定为九级伤残，法院对伤残等级鉴定结论予以采信。按照城镇居民标准计算赔偿数额，残疾赔偿金确定为：

17532×20×20%=70128元。

关于精神损害抚慰金，晏某某的身体遭受伤害，鉴定为九级伤残，使其遭受精神痛苦，其有权通过损害赔偿的方式进行救济，故法院酌情主张精神损害抚慰金8000元。上述赔偿共计101677元。由此，重庆市某某保健院及重庆市某医院各应承担的赔偿金额为33553元。

【附鉴定意见】

法院依法委托重庆法正司法鉴定所进行医疗过错鉴定，其分析说明为：

一、2010年8月2日至2010年8月11日，重庆市某某保健院为晏某某所行子宫肌瘤剜除术符合医疗原则。1. 根据临床表现及检查结果诊断晏某某所患子宫肌瘤病依据充分，诊断过程符合常规。2. 晏某某年龄45岁以下，有生育要求，判断肌瘤体积较大和生长速度较快，有变性，且生长在子宫后壁，选定经腹行肌瘤剜除术符合医疗规范，也是目前相对安全、有效的治疗方法。3. 术前行医患沟通，签定了手术同意书，患者方要求经腹子宫肌瘤剜除术，对术后切口愈合不良或延迟愈合，愿意承担相应风险，患者晏某某、家属晏某花签名，时间2010年8月3日。4. 采用电刀切开子宫后壁肌层，瘤体完整剥除，子宫创面用0/ⅠDG线连续缝合浆肌层，符合技术操作常规。5. 医生根据主观判断，术后补液抗炎治疗，保留腹腔引流管一根。放置引流管观察术后创面有无渗血是为谨慎措施，后经重庆市某医院手术证明未出现盆腔内积血说明该措施得当。6. 术后病检结果显示子宫前平滑肌瘤，（子宫后壁）平滑肌瘤，部分水肿变性。属良性病变，证实本次手术确有必要。7. 术后第七天，晏某某自诉无何不适，腹部伤口拆线，伤口甲期愈合，阴道尢出血出院，术后早期愈合良好，医嘱门诊随访，“如有异（常），及时来院”，医院方尽到了诊疗义务。

二、重庆市某医院对晏某某阴道出血的诊治符合医疗原则，2010年9月1日，所行紧急子宫次全切除术为患方选择的救命之举。1. 2010年8月29日，晏某某因子宫肌瘤挖除术后25天，阴道流血14天，流血加重10分钟急诊入住重庆市某医院，被诊断为阴道流血待查（功能失调性子宫出血？子宫切口愈合不良出血?）、失血性休克、子宫肌瘤挖出术后，立即给予抢救休克、止血治疗，符合急诊以生命救治为首位的医疗原则。2. 妇产科阴道出血一般量多，速度快，危害重，在已出现失血性休克时，止血无疑是最根本的急救措施之一。3. 根据病史及患者方有保留子宫的愿望，在做好剖腹探查准备的基础上行诊断、治疗性刮宫是医院方根据经验、能力所选择的较为适合的止血方式。4. 患者大出血至失血性休克入院，B超见右后穹窿2.5×1.7cm无回声区，术中刮出组织物约5g，术中术后出血少，约20ml，2天后为极少，不能排除本例是在有子宫壁内血肿的基础上发生功血，刮宫对当时止血急救产生了积极效果，为以后的诊治赢得了时间。5. 在宫腔出血止住后，医院方告知条件所能的续医方案，患者选择再次出血时行子宫次全切术，是患方的无奈之举。

三、晏某某子宫被次全切结果系子宫肌瘤疾病治疗的风险。1. 子宫肌瘤又称子宫平滑肌瘤，是女性生殖器最常见的一种良性肿瘤，早期大多无临床症发，生长速度快和具有多发性特点，临床表现为月经改变、下腹色块、白带增多有时产生大量脓血性排液及腐肉样组织排出伴臭味。下腹疼痛和痛经，可继发临近膀胱、直肠、血管神经的压迫症状，造成不孕、继发性贫血，低糖血症，感染及化脓，盆腔粘连或慢性炎症等，大约有1%病例难逃恶性病变之虞。2. 就子宫肌瘤的治疗而言，最彻底的办法是子宫全切（而不是次全切），以此免除了复发、恶变的可能。随着生育、生活质量要求的提高，保留子宫成为医学治疗的追求。3. 医学治疗手段是根据统计学意义的大多数人而设计，针对到具体的个人都存在不能达到理想结果的失败风险。4. 第二次剖腹探查证实“子宫后壁下段见一切口，长约4cm，缝线部分脱落，组织水肿，脆弱，切面灰白色，由切口进入子宫下段右侧壁间包块，证实为一血肿约4×4×4cm大小，内见陈旧性血块，血肿腔与宫腔相通”，显示本例子宫肌瘤切除后果系由切口愈合不良引起。5. 以上手术所见还显示，本例切口愈合不良系因切口的愈合速度低于缝线张力的衰减速度所致，术前已行告知，这是可预而不可防的特殊情况，目前还没有方法事先测定个人切口的愈合速度从而设计和选用不同缝线，本例术后子宫切口愈合不良属手术难免并发症。6. 子宫切口愈合不良，出现血肿、感染、大出血导致子宫次全切，术前告知的风险成为了事实，如果说医者对并发症的产生无可奈何，但却有对并发症及早发现和尽力处置以将损害后果减少到最低限度的义务。

四、医患各方对术后子宫切口愈合不良并发症处置上都存在不足或缺陷，理论上不能排除这些不足或缺陷增大了子宫次全切风险后果发生的概率。1. 重庆市某某保健院选用子宫后壁切口，较大肌瘤剜除后切口选用连续缝合，术后放置引流，已考虑到该术式对止血的欠缺，但未见到对可能出现子宫壁内血肿的监察，至少术后7天出院时做一B超检查对早期诊断子宫壁内血肿或许有所帮助。2. 在诊刮止血后，重庆市某医院嘱家属向手术医生询问手术情况是为不妥，从诊刮止血至再次出血间的针对性治疗欠积极，较为消极地等待后果的发生。3. 晏某某在子宫肌瘤挖除术后11天开始阴道连续流血14天，针对成年妇女，属显而易见的“异常情况”，未遵医嘱“及时来院”“门诊随访”。4. 以上医院方的不足或缺陷是针对本例实际发生子宫被次全切后果所作的认定，不是医疗原则和常规要求，因此不能认定为医疗过错。5. 如上所述，本例子宫切口愈合不良并发症的发生是属患方自身因素，子宫被次全切是对并发症处置的最终后果，不能肯定医疗手段一定会避免这一后果的发生，但理论上不能排除以上医患三方的不足或缺陷减弱了阻止后果的发生的力度。6. 不能明确医患各方的不足或缺陷与子宫被次全切后果的因果关系，设定在现代医疗条件下，及早发现、方法用尽或可完全避免这一后果的发生（风险得以避免），因此建议以医患三方的不足或缺陷为晏某某子宫次全切后果的共同因素认定为宜。

五、病史提供晏某某子宫次全切的事实，故参照中华人民共和国国家标准 GB18667－2002《道路交通事故受伤人员伤残评定》[①] 第 4. 9. 7a）条之规定，其伤残程度相当于道路交通事故Ⅸ（九）级伤残。

鉴定意见为：

1. 重庆市某某保健院存在对手术并发症发生监察的缺陷。2. 重庆市某医院存在对晏某某子宫切口愈合不良针对性治疗力度欠积极的不足。3. 以上两家医疗单位的缺陷或不足与患方未能遵医嘱就诊为晏某某子宫次全切后果发生的共同原因。4. 晏某某伤残程度相当于道路交通事故Ⅸ（九）级伤残。

7. 王某波等与首都医科大学附属北京安贞医院等医疗损害责任纠纷[②]

——因诊疗过错行为导致患者错过最佳治疗时机而死亡的，医疗机构依法按照比较过错和原因力规则承担赔偿死亡赔偿金等损失的责任

① 已失效。

② 案号：（2014）一中民终字第 3245 号

【裁判要旨】

经人民法院委托后依法作出的鉴定意见是人民法院审理医疗损害责任纠纷的重要证据。根据鉴定意见的认定，本案存在误诊的情形，即某一医疗机构在患者第二次就诊时，缺乏相关鉴别诊断，未能考虑到存在主动脉夹层动脉瘤的可能并缺乏相关检查，同时未见有效的会诊，导致误诊，延误了最佳治疗时机。但考虑到患者所患主动脉夹层动脉瘤的早期临床表现不典型、没有高血压病史等情况，从而在一定程度上影响了早期诊断。法院最终参照该鉴定意见的认定，对均存在过错诊疗行为的两家医疗机构判决确定了按份责任。

本案属于患者错过最佳治疗时机，医疗机构对此有过错的典型案例。审理法院最终按照比较过错和原因力规则对于患者的死亡赔偿金等损失作了赔偿。从某种意义上讲，患者错过最佳治疗时机应当导致的是一种机会损失，但是最终的后果仍然是患者的死亡。这虽然可能有将因果关系予以适当扩张的问题，但从人固有一死的自然属性的角度看，这里的患者死亡的后果应当属于患者较正常死亡而言提前结束生命的情形，而在其他因诊疗行为导致患者死亡的情形实质上也属于患者提前结束生命的情形，它们在本质上并无二致，故在审判实务中按照比较过错和原因力规则赔偿患者错过最佳治疗时机后死亡的死亡赔偿金并无不妥，这可以有效避免机会丧失到底赔什么的困惑，也便于各地法官把握，也便于广大老百姓理解。

在此需要注意的是，本案中医疗机构未依照法律法规及有关诊疗规范及时收治病人的，被认定为存在过错。

【相关法条】

《中华人民共和国侵权责任法》第八条、第十二条、第十六条、第五十四条

【基本案情】

2008年9月14日，慕某志因“突发剑突下疼痛2小时，持续不缓解，向后背放射”到安贞医院急诊科就诊，经多次心电图检查未见异常且无动

态改变，心肌酶等检查正常，考虑胃肠痉挛，给予对症治疗。同年9月15日，因上述症状无明显缓解再次就诊安贞医院急诊科，经检查考虑为：胆囊炎？当日，慕某志到首钢医院住院治疗，9月16日凌晨病情突然恶化，抢救无效死亡。

慕某志经法大法庭科学技术鉴定研究所尸检确定，因主动脉夹层动脉瘤破裂，出血致急性心包填塞而死亡。

法大法庭科学技术鉴定研究所司法鉴定意见书对安贞医院的诊疗行为评价如下："（一）诊疗评价1. 安贞医院根据被鉴定人慕某志临床表现及相关检查结果，在排除心梗的情况下，考虑胃肠痉挛、胆囊炎虽然符合临床诊断思维，但对于经初步诊治后病情未见明显缓解且短期内再次就诊于急诊科等情况，应考虑到其他心血管系统疾病（如主动脉夹层）的可能，有必要进行相关辅助检查（如CT等）以帮助鉴别诊断。从现有病历材料可见，安贞医院在被鉴定人慕某志第二次就诊时，缺乏相关鉴别诊断，未能考虑到存在主动脉夹层动脉瘤的可能并缺乏相关检查，同时未见有效的会诊，导致误诊，延误了最佳治疗时机。但考虑到被鉴定人慕某志所患主动脉夹层动脉瘤的早期临床表现不典型、没有高血压病史等情况，从而在一定程度上影响了早期诊断。"

二审中，安贞医院提出对D—二聚体的检测，是排除主动脉夹层的重要依据，慕某志入院时，该院对其进行了D—二聚体的检查，结果正常，基本上排除了主动脉夹层，该院诊疗行为符合临床诊断原则。

经二审法院核实，在原审法院2013年12月10日的谈话笔录中，鉴定人员出庭接受质询时，安贞医院针对上述观点已向鉴定人员提出，鉴定人员给予答复并说明意见，认为D—二聚体的检测为阴性不能说就可以排除主动脉夹层，应进行相关辅助检查，如CT等，以帮助鉴别。

法大法庭科学技术鉴定研究所司法鉴定意见书对首钢医院的诊疗行为评价如下："（一）诊疗评价2. 被鉴定人慕某志到首钢医院住院治疗，对于住院病人，必要的鉴别诊断和辅助检查是不可缺少的，从现有材料看，首钢医院亦未能考虑到主动脉夹层的可能，导致未及时诊断和治疗。但由于其就诊的目的是对‘急性胆囊炎’进行手术治疗，且在患者介绍病史时告知经安贞医院化验、检查已除外心血管系统疾病，同时其临床表现及相关辅助检查结果亦提示存在胆囊炎的可能，因此，影响了对疾病的正确判断。”

【裁判结果】

一审法院判决：

一、首都医科大学附属北京安贞医院于本判决生效后三十日内赔偿王某波、穆某有、王某云医疗费、死亡赔偿金、丧葬费、精神损害抚慰金、交通费共计346295.7元；

二、北京大学首钢医院于本判决生效后三十日内赔偿王某波、穆某有、王某云医疗费、死亡赔偿金、丧葬费、精神损害抚慰金、交通费共计86573.92元；

三、驳回王某波、穆某有、王某云其他诉讼请求。

二审法院判决：

驳回上诉，维持原判。

【裁判理由】

法院生效裁判认为，王某波、穆某有、王某云三人居住地社区居民委员会为宋世琦出具推荐函，推荐其为王某波、穆某有、王某云三人的诉讼代理人，安贞医院、首钢医院虽有异议，但未提供宋世琦不符合作为代理人的相关证据，其对王某波、穆某有、王某云的委托代理人身份所持异议，二审法院不予采信。

关于法大法庭科学技术鉴定研究所司法鉴定意见书的效力问题，二审法院认为，该鉴定机构具有鉴定资质，安贞医院、首钢医院、王某波、穆某有、王某云均参与鉴定程序，提供相关资料，其鉴定程序合法，鉴定人员亦出庭接受当事人质询，应当认为该鉴定意见真实可信，可以作为认定本案事实的依据。同时，考虑到尸检鉴定与过错鉴定性质不同，不属于安贞医院、首钢医院提出的“曾参与过与本案相关的过失鉴定的，应当回避”的情形，安贞医院、首钢医院提出鉴定程序不合法的上诉意见，二审法院不予采纳。另，如前所述，鉴定机构对安贞医院要求参考“D—二聚体急诊临床应用专家共识”的观点已给予考虑并出庭对此进行答复，认为除“D—二聚体”检测外，应进行相关辅助检查，由于对病情认识不足，缺乏相关检查、会诊，安贞医院存在诊断不充分的过失，与慕某志死亡存在一定程度的因果关系。但慕某志临床表现不典型、病情进展迅速，影响了诊断，根据鉴定机构的相关分析意见，原审法院认定安贞医院承担与其过失相适应的责任并无不当。安贞医院认为鉴定结论依据不足，其诊疗行为与慕某志死亡无因果关系的上诉观点，二审法院不予支持。

关于死亡赔偿金的计算标准一节，慕某志虽系农业户籍，但现有证据表明其在城镇就业和生活，从事非农职业，所以，原审法院按照城镇居民标准核定死亡赔偿金并无不当，二审法院予以确认。安贞医院、首钢医院此项上诉主张，二审法院不予支持。

【附一审法院裁判理由】

原审法院判决认为：法人因过错侵害公民人身权利的，应承担赔偿责任。

考虑鉴定报告意见及本案案情，法院判令安贞医院对王某波、穆某有、王某云的合理损失承担40%的赔偿责任、北京大学首钢医院对王某波、穆某有、王某云的合理损失承担10%的赔偿责任。

在本案中，考虑双方提交的证据及诉辩主张，法院认定王某波、穆某有、王某云主张的死亡赔偿金364690元、丧葬费15669元系合理损失，予以支持。王某波、穆某有、王某云主张的医疗费过高，考虑安贞医院、首钢医院的过错，法院对其中的合理部分1510.62元予以支持。王某波、穆某有、王某云主张的交通费过高，考虑院方过错及王某波、穆某有、王某云合理的支出，予以酌定为1000元。王某波、穆某有、王某云主张的精神损害抚慰金过高，法院考虑安贞医院、首钢医院的过错，予以酌定为50000元。

安贞医院提出的重新鉴定申请，缺乏事实依据，不予批准。

8. 吴某志、孙某清与重庆西南医院医疗损害责任纠纷案[①]

——患者父母起诉主张被扶养人生活费赔偿而患者的子女未起诉的，人民法院可以根据合法有效鉴定意见作出的认定，对所有被扶养人的生活费依法判决予以赔偿

【裁判要旨】

关于医疗损害责任纠纷中损害赔偿范围的确定，本案中患者原发疾病治疗产生的误工费、护理费不计入损害赔偿的范围，但是将原发疾病的医疗费计入了赔偿范围。关于被抚养人的生活费，本案中被抚养人原在城镇工作现居住在乡镇，仍要按照城镇标准计算扶养费，同时将扶养费计入死亡赔偿金。患者生前无婚姻关系的同居者对于患者死亡而造成的精神痛苦，主张精神损失赔偿的，欠缺法律依据。对于有多个原告的情形，只有两个原告起诉同时判决了对另一未起诉的人的赔偿权。本案是死者的父母起诉，死者的孩子没有起诉，但其作为被抚养人的生活费仍要依法予以赔偿。

另，本案也是依据鉴定意见进行判决的典型案例。

【相关法条】

《中华人民共和国侵权责任法》第十六条、第二十二条、第五十四条

《最高人民法院关于审理人身损害赔偿案件适用法律若干问题的解释》第二十八条、第二十九条

【基本案情】

2012年11月1日，吴某因“1. 肝占位：原发性肝癌；2. 盆腔占位：转移癌?”入住被告西南医院。11月2日，查肝功：ALT42U/L、AST42IU/L、GGT38IU/L、ALP82IU/L、TP71. 3g/I、ALB41. 3g/L、TBIL18. 9Uumol/I、

① 案号：（2015）渝高法民提字第00115号

DBIL3umol/I；血常规：WBC6.5 × 10/L、RBC4.82 × 1012/L、PLT256 × 109/L、HGB161g/I、HCT44.2、N58.9%.PT：11.9S. 乙肝两对半：HBsAg、HBsAb、HBcAb（+），ABO血型鉴定：A型。乙肝病毒定量：4.67E+05。AFP、CEA阴性，多肿瘤标志物：阴性。胸部CT：1. 左肺下叶局限性支扩伴少许感染。2. 纵隔、双肺门淋巴结钙化。3. 肝脏多发占位，考虑肿瘤性病变。11月20日，X线诊断报告显示：双肺纹理增多。11月21日10时09分，被告西南医院为吴某施行了右肝癌切除、胆囊切除术。同日19时02分，吴某白细胞数目（WBC）19.19×10/L。11月22日，吴某肝功酶谱升高，被告对吴某予以抗感染、抗酸、保肝、对症以及营养支持等治疗。11月24日7时30分，因吴某出现肝切除术后腹腔积液，被告西南医院对其施行了腹腔穿刺置管引流术。同日22时50分，吴某意识昏迷、呼吸急促。11月25日凌晨，吴某出现呼吸功能衰竭。同日15时35分，吴某死亡。吴某住院期间产生医疗费用66942元，由原告田某支付51043.29元，医疗基金支付15898.71元。随后，被告西南医院及吴某家属共同委托重庆市法医学会司法鉴定所对吴某的死亡原因进行鉴定。2013年2月21日，重庆市法医学会司法鉴定所作出渝法医所（2012）病理A鉴字第33号司法鉴定意见：吴某系肝癌术后肺部感染及多器官功能衰竭死亡。被告西南医院垫付了尸检等费用16600元、遗体火化费1000元。

原告吴某志、孙某清、田某、吴甲遂向法院提起诉讼，要求被告西南医院赔偿原告各项经济损失共计1万元。一审审理中，根据原告吴某志、孙某清的申请，法院依法委托重庆市明正司法鉴定所对被告西南医院在对吴某的诊疗行为中是否存在过错，其过错与吴某之死有无因果关系进行司法鉴定。2013年7月12日，重庆市明正司法鉴定所作出明正司法鉴定所（2013）伤鉴字第0203号司法鉴定意见书，认为：（一）吴某因“腹胀、腹痛1周”于2012年11月1日入住西南医院，初步诊断：肝占位：原发性肝癌？转移性肝癌？盆腔占位：神经鞘瘤？转移癌？。肝脏穿刺活检结果提示“（肝脏）高分化肝细胞性肝癌”。于2012年11月21日在全麻下行右肝癌切除、胆囊切除术，术后出现急性肝功能衰竭合并肺部感染，病情进行性加重，经抢救无效于2012年11月25日15时35分死亡。重庆市法医学会司法鉴定所病理解剖检验报告：吴某系肝癌术后肺部感染及多器官功能衰竭死亡。肝癌是指发生于肝脏的肿瘤，包括原发性肝癌和转移性肝癌两种。患了肝癌，手术治疗是首选的治疗方法。早期肝癌手术切除后一年生存率达80%以上，五年生存率达50%以上。高分化肝细胞性肝癌如果手术切除干净，一般可以治愈，如在术后辅以综合性治疗，可以获得更好的效果。为确保手术的安全性，提高手术治疗的成功率，术前必须进行充分的检查，如：红细胞及血红蛋白值、白细胞计数及分类、血小板计数；尿液：包括PH值、比重糖、蛋白和沉渣的镜检。便常规：包括大便潜血、寄生虫感染等；血清电解质、二氧化碳结合力等数值；肝肾功能，凝血功能评价，电解质，肝肿瘤标记物检测，甲、乙、丙等型肝炎病毒检测，梅毒、艾滋病病毒检测，心电图、心功能检查，胸部透视或胸部拍片、肺功能检查，腹部B超、CT等，必要时肝动脉造影。(二) 吴某系40岁中年男性患者，有乙型肝炎病史，罹患“高分化肝细胞性肝癌”，自身免疫能力及抗病能力下降，入院时CT提示“左肺局限性支扩伴少许感”，但呼吸系统阳性体征不甚明显。乙肝两对半检查：HBsAg、HBsAb、HBcAb (+)，乙肝病毒定量：4.67E + 05。起病及病情发展过程较为隐匿，给院方在短时间内明确诊断增加了一定难度，其术后出现急性肝功能衰竭并发肺部感染，病情进行性加重致多器官功能衰竭死亡，存在一定自身因素。(三) 西南医院在吴某的治疗过程中，术前对病情的严重程度及术后病情发展的预后评估和重视不够，存在过错：①病人入院后11月2日胸部CT已发现左肺局限性支扩伴少许感染，未进行相应治疗及术前评估，术前11月20日行胸片检查（22日出报告），于21日进行手术，患者于术后第二天出现“双肺呼吸音粗，咳嗽困难”，术后第三天出现“呼吸急促、心率低、氧饱和度低，体温升高”等，在肺部情况尚不明确下进行手术，手术时机把握欠严谨。②病人入院后于11月4日肝功能检查正常，但乙肝两对半检查：HBsAg、HBsAb、HBcAb (+)，乙肝病毒定量：4.67E + 05。

入院时亦有“转移性肝癌？转移癌?”等初步诊断。且11月13日肝穿活检提示“（肝脏）高分化肝细胞性肝癌”。可是院方在患者于11月4日肝功能检查后18天内一直未行肝功能复查及术前全面检查，在不了解肝功能情况下进行手术，术后肝功能急速下降，并发生肺部感染，手术指征不甚明确，手术时机欠妥当。③术后病员发生肝功能衰竭、肺部感染后，未能及时请相应科室（呼吸科）协助处理，直至患者临死前3小时左右方请呼吸科会诊。④病历中，术后肝切除大体标本只见有“标本交家属过目后送病检”字样，未见病检报告；亦未见“细菌真菌培养、血培养”等细菌学结果（二者对术后的治疗措施具有指导性意义)。⑤医患沟通不够耐心、细致，存在不足。上述①②③④条过错是导致吴某术后出现急性肝功能衰竭并发肺部感染引起的多器官功能衰竭死亡的主要因素。综上所述，西南医院在吴某的医疗处置过程中存在过错，其过错为吴某死亡后果的主要因素。产生鉴定费用8000元，已由原告吴某志支付。

一审法院审理期间另查明，吴某系原告吴某志、孙某清之长子，吴某林系原告吴某志、孙某清之次子。原告田某与吴某系同居关系，未办理婚姻登记，双方共同生育一子吴甲。吴某自2009年5月至2012年10月在深圳清泉物流有限公司工作。原告吴某志、孙某清在吴某去世前在广东省佛山市三水树之源装饰材料有限公司工作。

一审诉讼中，原告吴某志、孙某清、田某、吴甲变更诉讼请求，要求被告西南医院赔偿医疗费66946元、误工费3026元、住院伙食补助费768元、护理费2400元、交通费1031元、精神损害抚慰金5万元、死亡赔偿金459360元、丧葬费22698元、参加事故处理人员的误工费2774元、被扶养人生活费422612元、鉴定费8000元，合计1039565元，由被告西南医院承担80%，赔偿831652元。原告认为，被告在做手术前应先控制患者的感染，不一定非要做切除手术。由于被告的原因，导致患者因感染死亡，故吴某在住院期间产生的医疗费以及住院期间产生的误工费、住院伙食补助费、护理费都应由被告赔偿。吴某在此之前已在深圳清泉物流有限公司工作了一年以上，应按城镇标准计算死亡赔偿金。吴某的父母在吴某死亡前也一直在佛山市三水树之源装饰材料有限公司工作，其被扶养人生活费也应按照城镇标准计算。原告田某虽与吴某没有登记结婚，但已共同生活多年，并生育了子女，故要求被告赔偿其精神损害抚慰金。被告西南医院则认为，患者吴某入院后至手术前无咳嗽、咳痰、胸痛、发热等症状，查体肺部呼吸音清，血常规检查 WBC 数值及比例均在正常范围内，仅凭胸部 CT 检查结果并不能诊断肺部感染，尸检报告也未发现肺部有支气管扩张，故鉴定报告中关于“在肺部情况尚不明确情况下进行手术，手术时机把握欠严谨”的过错鉴定与事实不符，不能成立。患者已出现肿瘤肝内转移，且患有骶前神经鞘瘤，其病情较同等分期的肝癌患者病情复杂，属于限期手术，术前患者已入院等待 3 周，如不及时手术可能会丧失手术时机和增加术后肿瘤复发的风险。入院后，被告已按行业要求完成了行肝脏切除术所需要的全部检查，鉴定报告认定“术前检查不全”与事实不符。本例肝功能损害应是术后肺部感染急骤发生、引发严重全身炎症反应并作用于肝脏的后果，并非肺部感染与肝功能衰竭同时作用的结果。患者术后病情发生变化，曾邀请本院重症医学科会诊，鉴定报告认定被告未请相关科室会诊明显有失客观。患者死于肺部感染为主的多器官功能衰竭，即患者自身疾病基础应为死亡的根本原因，没有证据证明手术直接导致了医源性损害，至多存在手术诱发自身疾病加重或发病的间接致病因素。鉴定结论本末倒置、认定医疗行为是本例死亡后果之主要因素明显依据不足，且有违客观公正，申请重新鉴定。同时要求在本案中一并处理被告垫付的尸检及遗体火化费用 17600 元。因双方争议较大，调解未成。

二审期间，法院工作人员到吴某志、孙某清在吴某去世前工作的广东省佛山市三水树之源装饰材料有限公司调查，该公司总经理陈建春陈述，吴某志、孙某清 2012 年 12 月已离开，未在该公司工作。

再审法院查明，吴某在西南医院住院治疗的费用，系由田某支付。此后，深圳市社会保险基金管理局相关报销金额为 15898. 71 元。

再审诉讼中，再审申请人和被申请人均同意吴某死亡的丧葬费按 22696 元计算。

再审期间，被申请人西南医院以重庆市明正司法鉴定所（2013）伤鉴字第0203号《司法鉴定意见书》鉴定结论依据不足为由，向再审法院提出《重新鉴定申请书》。再审申请人明确表示不同意重新鉴定。

【裁判结果】

一审法院判决：

一、原告田某因吴某住院期间产生的医疗费51043.29元，由被告西南医院赔偿30625.97元，此款限于本判决发生法律效力后立即支付原告田某。其余费用20417.32元由原告田某自行承担；

二、原告吴某志、孙某清、吴甲因吴某死亡产生的死亡赔偿金558798元（含吴甲的被扶养人生活费99438元）、交通费1031元、原告吴某志、孙某清参加丧葬事宜产生的误工费574元、丧葬费22249元、尸检费用16600元，共计599252元，由被告西南医院赔偿359551.20元，扣除被告垫付的17600元外，尚应赔偿341951.20元，此款限于本判决发生法律效力后立即支付。其余费用239700.80元由原告吴某志、孙某清、吴甲自行负担；

三、被告西南医院赔偿原告吴某志、孙某清、吴甲精神损害抚慰金1万元，此款限于本判决发生法律效力后立即支付；

四、驳回原告吴某志、孙某清、吴甲、田某的其他诉讼请求。

二审法院判决：

一、维持重庆市沙坪坝区人民法院（2013）沙法民初字第05414号民事判决第一项、第三项；

二、撤销重庆市沙坪坝区人民法院（2013）沙法民初字第05414号民事判决的第二项、第四项；

三、吴某志、孙某清、吴甲因吴某死亡产生的死亡赔偿金656661元（含被扶养人生活费197301元）、交通费1031元、原告吴某志、孙某清参加丧葬事宜产生的误工费574元、丧葬费22249元、尸检费用16600元，共计697115元，由西南医院赔偿418269元，扣除西南医院垫付的17600元外，尚应赔偿400669元，此款限于本判决发生法律效力后立即支付。

其余费用278846元由吴某志、孙某清、吴甲自行负担；

四、驳回吴某志、孙某清、吴甲、田某的其他诉讼请求。再审法院判决：

一、维持重庆市第一中级人民法院（2014）渝一中法民终字第04101号民事判决第一项、第二项；

二、撤销重庆市第一中级人民法院（2014）渝一中法民终字第04101号民事判决第三项、第四项；

三、吴某志、孙某清、吴甲因吴某死亡产生的死亡赔偿金782533.5元（含被扶养人生活费323173.5元）、交通费1031元、吴某志、孙某清参加丧葬事宜产生的误工费574元、丧葬费22696元、尸检费用16600元，共计823434.5元，由重庆西南医院赔偿494060.7元，扣除重庆西南医院垫付的17600元外，尚应赔偿476460.7元，此款限于本判决发生法律效力后立即支付。其余费用由吴某志、孙某清、吴甲自行负担；

四、驳回吴某志、孙某清、吴甲、田某的其他诉讼请求。

【裁判理由】

法院再审生效裁判认为，吴某在西南医院进行诊疗活动期间死亡，西南医院在诊疗过程中具有过错，应当承担相应赔偿责任。针对再审申请人的再审请求，评析如下：

关于西南医院的赔偿比例问题。首先，重庆市明正司法鉴定所（2013）伤鉴字第0203号《司法鉴定意见书》鉴定结论系人民法院依照程序委托有资质的鉴定部门，依据法定程序作出；原生效判决作出后，西南医院并未在法律规定的期限内提出再审申请，且西南医院在再审中亦未提供新证据证明原鉴定结论存在明显依据不足的情形。故，对相关鉴定结论应予采信，对西南医院提出的重新鉴定申请，再审法院不予准许。其次，根据《司法鉴定意见书》相关分析，西南医院在医疗处置过程中存在的过错，是导致吴某死亡后果产生的主要因素，西南医院依法应对吴某死亡的损害后果承担相应的赔偿责任。原审法院根据吴某罹患肝癌，自身病情较为严重的客观情况，结合鉴定意见酌定西南医院承担60%的赔偿责任并无不当。

关于精神损害抚慰金的问题。原审法院综合考虑西南医院医疗过错与吴某死亡结果的关联程度，以及西南医院实施治疗行为的具体情况、吴某自身疾病等因素，酌定西南医院赔偿1万元精神损害抚慰金并无不当。

关于吴某志、孙某清的被扶养人生活费的标准问题。根据《人身损害解释》第28条第1款“被扶养人生活费根据扶养人丧失劳动能力程度，按照受诉法院所在地上一年度城镇居民人均消费性支出和农村居民人均年生活消费支出标准计算……”的规定，对被扶养人生活费的计算，应以扶养人经常居住地和主要收入来源等情况为根据，并结合被扶养人经常居住地情况，确定适用城镇居民上一年度人均消费性支出或者农村居民人均年生活消费支出的标准。本案中，吴某虽系农村户口，但其生前在（广东省）城镇务工一年以上，经常居住地和主要收入来源地均为城镇。吴某死亡前，吴某志、孙某清在（广东省）城镇生活一年以上，其经常居住地为城镇；吴某死亡后，吴某志、孙某清虽返回户籍所在地，但在乡镇上居住生活，故吴某志、孙某清的被扶养人生活费宜按照城镇居民人均消费性支出标准计算。本案所涉被扶养人为吴某志、孙某清、吴甲三人，其相应扶养人均为2人，因此纳入本案赔偿范围的被扶养人生活费为其总费用的一半；依照《人身损害解释》第28条第2款“……被扶养人有数人的，年赔偿总额累计不超过上一年度城镇居民人均消费性支出额或者农村居民人均年生活消费支出额”的规定，本案的被扶养人生活费的年赔偿总额不应超过上一年度城镇居民人均消费性支出额16573元。据此，本案纳入赔偿范围的被扶养人生活费总额为323173.5元（$16573\times39\div2=323173.5$）。

关于尸检费、火化费应否抵扣的问题。吴某的尸检费、火化费由西南医院垫付，在此前后西南医院未作出赠与的意思表示，且相关费用已经纳入赔偿范围由当事人进行分担，故原审将西南医院垫付的前述费用与赔偿费用进行抵扣并无不当。

关于误工费、住院伙食补助费、护理费的赔偿问题。吴某因自身疾病到西南医院住院治疗，因此产生的误工费、住院伙食补助费、护理费并非因西南医院的医疗行为所引起，故原审对吴某志、孙某清的相关主张未予支持并无不当。

关于医疗费的赔偿问题。鉴于吴某在西南医院住院治疗的费用系由田某支付，故该费用的处理涉及田某的利益。田某在一审宣判后未提出上诉，在二审维持一审判决相关判项后亦未提出再审申请，故应视为田某已服判，原相关判项应予维持。

【附一审法院裁判理由】

患者在诊疗活动中受到损害，医疗机构及其医务人员有过错的，由医疗机构承担赔偿责任。要确定医疗机构是否存在医疗过错以及该医疗过错与原告的损害后果之间有无因果关系，应当借助临床医学专家的鉴定结论作为判断基础，并对全部证据进行综合分析后加以确定。专家的鉴定结论提示，被告西南医院在对患者吴某的治疗过程中，存在术前对病情的严重程度及术后病情发展的预后评估和重视不够，导致吴某术后出现急性肝功能衰竭并发肺部感染引起的多器官功能衰竭而死亡，被告西南医院在对吴某的医疗处置过程中存在过错，是吴某死亡后果产生的主要因素，故被告西南医院应对吴某死亡的损害后果承担相应的赔偿责任。但鉴定结论也指出，吴某本身有乙肝病史，患病后自身免疫力及抗病能力下降，其起病及病情发展过程较为隐匿，给被告在短时间内明确诊断增加了一定难度，其术后出现急性肝功能衰竭并发肺部感染，病情进行性加重致多器官功能衰竭死亡，存在一定自身因素。考虑各因素在损害结果发生中的原因力比例，确定被告西南医院对原告因吴某死亡产生的经济损失承担主要赔偿责任（60%），其余损失由原告自行承担。根据法律规定，被侵权人死亡的，其近亲属有权请求侵权人承担侵权责任。近亲属包括配偶、父母、子女、兄弟姐妹、祖父母、外祖父母、孙子女、外孙子女。原告田某虽与吴某同居生活多年，但双方并未办理婚姻登记，原告田某非吴某的近亲属，无权要求被告赔偿其因吴某死亡产生的精神损害抚慰金，故对其请求应予驳回。审理中，被告西南医院对过错鉴定结论不服，申请重新鉴定，但被告未提供充分依据证明该鉴定结论符合《最高人民法院关于民事诉讼证据的若干规定》第27条规定的重新鉴定的情形，故该院不予准许。

关于损害赔偿的范围、标准和计算方法问题，因本案属于以治疗疾病为目的医疗过错引起的纠纷，应适用侵权法律规定的赔偿范围、标准，并以此为解决本案赔偿问题的根据。对于医疗费，凭票计算为66942元，但在住院费用中有15898.71元的医疗费系由医疗保险予以支付，该部分损失已获得补偿，不应再由被告予以赔偿。对于死亡赔偿金459360元的请求，因吴某在事发前已在城镇工作一年以上，有正当生活来源，可以按照城镇居民标准计算，该请求符合法律规定，该院予以主张。对于吴某在住院期间的误工费、住院伙食补助费、护理费，因吴某在被告西南医院住院是为了治疗其原发疾病，产生的上述损失与被告西南医院的行为无关，上述请求于法无据，不予支持。对于被扶养人生活费，根据法律规定，对于受害人在遭受人身损害时依法应承担扶养义务的人，才能被列入被扶养人范围。原告吴某志、孙某清在吴某死亡时，有正当的工作及生活来源，其也未提供证据证明自己已丧失劳动能力，故对于原告吴某志、孙某清要求被告赔偿其被扶养人生活费的请求于法无据，不予支持。原告吴甲系吴某依法应当承担扶养义务的被扶养人，故原告吴甲要求主张被扶养人生活费的请求，符合法律规定，予以支持。吴某去世时，原告吴甲年满6岁，被扶养人生活费按照重庆市2013年度城镇居民人均消费性支出计算12年应为99438元。按照规定被扶养人生活费应计入死亡赔偿金。对于丧葬费，按照2013年度重庆市职工月平均工资标准计算六个月，应为22249元。关于原告因吴某死亡而处理丧事产生的交通费1031元，予以主张。对于原告吴某志、孙某清因参加丧葬事宜产生的误工费，按照2人计算5天应为574元。对于精神损害抚慰金，原告吴某志、孙某清、吴甲因吴某死亡遭受了精神损害，故主张精神损害抚慰金1万元。对于鉴定费8000元，系原告为确定被告是否存在医疗过错等而产生，符合法律规定，予以主张。对于被告已支付的尸检等费用16600元以及火化费1000元，在被告赔偿的总额中予以扣除。

【附二审法院裁判理由】

根据一审鉴定意见所述，西南医院在对患者吴某的治疗过程中，存在术前对病情的严重程度及术后病情发展的预后评估和重视不够，导致吴某术后出现急性肝功能衰竭并发肺部感染引起的多器官功能衰竭而死亡，西南医院在对吴某的医疗处置过程中存在过错，是吴某死亡后果产生的主要因素，而该鉴定意见是根据法定程序做出，应予采信，故西南医院应对吴某死亡的损害后果承担相应的赔偿责任。至于责任比例的划分问题，吴某罹患肝癌，自身疾病较为严重，与死亡后果的发生亦有较大关系，结合鉴定意见一审法院认定西南医院承担60%的赔偿责任并无不当。

关于精神损害抚慰金、误工费、丧葬费的计算以及尸检费、火化费应否抵扣、一审案件受理费数额的问题。吴某罹患肝癌，入院后医院经其选择采取相应的治疗措施予施救，虽在诊疗过程中存在过错，但从整个过程来看，一审法院判定西南医院赔偿1万元精神损害抚慰金，综合考虑了医疗过错与死亡结果的关联程度、以及医院实施治疗行为的具体情况、吴某自身疾病等因素，并无不当。而吴某住院是因自身疾病引起的，所以不能继续工作与医院无关，住院治疗的误工费不应由医院赔偿。丧葬费的计算标准一审法院采用的是一审法庭辩论终结前的标准，符合法律规定，上诉人的该项上诉理由不成立。西南医院先期垫付的相关费用，其未作赠与意思表示，对其垫付的费用应从赔偿款中予以抵扣。至于一审案件受理费，当事人所预交的费用若与法院最终确定的费用不一致，当事人应当自行到法院多退少补。

关于吴某志、孙某清的被扶养人生活费应否主张的问题。根据《人身损害司法解释》第28条之规定，吴某志、孙某清系农村户口，且已达法定退休年龄，经查亦未继续工作，无证据显示其有收入来源，符合该条规定被扶养人无劳动能力又无其他生活来源的情况，应当按农村居民标准主张被扶养人生活费。一审法院未主张该项费用不当，予以纠正。吴某去世时，吴某志年满61周岁，孙某清年满57周岁，根据法律规定，吴某志被扶养人生活费主张19年，孙某清的被扶养人生活费主张20年。而吴某志、孙某清除吴某外还有一子吴某林，因此因吴某死亡所产生的被扶养人生活费应为：吴某志的被扶养人生活费47677.08元（5018.64×19÷2）+孙某清的被扶养人生活费50186.4元（5018.64×20÷2）+吴甲的被扶养人生活费99438元=197301元。

第四部分

重点法条

最高人民法院
关于医疗损害责任纠纷司法解释
条文释义与实务指南

ZUIGAO RENMIN FAYUAN
GUANYU YILIAO SUNHAI ZEREN JIUFEN SIFA JIESHI
TIAOWEN SHIYI YU SHIWU ZHINAN

中华人民共和国民法总则（节录）

（2017 年 3 月 15 日第十二届全国人民代表大会第五次会议通过　2017 年 3 月 15 日中华人民共和国主席令第 66 号公布　自 2017 年 10 月 1 日起施行）

第二条　民法调整平等主体的自然人、法人和非法人组织之间的人身关系和财产关系。

第三条　民事主体的人身权利、财产权利以及其他合法权益受法律保护，任何组织或者个人不得侵犯。

第四条　民事主体在民事活动中的法律地位一律平等。

第五条　民事主体从事民事活动，应当遵循自愿原则，按照自己的意思设立、变更、终止民事法律关系。

第八条　民事主体从事民事活动，不得违反法律，不得违背公序良俗。

第十六条　涉及遗产继承、接受赠与等胎儿利益保护的，胎儿视为具有民事权利能力。但是胎儿娩出时为死体的，其民事权利能力自始不存在。

第一百零九条　自然人的人身自由、人格尊严受法律保护。

第一百一十条　自然人享有生命权、身体权、健康权、姓名权、肖像权、名誉权、荣誉权、隐私权、婚姻自主权等权利。

法人、非法人组织享有名称权、名誉权、荣誉权等权利。

第一百二十条　民事权益受到侵害的，被侵权人有权请求侵权人承担侵权责任。

第一百七十六条　民事主体依照法律规定和当事人约定，履行民事义务，承担民事责任。

第一百七十七条　二人以上依法承担按份责任，能够确定责任大小的，各自承担相应的责任；难以确定责任大小的，平均承担责任。

第一百七十八条 二人以上依法承担连带责任的，权利人有权请求部分或者全部连带责任人承担责任。

连带责任人的责任份额根据各自责任大小确定；难以确定责任大小的，平均承担责任。实际承担责任超过自己责任份额的连带责任人，有权向其他连带责任人追偿。

连带责任，由法律规定或者当事人约定。

第一百七十九条 承担民事责任的方式主要有：

（一）停止侵害；

（二）排除妨碍；

（三）消除危险；

（四）返还财产；

（五）恢复原状；

（六）修理、重作、更换；

（七）继续履行；

（八）赔偿损失；

（九）支付违约金；

（十）消除影响、恢复名誉；

（十一）赔礼道歉。

法律规定惩罚性赔偿的，依照其规定。

本条规定的承担民事责任的方式，可以单独适用，也可以合并适用。

第一百八十条 因不可抗力不能履行民事义务的，不承担民事责任。法律另有规定的，依照其规定。

不可抗力是指不能预见、不能避免且不能克服的客观情况。

第一百八十二条 因紧急避险造成损害的，由引起险情发生的人承担民事责任。

危险由自然原因引起的，紧急避险人不承担民事责任，可以给予适当补偿。

紧急避险采取措施不当或者超过必要的限度，造成不应有的损害的，紧急避险人应当承担适当的民事责任。

第一百八十三条 因保护他人民事权益使自己受到损害的，由侵权人承担民事责任，受益人可以给予适当补偿。没有侵权人、侵权人逃逸或者无力承担民事责任，受害人请求补偿的，受益人应当给予适当补偿。

第一百八十四条　因自愿实施紧急救助行为造成受助人损害的，救助人不承担民事责任。

第一百八十六条　因当事人一方的违约行为，损害对方人身权益、财产权益的，受损害方有权选择请求其承担违约责任或者侵权责任。

第一百八十七条　民事主体因同一行为应当承担民事责任、行政责任和刑事责任的，承担行政责任或者刑事责任不影响承担民事责任；民事主体的财产不足以支付的，优先用于承担民事责任。

第一百八十八条　向人民法院请求保护民事权利的诉讼时效期间为三年。法律另有规定的，依照其规定。

诉讼时效期间自权利人知道或者应当知道权利受到损害以及义务人之日起计算。法律另有规定的，依照其规定。但是自权利受到损害之日起超过二十年的，人民法院不予保护；有特殊情况的，人民法院可以根据权利人的申请决定延长。

第一百九十六条　下列请求权不适用诉讼时效的规定：

（一）请求停止侵害、排除妨碍、消除危险；

（二）不动产物权和登记的动产物权的权利人请求返还财产；

（三）请求支付抚养费、赡养费或者扶养费；

（四）依法不适用诉讼时效的其他请求权。

第一百九十七条　诉讼时效的期间、计算方法以及中止、中断的事由由法律规定，当事人约定无效。

当事人对诉讼时效利益的预先放弃无效。

……

中华人民共和国侵权责任法（节录）

（2009年12月26日第十一届全国人民代表大会常务委员会第十二次会议通过　2009年12月26日中华人民共和国主席令第21号公布　自2010年7月1日起施行）

第一章　一般规定

第一条　为保护民事主体的合法权益，明确侵权责任，预防并制裁侵权行为，促进社会和谐稳定，制定本法。

第二条　侵害民事权益，应当依照本法承担侵权责任。

本法所称民事权益，包括生命权、健康权、姓名权、名誉权、荣誉权、肖像权、隐私权、婚姻自主权、监护权、所有权、用益物权、担保物权、著作权、专利权、商标专用权、发现权、股权、继承权等人身、财产权益。

第三条　被侵权人有权请求侵权人承担侵权责任。

第四条　侵权人因同一行为应当承担行政责任或者刑事责任的，不影响依法承担侵权责任。

因同一行为应当承担侵权责任和行政责任、刑事责任，侵权人的财产不足以支付的，先承担侵权责任。

第五条　其他法律对侵权责任另有特别规定的，依照其规定。

第二章　责任构成和责任方式

第六条　行为人因过错侵害他人民事权益，应当承担侵权责任。

根据法律规定推定行为人有过错，行为人不能证明自己没有过错的，应当承担侵权责任。

第七条　行为人损害他人民事权益，不论行为人有无过错，法律规定应当承担侵权责任的，依照其规定。

第八条　二人以上共同实施侵权行为，造成他人损害的，应当承担连带责任。

第九条　教唆、帮助他人实施侵权行为的，应当与行为人承担连带责任。

教唆、帮助无民事行为能力人、限制民事行为能力人实施侵权行为的，应当承担侵权责任；该无民事行为能力人、限制民事行为能力人的监护人未尽到监护责任的，应当承担相应的责任。

第十条　二人以上实施危及他人人身、财产安全的行为，其中一人或者数人的行为造成他人损害，能够确定具体侵权人的，由侵权人承担责任；不能确定具体侵权人的，行为人承担连带责任。

第十一条　二人以上分别实施侵权行为造成同一损害，每个人的侵权行为都足以造成全部损害的，行为人承担连带责任。

第十二条　二人以上分别实施侵权行为造成同一损害，能够确定责任大小的，各自承担相应的责任；难以确定责任大小的，平均承担赔偿责任。

第十三条　法律规定承担连带责任的，被侵权人有权请求部分或者全部连带责任人承担责任。

第十四条　连带责任人根据各自责任大小确定相应的赔偿数额；难以确定责任大小的，平均承担赔偿责任。

支付超出自己赔偿数额的连带责任人，有权向其他连带责任人追偿。

第十五条　承担侵权责任的方式主要有：

（一）停止侵害；

（二）排除妨碍；

（三）消除危险；

（四）返还财产；

（五）恢复原状；

（六）赔偿损失；

（七）赔礼道歉；

（八）消除影响、恢复名誉。

以上承担侵权责任的方式，可以单独适用，也可以合并适用。

第十六条　侵害他人造成人身损害的，应当赔偿医疗费、护理费、交通费等为治疗和康复支出的合理费用，以及因误工减少的收入。造成残疾的，还应当赔偿残疾生活辅助具费和残疾赔偿金。造成死亡的，还应当赔偿丧葬费和死亡赔偿金。

第十七条 因同一侵权行为造成多人死亡的，可以以相同数额确定死亡赔偿金。

第十八条 被侵权人死亡的，其近亲属有权请求侵权人承担侵权责任。被侵权人为单位，该单位分立、合并的，承继权利的单位有权请求侵权人承担侵权责任。

被侵权人死亡的，支付被侵权人医疗费、丧葬费等合理费用的人有权请求侵权人赔偿费用，但侵权人已支付该费用的除外。

第十九条 侵害他人财产的，财产损失按照损失发生时的市场价格或者其他方式计算。

第二十条 侵害他人人身权益造成财产损失的，按照被侵权人因此受到的损失赔偿；被侵权人的损失难以确定，侵权人因此获得利益的，按照其获得的利益赔偿；侵权人因此获得的利益难以确定，被侵权人和侵权人就赔偿数额协商不一致，向人民法院提起诉讼的，由人民法院根据实际情况确定赔偿数额。

第二十一条 侵权行为危及他人人身、财产安全的，被侵权人可以请求侵权人承担停止侵害、排除妨碍、消除危险等侵权责任。

第二十二条 侵害他人人身权益，造成他人严重精神损害的，被侵权人可以请求精神损害赔偿。

第二十三条 因防止、制止他人民事权益被侵害而使自己受到损害的，由侵权人承担责任。侵权人逃逸或者无力承担责任，被侵权人请求补偿的，受益人应当给予适当补偿。

第二十四条 受害人和行为人对损害的发生都没有过错的，可以根据实际情况，由双方分担损失。

第二十五条 损害发生后，当事人可以协商赔偿费用的支付方式。协商不一致的，赔偿费用应当一次性支付；一次性支付确有困难的，可以分期支付，但应当提供相应的担保。

第三章 不承担责任和减轻责任的情形

第二十六条 被侵权人对损害的发生也有过错的，可以减轻侵权人的责任。

第二十七条 损害是因受害人故意造成的，行为人不承担责任。

第二十八条 损害是因第三人造成的，第三人应当承担侵权责任。

第二十九条 因不可抗力造成他人损害的，不承担责任。法律另有规定的，依照其规定。

第三十条 因正当防卫造成损害的，不承担责任。正当防卫超过必要的限度，造成不应有的损害的，正当防卫人应当承担适当的责任。

第三十一条 因紧急避险造成损害的，由引起险情发生的人承担责任。如果危险是由自然原因引起的，紧急避险人不承担责任或者给予适当补偿。紧急避险采取措施不当或者超过必要的限度，造成不应有的损害的，紧急避险人应当承担适当的责任。

第四章 关于责任主体的特殊规定

第三十四条 用人单位的工作人员因执行工作任务造成他人损害的，由用人单位承担侵权责任。

劳务派遣期间，被派遣的工作人员因执行工作任务造成他人损害的，由接受劳务派遣的用工单位承担侵权责任；劳务派遣单位有过错的，承担相应的补充责任。

第三十五条 个人之间形成劳务关系，提供劳务一方因劳务造成他人损害的，由接受劳务一方承担侵权责任。提供劳务一方因劳务自己受到损害的，根据双方各自的过错承担相应的责任。

第五章 产品责任

第四十一条 因产品存在缺陷造成他人损害的，生产者应当承担侵权责任。

第四十二条 因销售者的过错使产品存在缺陷，造成他人损害的，销售者应当承担侵权责任。

销售者不能指明缺陷产品的生产者也不能指明缺陷产品的供货者的，销售者应当承担侵权责任。

第四十三条 因产品存在缺陷造成损害的，被侵权人可以向产品的生产者请求赔偿，也可以向产品的销售者请求赔偿。

产品缺陷由生产者造成的，销售者赔偿后，有权向生产者追偿。

因销售者的过错使产品存在缺陷的，生产者赔偿后，有权向销售者追偿。

第四十四条 因运输者、仓储者等第三人的过错使产品存在缺陷，造成他人损害的，产品的生产者、销售者赔偿后，有权向第三人追偿。

第四十五条 因产品缺陷危及他人人身、财产安全的，被侵权人有权请求生产者、销售者承担排除妨碍、消除危险等侵权责任。

第四十六条 产品投入流通后发现存在缺陷的，生产者、销售者应当及时采取警示、召回等补救措施。未及时采取补救措施或者补救措施不力造成损害的，应当承担侵权责任。

第四十七条 明知产品存在缺陷仍然生产、销售，造成他人死亡或者健康严重损害的，被侵权人有权请求相应的惩罚性赔偿。

第七章　医疗损害责任

第五十四条 患者在诊疗活动中受到损害，医疗机构及其医务人员有过错的，由医疗机构承担赔偿责任。

第五十五条 医务人员在诊疗活动中应当向患者说明病情和医疗措施。需要实施手术、特殊检查、特殊治疗的，医务人员应当及时向患者说明医疗风险、替代医疗方案等情况，并取得其书面同意；不宜向患者说明的，应当向患者的近亲属说明，并取得其书面同意。

医务人员未尽到前款义务，造成患者损害的，医疗机构应当承担赔偿责任。

第五十六条 因抢救生命垂危的患者等紧急情况，不能取得患者或者其近亲属意见的，经医疗机构负责人或者授权的负责人批准，可以立即实施相应的医疗措施。

第五十七条　医务人员在诊疗活动中未尽到与当时的医疗水平相应的诊疗义务，造成患者损害的，医疗机构应当承担赔偿责任。

第五十八条　患者有损害，因下列情形之一的，推定医疗机构有过错：

（一）违反法律、行政法规、规章以及其他有关诊疗规范的规定；

（二）隐匿或者拒绝提供与纠纷有关的病历资料；

（三）伪造、篡改或者销毁病历资料。

第五十九条　因药品、消毒药剂、医疗器械的缺陷，或者输入不合格的血液造成患者损害的，患者可以向生产者或者血液提供机构请求赔偿，也可以向医疗机构请求赔偿。患者向医疗机构请求赔偿的，医疗机构赔偿后，有权向负有责任的生产者或者血液提供机构追偿。

第六十条　患者有损害，因下列情形之一的，医疗机构不承担赔偿责任：

（一）患者或者其近亲属不配合医疗机构进行符合诊疗规范的诊疗；

（二）医务人员在抢救生命垂危的患者等紧急情况下已经尽到合理诊疗义务；

（三）限于当时的医疗水平难以诊疗。

前款第一项情形中，医疗机构及其医务人员也有过错的，应当承担相应的赔偿责任。

第六十一条　医疗机构及其医务人员应当按照规定填写并妥善保管住院志、医嘱单、检验报告、手术及麻醉记录、病理资料、护理记录、医疗费用等病历资料。

患者要求查阅、复制前款规定的病历资料的，医疗机构应当提供。

第六十二条　医疗机构及其医务人员应当对患者的隐私保密。泄露患者隐私或者未经患者同意公开其病历资料，造成患者损害的，应当承担侵权责任。

第六十三条　医疗机构及其医务人员不得违反诊疗规范实施不必要的检查。

第六十四条　医疗机构及其医务人员的合法权益受法律保护。干扰医疗秩序，妨害医务人员工作、生活的，应当依法承担法律责任。

中华人民共和国合同法（节录）

（1999年3月15日第九届全国人民代表大会第二次会议通过 1999年3月15日中华人民共和国主席令第15号公布 自1999年10月1日起施行）

第一百零七条 当事人一方不履行合同义务或者履行合同义务不符合约定的，应当承担继续履行、采取补救措施或者赔偿损失等违约责任。

第一百一十三条 当事人一方不履行合同义务或者履行合同义务不符合约定，给对方造成损失的，损失赔偿额应当相当于因违约所造成的损失，包括合同履行后可以获得的利益，但不得超过违反合同一方订立合同时预见到或者应当预见到的因违反合同可能造成的损失。

经营者对消费者提供商品或者服务有欺诈行为的，依照《中华人民共和国消费者权益保护法》的规定承担损害赔偿责任。

第一百一十九条 当事人一方违约后，对方应当采取适当措施防止损失的扩大；没有采取适当措施致使损失扩大的，不得就扩大的损失要求赔偿。

当事人因防止损失扩大而支出的合理费用，由违约方承担。

第一百二十二条 因当事人一方的违约行为，侵害对方人身、财产权益的，受损害方有权选择依照本法要求其承担违约责任或者依照其他法律要求其承担侵权责任。

中华人民共和国民事诉讼法（节录）

（1991 年 4 月 9 日第七届全国人民代表大会第四次会议通过 根据 2007 年 10 月 28 日第十届全国人民代表大会常务委员会第三十次会议《关于修改〈中华人民共和国民事诉讼法〉的决定》第一次修正 根据 2012 年 8 月 31 日第十一届全国人民代表大会常务委员会第二十八次会议《关于修改〈中华人民共和国民事诉讼法〉的决定》第二次修正 根据 2017 年 6 月 27 日第十二届全国人民代表大会常务委员会第二十八次会议《关于修改〈中华人民共和国民事诉讼法〉和〈中华人民共和国行政诉讼法〉的决定》第三次修正）

第六章 证 据

第六十三条 证据包括：

（一）当事人的陈述；

（二）书证；

（三）物证；

（四）视听资料；

（五）电子数据；

（六）证人证言；

（七）鉴定意见；

（八）勘验笔录。

证据必须查证属实，才能作为认定事实的根据。

第六十四条 当事人对自己提出的主张，有责任提供证据。

当事人及其诉讼代理人因客观原因不能自行收集的证据，或者人民法院认为审理案件需要的证据，人民法院应当调查收集。

人民法院应当按照法定程序，全面地、客观地审查核实证据。

第六十五条 当事人对自己提出的主张应当及时提供证据。

人民法院根据当事人的主张和案件审理情况，确定当事人应当提供的证据及其期限。当事人在该期限内提供证据确有困难的，可以向人民法院申请延长期限，人民法院根据当事人的申请适当延长。当事人逾期提供证据的，人民法院应当责令其说明理由；拒不说明理由或者理由不成立的，人民法院根据不同情形可以不予采纳该证据，或者采纳该证据但予以训诫、罚款。

第六十六条 人民法院收到当事人提交的证据材料，应当出具收据，写明证据名称、页数、份数、原件或者复印件以及收到时间等，并由经办人员签名或者盖章。

第六十七条 人民法院有权向有关单位和个人调查取证，有关单位和个人不得拒绝。

人民法院对有关单位和个人提出的证明文书，应当辨别真伪，审查确定其效力。

第六十八条 证据应当在法庭上出示，并由当事人互相质证。对涉及国家秘密、商业秘密和个人隐私的证据应当保密，需要在法庭出示的，不得在公开开庭时出示。

第六十九条 经过法定程序公证证明的法律事实和文书，人民法院应当作为认定事实的根据，但有相反证据足以推翻公证证明的除外。

第七十条 书证应当提交原件。物证应当提交原物。提交原件或者原物确有困难的，可以提交复制品、照片、副本、节录本。

提交外文书证，必须附有中文译本。

第七十一条 人民法院对视听资料，应当辨别真伪，并结合本案的其他证据，审查确定能否作为认定事实的根据。

第七十二条 凡是知道案件情况的单位和个人，都有义务出庭作证。有关单位的负责人应当支持证人作证。

不能正确表达意思的人，不能作证。

第七十三条 经人民法院通知，证人应当出庭作证。有下列情形之一的，经人民法院许可，可以通过书面证言、视听传输技术或者视听资料等方式作证：

（一）因健康原因不能出庭的；

（二）因路途遥远，交通不便不能出庭的；

（三）因自然灾害等不可抗力不能出庭的；

（四）其他有正当理由不能出庭的。

第七十四条　证人因履行出庭作证义务而支出的交通、住宿、就餐等必要费用以及误工损失，由败诉一方当事人负担。当事人申请证人作证的，由该当事人先行垫付；当事人没有申请，人民法院通知证人作证的，由人民法院先行垫付。

第七十五条　人民法院对当事人的陈述，应当结合本案的其他证据，审查确定能否作为认定事实的根据。

当事人拒绝陈述的，不影响人民法院根据证据认定案件事实。

第七十六条　当事人可以就查明事实的专门性问题向人民法院申请鉴定。当事人申请鉴定的，由双方当事人协商确定具备资格的鉴定人；协商不成的，由人民法院指定。

当事人未申请鉴定，人民法院对专门性问题认为需要鉴定的，应当委托具备资格的鉴定人进行鉴定。

第七十七条　鉴定人有权了解进行鉴定所需要的案件材料，必要时可以询问当事人、证人。

鉴定人应当提出书面鉴定意见，在鉴定书上签名或者盖章。

第七十八条　当事人对鉴定意见有异议或者人民法院认为鉴定人有必要出庭的，鉴定人应当出庭作证。经人民法院通知，鉴定人拒不出庭作证的，鉴定意见不得作为认定事实的根据；支付鉴定费用的当事人可以要求返还鉴定费用。

第七十九条　当事人可以申请人民法院通知有专门知识的人出庭，就鉴定人作出的鉴定意见或者专业问题提出意见。

中华人民共和国产品质量法（节录）

（1993年2月22日第七届全国人民代表大会常务委员会第三十次会议通过　根据2000年7月8日第九届全国人民代表大会常务委员会第十六次会议《关于修改〈中华人民共和国产品质量法〉的决定》第一次修正　根据2009年8月27日第十一届全国人民代表大会常务委员会第十次会议《关于修改部分法律的决定》第二次修正）

第四十一条　因产品存在缺陷造成人身、缺陷产品以外的其他财产（以下简称他人财产）损害的，生产者应当承担赔偿责任。

生产者能够证明有下列情形之一的，不承担赔偿责任：

（一）未将产品投入流通的；

（二）产品投入流通时，引起损害的缺陷尚不存在的；

（三）将产品投入流通时的科学技术水平尚不能发现缺陷的存在的。

第四十二条　由于销售者的过错使产品存在缺陷，造成人身、他人财产损害的，销售者应当承担赔偿责任。

销售者不能指明缺陷产品的生产者也不能指明缺陷产品的供货者的，销售者应当承担赔偿责任。

第四十三条　因产品存在缺陷造成人身、他人财产损害的，受害人可以向产品的生产者要求赔偿，也可以向产品的销售者要求赔偿。属于产品的生产者的责任，产品的销售者赔偿的，产品的销售者有权向产品的生产者追偿。属于产品的销售者的责任，产品的生产者赔偿的，产品的生产者有权向产品的销售者追偿。

第四十四条　因产品存在缺陷造成受害人人身伤害的，侵害人应当赔偿医疗费、治疗期间的护理费、因误工减少的收入等费用；造成残疾的，还应当支付残疾者生活自助具费、生活补助费、残疾赔偿金以及由其扶养的人所必需的生活费等费用；造成受害人死亡的，并应当支付丧葬费、死亡赔偿金以及由死者生前扶养的人所必需的生活费等费用。

因产品存在缺陷造成受害人财产损失的，侵害人应当恢复原状或者折价赔偿。受害人因此遭受其他重大损失的，侵害人应当赔偿损失。

第四十六条　本法所称缺陷，是指产品存在危及人身、他人财产安全的不合理的危险；产品有保障人体健康和人身、财产安全的国家标准、行业标准的，是指不符合该标准。

第四十八条　仲裁机构或者人民法院可以委托本法第十九条规定的产品质量检验机构，对有关产品质量进行检验。

中华人民共和国消费者权益保护法（节录）

（1993年10月31日第八届全国人民代表大会常务委员会第四次会议通过　根据2009年8月27日第十一届全国人民代表大会常务委员会第十次会议《关于修改部分法律的决定》第一次修正　根据2013年10月25日第十二届全国人民代表大会常务委员会第五次会议《关于修改〈中华人民共和国消费者权益保护法〉的决定》第二次修正）

第五十五条　经营者提供商品或者服务有欺诈行为的，应当按照消费者的要求增加赔偿其受到的损失，增加赔偿的金额为消费者购买商品的价款或者接受服务的费用的三倍；增加赔偿的金额不足五百元的，为五百元。法律另有规定的，依照其规定。

经营者明知商品或者服务存在缺陷，仍然向消费者提供，造成消费者或者其他受害人死亡或者健康严重损害的，受害人有权要求经营者依照本法第四十九条、第五十一条等法律规定赔偿损失，并有权要求所受损失二倍以下的惩罚性赔偿。

中华人民共和国药品管理法（节录）

（1984年9月20日第六届全国人民代表大会常务委员会第七次会议通过　2001年2月28日第九届全国人民代表大会常务委员会第二十次会议修订　根据2013年12月28日第十二届全国人民代表大会常务委员会第六次会议《关于修改〈中华人民共和国海洋环境保护法〉等七部法律的决定》第一次修正　根据2015年4月24日第十二届全国人民代表大会常务委员会第十四次会议《关于修改〈中华人民共和国药品管理法〉的决定》第二次修正）

第九条　药品生产企业必须按照国务院药品监督管理部门依据本法制定的《药品生产质量管理规范》组织生产。药品监督管理部门按照规定对药品生产企业是否符合《药品生产质量管理规范》的要求进行认证；对认证合格的，发给认证证书。

《药品生产质量管理规范》的具体实施办法、实施步骤由国务院药品监督管理部门规定。

第十条　除中药饮片的炮制外，药品必须按照国家药品标准和国务院药品监督管理部门批准的生产工艺进行生产，生产记录必须完整准确。药品生产企业改变影响药品质量的生产工艺的，必须报原批准部门审核批准。

中药饮片必须按照国家药品标准炮制；国家药品标准没有规定的，必须按照省、自治区、直辖市人民政府药品监督管理部门制定的炮制规范炮制。省、自治区、直辖市人民政府药品监督管理部门制定的炮制规范应当报国务院药品监督管理部门备案。

第十一条　生产药品所需的原料、辅料，必须符合药用要求。

第十二条　药品生产企业必须对其生产的药品进行质量检验；不符合国家药品标准或者不按照省、自治区、直辖市人民政府药品监督管理部门制定的中药饮片炮制规范炮制的，不得出厂。

第十七条 药品经营企业购进药品，必须建立并执行进货检查验收制度，验明药品合格证明和其他标识；不符合规定要求的，不得购进。

第十八条 药品经营企业购销药品，必须有真实完整的购销记录。购销记录必须注明药品的通用名称、剂型、规格、批号、有效期、生产厂商、购（销）货单位、购（销）货数量、购销价格、购（销）货日期及国务院药品监督管理部门规定的其他内容。

第十九条 药品经营企业销售药品必须准确无误，并正确说明用法、用量和注意事项；调配处方必须经过核对，对处方所列药品不得擅自更改或者代用。对有配伍禁忌或者超剂量的处方，应当拒绝调配；必要时，经处方医师更正或者重新签字，方可调配。

药品经营企业销售中药材，必须标明产地。

第二十条 药品经营企业必须制定和执行药品保管制度，采取必要的冷藏、防冻、防潮、防虫、防鼠等措施，保证药品质量。

药品入库和出库必须执行检查制度。

第二十四条 医疗机构配制制剂，必须具有能够保证制剂质量的设施、管理制度、检验仪器和卫生条件。

第二十五条 医疗机构配制的制剂，应当是本单位临床需要而市场上没有供应的品种，并须经所在地省、自治区、直辖市人民政府药品监督管理部门批准后方可配制。配制的制剂必须按照规定进行质量检验；合格的，凭医师处方在本医疗机构使用。特殊情况下，经国务院或者省、自治区、直辖市人民政府的药品监督管理部门批准，医疗机构配制的制剂可以在指定的医疗机构之间调剂使用。

医疗机构配制的制剂，不得在市场销售。

第二十六条 医疗机构购进药品，必须建立并执行进货检查验收制度，验明药品合格证明和其他标识；不符合规定要求的，不得购进和使用。

第二十七条 医疗机构的药剂人员调配处方，必须经过核对，对处方所列药品不得擅自更改或者代用。对有配伍禁忌或者超剂量的处方，应当拒绝调配；必要时，经处方医师更正或者重新签字，方可调配。

第二十八条 医疗机构必须制定和执行药品保管制度，采取必要的冷藏、防冻、防潮、防虫、防鼠等措施，保证药品质量。

第三十四条 药品生产企业、药品经营企业、医疗机构必须从具有药品生产、经营资格的企业购进药品；但是，购进没有实施批准文号管理的中药材除外。

第三十五条 国家对麻醉药品、精神药品、医疗用毒性药品、放射性药品，实行特殊管理。管理办法由国务院制定。

第四十一条 国务院药品监督管理部门对下列药品在销售前或者进口时，指定药品检验机构进行检验；检验不合格的，不得销售或者进口：

(一) 国务院药品监督管理部门规定的生物制品；

(二) 首次在中国销售的药品；

(三) 国务院规定的其他药品。

前款所列药品的检验费项目和收费标准由国务院财政部门会同国务院价格主管部门核定并公告。检验费收缴办法由国务院财政部门会同国务院药品监督管理部门制定。

第四十八条 禁止生产（包括配制，下同）、销售假药。

有下列情形之一的，为假药：

(一) 药品所含成份与国家药品标准规定的成份不符的；

(二) 以非药品冒充药品或者以他种药品冒充此种药品的。

有下列情形之一的药品，按假药论处：

(一) 国务院药品监督管理部门规定禁止使用的；

(二) 依照本法必须批准而未经批准生产、进口，或者依照本法必须检验而未经检验即销售的；

(三) 变质的；

(四) 被污染的；

(五) 使用依照本法必须取得批准文号而未取得批准文号的原料药生产的；

(六) 所标明的适应症或者功能主治超出规定范围的。

第四十九条 禁止生产、销售劣药。

药品成份的含量不符合国家药品标准的，为劣药。

有下列情形之一的药品，按劣药论处：

(一) 未标明有效期或者更改有效期的；

（二）不注明或者更改生产批号的；

（三）超过有效期的；

（四）直接接触药品的包装材料和容器未经批准的；

（五）擅自添加着色剂、防腐剂、香料、矫味剂及辅料的；

（六）其他不符合药品标准规定的。

第五十条　列入国家药品标准的药品名称为药品通用名称。已经作为药品通用名称的，该名称不得作为药品商标使用。

第五十一条　药品生产企业、药品经营企业和医疗机构直接接触药品的工作人员，必须每年进行健康检查。患有传染病或者其他可能污染药品的疾病的，不得从事直接接触药品的工作。

第一百条　本法下列用语的含义是：

药品，是指用于预防、治疗、诊断人的疾病，有目的地调节人的生理机能并规定有适应症或者功能主治、用法和用量的物质，包括中药材、中药饮片、中成药、化学原料药及其制剂、抗生素、生化药品、放射性药品、血清、疫苗、血液制品和诊断药品等。

辅料，是指生产药品和调配处方时所用的赋形剂和附加剂。

药品生产企业，是指生产药品的专营企业或者兼营企业。

药品经营企业，是指经营药品的专营企业或者兼营企业。

中华人民共和国执业医师法

（1998年6月26日第九届全国人民代表大会常务委员会第三次会议通过　根据2009年8月27日第十一届全国人民代表大会常务委员会第十次会议《关于修改部分法律的决定》修正）

第一章　总　　则

第一条　为了加强医师队伍的建设，提高医师的职业道德和业务素质，保障医师的合法权益，保护人民健康，制定本法。

第二条 依法取得执业医师资格或者执业助理医师资格，经注册在医疗、预防、保健机构中执业的专业医务人员，适用本法。

本法所称医师，包括执业医师和执业助理医师。

第三条 医师应当具备良好的职业道德和医疗执业水平，发扬人道主义精神，履行防病治病、救死扶伤、保护人民健康的神圣职责。

全社会应当尊重医师。医师依法履行职责，受法律保护。

第四条 国务院卫生行政部门主管全国的医师工作。

县级以上地方人民政府卫生行政部门负责管理本行政区域内的医师工作。

第五条 国家对在医疗、预防、保健工作中作出贡献的医师，给予奖励。

第六条 医师的医学专业技术职称和医学专业技术职务的评定、聘任，按照国家有关规定办理。

第七条 医师可以依法组织和参加医师协会。

第二章 考试和注册

第八条 国家实行医师资格考试制度。医师资格考试分为执业医师资格考试和执业助理医师资格考试。

医师资格统一考试的办法，由国务院卫生行政部门制定。医师资格考试由省级以上人民政府卫生行政部门组织实施。

第九条 具有下列条件之一的，可以参加执业医师资格考试：

（一）具有高等学校医学专业本科以上学历，在执业医师指导下，在医疗、预防、保健机构中试用期满一年的；

（二）取得执业助理医师执业证书后，具有高等学校医学专科学历，在医疗、预防、保健机构中工作满二年的；具有中等专业学校医学专业学历，在医疗、预防、保健机构中工作满五年的。

第十条 具有高等学校医学专科学历或者中等专业学校医学专业学历，在执业医师指导下，在医疗、预防、保健机构中试用期满一年的，可以参加执业助理医师资格考试。

第十一条 以师承方式学习传统医学满三年或者经多年实践医术确有专

长的，经县级以上人民政府卫生行政部门确定的传统医学专业组织或者医疗、预防、保健机构考核合格并推荐，可以参加执业医师资格或者执业助理医师资格考试。考试的内容和办法由国务院卫生行政部门另行制定。

第十二条 医师资格考试成绩合格，取得执业医师资格或者执业助理医师资格。

第十三条 国家实行医师执业注册制度。

取得医师资格的，可以向所在地县级以上人民政府卫生行政部门申请注册。

除有本法第十五条规定的情形外，受理申请的卫生行政部门应当自收到申请之日起三十日内准予注册，并发给由国务院卫生行政部门统一印制的医师执业证书。

医疗、预防、保健机构可以为本机构中的医师集体办理注册手续。

第十四条 医师经注册后，可以在医疗、预防、保健机构中按照注册的执业地点、执业类别、执业范围执业，从事相应的医疗、预防、保健业务。

未经医师注册取得执业证书，不得从事医师执业活动。

第十五条 有下列情形之一的，不予注册：

（一）不具有完全民事行为能力的；

（二）因受刑事处罚，自刑罚执行完毕之日起至申请注册之日止不满二年的；

（三）受吊销医师执业证书行政处罚，自处罚决定之日起至申请注册之日止不满二年的；

（四）有国务院卫生行政部门规定不宜从事医疗、预防、保健业务的其他情形的。

受理申请的卫生行政部门对不符合条件不予注册的，应当自收到申请之日起三十日内书面通知申请人，并说明理由。申请人有异议的，可以自收到通知之日起十五日内，依法申请复议或者向人民法院提起诉讼。

第十六条 医师注册后有下列情形之一的，其所在的医疗、预防、保健机构应当在三十日内报告准予注册的卫生行政部门，卫生行政部门应当注销注册，收回医师执业证书：

（一）死亡或者被宣告失踪的；

（二）受刑事处罚的；

（三）受吊销医师执业证书行政处罚的；

（四）依照本法第三十一条规定暂停执业活动期满，再次考核仍不合格的；

（五）中止医师执业活动满二年的；

（六）有国务院卫生行政部门规定不宜从事医疗、预防、保健业务的其他情形的。

被注销注册的当事人有异议的，可以自收到注销注册通知之日起十五日内，依法申请复议或者向人民法院提起诉讼。

第十七条 医师变更执业地点、执业类别、执业范围等注册事项的，应当到准予注册的卫生行政部门依照本法第十三条的规定办理变更注册手续。

第十八条 中止医师执业活动二年以上以及有本法第十五条规定情形消失的，申请重新执业，应当由本法第三十一条规定的机构考核合格，并依照本法第十三条的规定重新注册。

第十九条 申请个体行医的执业医师，须经注册后在医疗、预防、保健机构中执业满五年，并按照国家有关规定办理审批手续；未经批准，不得行医。

县级以上地方人民政府卫生行政部门对个体行医的医师，应当按照国务院卫生行政部门的规定，经常监督检查，凡发现有本法第十六条规定的情形的，应当及时注销注册，收回医师执业证书。

第二十条 县级以上地方人民政府卫生行政部门应当将准予注册和注销注册的人员名单予以公告，并由省级人民政府卫生行政部门汇总，报国务院卫生行政部门备案。

第三章 执业规则

第二十一条 医师在执业活动中享有下列权利：

（一）在注册的执业范围内，进行医学诊查、疾病调查、医学处置、出具相应的医学证明文件，选择合理的医疗、预防、保健方案；

（二）按照国务院卫生行政部门规定的标准，获得与本人执业活动相当的医疗设备基本条件；

（三）从事医学研究、学术交流，参加专业学术团体；

（四）参加专业培训，接受继续医学教育；

（五）在执业活动中，人格尊严、人身安全不受侵犯；

（六）获取工资报酬和津贴，享受国家规定的福利待遇；

（七）对所在机构的医疗、预防、保健工作和卫生行政部门的工作提出意见和建议，依法参与所在机构的民主管理。

第二十二条 医师在执业活动中履行下列义务：

（一）遵守法律、法规，遵守技术操作规范；

（二）树立敬业精神，遵守职业道德，履行医师职责，尽职尽责为患者服务；

（三）关心、爱护、尊重患者，保护患者的隐私；

（四）努力钻研业务，更新知识，提高专业技术水平；

（五）宣传卫生保健知识，对患者进行健康教育。

第二十三条 医师实施医疗、预防、保健措施，签署有关医学证明文件，必须亲自诊查、调查，并按照规定及时填写医学文书，不得隐匿、伪造或者销毁医学文书及有关资料。

医师不得出具与自己执业范围无关或者与执业类别不相符的医学证明文件。

第二十四条 对急危患者，医师应当采取紧急措施进行诊治；不得拒绝急救处置。

第二十五条 医师应当使用经国家有关部门批准使用的药品、消毒药剂和医疗器械。

除正当诊断治疗外，不得使用麻醉药品、医疗用毒性药品、精神药品和放射性药品。

第二十六条 医师应当如实向患者或者其家属介绍病情，但应注意避免对患者产生不利后果。

医师进行实验性临床医疗，应当经医院批准并征得患者本人或者其家属同意。

第二十七条 医师不得利用职务之便，索取、非法收受患者财物或者牟取其他不正当利益。

第二十八条 遇有自然灾害、传染病流行、突发重大伤亡事故及其他严重威胁人民生命健康的紧急情况时，医师应当服从县级以上人民政府卫生行政部门的调遣。

第二十九条 医师发生医疗事故或者发现传染病疫情时，应当按照有关规定及时向所在机构或者卫生行政部门报告。

医师发现患者涉嫌伤害事件或者非正常死亡时，应当按照有关规定向有关部门报告。

第三十条 执业助理医师应当在执业医师的指导下，在医疗、预防、保健机构中按照其执业类别执业。

在乡、民族乡、镇的医疗、预防、保健机构中工作的执业助理医师，可以根据医疗诊治的情况和需要，独立从事一般的执业活动。

第四章　考核和培训

第三十一条 受县级以上人民政府卫生行政部门委托的机构或者组织应当按照医师执业标准，对医师的业务水平、工作成绩和职业道德状况进行定期考核。

对医师的考核结果，考核机构应当报告准予注册的卫生行政部门备案。

对考核不合格的医师，县级以上人民政府卫生行政部门可以责令其暂停执业活动三个月至六个月，并接受培训和继续医学教育。暂停执业活动期满，再次进行考核，对考核合格的，允许其继续执业；对考核不合格的，由县级以上人民政府卫生行政部门注销注册，收回医师执业证书。

第三十二条 县级以上人民政府卫生行政部门负责指导、检查和监督医师考核工作。

第三十三条 医师有下列情形之一的，县级以上人民政府卫生行政部门应当给予表彰或者奖励：

（一）在执业活动中，医德高尚，事迹突出的；

（二）对医学专业技术有重大突破，作出显著贡献的；

（三）遇有自然灾害、传染病流行、突发重大伤亡事故及其他严重威胁人民生命健康的紧急情况时，救死扶伤、抢救诊疗表现突出的；

（四）长期在边远贫困地区、少数民族地区条件艰苦的基层单位努力工作的；

（五）国务院卫生行政部门规定应当予以表彰或者奖励的其他情形的。

第三十四条　县级以上人民政府卫生行政部门应当制定医师培训计划，对医师进行多种形式的培训，为医师接受继续医学教育提供条件。

县级以上人民政府卫生行政部门应当采取有力措施，对在农村和少数民族地区从事医疗、预防、保健业务的医务人员实施培训。

第三十五条　医疗、预防、保健机构应当按照规定和计划保证本机构医师的培训和继续医学教育。

县级以上人民政府卫生行政部门委托的承担医师考核任务的医疗卫生机构，应当为医师的培训和接受继续医学教育提供和创造条件。

第五章　法律责任

第三十六条　以不正当手段取得医师执业证书的，由发给证书的卫生行政部门予以吊销；对负有直接责任的主管人员和其他直接责任人员，依法给予行政处分。

第三十七条　医师在执业活动中，违反本法规定，有下列行为之一的，由县级以上人民政府卫生行政部门给予警告或者责令暂停六个月以上一年以下执业活动；情节严重的，吊销其执业证书；构成犯罪的，依法追究刑事责任：

（一）违反卫生行政规章制度或者技术操作规范，造成严重后果的；

（二）由于不负责任延误急危患者的抢救和诊治，造成严重后果的；

（三）造成医疗责任事故的；

（四）未经亲自诊查、调查，签署诊断、治疗、流行病学等证明文件或者有关出生、死亡等证明文件的；

（五）隐匿、伪造或者擅自销毁医学文书及有关资料的；

（六）使用未经批准使用的药品、消毒药剂和医疗器械的；

（七）不按照规定使用麻醉药品、医疗用毒性药品、精神药品和放射性药品的；

（八）未经患者或者其家属同意，对患者进行实验性临床医疗的；

（九）泄露患者隐私，造成严重后果的；

（十）利用职务之便，索取、非法收受患者财物或者牟取其他不正当利益的；

（十一）发生自然灾害、传染病流行、突发重大伤亡事故以及其他严重威胁人民生命健康的紧急情况时，不服从卫生行政部门调遣的；

（十二）发生医疗事故或者发现传染病疫情，患者涉嫌伤害事件或者非正常死亡，不按照规定报告的。

第三十八条 医师在医疗、预防、保健工作中造成事故的，依照法律或者国家有关规定处理。

第三十九条 未经批准擅自开办医疗机构行医或者非医师行医的，由县级以上人民政府卫生行政部门予以取缔，没收其违法所得及其药品、器械，并处十万元以下的罚款；对医师吊销其执业证书；给患者造成损害的，依法承担赔偿责任；构成犯罪的，依法追究刑事责任。

第四十条 阻碍医师依法执业，侮辱、诽谤、威胁、殴打医师或者侵犯医师人身自由、干扰医师正常工作、生活的，依照治安管理处罚法的规定处罚；构成犯罪的，依法追究刑事责任。

第四十一条 医疗、预防、保健机构未依照本法第十六条的规定履行报告职责，导致严重后果的，由县级以上人民政府卫生行政部门给予警告；并对该机构的行政负责人依法给予行政处分。

第四十二条 卫生行政部门工作人员或者医疗、预防、保健机构工作人员违反本法有关规定，弄虚作假、玩忽职守、滥用职权、徇私舞弊，尚不构成犯罪的，依法给予行政处分；构成犯罪的，依法追究刑事责任。

第六章　附　　则

第四十三条　本法颁布之日前按照国家有关规定取得医学专业技术职称和医学专业技术职务的人员，由所在机构报请县级以上人民政府卫生行政部门认定，取得相应的医师资格。其中在医疗、预防、保健机构中从事医疗、预防、保健业务的医务人员，依照本法规定的条件，由所在机构集体核报县级以上人民政府卫生行政部门，予以注册并发给医师执业证书。具体办法由国务院卫生行政部门会同国务院人事行政部门制定。

第四十四条　计划生育技术服务机构中的医师，适用本法。

第四十五条　在乡村医疗卫生机构中向村民提供预防、保健和一般医疗服务的乡村医生，符合本法有关规定的，可以依法取得执业医师资格或者执业助理医师资格；不具备本法规定的执业医师资格或者执业助理医师资格的乡村医生，由国务院另行制定管理办法。

第四十六条　军队医师执行本法的实施办法，由国务院、中央军事委员会依据本法的原则制定。

第四十七条　境外人员在中国境内申请医师考试、注册、执业或者从事临床示教、临床研究等活动的，按照国家有关规定办理。

第四十八条　本法自1999年5月1日起施行。

医疗事故处理条例（节录）

（2002年2月20日国务院第55次常务会议通过　2002年4月4日中华人民共和国国务院令第351号公布　自2002年9月1日起施行）

第二章　医疗事故的预防与处置

第五条　医疗机构及其医务人员在医疗活动中，必须严格遵守医疗卫生管理法律、行政法规、部门规章和诊疗护理规范、常规，恪守医疗服务职业道德。

第六条 医疗机构应当对其医务人员进行医疗卫生管理法律、行政法规、部门规章和诊疗护理规范、常规的培训和医疗服务职业道德教育。

第七条 医疗机构应当设置医疗服务质量监控部门或者配备专（兼）职人员，具体负责监督本医疗机构的医务人员的医疗服务工作，检查医务人员执业情况，接受患者对医疗服务的投诉，向其提供咨询服务。

第八条 医疗机构应当按照国务院卫生行政部门规定的要求，书写并妥善保管病历资料。

因抢救急危患者，未能及时书写病历的，有关医务人员应当在抢救结束后6小时内据实补记，并加以注明。

第九条 严禁涂改、伪造、隐匿、销毁或者抢夺病历资料。

第十条 患者有权复印或者复制其门诊病历、住院志、体温单、医嘱单、化验单（检验报告）、医学影像检查资料、特殊检查同意书、手术同意书、手术及麻醉记录单、病理资料、护理记录以及国务院卫生行政部门规定的其他病历资料。

患者依照前款规定要求复印或者复制病历资料的，医疗机构应当提供复印或者复制服务并在复印或者复制的病历资料上加盖证明印记。复印或者复制病历资料时，应当有患者在场。

医疗机构应患者的要求，为其复印或者复制病历资料，可以按照规定收取工本费。具体收费标准由省、自治区、直辖市人民政府价格主管部门会同同级卫生行政部门规定。

第十一条 在医疗活动中，医疗机构及其医务人员应当将患者的病情、医疗措施、医疗风险等如实告知患者，及时解答其咨询；但是，应当避免对患者产生不利后果。

第十二条 医疗机构应当制定防范、处理医疗事故的预案，预防医疗事故的发生，减轻医疗事故的损害。

第十三条 医务人员在医疗活动中发生或者发现医疗事故、可能引起医疗事故的医疗过失行为或者发生医疗事故争议的，应当立即向所在科室负责人报告，科室负责人应当及时向本医疗机构负责医疗服务质量监控的部门或者专（兼）职人员报告；负责医疗服务质量监控的部门或者专（兼）职人员接到报告后，应当立即进行调查、核实，将有关情况如实向本医疗机构的负责人报告，并向患者通报、解释。

第十四条 发生医疗事故的，医疗机构应当按照规定向所在地卫生行政部门报告。

发生下列重大医疗过失行为的，医疗机构应当在12小时内向所在地卫生行政部门报告：

（一）导致患者死亡或者可能为二级以上的医疗事故；

（二）导致3人以上人身损害后果；

（三）国务院卫生行政部门和省、自治区、直辖市人民政府卫生行政部门规定的其他情形。

第十五条 发生或者发现医疗过失行为，医疗机构及其医务人员应当立即采取有效措施，避免或者减轻对患者身体健康的损害，防止损害扩大。

第十六条 发生医疗事故争议时，死亡病例讨论记录、疑难病例讨论记录、上级医师查房记录、会诊意见、病程记录应当在医患双方在场的情况下封存和启封。封存的病历资料可以是复印件，由医疗机构保管。

第十七条 疑似输液、输血、注射、药物等引起不良后果的，医患双方应当共同对现场实物进行封存和启封，封存的现场实物由医疗机构保管；需要检验的，应当由双方共同指定的、依法具有检验资格的检验机构进行检验；双方无法共同指定时，由卫生行政部门指定。

疑似输血引起不良后果，需要对血液进行封存保留的，医疗机构应当通知提供该血液的采供血机构派员到场。

第十八条 患者死亡，医患双方当事人不能确定死因或者对死因有异议的，应当在患者死亡后48小时内进行尸检；具备尸体冻存条件的，可以延长至7日。尸检应当经死者近亲属同意并签字。

尸检应当由按照国家有关规定取得相应资格的机构和病理解剖专业技术人员进行。承担尸检任务的机构和病理解剖专业技术人员有进行尸检的义务。

医疗事故争议双方当事人可以请法医病理学人员参加尸检，也可以委派代表观察尸检过程。拒绝或者拖延尸检，超过规定时间，影响对死因判定的，由拒绝或者拖延的一方承担责任。

第十九条 患者在医疗机构内死亡的，尸体应当立即移放太平间。死者尸体存放时间一般不得超过2周。逾期不处理的尸体，经医疗机构所在地卫生行政部门批准，并报经同级公安部门备案后，由医疗机构按照规定进行处理。

第三章 医疗事故的技术鉴定

第二十条 卫生行政部门接到医疗机构关于重大医疗过失行为的报告或者医疗事故争议当事人要求处理医疗事故争议的申请后，对需要进行医疗事故技术鉴定的，应当交由负责医疗事故技术鉴定工作的医学会组织鉴定；医患双方协商解决医疗事故争议，需要进行医疗事故技术鉴定的，由双方当事人共同委托负责医疗事故技术鉴定工作的医学会组织鉴定。

第二十一条 设区的市级地方医学会和省、自治区、直辖市直接管辖的县（市）地方医学会负责组织首次医疗事故技术鉴定工作。省、自治区、直辖市地方医学会负责组织再次鉴定工作。

必要时，中华医学会可以组织疑难、复杂并在全国有重大影响的医疗事故争议的技术鉴定工作。

第二十二条 当事人对首次医疗事故技术鉴定结论不服的，可以自收到首次鉴定结论之日起15日内向医疗机构所在地卫生行政部门提出再次鉴定的申请。

第二十三条 负责组织医疗事故技术鉴定工作的医学会应当建立专家库。

专家库由具备下列条件的医疗卫生专业技术人员组成：

（一）有良好的业务素质和执业品德；

（二）受聘于医疗卫生机构或者医学教学、科研机构并担任相应专业高级技术职务3年以上。

符合前款第（一）项规定条件并具备高级技术任职资格的法医可以受聘进入专家库。

负责组织医疗事故技术鉴定工作的医学会依照本条例规定聘请医疗卫生

专业技术人员和法医进入专家库，可以不受行政区域的限制。

第二十四条　医疗事故技术鉴定，由负责组织医疗事故技术鉴定工作的医学会组织专家鉴定组进行。

参加医疗事故技术鉴定的相关专业的专家，由医患双方在医学会主持下从专家库中随机抽取。在特殊情况下，医学会根据医疗事故技术鉴定工作的需要，可以组织医患双方在其他医学会建立的专家库中随机抽取相关专业的专家参加鉴定或者函件咨询。

符合本条例第二十三条规定条件的医疗卫生专业技术人员和法医有义务受聘进入专家库，并承担医疗事故技术鉴定工作。

第二十五条　专家鉴定组进行医疗事故技术鉴定，实行合议制。专家鉴定组人数为单数，涉及的主要学科的专家一般不得少于鉴定组成员的二分之一；涉及死因、伤残等级鉴定的，并应当从专家库中随机抽取法医参加专家鉴定组。

第二十六条　专家鉴定组成员有下列情形之一的，应当回避，当事人也可以以口头或者书面的方式申请其回避：

（一）是医疗事故争议当事人或者当事人的近亲属的；

（二）与医疗事故争议有利害关系的；

（三）与医疗事故争议当事人有其他关系，可能影响公正鉴定的。

第二十七条　专家鉴定组依照医疗卫生管理法律、行政法规、部门规章和诊疗护理规范、常规，运用医学科学原理和专业知识，独立进行医疗事故技术鉴定，对医疗事故进行鉴别和判定，为处理医疗事故争议提供医学依据。

任何单位或者个人不得干扰医疗事故技术鉴定工作，不得威胁、利诱、辱骂、殴打专家鉴定组成员。

专家鉴定组成员不得接受双方当事人的财物或者其他利益。

第二十八条　负责组织医疗事故技术鉴定工作的医学会应当自受理医疗事故技术鉴定之日起5日内通知医疗事故争议双方当事人提交进行医疗事故技术鉴定所需的材料。

当事人应当自收到医学会的通知之日起10日内提交有关医疗事故技术鉴定的材料、书面陈述及答辩。医疗机构提交的有关医疗事故技术鉴定的材料应当包括下列内容：

（一）住院患者的病程记录、死亡病例讨论记录、疑难病例讨论记录、会诊意见、上级医师查房记录等病历资料原件；

（二）住院患者的住院志、体温单、医嘱单、化验单（检验报告）、医学影像检查资料、特殊检查同意书、手术同意书、手术及麻醉记录单、病理资料、护理记录等病历资料原件；

（三）抢救急危患者，在规定时间内补记的病历资料原件；

（四）封存保留的输液、注射用物品和血液、药物等实物，或者依法具有检验资格的检验机构对这些物品、实物作出的检验报告；

（五）与医疗事故技术鉴定有关的其他材料。

在医疗机构建有病历档案的门诊、急诊患者，其病历资料由医疗机构提供；没有在医疗机构建立病历档案的，由患者提供。

医患双方应当依照本条例的规定提交相关材料。医疗机构无正当理由未依照本条例的规定如实提供相关材料，导致医疗事故技术鉴定不能进行的，应当承担责任。

第二十九条 负责组织医疗事故技术鉴定工作的医学会应当自接到当事人提交的有关医疗事故技术鉴定的材料、书面陈述及答辩之日起45日内组织鉴定并出具医疗事故技术鉴定书。

负责组织医疗事故技术鉴定工作的医学会可以向双方当事人调查取证。

第三十条 专家鉴定组应当认真审查双方当事人提交的材料，听取双方当事人的陈述及答辩并进行核实。

双方当事人应当按照本条例的规定如实提交进行医疗事故技术鉴定所需要的材料，并积极配合调查。当事人任何一方不予配合，影响医疗事故技术鉴定的，由不予配合的一方承担责任。

第三十一条 专家鉴定组应当在事实清楚、证据确凿的基础上，综合分析患者的病情和个体差异，作出鉴定结论，并制作医疗事故技术鉴定书。鉴定结论以专家鉴定组成员的过半数通过。鉴定过程应当如实记载。

医疗事故技术鉴定书应当包括下列主要内容：

（一）双方当事人的基本情况及要求；

（二）当事人提交的材料和负责组织医疗事故技术鉴定工作的医学会的调查材料；

（三）对鉴定过程的说明；

（四）医疗行为是否违反医疗卫生管理法律、行政法规、部门规章和诊疗护理规范、常规；

（五）医疗过失行为与人身损害后果之间是否存在因果关系；

（六）医疗过失行为在医疗事故损害后果中的责任程度；

（七）医疗事故等级；

（八）对医疗事故患者的医疗护理医学建议。

第三十二条　医疗事故技术鉴定办法由国务院卫生行政部门制定。

第三十三条　有下列情形之一的，不属于医疗事故：

（一）在紧急情况下为抢救垂危患者生命而采取紧急医学措施造成不良后果的；

（二）在医疗活动中由于患者病情异常或者患者体质特殊而发生医疗意外的；

（三）在现有医学科学技术条件下，发生无法预料或者不能防范的不良后果的；

（四）无过错输血感染造成不良后果的；

（五）因患方原因延误诊疗导致不良后果的；

（六）因不可抗力造成不良后果的。

第三十四条　医疗事故技术鉴定，可以收取鉴定费用。经鉴定，属于医疗事故的，鉴定费用由医疗机构支付；不属于医疗事故的，鉴定费用由提出医疗事故处理申请的一方支付。鉴定费用标准由省、自治区、直辖市人民政府价格主管部门会同同级财政部门、卫生行政部门规定。

最高人民法院关于适用《中华人民共和国民事诉讼法》的解释（节录）

（2014 年 12 月 18 日最高人民法院审判委员会第 1636 次会议通过　2015 年 1 月 30 日最高人民法院公告公布　自 2015 年 2 月 4 日起施行　法释〔2015〕5 号）

一、管　　辖

第三条　公民的住所地是指公民的户籍所在地，法人或者其他组织的住所地是指法人或者其他组织的主要办事机构所在地。

法人或者其他组织的主要办事机构所在地不能确定的，法人或者其他组织的注册地或者登记地为住所地。

第四条　公民的经常居住地是指公民离开住所地至起诉时已连续居住一年以上的地方，但公民住院就医的地方除外。

第二十六条　因产品、服务质量不合格造成他人财产、人身损害提起的诉讼，产品制造地、产品销售地、服务提供地、侵权行为地和被告住所地人民法院都有管辖权。

三、诉讼参加人

第五十条　法人的法定代表人以依法登记的为准，但法律另有规定的除外。依法不需要办理登记的法人，以其正职负责人为法定代表人；没有正职负责人的，以其主持工作的副职负责人为法定代表人。

法定代表人已经变更，但未完成登记，变更后的法定代表人要求代表法人参加诉讼的，人民法院可以准许。

其他组织，以其主要负责人为代表人。

第五十一条　在诉讼中，法人的法定代表人变更的，由新的法定代表人继续进行诉讼，并应向人民法院提交新的法定代表人身份证明书。原法定代表人进行的诉讼行为有效。

前款规定，适用于其他组织参加的诉讼。

第五十二条 民事诉讼法第四十八条规定的其他组织是指合法成立、有一定的组织机构和财产，但又不具备法人资格的组织，包括：

（一）依法登记领取营业执照的个人独资企业；

（二）依法登记领取营业执照的合伙企业；

（三）依法登记领取我国营业执照的中外合作经营企业、外资企业；

（四）依法成立的社会团体的分支机构、代表机构；

（五）依法设立并领取营业执照的法人的分支机构；

（六）依法设立并领取营业执照的商业银行、政策性银行和非银行金融机构的分支机构；

（七）经依法登记领取营业执照的乡镇企业、街道企业；

（八）其他符合本条规定条件的组织。

第五十三条 法人非依法设立的分支机构，或者虽依法设立，但没有领取营业执照的分支机构，以设立该分支机构的法人为当事人。

第五十四条 以挂靠形式从事民事活动，当事人请求由挂靠人和被挂靠人依法承担民事责任的，该挂靠人和被挂靠人为共同诉讼人。

第五十五条 在诉讼中，一方当事人死亡，需要等待继承人表明是否参加诉讼的，裁定中止诉讼。人民法院应当及时通知继承人作为当事人承担诉讼，被继承人已经进行的诉讼行为对承担诉讼的继承人有效。

第五十六条 法人或者其他组织的工作人员执行工作任务造成他人损害的，该法人或者其他组织为当事人。

第七十三条 必须共同进行诉讼的当事人没有参加诉讼的，人民法院应当依照民事诉讼法第一百三十二条的规定，通知其参加；当事人也可以向人民法院申请追加。人民法院对当事人提出的申请，应当进行审查，申请理由不成立的，裁定驳回；申请理由成立的，书面通知被追加的当事人参加诉讼。

第七十四条 人民法院追加共同诉讼的当事人时，应当通知其他当事人。应当追加的原告，已明确表示放弃实体权利的，可不予追加；既不愿意参加诉讼，又不放弃实体权利的，仍应追加为共同原告，其不参加诉讼，不影响人民法院对案件的审理和依法作出判决。

第八十一条 根据民事诉讼法第五十六条的规定，有独立请求权的第三人有权向人民法院提出诉讼请求和事实、理由，成为当事人；无独立请求权的第三人，可以申请或者由人民法院通知参加诉讼。

第一审程序中未参加诉讼的第三人，申请参加第二审程序的，人民法院可以准许。

第八十二条 在一审诉讼中，无独立请求权的第三人无权提出管辖异议，无权放弃、变更诉讼请求或者申请撤诉，被判决承担民事责任的，有权提起上诉。

第八十三条 在诉讼中，无民事行为能力人、限制民事行为能力人的监护人是他的法定代理人。事先没有确定监护人的，可以由有监护资格的人协商确定；协商不成的，由人民法院在他们之中指定诉讼中的法定代理人。当事人没有民法通则第十六条第一款、第二款或者第十七条第一款规定的监护人的，可以指定该法第十六条第四款或者第十七条第三款规定的有关组织担任诉讼中的法定代理人。

第八十四条 无民事行为能力人、限制民事行为能力人以及其他依法不能作为诉讼代理人的，当事人不得委托其作为诉讼代理人。

第八十五条 根据民事诉讼法第五十八条第二款第二项规定，与当事人有夫妻、直系血亲、三代以内旁系血亲、近姻亲关系以及其他有抚养、赡养关系的亲属，可以当事人近亲属的名义作为诉讼代理人。

第八十六条 根据民事诉讼法第五十八条第二款第二项规定，与当事人有合法劳动人事关系的职工，可以当事人工作人员的名义作为诉讼代理人。

四、证　　据

第九十条 当事人对自己提出的诉讼请求所依据的事实或者反驳对方诉讼请求所依据的事实，应当提供证据加以证明，但法律另有规定的除外。

在作出判决前，当事人未能提供证据或者证据不足以证明其事实主张的，由负有举证证明责任的当事人承担不利的后果。

第九十一条　人民法院应当依照下列原则确定举证证明责任的承担，但法律另有规定的除外：

（一）主张法律关系存在的当事人，应当对产生该法律关系的基本事实承担举证证明责任；

（二）主张法律关系变更、消灭或者权利受到妨害的当事人，应当对该法律关系变更、消灭或者权利受到妨害的基本事实承担举证证明责任。

第九十二条　一方当事人在法庭审理中，或者在起诉状、答辩状、代理词等书面材料中，对于己不利的事实明确表示承认的，另一方当事人无需举证证明。

对于涉及身份关系、国家利益、社会公共利益等应当由人民法院依职权调查的事实，不适用前款自认的规定。

自认的事实与查明的事实不符的，人民法院不予确认。

第九十三条　下列事实，当事人无须举证证明：

（一）自然规律以及定理、定律；

（二）众所周知的事实；

（三）根据法律规定推定的事实；

（四）根据已知的事实和日常生活经验法则推定出的另一事实；

（五）已为人民法院发生法律效力的裁判所确认的事实；

（六）已为仲裁机构生效裁决所确认的事实；

（七）已为有效公证文书所证明的事实。

前款第二项至第四项规定的事实，当事人有相反证据足以反驳的除外；第五项至第七项规定的事实，当事人有相反证据足以推翻的除外。

第九十四条　民事诉讼法第六十四条第二款规定的当事人及其诉讼代理人因客观原因不能自行收集的证据包括：

（一）证据由国家有关部门保存，当事人及其诉讼代理人无权查阅调取的；

（二）涉及国家秘密、商业秘密或者个人隐私的；

（三）当事人及其诉讼代理人因客观原因不能自行收集的其他证据。

当事人及其诉讼代理人因客观原因不能自行收集的证据，可以在举证期限届满前书面申请人民法院调查收集。

第九十五条 当事人申请调查收集的证据，与待证事实无关联、对证明待证事实无意义或者其他无调查收集必要的，人民法院不予准许。

第九十六条 民事诉讼法第六十四条第二款规定的人民法院认为审理案件需要的证据包括：

（一）涉及可能损害国家利益、社会公共利益的；

（二）涉及身份关系的；

（三）涉及民事诉讼法第五十五条规定诉讼的；

（四）当事人有恶意串通损害他人合法权益可能的；

（五）涉及依职权追加当事人、中止诉讼、终结诉讼、回避等程序性事项的。

除前款规定外，人民法院调查收集证据，应当依照当事人的申请进行。

第九十七条 人民法院调查收集证据，应当由两人以上共同进行。调查材料要由调查人、被调查人、记录人签名、捺印或者盖章。

第九十八条 当事人根据民事诉讼法第八十一条第一款规定申请证据保全的，可以在举证期限届满前书面提出。

证据保全可能对他人造成损失的，人民法院应当责令申请人提供相应的担保。

第九十九条 人民法院应当在审理前的准备阶段确定当事人的举证期限。举证期限可以由当事人协商，并经人民法院准许。

人民法院确定举证期限，第一审普通程序案件不得少于十五日，当事人提供新的证据的第二审案件不得少于十日。

举证期限届满后，当事人对已经提供的证据，申请提供反驳证据或者对证据来源、形式等方面的瑕疵进行补正的，人民法院可以酌情再次确定举证期限，该期限不受前款规定的限制。

第一百条 当事人申请延长举证期限的，应当在举证期限届满前向人民法院提出书面申请。

申请理由成立的，人民法院应当准许，适当延长举证期限，并通知其他当事人。延长的举证期限适用于其他当事人。

申请理由不成立的，人民法院不予准许，并通知申请人。

第一百零一条　当事人逾期提供证据的，人民法院应当责令其说明理由，必要时可以要求其提供相应的证据。

当事人因客观原因逾期提供证据，或者对方当事人对逾期提供证据未提出异议的，视为未逾期。

第一百零二条　当事人因故意或者重大过失逾期提供的证据，人民法院不予采纳。但该证据与案件基本事实有关的，人民法院应当采纳，并依照民事诉讼法第六十五条、第一百一十五条第一款的规定予以训诫、罚款。

当事人非因故意或者重大过失逾期提供的证据，人民法院应当采纳，并对当事人予以训诫。

当事人一方要求另一方赔偿因逾期提供证据致使其增加的交通、住宿、就餐、误工、证人出庭作证等必要费用的，人民法院可予支持。

第一百零三条　证据应当在法庭上出示，由当事人互相质证。未经当事人质证的证据，不得作为认定案件事实的根据。

当事人在审理前的准备阶段认可的证据，经审判人员在庭审中说明后，视为质证过的证据。

涉及国家秘密、商业秘密、个人隐私或者法律规定应当保密的证据，不得公开质证。

第一百零四条　人民法院应当组织当事人围绕证据的真实性、合法性以及与待证事实的关联性进行质证，并针对证据有无证明力和证明力大小进行说明和辩论。

能够反映案件真实情况、与待证事实相关联、来源和形式符合法律规定的证据，应当作为认定案件事实的根据。

第一百零五条　人民法院应当按照法定程序，全面、客观地审核证据，依照法律规定，运用逻辑推理和日常生活经验法则，对证据有无证明力和证明力大小进行判断，并公开判断的理由和结果。

第一百零六条　对以严重侵害他人合法权益、违反法律禁止性规定或者严重违背公序良俗的方法形成或者获取的证据，不得作为认定案件事实的根据。

第一百零七条 在诉讼中，当事人为达成调解协议或者和解协议作出妥协而认可的事实，不得在后续的诉讼中作为对其不利的根据，但法律另有规定或者当事人均同意的除外。

第一百零八条 对负有举证证明责任的当事人提供的证据，人民法院经审查并结合相关事实，确信待证事实的存在具有高度可能性的，应当认定该事实存在。

对一方当事人为反驳负有举证证明责任的当事人所主张事实而提供的证据，人民法院经审查并结合相关事实，认为待证事实真伪不明的，应当认定该事实不存在。

法律对于待证事实所应达到的证明标准另有规定的，从其规定。

第一百零九条 当事人对欺诈、胁迫、恶意串通事实的证明，以及对口头遗嘱或者赠与事实的证明，人民法院确信该待证事实存在的可能性能够排除合理怀疑的，应当认定该事实存在。

第一百一十条 人民法院认为有必要的，可以要求当事人本人到庭，就案件有关事实接受询问。在询问当事人之前，可以要求其签署保证书。

保证书应当载明据实陈述、如有虚假陈述愿意接受处罚等内容。当事人应当在保证书上签名或者捺印。

负有举证证明责任的当事人拒绝到庭、拒绝接受询问或者拒绝签署保证书，待证事实又欠缺其他证据证明的，人民法院对其主张的事实不予认定。

第一百一十一条 民事诉讼法第七十条规定的提交书证原件确有困难，包括下列情形：

（一）书证原件遗失、灭失或者毁损的；

（二）原件在对方当事人控制之下，经合法通知提交而拒不提交的；

（三）原件在他人控制之下，而其有权不提交的；

（四）原件因篇幅或者体积过大而不便提交的；

（五）承担举证证明责任的当事人通过申请人民法院调查收集或者其他方式无法获得书证原件的。

前款规定情形，人民法院应当结合其他证据和案件具体情况，审查判断书证复制品等能否作为认定案件事实的根据。

第一百一十二条 书证在对方当事人控制之下的，承担举证证明责任的当事人可以在举证期限届满前书面申请人民法院责令对方当事人提交。

申请理由成立的，人民法院应当责令对方当事人提交，因提交书证所产生的费用，由申请人负担。对方当事人无正当理由拒不提交的，人民法院可以认定申请人所主张的书证内容为真实。

第一百一十三条 持有书证的当事人以妨碍对方当事人使用为目的，毁灭有关书证或者实施其他致使书证不能使用行为的，人民法院可以依照民事诉讼法第一百一十一条规定，对其处以罚款、拘留。

第一百一十四条 国家机关或者其他依法具有社会管理职能的组织，在其职权范围内制作的文书所记载的事项推定为真实，但有相反证据足以推翻的除外。必要时，人民法院可以要求制作文书的机关或者组织对文书的真实性予以说明。

第一百一十五条 单位向人民法院提出的证明材料，应当由单位负责人及制作证明材料的人员签名或者盖章，并加盖单位印章。人民法院就单位出具的证明材料，可以向单位及制作证明材料的人员进行调查核实。必要时，可以要求制作证明材料的人员出庭作证。

单位及制作证明材料的人员拒绝人民法院调查核实，或者制作证明材料的人员无正当理由拒绝出庭作证的，该证明材料不得作为认定案件事实的根据。

第一百一十六条 视听资料包括录音资料和影像资料。

电子数据是指通过电子邮件、电子数据交换、网上聊天记录、博客、微博客、手机短信、电子签名、域名等形成或者存储在电子介质中的信息。

存储在电子介质中的录音资料和影像资料，适用电子数据的规定。

第一百一十七条 当事人申请证人出庭作证的，应当在举证期限届满前提出。

符合本解释第九十六条第一款规定情形的，人民法院可以依职权通知证人出庭作证。

未经人民法院通知，证人不得出庭作证，但双方当事人同意并经人民法院准许的除外。

第一百一十八条 民事诉讼法第七十四条规定的证人因履行出庭作证义务而支出的交通、住宿、就餐等必要费用，按照机关事业单位工作人员差旅费用和补贴标准计算；误工损失按照国家上年度职工日平均工资标准计算。

人民法院准许证人出庭作证申请的，应当通知申请人预缴证人出庭作证费用。

第一百一十九条 人民法院在证人出庭作证前应当告知其如实作证的义务以及作伪证的法律后果，并责令其签署保证书，但无民事行为能力人和限制民事行为能力人除外。

证人签署保证书适用本解释关于当事人签署保证书的规定。

第一百二十条 证人拒绝签署保证书的，不得作证，并自行承担相关费用。

第一百二十一条 当事人申请鉴定，可以在举证期限届满前提出。申请鉴定的事项与待证事实无关联，或者对证明待证事实无意义的，人民法院不予准许。

人民法院准许当事人鉴定申请的，应当组织双方当事人协商确定具备相应资格的鉴定人。当事人协商不成的，由人民法院指定。

符合依职权调查收集证据条件的，人民法院应当依职权委托鉴定，在询问当事人的意见后，指定具备相应资格的鉴定人。

第一百二十二条 当事人可以依照民事诉讼法第七十九条的规定，在举证期限届满前申请一至二名具有专门知识的人出庭，代表当事人对鉴定意见进行质证，或者对案件事实所涉及的专业问题提出意见。

具有专门知识的人在法庭上就专业问题提出的意见，视为当事人的陈述。

人民法院准许当事人申请的，相关费用由提出申请的当事人负担。

第一百二十三条 人民法院可以对出庭的具有专门知识的人进行询问。经法庭准许，当事人可以对出庭的具有专门知识的人进行询问，当事人各自申请的具有专门知识的人可以就案件中的有关问题进行对质。

具有专门知识的人不得参与专业问题之外的法庭审理活动。

第一百二十四条 人民法院认为有必要的，可以根据当事人的申请或者依职权对物证或者现场进行勘验。勘验时应当保护他人的隐私和尊严。

人民法院可以要求鉴定人参与勘验。必要时，可以要求鉴定人在勘验中进行鉴定。

十、第一审普通程序

第二百零八条　人民法院接到当事人提交的民事起诉状时，对符合民事诉讼法第一百一十九条的规定，且不属于第一百二十四条规定情形的，应当登记立案；对当场不能判定是否符合起诉条件的，应当接收起诉材料，并出具注明收到日期的书面凭证。

需要补充必要相关材料的，人民法院应当及时告知当事人。在补齐相关材料后，应当在七日内决定是否立案。

立案后发现不符合起诉条件或者属于民事诉讼法第一百二十四条规定情形的，裁定驳回起诉。

第二百零九条　原告提供被告的姓名或者名称、住所等信息具体明确，足以使被告与他人相区别的，可以认定为有明确的被告。

起诉状列写被告信息不足以认定明确的被告的，人民法院可以告知原告补正。原告补正后仍不能确定明确的被告的，人民法院裁定不予受理。

第二百一十条　原告在起诉状中有谩骂和人身攻击之辞的，人民法院应当告知其修改后提起诉讼。

第二百一十一条　对本院没有管辖权的案件，告知原告向有管辖权的人民法院起诉；原告坚持起诉的，裁定不予受理；立案后发现本院没有管辖权的，应当将案件移送有管辖权的人民法院。

第二百一十二条　裁定不予受理、驳回起诉的案件，原告再次起诉，符合起诉条件且不属于民事诉讼法第一百二十四条规定情形的，人民法院应予受理。

第二百一十三条　原告应当预交而未预交案件受理费，人民法院应当通知其预交，通知后仍不预交或者申请减、缓、免未获批准而仍不预交的，裁定按撤诉处理。

第二百一十四条 原告撤诉或者人民法院按撤诉处理后，原告以同一诉讼请求再次起诉的，人民法院应予受理。

原告撤诉或者按撤诉处理的离婚案件，没有新情况、新理由，六个月内又起诉的，比照民事诉讼法第一百二十四条第七项的规定不予受理。

第二百一十五条 依照民事诉讼法第一百二十四条第二项的规定，当事人在书面合同中订有仲裁条款，或者在发生纠纷后达成书面仲裁协议，一方向人民法院起诉的，人民法院应当告知原告向仲裁机构申请仲裁，其坚持起诉的，裁定不予受理，但仲裁条款或者仲裁协议不成立、无效、失效、内容不明确无法执行的除外。

第二百一十六条 在人民法院首次开庭前，被告以有书面仲裁协议为由对受理民事案件提出异议的，人民法院应当进行审查。

经审查符合下列情形之一的，人民法院应当裁定驳回起诉：

（一）仲裁机构或者人民法院已经确认仲裁协议有效的；

（二）当事人没有在仲裁庭首次开庭前对仲裁协议的效力提出异议的；

（三）仲裁协议符合仲裁法第十六条规定且不具有仲裁法第十七条规定情形的。

第二百一十七条 夫妻一方下落不明，另一方诉至人民法院，只要求离婚，不申请宣告下落不明人失踪或者死亡的案件，人民法院应当受理，对下落不明人公告送达诉讼文书。

第二百一十八条 赡养费、扶养费、抚育费案件，裁判发生法律效力后，因新情况、新理由，一方当事人再行起诉要求增加或者减少费用的，人民法院应作为新案受理。

第二百一十九条 当事人超过诉讼时效期间起诉的，人民法院应予受理。受理后对方当事人提出诉讼时效抗辩，人民法院经审理认为抗辩事由成立的，判决驳回原告的诉讼请求。

第二百二十条 民事诉讼法第六十八条、第一百三十四条、第一百五十六条规定的商业秘密，是指生产工艺、配方、贸易联系、购销渠道等当事人不愿公开的技术秘密、商业情报及信息。

第二百二十一条 基于同一事实发生的纠纷，当事人分别向同一人民法院起诉的，人民法院可以合并审理。

第二百二十二条 原告在起诉状中直接列写第三人的，视为其申请人民法院追加该第三人参加诉讼。是否通知第三人参加诉讼，由人民法院审查决定。

第二百二十三条 当事人在提交答辩状期间提出管辖异议，又针对起诉状的内容进行答辩的，人民法院应当依照民事诉讼法第一百二十七条第一款的规定，对管辖异议进行审查。

当事人未提出管辖异议，就案件实体内容进行答辩、陈述或者反诉的，可以认定为民事诉讼法第一百二十七条第二款规定的应诉答辩。

第二百二十四条 依照民事诉讼法第一百三十三条第四项规定，人民法院可以在答辩期届满后，通过组织证据交换、召集庭前会议等方式，作好审理前的准备。

第二百二十五条 根据案件具体情况，庭前会议可以包括下列内容：

（一）明确原告的诉讼请求和被告的答辩意见；

（二）审查处理当事人增加、变更诉讼请求的申请和提出的反诉，以及第三人提出的与本案有关的诉讼请求；

（三）根据当事人的申请决定调查收集证据，委托鉴定，要求当事人提供证据，进行勘验，进行证据保全；

（四）组织交换证据；

（五）归纳争议焦点；

（六）进行调解。

第二百二十六条 人民法院应当根据当事人的诉讼请求、答辩意见以及证据交换的情况，归纳争议焦点，并就归纳的争议焦点征求当事人的意见。

第二百二十七条 人民法院适用普通程序审理案件，应当在开庭三日前用传票传唤当事人。对诉讼代理人、证人、鉴定人、勘验人、翻译人员应当用通知书通知其到庭。当事人或者其他诉讼参与人在外地的，应当留有必要的在途时间。

第二百二十八条 法庭审理应当围绕当事人争议的事实、证据和法律适用等焦点问题进行。

第二百二十九条 当事人在庭审中对其在审理前的准备阶段认可的事实和证据提出不同意见的，人民法院应当责令其说明理由。必要时，可以责令其提供相应证据。人民法院应当结合当事人的诉讼能力、证据和案件的具体情况进行审查。理由成立的，可以列入争议焦点进行审理。

第二百三十条 人民法院根据案件具体情况并征得当事人同意，可以将法庭调查和法庭辩论合并进行。

第二百三十一条 当事人在法庭上提出新的证据的，人民法院应当依照民事诉讼法第六十五条第二款规定和本解释相关规定处理。

第二百三十二条 在案件受理后，法庭辩论结束前，原告增加诉讼请求，被告提出反诉，第三人提出与本案有关的诉讼请求，可以合并审理的，人民法院应当合并审理。

第二百三十三条 反诉的当事人应当限于本诉的当事人的范围。

反诉与本诉的诉讼请求基于相同法律关系、诉讼请求之间具有因果关系，或者反诉与本诉的诉讼请求基于相同事实的，人民法院应当合并审理。

反诉应由其他人民法院专属管辖，或者与本诉的诉讼标的及诉讼请求所依据的事实、理由无关联的，裁定不予受理，告知另行起诉。

第二百三十四条 无民事行为能力人的离婚诉讼，当事人的法定代理人应当到庭；法定代理人不能到庭的，人民法院应当在查清事实的基础上，依法作出判决。

第二百三十五条 无民事行为能力的当事人的法定代理人，经传票传唤无正当理由拒不到庭，属于原告方的，比照民事诉讼法第一百四十三条的规定，按撤诉处理；属于被告方的，比照民事诉讼法第一百四十四条的规定，缺席判决。必要时，人民法院可以拘传其到庭。

第二百三十六条 有独立请求权的第三人经人民法院传票传唤，无正当理由拒不到庭的，或者未经法庭许可中途退庭的，比照民事诉讼法第一百四十三条的规定，按撤诉处理。

第二百三十七条 有独立请求权的第三人参加诉讼后，原告申请撤诉，人民法院在准许原告撤诉后，有独立请求权的第三人作为另案原告，原案原告、被告作为另案被告，诉讼继续进行。

第二百三十八条 当事人申请撤诉或者依法可以按撤诉处理的案件，如果当事人有违反法律的行为需要依法处理的，人民法院可以不准许撤诉或者不按撤诉处理。

法庭辩论终结后原告申请撤诉，被告不同意的，人民法院可以不予准许。

第二百三十九条 人民法院准许本诉原告撤诉的，应当对反诉继续审理；被告申请撤回反诉的，人民法院应予准许。

第二百四十条 无独立请求权的第三人经人民法院传票传唤，无正当理由拒不到庭，或者未经法庭许可中途退庭的，不影响案件的审理。

第二百四十一条 被告经传票传唤无正当理由拒不到庭，或者未经法庭许可中途退庭的，人民法院应当按期开庭或者继续开庭审理，对到庭的当事人诉讼请求、双方的诉辩理由以及已经提交的证据及其他诉讼材料进行审理后，可以依法缺席判决。

第二百四十二条 一审宣判后，原审人民法院发现判决有错误，当事人在上诉期内提出上诉的，原审人民法院可以提出原判决有错误的意见，报送第二审人民法院，由第二审人民法院按照第二审程序进行审理；当事人不上诉的，按照审判监督程序处理。

第二百四十三条 民事诉讼法第一百四十九条规定的审限，是指从立案之日起至裁判宣告、调解书送达之日止的期间，但公告期间、鉴定期间、双方当事人和解期间、审理当事人提出的管辖异议以及处理人民法院之间的管辖争议期间不应计算在内。

第二百四十四条 可以上诉的判决书、裁定书不能同时送达双方当事人的，上诉期从各自收到判决书、裁定书之日计算。

第二百四十五条 民事诉讼法第一百五十四条第一款第七项规定的笔误是指法律文书误写、误算，诉讼费用漏写、误算和其他笔误。

第二百四十六条 裁定中止诉讼的原因消除，恢复诉讼程序时，不必撤销原裁定，从人民法院通知或者准许当事人双方继续进行诉讼时起，中止诉讼的裁定即失去效力。

第二百四十七条 当事人就已经提起诉讼的事项在诉讼过程中或者裁判生效后再次起诉，同时符合下列条件的，构成重复起诉：

（一）后诉与前诉的当事人相同；

（二）后诉与前诉的诉讼标的相同；

（三）后诉与前诉的诉讼请求相同，或者后诉的诉讼请求实质上否定前诉裁判结果。

当事人重复起诉的，裁定不予受理；已经受理的，裁定驳回起诉，但法律、司法解释另有规定的除外。

第二百四十八条 裁判发生法律效力后，发生新的事实，当事人再次提起诉讼的，人民法院应当依法受理。

第二百四十九条 在诉讼中，争议的民事权利义务转移的，不影响当事人的诉讼主体资格和诉讼地位。人民法院作出的发生法律效力的判决、裁定对受让人具有拘束力。

受让人申请以无独立请求权的第三人身份参加诉讼的，人民法院可予准许。受让人申请替代当事人承担诉讼的，人民法院可以根据案件的具体情况决定是否准许；不予准许的，可以追加其为无独立请求权的第三人。

第二百五十条 依照本解释第二百四十九条规定，人民法院准许受让人替代当事人承担诉讼的，裁定变更当事人。

变更当事人后，诉讼程序以受让人为当事人继续进行，原当事人应当退出诉讼。原当事人已经完成的诉讼行为对受让人具有拘束力。

第二百五十一条 二审裁定撤销一审判决发回重审的案件，当事人申请变更、增加诉讼请求或者提出反诉，第三人提出与本案有关的诉讼请求的，依照民事诉讼法第一百四十条规定处理。

第二百五十二条 再审裁定撤销原判决、裁定发回重审的案件，当事人申请变更、增加诉讼请求或者提出反诉，符合下列情形之一的，人民法院应当准许：

（一）原审未合法传唤缺席判决，影响当事人行使诉讼权利的；

（二）追加新的诉讼当事人的；

（三）诉讼标的物灭失或者发生变化致使原诉讼请求无法实现的；

（四）当事人申请变更、增加的诉讼请求或者提出的反诉，无法通过另诉解决的。

第二百五十三条　当庭宣判的案件，除当事人当庭要求邮寄发送裁判文书的外，人民法院应当告知当事人或者诉讼代理人领取裁判文书的时间和地点以及逾期不领取的法律后果。上述情况，应当记入笔录。

第二百五十四条　公民、法人或者其他组织申请查阅发生法律效力的判决书、裁定书的，应当向作出该生效裁判的人民法院提出。申请应当以书面形式提出，并提供具体的案号或者当事人姓名、名称。

第二百五十五条　对于查阅判决书、裁定书的申请，人民法院根据下列情形分别处理：

（一）判决书、裁定书已经通过信息网络向社会公开的，应当引导申请人自行查阅；

（二）判决书、裁定书未通过信息网络向社会公开，且申请符合要求的，应当及时提供便捷的查阅服务；

（三）判决书、裁定书尚未发生法律效力，或者已失去法律效力的，不提供查阅并告知申请人；

（四）发生法律效力的判决书、裁定书不是本院作出的，应当告知申请人向作出生效裁判的人民法院申请查阅；

（五）申请查阅的内容涉及国家秘密、商业秘密、个人隐私的，不予准许并告知申请人。

最高人民法院关于适用《中华人民共和国侵权责任法》若干问题的通知

（2010年6月30日　法发〔2010〕23号）

各省、自治区、直辖市高级人民法院，解放军军事法院，新疆维吾尔自治区高级人民法院生产建设兵团分院：

《中华人民共和国侵权责任法》（以下简称侵权责任法），自2010年7月1日起施行。为了正确适用侵权责任法，现就有关问题通知如下：

一、侵权责任法施行后发生的侵权行为引起的民事纠纷案件，适用侵权责任法的规定。侵权责任法施行前发生的侵权行为引起的民事纠纷案件，适用当时的法律规定。

二、侵权行为发生在侵权责任法施行前，但损害后果出现在侵权责任法施行后的民事纠纷案件，适用侵权责任法的规定。

三、人民法院适用侵权责任法审理民事纠纷案件，根据当事人的申请或者依职权决定进行医疗损害鉴定的，按照《全国人民代表大会常务委员会关于司法鉴定管理问题的决定》、《人民法院对外委托司法鉴定管理规定》及国家有关部门的规定组织鉴定。

四、人民法院适用侵权责任法审理民事纠纷案件，如受害人有被抚养人的，应当依据《最高人民法院关于审理人身损害赔偿案件适用法律若干问题的解释》第二十八条的规定，将被抚养人生活费计入残疾赔偿金或死亡赔偿金。

各级人民法院在适用侵权责任法过程中遇到的其他重大问题，请及时层报我院。

最高人民法院关于审理人身损害赔偿案件适用法律若干问题的解释

(2003年12月4日最高人民法院审判委员会第1299次会议通过 2003年12月26日最高人民法院公告公布 自2004年5月1日起施行 法释〔2003〕20号)

第十七条 受害人遭受人身损害，因就医治疗支出的各项费用以及因误工减少的收入，包括医疗费、误工费、护理费、交通费、住宿费、住院伙食补助费、必要的营养费，赔偿义务人应当予以赔偿。

受害人因伤致残的，其因增加生活上需要所支出的必要费用以及因丧失劳动能力导致的收入损失，包括残疾赔偿金、残疾辅助器具费、被扶养人生活费，以及因康复护理、继续治疗实际发生的必要的康复费、护理费、后续治疗费，赔偿义务人也应当予以赔偿。

受害人死亡的，赔偿义务人除应当根据抢救治疗情况赔偿本条第一款规定的相关费用外，还应当赔偿丧葬费、被扶养人生活费、死亡补偿费以及受害人亲属办理丧葬事宜支出的交通费、住宿费和误工损失等其他合理费用。

第十八条 受害人或者死者近亲属遭受精神损害，赔偿权利人向人民法院请求赔偿精神损害抚慰金的，适用《最高人民法院关于确定民事侵权精神损害赔偿责任若干问题的解释》予以确定。

精神损害抚慰金的请求权，不得让与或者继承。但赔偿义务人已经以书面方式承诺给予金钱赔偿，或者赔偿权利人已经向人民法院起诉的除外。

第十九条 医疗费根据医疗机构出具的医药费、住院费等收款凭证，结合病历和诊断证明等相关证据确定。赔偿义务人对治疗的必要性和合理性有异议的，应当承担相应的举证责任。

医疗费的赔偿数额，按照一审法庭辩论终结前实际发生的数额确定。器官功能恢复训练所必要的康复费、适当的整容费以及其他后续治疗费，赔偿权利人可以待实际发生后另行起诉。但根据医疗证明或者鉴定结论确定必然发生的费用，可以与已经发生的医疗费一并予以赔偿。

第二十条 误工费根据受害人的误工时间和收入状况确定。

误工时间根据受害人接受治疗的医疗机构出具的证明确定。受害人因伤致残持续误工的，误工时间可以计算至定残日前一天。

受害人有固定收入的，误工费按照实际减少的收入计算。受害人无固定收入的，按照其最近三年的平均收入计算；受害人不能举证证明其最近三年的平均收入状况的，可以参照受诉法院所在地相同或者相近行业上一年度职工的平均工资计算。

第二十一条 护理费根据护理人员的收入状况和护理人数、护理期限确定。

护理人员有收入的，参照误工费的规定计算；护理人员没有收入或者雇佣护工的，参照当地护工从事同等级别护理的劳务报酬标准计算。护理人员原则上为一人，但医疗机构或者鉴定机构有明确意见的，可以参照确定护理人员人数。

护理期限应计算至受害人恢复生活自理能力时止。受害人因残疾不能恢复生活自理能力的，可以根据其年龄、健康状况等因素确定合理的护理期限，但最长不超过二十年。

受害人定残后的护理，应当根据其护理依赖程度并结合配制残疾辅助器具的情况确定护理级别。

第二十二条 交通费根据受害人及其必要的陪护人员因就医或者转院治疗实际发生的费用计算。交通费应当以正式票据为凭；有关凭据应当与就医地点、时间、人数、次数相符合。

第二十三条 住院伙食补助费可以参照当地国家机关一般工作人员的出差伙食补助标准予以确定。

受害人确有必要到外地治疗，因客观原因不能住院，受害人本人及其陪护人员实际发生的住宿费和伙食费，其合理部分应予赔偿。

第二十四条 营养费根据受害人伤残情况参照医疗机构的意见确定。

第二十五条 残疾赔偿金根据受害人丧失劳动能力程度或者伤残等级，按照受诉法院所在地上一年度城镇居民人均可支配收入或者农村居民人均纯收入标准，自定残之日起按二十年计算。但六十周岁以上的，年龄每增加一岁减少一年；七十五周岁以上的，按五年计算。

受害人因伤致残但实际收入没有减少，或者伤残等级较轻但造成职业妨害严重影响其劳动就业的，可以对残疾赔偿金作相应调整。

第二十六条 残疾辅助器具费按照普通适用器具的合理费用标准计算。伤情有特殊需要的，可以参照辅助器具配制机构的意见确定相应的合理费用标准。

辅助器具的更换周期和赔偿期限参照配制机构的意见确定。

第二十七条 丧葬费按照受诉法院所在地上一年度职工月平均工资标准，以六个月总额计算。

第二十八条 被扶养人生活费根据扶养人丧失劳动能力程度，按照受诉法院所在地上一年度城镇居民人均消费性支出和农村居民人均年生活消费支出标准计算。被扶养人为未成年人的，计算至十八周岁；被扶养人无劳动能力又无其他生活来源的，计算二十年。但六十周岁以上的，年龄每增加一岁减少一年；七十五周岁以上的，按五年计算。

被扶养人是指受害人依法应当承担扶养义务的未成年人或者丧失劳动能力又无其他生活来源的成年近亲属。被扶养人还有其他扶养人的，赔偿义务人只赔偿受害人依法应当负担的部分。被扶养人有数人的，年赔偿总额累计不超过上一年度城镇居民人均消费性支出额或者农村居民人均年生活消费支出额。

第二十九条　死亡赔偿金按照受诉法院所在地上一年度城镇居民人均可支配收入或者农村居民人均纯收入标准，按二十年计算。但六十周岁以上的，年龄每增加一岁减少一年；七十五周岁以上的，按五年计算。

第三十条　赔偿权利人举证证明其住所地或者经常居住地城镇居民人均可支配收入或者农村居民人均纯收入高于受诉法院所在地标准的，残疾赔偿金或者死亡赔偿金可以按照其住所地或者经常居住地的相关标准计算。

被扶养人生活费的相关计算标准，依照前款原则确定。

第三十一条　人民法院应当按照民法通则第一百三十一条以及本解释第二条的规定，确定第十九条至第二十九条各项财产损失的实际赔偿金额。

前款确定的物质损害赔偿金与按照第十八条第一款规定确定的精神损害抚慰金，原则上应当一次性给付。

第三十二条　超过确定的护理期限、辅助器具费给付年限或者残疾赔偿金给付年限，赔偿权利人向人民法院起诉请求继续给付护理费、辅助器具费或者残疾赔偿金的，人民法院应予受理。赔偿权利人确需继续护理、配制辅助器具，或者没有劳动能力和生活来源的，人民法院应当判令赔偿义务人继续给付相关费用五至十年。

第三十三条　赔偿义务人请求以定期金方式给付残疾赔偿金、被扶养人生活费、残疾辅助器具费的，应当提供相应的担保。人民法院可以根据赔偿义务人的给付能力和提供担保的情况，确定以定期金方式给付相关费用。但一审法庭辩论终结前已经发生的费用、死亡赔偿金以及精神损害抚慰金，应当一次性给付。

第三十四条　人民法院应当在法律文书中明确定期金的给付时间、方式以及每期给付标准。执行期间有关统计数据发生变化的，给付金额应当适时进行相应调整。

定期金按照赔偿权利人的实际生存年限给付，不受本解释有关赔偿期限的限制。

第三十五条 本解释所称“城镇居民人均可支配收入”、“农村居民人均纯收入”、“城镇居民人均消费性支出”、“农村居民人均年生活消费支出”、“职工平均工资”，按照政府统计部门公布的各省、自治区、直辖市以及经济特区和计划单列市上一年度相关统计数据确定。

“上一年度”，是指一审法庭辩论终结时的上一统计年度。

病历书写基本规范

（2010年1月22日　卫医政发〔2010〕11号）

第一章　基本要求

第一条 病历是指医务人员在医疗活动过程中形成的文字、符号、图表、影像、切片等资料的总和，包括门（急）诊病历和住院病历。

第二条 病历书写是指医务人员通过问诊、查体、辅助检查、诊断、治疗、护理等医疗活动获得有关资料，并进行归纳、分析、整理形成医疗活动记录的行为。

第三条 病历书写应当客观、真实、准确、及时、完整、规范。

第四条 病历书写应当使用蓝黑墨水、碳素墨水，需复写的病历资料可以使用蓝或黑色油水的圆珠笔。计算机打印的病历应当符合病历保存的要求。

第五条 病历书写应当使用中文，通用的外文缩写和无正式中文译名的症状、体征、疾病名称等可以使用外文。

第六条 病历书写应规范使用医学术语，文字工整，字迹清晰，表述准确，语句通顺，标点正确。

第七条 病历书写过程中出现错字时，应当用双线划在错字上，保留原记录清楚、可辨，并注明修改时间，修改人签名。不得采用刮、粘、涂等方法掩盖或去除原来的字迹。

上级医务人员有审查修改下级医务人员书写的病历的责任。

第八条 病历应当按照规定的内容书写，并由相应医务人员签名。

实习医务人员、试用期医务人员书写的病历，应当经过本医疗机构注册的医务人员审阅、修改并签名。

进修医务人员由医疗机构根据其胜任本专业工作实际情况认定后书写病历。

第九条 病历书写一律使用阿拉伯数字书写日期和时间，采用24小时制记录。

第十条 对需取得患者书面同意方可进行的医疗活动，应当由患者本人签署知情同意书。患者不具备完全民事行为能力时，应当由其法定代理人签字；患者因病无法签字时，应当由其授权的人员签字；为抢救患者，在法定代理人或被授权人无法及时签字的情况下，可由医疗机构负责人或者授权的负责人签字。

因实施保护性医疗措施不宜向患者说明情况的，应当将有关情况告知患者近亲属，由患者近亲属签署知情同意书，并及时记录。患者无近亲属的或者患者近亲属无法签署同意书的，由患者的法定代理人或者关系人签署同意书。

第二章 门（急）诊病历书写内容及要求

第十一条 门（急）诊病历内容包括门（急）诊病历首页（门（急）诊手册封面）、病历记录、化验单（检验报告）、医学影像检查资料等。

第十二条 门（急）诊病历首页内容应当包括患者姓名、性别、出生年月日、民族、婚姻状况、职业、工作单位、住址、药物过敏史等项目。

门诊手册封面内容应当包括患者姓名、性别、年龄、工作单位或住址、药物过敏史等项目。

第十三条 门（急）诊病历记录分为初诊病历记录和复诊病历记录。

初诊病历记录书写内容应当包括就诊时间、科别、主诉、现病史、既往史，阳性体征、必要的阴性体征和辅助检查结果，诊断及治疗意见和医师签名等。

复诊病历记录书写内容应当包括就诊时间、科别、主诉、病史、必要的体格检查和辅助检查结果、诊断、治疗处理意见和医师签名等。

急诊病历书写就诊时间应当具体到分钟。

第十四条 门（急）诊病历记录应当由接诊医师在患者就诊时及时完成。

第十五条 急诊留观记录是急诊患者因病情需要留院观察期间的记录，重点记录观察期间病情变化和诊疗措施，记录简明扼要，并注明患者去向。抢救危重患者时，应当书写抢救记录。门（急）诊抢救记录书写内容及要求按照住院病历抢救记录书写内容及要求执行。

第三章 住院病历书写内容及要求

第十六条 住院病历内容包括住院病案首页、入院记录、病程记录、手术同意书、麻醉同意书、输血治疗知情同意书、特殊检查（特殊治疗）同意书、病危（重）通知书、医嘱单、辅助检查报告单、体温单、医学影像检查资料、病理资料等。

第十七条 入院记录是指患者入院后，由经治医师通过问诊、查体、辅助检查获得有关资料，并对这些资料归纳分析书写而成的记录。可分为入院记录、再次或多次入院记录、24 小时内入出院记录、24 小时内入院死亡记录。

入院记录、再次或多次入院记录应当于患者入院后 24 小时内完成；24 小时内入出院记录应当于患者出院后 24 小时内完成，24 小时内入院死亡记录应当于患者死亡后 24 小时内完成。

第十八条 入院记录的要求及内容。

（一）患者一般情况包括姓名、性别、年龄、民族、婚姻状况、出生地、职业、入院时间、记录时间、病史陈述者。

（二）主诉是指促使患者就诊的主要症状（或体征）及持续时间。

（三）现病史是指患者本次疾病的发生、演变、诊疗等方面的详细情况，应当按时间顺序书写。内容包括发病情况、主要症状特点及其发展变化情况、伴随症状、发病后诊疗经过及结果、睡眠和饮食等一般情况的变化，以及与鉴别诊断有关的阳性或阴性资料等。

1. 发病情况：记录发病的时间、地点、起病缓急、前驱症状、可能的原因或诱因。

2. 主要症状特点及其发展变化情况：按发生的先后顺序描述主要症状的部位、性质、持续时间、程度、缓解或加剧因素，以及演变发展情况。

3. 伴随症状：记录伴随症状，描述伴随症状与主要症状之间的相互关系。

4. 发病以来诊治经过及结果：记录患者发病后到入院前，在院内、外接受检查与治疗的详细经过及效果。对患者提供的药名、诊断和手术名称需加引号（“”）以示区别。

5. 发病以来一般情况：简要记录患者发病后的精神状态、睡眠、食欲、大小便、体重等情况。

与本次疾病虽无紧密关系、但仍需治疗的其他疾病情况，可在现病史后另起一段予以记录。

（四）既往史是指患者过去的健康和疾病情况。内容包括既往一般健康状况、疾病史、传染病史、预防接种史、手术外伤史、输血史、食物或药物过敏史等。

（五）个人史，婚育史、月经史，家族史。

1. 个人史：记录出生地及长期居留地，生活习惯及有无烟、酒、药物等嗜好，职业与工作条件及有无工业毒物、粉尘、放射性物质接触史，有无冶游史。

2. 婚育史、月经史：婚姻状况、结婚年龄、配偶健康状况、有无子女等。女性患者记录初潮年龄、行经期天数、间隔天数、末次月经时间（或闭经年龄），月经量、痛经及生育等情况。

3. 家族史：父母、兄弟、姐妹健康状况，有无与患者类似疾病，有无家族遗传倾向的疾病。

（六）体格检查应当按照系统循序进行书写。内容包括体温、脉搏、呼吸、血压，一般情况，皮肤、粘膜，全身浅表淋巴结，头部及其器官，颈部，胸部（胸廓、肺部、心脏、血管），腹部（肝、脾等），直肠肛门，外生殖器，脊柱，四肢，神经系统等。

（七）专科情况应当根据专科需要记录专科特殊情况。

（八）辅助检查指入院前所作的与本次疾病相关的主要检查及其结果。应分类按检查时间顺序记录检查结果，如系在其他医疗机构所作检查，应当写明该机构名称及检查号。

（九）初步诊断是指经治医师根据患者入院时情况，综合分析所作出的诊断。如初步诊断为多项时，应当主次分明。对待查病例应列出可能性较大的诊断。

（十）书写入院记录的医师签名。

第十九条 再次或多次入院记录，是指患者因同一种疾病再次或多次住入同一医疗机构时书写的记录。要求及内容基本同入院记录。主诉是记录患者本次入院的主要症状（或体征）及持续时间；现病史中要求首先对本次住院前历次有关住院诊疗经过进行小结，然后再书写本次入院的现病史。

第二十条 患者入院不足24小时出院的，可以书写24小时内入出院记录。内容包括患者姓名、性别、年龄、职业、入院时间、出院时间、主诉、入院情况、入院诊断、诊疗经过、出院情况、出院诊断、出院医嘱，医师签名等。

第二十一条 患者入院不足24小时死亡的，可以书写24小时内入院死亡记录。内容包括患者姓名、性别、年龄、职业、入院时间、死亡时间、主诉、入院情况、入院诊断、诊疗经过（抢救经过）、死亡原因、死亡诊断，医师签名等。

第二十二条 病程记录是指继入院记录之后，对患者病情和诊疗过程所进行的连续性记录。内容包括患者的病情变化情况、重要的辅助检查结果及临床意义、上级医师查房意见、会诊意见、医师分析讨论意见、所采取的诊疗措施及效果、医嘱更改及理由、向患者及其近亲属告知的重要事项等。

病程记录的要求及内容：

（一）首次病程记录是指患者入院后由经治医师或值班医师书写的第一次

病程记录，应当在患者入院 8 小时内完成。首次病程记录的内容包括病例特点、拟诊讨论（诊断依据及鉴别诊断）、诊疗计划等。

1. 病例特点：应当在对病史、体格检查和辅助检查进行全面分析、归纳和整理后写出本病例特征，包括阳性发现和具有鉴别诊断意义的阴性症状和体征等。

2. 拟诊讨论（诊断依据及鉴别诊断）：根据病例特点，提出初步诊断和诊断依据；对诊断不明的写出鉴别诊断并进行分析；并对下一步诊治措施进行分析。

3. 诊疗计划：提出具体的检查及治疗措施安排。

（二）日常病程记录是指对患者住院期间诊疗过程的经常性、连续性记录。由经治医师书写，也可以由实习医务人员或试用期医务人员书写，但应有经治医师签名。书写日常病程记录时，首先标明记录时间，另起一行记录具体内容。对病危患者应当根据病情变化随时书写病程记录，每天至少 1 次，记录时间应当具体到分钟。对病重患者，至少 2 天记录一次病程记录。对病情稳定的患者，至少 3 天记录一次病程记录。

（三）上级医师查房记录是指上级医师查房时对患者病情、诊断、鉴别诊断、当前治疗措施疗效的分析及下一步诊疗意见等的记录。

主治医师首次查房记录应当于患者入院 48 小时内完成。内容包括查房医师的姓名、专业技术职务、补充的病史和体征、诊断依据与鉴别诊断的分析及诊疗计划等。

主治医师日常查房记录间隔时间视病情和诊疗情况确定，内容包括查房医师的姓名、专业技术职务、对病情的分析和诊疗意见等。

科主任或具有副主任医师以上专业技术职务任职资格医师查房的记录，内容包括查房医师的姓名、专业技术职务、对病情的分析和诊疗意见等。

（四）疑难病例讨论记录是指由科主任或具有副主任医师以上专业技术任职资格的医师主持、召集有关医务人员对确诊困难或疗效不确切病例讨论的记录。内容包括讨论日期、主持人、参加人员姓名及专业技术职务、具体讨论意见及主持人小结意见等。

（五）交（接）班记录是指患者经治医师发生变更之际，交班医师和接班医师分别对患者病情及诊疗情况进行简要总结的记录。交班记录应当在交班前由交班医师书写完成；接班记录应当由接班医师于接班后 24 小时内完成。交（接）班记录的内容包括入院日期、交班或接班日期、患者姓名、性别、年龄、主诉、入院情况、入院诊断、诊疗经过、目前情况、目前诊断、交班注意事项或接班诊疗计划、医师签名等。

（六）转科记录是指患者住院期间需要转科时，经转入科室医师会诊并同意接收后，由转出科室和转入科室医师分别书写的记录。包括转出记录和转入记录。转出记录由转出科室医师在患者转出科室前书写完成（紧急情况除外）；转入记录由转入科室医师于患者转入后 24 小时内完成。转科记录内容包括入院日期、转出或转入日期，转出、转入科室，患者姓名、性别、年龄、主诉、入院情况、入院诊断、诊疗经过、目前情况、目前诊断、转科目的及注意事项或转入诊疗计划、医师签名等。

（七）阶段小结是指患者住院时间较长，由经治医师每月所作病情及诊疗情况总结。阶段小结的内容包括入院日期、小结日期，患者姓名、性别、年龄、主诉、入院情况、入院诊断、诊疗经过、目前情况、目前诊断、诊疗计划、医师签名等。

交（接）班记录、转科记录可代替阶段小结。

（八）抢救记录是指患者病情危重，采取抢救措施时作的记录。因抢救急危患者，未能及时书写病历的，有关医务人员应当在抢救结束后 6 小时内据实补记，并加以注明。内容包括病情变化情况、抢救时间及措施、参加抢救的医务人员姓名及专业技术职称等。记录抢救时间应当具体到分钟。

（九）有创诊疗操作记录是指在临床诊疗活动过程中进行的各种诊断、治疗性操作（如胸腔穿刺、腹腔穿刺等）的记录。应当在操作完成后即刻书写。内容包括操作名称、操作时间、操作步骤、结果及患者一般情况，记录过程是否顺利、有无不良反应，术后注意事项及是否向患者说明，操作医师签名。

（十）会诊记录（含会诊意见）是指患者在住院期间需要其他科室或者其他医疗机构协助诊疗时，分别由申请医师和会诊医师书写的记录。会诊记录应另页书写。内容包括申请会诊记录和会诊意见记录。申请会诊记录应当简要载明患者病情及诊疗情况、申请会诊的理由和目的，申请会诊医师签名等。常规会诊意见记录应当由会诊医师在会诊申请发出后 48 小时内完成，急会诊时会诊医师应当在会诊申请发出后 10 分钟内到场，并在会诊结束后即刻完成会诊记录。会诊记录内容包括会诊意见、会诊医师所在的科别或者医疗机构名称、会诊时间及会诊医师签名等。申请会诊医师应在病程记录中记录会诊意见执行情况。

（十一）术前小结是指在患者手术前，由经治医师对患者病情所作的总结。内容包括简要病情、术前诊断、手术指征、拟施手术名称和方式、拟施麻醉方式、注意事项，并记录手术者术前查看患者相关情况等。

（十二）术前讨论记录是指因患者病情较重或手术难度较大，手术前在上级医师主持下，对拟实施手术方式和术中可能出现的问题及应对措施所作的讨论。讨论内容包括术前准备情况、手术指征、手术方案、可能出现的意外及防范措施、参加讨论者的姓名及专业技术职务、具体讨论意见及主持人小结意见、讨论日期、记录者的签名等。

（十三）麻醉术前访视记录是指在麻醉实施前，由麻醉医师对患者拟施麻醉进行风险评估的记录。麻醉术前访视可另立单页，也可在病程中记录。内容包括姓名、性别、年龄、科别、病案号，患者一般情况、简要病史、与麻醉相关的辅助检查结果、拟行手术方式、拟行麻醉方式、麻醉适应证及麻醉中需注意的问题、术前麻醉医嘱、麻醉医师签字并填写日期。

（十四）麻醉记录是指麻醉医师在麻醉实施中书写的麻醉经过及处理措施的记录。麻醉记录应当另页书写，内容包括患者一般情况、术前特殊情况、麻醉前用药、术前诊断、术中诊断、手术方式及日期、麻醉方式、麻醉诱导及各项操作开始及结束时间、麻醉期间用药名称、方式及剂量、麻醉期间特殊或突发情况及处理、手术起止时间、麻醉医师签名等。

（十五）手术记录是指手术者书写的反映手术一般情况、手术经过、术中发现及处理等情况的特殊记录，应当在术后 24 小时内完成。特殊情况下由第一助手书写时，应有手术者签名。手术记录应当另页书写，内容包括一般项目（患者姓名、性别、科别、病房、床位号、住院病历号或病案号）、手术日期、术前诊断、术中诊断、手术名称、手术者及助手姓名、麻醉方法、手术经过、术中出现的情况及处理等。

（十六）手术安全核查记录是指由手术医师、麻醉医师和巡回护士三方，在麻醉实施前、手术开始前和病人离室前，共同对病人身份、手术部位、手术方式、麻醉及手术风险、手术使用物品清点等内容进行核对的记录，输血的病人还应对血型、用血量进行核对。应有手术医师、麻醉医师和巡回护士三方核对、确认并签字。

（十七）手术清点记录是指巡回护士对手术患者术中所用血液、器械、敷料等的记录，应当在手术结束后即时完成。手术清点记录应当另页书写，内容包括患者姓名、住院病历号（或病案号）、手术日期、手术名称、术中所用各种器械和敷料数量的清点核对、巡回护士和手术器械护士签名等。

（十八）术后首次病程记录是指参加手术的医师在患者术后即时完成的病程记录。内容包括手术时间、术中诊断、麻醉方式、手术方式、手术简要经过、术后处理措施、术后应当特别注意观察的事项等。

（十九）麻醉术后访视记录是指麻醉实施后，由麻醉医师对术后患者麻醉恢复情况进行访视的记录。麻醉术后访视可另立单页，也可在病程中记录。内容包括姓名、性别、年龄、科别、病案号，患者一般情况、麻醉恢复情况、清醒时间、术后医嘱、是否拔除气管插管等，如有特殊情况应详细记录，麻醉医师签字并填写日期。

（二十）出院记录是指经治医师对患者此次住院期间诊疗情况的总结，应当在患者出院后24小时内完成。内容主要包括入院日期、出院日期、入院情况、入院诊断、诊疗经过、出院诊断、出院情况、出院医嘱、医师签名等。

（二十一）死亡记录是指经治医师对死亡患者住院期间诊疗和抢救经过的记录，应当在患者死亡后24小时内完成。内容包括入院日期、死亡时间、入院情况、入院诊断、诊疗经过（重点记录病情演变、抢救经过）、死亡原因、死亡诊断等。记录死亡时间应当具体到分钟。

（二十二）死亡病例讨论记录是指在患者死亡一周内，由科主任或具有副主任医师以上专业技术职务任职资格的医师主持，对死亡病例进行讨论、分析的记录。内容包括讨论日期、主持人及参加人员姓名、专业技术职务、具体讨论意见及主持人小结意见、记录者的签名等。

（二十三）病重（病危）患者护理记录是指护士根据医嘱和病情对病重

（病危）患者住院期间护理过程的客观记录。病重（病危）患者护理记录应当根据相应专科的护理特点书写。内容包括患者姓名、科别、住院病历号（或病案号）、床位号、页码、记录日期和时间、出入液量、体温、脉搏、呼吸、血压等病情观察、护理措施和效果、护士签名等。记录时间应当具体到分钟。

第二十三条 手术同意书是指手术前，经治医师向患者告知拟施手术的相关情况，并由患者签署是否同意手术的医学文书。内容包括术前诊断、手术名称、术中或术后可能出现的并发症、手术风险、患者签署意见并签名、经治医师和术者签名等。

第二十四条 麻醉同意书是指麻醉前，麻醉医师向患者告知拟施麻醉的相关情况，并由患者签署是否同意麻醉意见的医学文书。内容包括患者姓名、性别、年龄、病案号、科别、术前诊断、拟行手术方式、拟行麻醉方式，患者基础疾病及可能对麻醉产生影响的特殊情况，麻醉中拟行的有创操作和监测，麻醉风险、可能发生的并发症及意外情况，患者签署意见并签名、麻醉医师签名并填写日期。

第二十五条 输血治疗知情同意书是指输血前，经治医师向患者告知输血的相关情况，并由患者签署是否同意输血的医学文书。输血治疗知情同意书内容包括患者姓名、性别、年龄、科别、病案号、诊断、输血指征、拟输血成份、输血前有关检查结果、输血风险及可能产生的不良后果、患者签署意见并签名、医师签名并填写日期。

第二十六条 特殊检查、特殊治疗同意书是指在实施特殊检查、特殊治疗前，经治医师向患者告知特殊检查、特殊治疗的相关情况，并由患者签署是否同意检查、治疗的医学文书。内容包括特殊检查、特殊治疗项目名称、目的、可能出现的并发症及风险、患者签名、医师签名等。

第二十七条 病危（重）通知书是指因患者病情危、重时，由经治医师或值班医师向患者家属告知病情，并由患方签名的医疗文书。内容包括患者姓名、性别、年龄、科别，目前诊断及病情危重情况，患方签名、医师签名并填写日期。一式两份，一份交患方保存，另一份归病历中保存。

第二十八条 医嘱是指医师在医疗活动中下达的医学指令。医嘱单分为长期医嘱单和临时医嘱单。

长期医嘱单内容包括患者姓名、科别、住院病历号（或病案号）、页码、起始日期和时间、长期医嘱内容、停止日期和时间、医师签名、执行时间、执行护士签名。临时医嘱单内容包括医嘱时间、临时医嘱内容、医师签名、执行时间、执行护士签名等。

医嘱内容及起始、停止时间应当由医师书写。医嘱内容应当准确、清楚，每项医嘱应当只包含一个内容，并注明下达时间，应当具体到分钟。医嘱不得涂改。需要取消时，应当使用红色墨水标注“取消”字样并签名。

一般情况下，医师不得下达口头医嘱。因抢救急危患者需要下达口头医嘱时，护士应当复诵一遍。抢救结束后，医师应当即刻据实补记医嘱。

第二十九条 辅助检查报告单是指患者住院期间所做各项检验、检查结果的记录。内容包括患者姓名、性别、年龄、住院病历号（或病案号）、检查项目、检查结果、报告日期、报告人员签名或者印章等。

第三十条 体温单为表格式，以护士填写为主。内容包括患者姓名、科室、床号、入院日期、住院病历号（或病案号）、日期、手术后天数、体温、脉搏、呼吸、血压、大便次数、出入液量、体重、住院周数等。

第四章 打印病历内容及要求

第三十一条 打印病历是指应用字处理软件编辑生成并打印的病历（如Word文档、WPS文档等）。打印病历应当按照本规定的内容录入并及时打印，由相应医务人员手写签名。

第三十二条 医疗机构打印病历应当统一纸张、字体、字号及排版格式。打印字迹应清楚易认，符合病历保存期限和复印的要求。

第三十三条 打印病历编辑过程中应当按照权限要求进行修改，已完成录入打印并签名的病历不得修改。

第五章 其 他

第三十四条 住院病案首页按照《卫生部关于修订下发住院病案首页的通知》（卫医发〔2001〕286号）的规定书写。

第三十五条 特殊检查、特殊治疗按照《医疗机构管理条例实施细则》(1994 年卫生部令第 35 号）有关规定执行。

第三十六条 中医病历书写基本规范由国家中医药管理局另行制定。

第三十七条 电子病历基本规范由卫生部另行制定。

第三十八条 本规范自 2010 年 3 月 1 日起施行。我部于 2002 年颁布的《病历书写基本规范（试行)》(卫医发〔2002〕190 号）同时废止。

图书在版编目（CIP）数据

最高人民法院关于医疗损害责任纠纷司法解释条文释义与实务指南/郭锋，吴兆祥，陈龙业著.—北京：中国法制出版社，2018.2

ISBN 978-7-5093-9197-6

Ⅰ.①最… Ⅱ.①郭…②吴…③陈… Ⅲ.①医疗事故-民事纠纷-处理-法律解释-中国 Ⅳ.①D922.165

中国版本图书馆 CIP 数据核字（2018）第016208号

策划编辑 谢 雯　　责任编辑 谢 雯　　封面设计 李 宁

最高人民法院关于医疗损害责任纠纷司法解释条文释义与实务指南

ZUIGAO RENMIN FAYUAN GUANYU YILIAO SUNHAI ZEREN JIUFEN SIFA JIESHI TIAOWEN SHIYI YU SHIWU ZHINAN

著者/郭锋，吴兆祥，陈龙业

经销/新华书店

印刷/三河市紫恒印装有限公司

开本/710毫米×1000毫米 16开　　印张/27.5　字数/326千

版次/2018年2月第1版　　2018年2月第1次印刷

中国法制出版社出版

书号 ISBN 978-7-5093-9197-6　　定价：108.00元

北京西单横二条2号

邮政编码 100031　　传真：66031119

网址：http://www.zgfzs.com　　**编辑部电话：66010493**

市场营销部电话：66033393　　**邮购部电话：66033288**

（如有印装质量问题，请与本社编务印务管理部联系调换。电话：010-66032926）